2005년부터 2022년까지 국가직·지방직·서울시

100% 적중!

KB049038

다른 모든 필기노트가 100% 적중했다고 홍보하고 있지만

공무원 시험에서 100% 적중한 유일한 수험서는 신영식 한국사 뿐입니다.

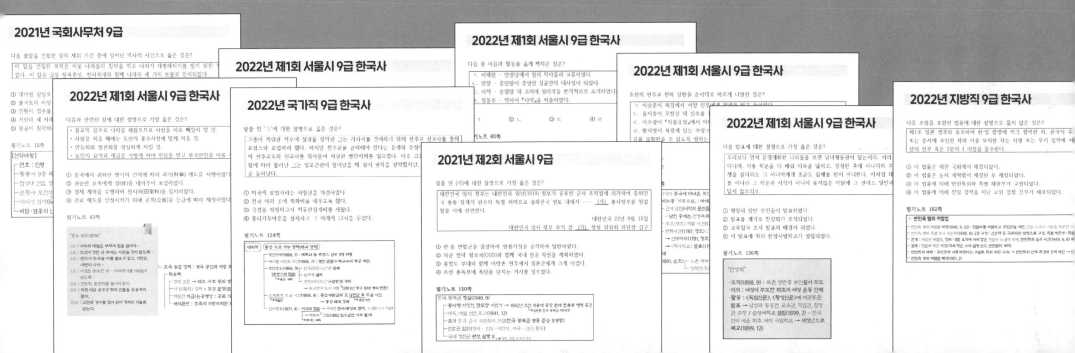

2014년~현재, 매월 개강 강좌
실강생수 압도적 1위
(유료 수강생 기준)

NAVER
네이버에 **신영식 한국사**를 검색하세요!

신영식 한국사

통합   쇼핑   이미지   책   **VIEW**   ズ   ● ● ●

cafe.naver.com › hdkstory

신영식 한국사

약 5만 명의 회원을 보유한 **신영식 한국사** 카페 (가
지4단계 등급)입니다. 신영식 교수님의 공무원 한
국사 수강생들을 위한 카페

합 / 격 / 후 / 기

다른 과목을 순환할 시기에는 한국사는 문제 풀이를 하며 실전감각을 유지하였고 필기노트로
분량을 정해서 회독하였습니다. 기출의 경우 3번 이상 기출 지문을 분석하여 필기노트에 표시
해두어 까먹지 않도록 노력하였습니다.

-해동짱짱-

시험에선 한국사가 효자 과목이 되었습니다. 천기누설, 완전사료정복, 필기노트는 시험장을
가는 순간까지 정말 힘이 많이 되었습니다. 매일 우공이산 문제를 풀며 저녁을 먹었던게 엊그
제 같은데 계속 노력하다 보니까 결국 이런 날이 오네요.

-ㄱㄷㄱㅅㄱ-

저는 정석대로 커리를 탔습니다. X파일 동형과 천기누설 500제도 풀었고 어려운 내용은 필기
노트에 옮겼습니다. 나중에는 필기노트만으로 정리할 수 있어서 굉장히 편했습니다. 필기노트
회독만 10회독은 한 것 같아요.

-뽀둘뽀둘-

2023 신영식 한국사 필기노트는?

☑ 이렇게 만들었습니다.

❶ 신영식 한국사 기본서에서 시험에 출제 가능성이 높은 내용을 압축·서술하였습니다.

❷ 최근 시행된 기출문제를 완벽하게 반영하였습니다.

❸ 도식과 표 그리고 서체 색감, 메모로 내용을 시각화하여 가독성을 높였습니다.

❹ 신영식 한국사 강의 판서를 생생하게 재현하고 부연 설명이 필요한 내용에 대해서는 상세한 설명을 달았습니다.

☑ 이런 점이 좋습니다.

❶ 손 글씨와 유사한 서체 그리고 심플한 도식으로 구성하여 가독성을 높였습니다.

❷ 신영식 한국사 강의를 들으실 때(실강, 인강) 따로 필기하실 필요 없도록 하여 수업에만 집중할 수 있도록 하였습니다.

❸ 기본서 내용을 단권화하여 응시하고자 하는 시험에 효율적으로 대비할 수 있도록 하였습니다.

❹ 출제가능성과 난도에 따라 색상을 달리 표시하여 내용 파악을 쉽게 할 수 있도록 하였습니다.

STRUCTURE 구성과 특징

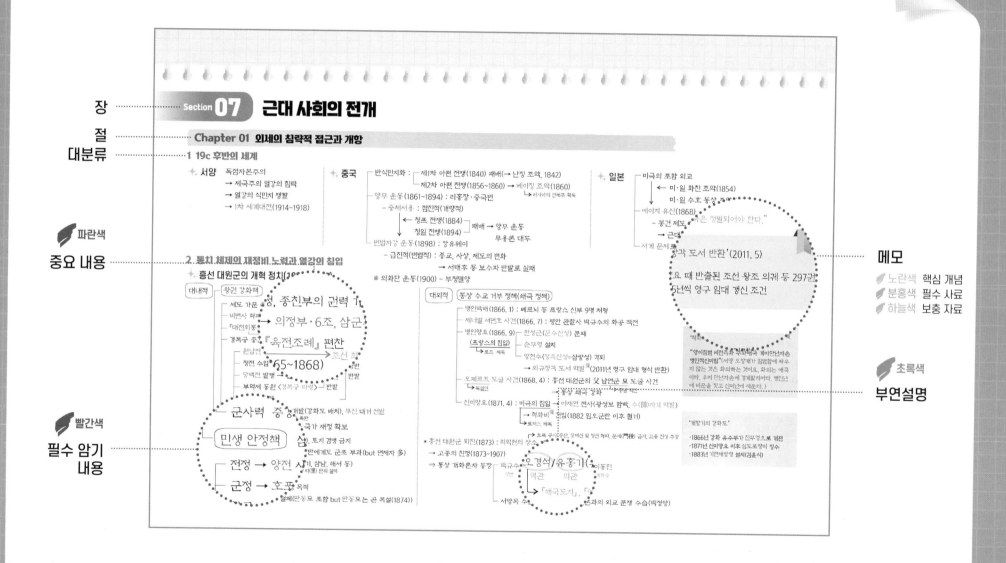

장 ·········

절 ·········

대분류 ·········

파란색

중요 내용 ·········

빨간색

필수 암기
내용 ·········

Section 07 근대 사회의 전개

Chapter 01 외세의 침략적 접근과 개항

1 19c 후반의 세계

✦ 서양 독점자본주의
→ 제국주의 열강의 침략
→ 열강의 식민지 쟁탈
→ 1차 세계대전(1914~1918)

✦ 중국 ┌ 반식민지화 : ┌ 제1차 아편 전쟁(1840) 패배(→ 난징 조약, 1842)
│   └ 제2차 아편 전쟁(1856~1860) → 베이징 조약(1860)
│   └ 러시아의 연해주 획득
├ 양무 운동(1861~1894) : 리홍장·증국번
│   ┌ 중체서용 : 점진적(개량적)
│   │   ┌ 청프 전쟁(1884) ┐ 패배 → 양무 운동
│   │   └ 청일 전쟁(1894) ┘   무용론 대두
├ 변법자강 운동(1898) : 캉유웨이
│   └ 급진적(변법적) : 종교, 사상, 제도의 변화
│   └ 서태후 등 보수파 반발로 실패
※ 의화단 운동(1900) - 부청멸양

✦ 일본 ┌ 미국의 포함 외교
│   ← 미·일 화친 조약(1854)
│   미·일 수호 통상
├ 메이지 유신(1868)
│   - 봉건 제도   은 정벌되어야 한다."
│   → 근대
└ 서계 문제

2. 통치 체제의 재정비 노력과 열강의 침입

✦ 흥선 대원군의 개혁 정치(18

대내적 │ 왕권 강화책
├ 세도 가문 숙청, 종친부의 권력 ↑
├ 비변사 혁파   ┐
├ 『대전회통』   ├→ 의정부·6조, 삼군
├ 경복궁 중건 ┐   『육전조례』 편찬
│   ┌ 원납전   조선 최○
│   ├ 청전 수입 65~1868)   반
│   ├ 당백전 발행   반발
│   └ 부역제 동원 〈경복궁 타령〉 ┐ 반발
├ 군사력 증강 ┐개항(강화도 배치), 무신 대거 선발
│   국가 재정 확보
│   민생 안정책 삼│ 토지 겸병 금지
│   반에게도 군포 부과(but 면제자 多)
├ 전정 → 양전 시기, 삼남, 해서 등)
│   리(里) 단위 설치
└ 군정 → 호포 목적
         철폐(만동묘 포함 but 만동묘는 곧 복설(1874))

대외적 │ 통상 수교 거부 정책(쇄국 정책)
├ 병인박해(1866. 1) : 베르뇌 등 프랑스 신부 9명 처형
├ 제너럴 셔먼호 사건(1866. 7) : 평안 관찰사 박규수의 화공 작전
├ 병인양요(1866. 9) ┌ 한성근(문수산성) 분패
│   프랑스의 침입 │ 순무영 설치
│   └→ 로즈 제독 └ 양헌수(정족산성=삼랑성) 격퇴
│   └ 외규장각 도서 약탈 (2011년 영구 임대 형식 반환)
├ 오페르트 도굴 사건(1868. 4) - 흥선 대원군의 父 남연군 묘 도굴 사건
│   └→ 독일인   └ 통상·쇄국 강화
├ 신미양요(1871. 4) : 미국의 침입 ┌ 어재연 전사(광성보 함락, 수(帥)자기 약탈)
│   └→ 척화비 건립(1882 임오군란 이후 철거)
│   └→ 로저스 제독
* 흥선 대원군 퇴진(1873) : 최익현의 상소 ┌→ 토목 공사 중단, 당백전 및 청전 혁파, 문세(門稅) 금지, 고종 친정 주장
├ 고종의 친정(1873~1907)
└ 통상 개화론자 등장 ┌ 박규수 ┐ 오경석/유홍기 ┌→ 이동인
                        │   역관   의관
                        │   『해국도지』, 『○
                        └ 서양 무기   과의 외교 분쟁 수습(박정양)

메모 ·········

노란색 핵심 개념
분홍색 필수 사료
하늘색 보충 자료

(circled memo, top right)
각 도서 반환'(2011. 5)
요 때 반출된 조선 왕조 의궤 등 297권
5년씩 영구 임대 갱신 조건

(pink box)
'척화'
"양이침범 비전즉화 주화매국 제아만년자손
병인작신미립"(서양 오랑캐가 침범함에 싸우
지 않는 것은 화의하는 것이요, 화의는 매국
이라, 우리 만년자손에 경계하노라. 병인년
에 비문을 짓고 신미년에 세운다.)

(blue box)
'배항기의 강화도'
·1866년 강화 유수부가 진무영으로 개편
·1871년 신미양요 이후 심도포량미 징수
·1883년 기연해방영 설치(김윤식)

초록색 ·········

부연설명 ·········

CONTENTS 차례

선사~남북국 시대		고려		조선 전기	
약 70만 년 전	구석기 시대 시작	918	왕건 고려 건국(~1392)	1394	한양 천도
B.C. 8000년경	신석기 시대 시작	926	발해 멸망	1398	제1차 왕자의 난
B.C. 2333	고조선 건국	935	신라 멸망	1400	제2차 왕자의 난
B.C. 2000~1500년경	청동기 문화의 보급	936	고려 후삼국 통일	1401	태종 신문고 설치
B.C. 5세기경	철기 문화의 보급	956	광종 노비안검법 실시	1412	태종 시전 설치
B.C. 194	위만 고조선의 왕이 됨	958	광종 과거 제도 실시	1416	4군 설치(완성 : 1443)
B.C. 108	고조선 멸망, 한군현 설치	963	광종 제위보 설치	1419	쓰시마 섬 정벌
B.C. 57	신라 건국	976	경종 시정 전시과 제정	1420	집현전 확장
B.C. 37	고구려 건국	986	성종 의창 설치	1423	화척을 백정으로 개칭
B.C. 18	백제 건국	992	성종 국자감 설치	1423	세종 조선통보 발행
53	고구려 태조왕 즉위(~146)	996	성종 건원중보 주조	1426	삼포 개항
194	고구려 고국천왕 진대법 실시	998	목종 개정 전시과 제정	1429	『농사직설』 편찬
260	백제 고이왕 16관등과 공복 제정	1009	강조의 정변	1434	6진 설치(완성 : 1449)
313	고구려 미천왕 낙랑군을 멸망시킴	1019	귀주 대첩	1436	세종 연분 9등법 제정
372	고구려 소수림왕 불교 전래, 태학 설치	1076	문종 경정 전시과 제정	1441	측우기 제작
384	백제 침류왕 불교 전래	1086	의천 교장도감 설치	1443	세종 훈민정음 창제
427	고구려 장수왕 평양 천도	1101	숙종 은병 주조	1444	전분 6등법 제정
433	신라 눌지왕·백제 비유왕 나제 동맹 성립	1102	숙종 해동통보 발행	1446	세종 훈민정음 반포
475	백제 문주왕 웅진 천도	1107	예종 윤관 여진 정벌	1458	세조 상평창 설치
502	신라 지증왕 우경 실시, 순장 금지	1112	예종 혜민국 설치	1461	간경도감 설치
508	신라 지증왕 동시전 설치(509 동시 설치)	1126	이자겸의 난	1466	세조 직전법 실시
520	신라 법흥왕 율령 반포, 백관의 공복 제정	1135	묘청의 서경 천도 운동	1470	성종 관수관급제 실시
527	신라 법흥왕 불교 공인	1145	김부식 『삼국사기』 편찬	1481	성종 서거정 『동국여지승람』 편찬
538	백제 성왕 사비 천도	1170	무신정변	1485	성종 경국대전 완성
612	고구려 살수대첩	1176	망이·망소이의 난	1493	성종 성현 『악학궤범』 완성
645	고구려 안시성 전투 승리	1198	만적의 난	1498	무오사화
660	백제 멸망	1231	몽골의 1차 침입	1504	갑자사화
668	고구려 멸망	1234	『상정고금예문』 간행	1510	삼포왜란
676	신라 삼국 통일	1236	팔만대장경 조판(~1251)	1519	기묘사화
682	신문왕 국학 설치	1270	개경 환도, 삼별초의 대몽 항쟁(~1273)	1543	백운동 서원 설립
687	신문왕 관료전 지급(689 녹읍 폐지)	1271	녹과전 지급	1544	사량진 왜변
698	발해 건국(~926)	1281	일연 『삼국유사』 편찬	1545	을사사화
722	성덕왕 정전 지급	1309	충선왕 소금 전매제 시행	1555	을묘왜변
751	불국사와 석굴암 중창 시작	1359	홍건적의 침입(~1361)	1556	직전법 폐지
757	경덕왕 녹읍 부활	1363	문익점, 목화씨 전래	1559	임꺽정의 난
788	원성왕 독서삼품과 설치	1375	최무선, 화약 제조	1577	이이 해주향약 실시
828	장보고, 청해진 설치	1377	직지심체요절 인쇄	1589	정여립 모반 사건
888	진성여왕 『삼대목』 편찬	1388	위화도 회군	1592	임진왜란, 한산도 대첩
900	견훤 후백제 건국	1391	과전법 제정	1593	훈련도감 설치
901	궁예 후고구려 건국	1392	고려 멸망, 조선 건국	1593	행주 대첩
				1597	정유재란

조선 후기

1608	광해군 경기도에 대동법 실시
1609	기유약조 체결
1610	허준 『동의보감』 완성
1623	인조반정
1624	이괄의 난
1627	정묘호란
1633	상평통보 주조
1635	인조 영정법 실시
1636	병자호란
1653	시헌력 채택
1654	나선 정벌(~1658)
1655	『농가집성』 편찬
1659	기해예송, 호서 지방에 대동법 실시
1662	제언사 설치
1674	갑인예송
1678	숙종 상평통보 유통
1680	경신환국
1689	기사환국
1694	갑술환국
1696	안용복, 독도에서 일본인 쫓아냄
1708	대동법 전국에 확대 실시
1712	숙종 백두산정계비 건립
1725	을사환국
1728	이인좌의 난
1750	영조 균역법 실시
1755	나주 괘서 사건
1762	사도세자 사건
1763	고구마 전래
1776	정조 규장각 설치
1781	초계문신제 시행
1785	『대전통편』 완성
1786	서학 금지
1791	정조 시전의 금난전권 폐지(신해통공)
1801	순조 공노비 해방, 신유박해
1811	홍경래의 난
1818	정약용 『목민심서』 저술
1831	천주교 조선대목구 설치
1839	헌종 기해박해
1860	최제우 동학 창시
1861	김정호 대동여지도 완성
1862	철종 임술 농민 봉기

개항기 ~ 일제 강점기

1863	고종 즉위, 흥선 대원군 집권
1866	병인박해, 제너럴 셔먼호 사건, 병인양요
1868	오페르트 도굴 사건
1871	신미양요, 척화비 건립, 호포법 실시
1876	강화도 조약 체결
1881	영선사, 조사 시찰단 파견, 별기군 설치
1882	조·미 수호통상조약체결, 임오군란
1883	태극기 제정, 원산학사 설립, 한성순보 발간
1884	우정총국 설치, 갑신정변
1885	영국 거문도 점령 사건(~1887), 배재학당 설립, 광혜원 설립
1886	육영공원, 이화학당 설립, 노비 세습제 폐지
1889	함경도 방곡령 선포
1894	동학 농민 운동, 갑오개혁, 홍범 14조, 독립 서고문 반포
1895	을미사변, 단발령, 을미의병
1896	아관 파천, 독립신문 창간, 독립 협회 설립
1897	대한 제국 수립
1898	만민 공동회 개최, 헌의 6조 채택
1899	경인선 개통, 대한국 국제 반포
1904	러·일 전쟁(~1905), 한·일 의정서 체결, 제1차 한·일 협약 체결
1905	을사조약 체결, 을사의병, 천도교 성립, 화폐 정리 사업
1907	국채 보상 운동, 신민회 설립, 헤이그 특사 파견, 고종 황제 퇴위
1908	서울 진공 작전, 동양 척식 주식회사 설립
1909	간도 협약, 안중근 이토 히로부미 사살, 나철 대종교 창시
1910	국권 피탈, 조선 총독부 설치, 회사령 공포
1911	105인 사건
1912	토지 조사령 공포, 토지 조사 사업 시작(~1918), 조선 태형령
1919	2·8 독립 선언, 3·1 운동, 대한민국 임시 정부 수립
1920	조선일보, 동아일보 창간, 봉오동 전투, 청산리 대첩
1921	자유시 참변
1923	형평사 창립(진주), 국민 대표 회의(상해)
1925	치안 유지법 제정
1926	6·10 만세 운동
1927	신간회 결성
1929	원산 노동자 총파업, 광주 학생 항일 운동
1931	김구, 한인 애국단 조직
1932	이봉창, 윤봉길 의거
1936	손기정, 베를린 올림픽 대회 마라톤 우승
1938	국가 총동원법 공포
1940	한국 광복군 창설
1942	조선어 학회 사건
1944	여운형, 건국 동맹 조직

현대 사회의 발전

1945	8·15 광복, 모스크바 3국 외상 회의 개최
1946	제1차 미·소 공동 위원회 개최, 이승만 정읍 발언, 좌·우 합작 회담
1947	제2차 미·소 공동 위원회 개최, 유엔 한국 임시 위원단 구성
1948	5·10 총선거 실시, 대한민국 정부 수립
1949	농지 개혁법 제정
1950	6·25 전쟁(~1953)
1952	제1차 개헌(발췌 개헌)
1953	반공 포로 석방, 휴전 협정 조인, 한·미 상호방위조약 체결
1954	제2차 개헌(사사오입 개헌)
1956	정·부통령 선거 실시
1957	한글 학회, 『조선어 큰사전』 완간
1960	3·15 부정 선거, 4·19 혁명(장면 내각 성립)
1961	5·16 군사 정변
1962	제1차 경제 개발 5개년 계획(~1966)
1964	한·일 회담 반대 시위(6·3 시위)
1965	한·일 협정 조인, 베트남 파병
1966	한·미 행정 협정(SOFA) 조인
1967	제2차 경제 개발 5개년 계획(~1971)
1968	1·21 사태, 푸에블로호 납치 사건, 향토예비군 창설
1969	3선 개헌안 통과
1970	새마을 운동 시작, 경부 고속도로 개통
1972	7·4 남북 공동 성명, 10월 유신, 제3차 경제 개발 5개년 계획(~1976)
1975	대통령 긴급 조치 9호 발표
1977	수출 100억 달러 달성, 제4차 경제 개발 5개년 계획(~1981)
1979	YH 무역 사건, 부·마 민주화 운동, 10·26 사태, 12·12 사태
1980	5·18 민주화 운동
1983	아웅산 테러 사건
1985	남북 고향 방문단 상호 교류
1987	6월 민주 항쟁, 6·29 민주화 선언, KAL기 858편 폭파사건
1988	서울 올림픽 대회 개최
1990	소련과 국교 수립, 제1차 남북 고위급 회담
1991	남북한 유엔 동시 가입
1992	중국과 국교 수립, 한반도 비핵화에 관한 공동 선언
1993	금융 실명제 실시
1994	북한 김일성 사망
1995	지방 자치제 전면 실시, 조선 총독부 건물 철거
1996	경제 협력 개발 기구(OECD) 가입
1997	국제 통화 기금(IMF) 구제 금융 요청
2000	남북 정상 회담, 6·15 남북 공동 선언
2007	제2차 남북 정상 회담, 10·4 남북 공동 선언

 **국내**

● 서울 ● 경기 ● 충청

서울

신석기 시대	· 서울 암사동 유적 : 움집터, 빗살무늬 토기 발견
삼국 시대	· 석촌동 고분 : 계단식 돌무지무덤, 백제의 건국 세력이 부여 · 고구려 계통임을 보여줌 · 백제 수도 : 위례성 - 몽촌토성, 풍납토성 · 위례성 함락(475) : 고구려 장수왕의 남하 정책으로 백제 개로왕 전사 · 북한산비(555) : 진흥왕이 한강 하류 지역을 점령하고 세운 순수비, 조선 후기 김정희가 고증
고려 시대	· 남경 설치 : 남경길지설에 따라 문종 때 설치 → 숙종 때 남경개창도 감 설치에 따라 본격적으로 건설
조선 시대	· 조선 수도 : 1394년에 한양 천도, 정도전에 의한 도성 건설 · 경강 상인의 활동 : 선상 활동(미곡·소금·어물 등의 운송과 판매), 선박 건조, 포구 상업 · 원각사지 10층 석탑(1465, 세조) : 국보 제2호, 고려 경천사지 10층 석탑 계승 · 세계 문화 유산 : 창덕궁, 종묘
근 · 현대	· 전차 개통(1899) : 서대문 - 청량리 · 3·1 운동 시작(1919) : 종로 태화관에서 독립 선언서 낭독, 탑골 공원에서 독립 선언식 거행 · 한성 정부 수립(1919. 4) : 집정관 총재 이승만, 국무총리 총재 이동휘 → 상해 대한민국 임시 정부로 통합

공주

구석기 시대	· 공주 석장리 유적 : 남한에서 최초로 발굴한 구석기 유적
삼국 시대	· 백제의 웅진 천도(475) : 고구려 장수왕의 남하정책으로 문주왕때 천도 · 취리산 회맹(665) : 신라 문무왕과 백제 왕자 부여융이 취리산에서 동맹 · 백제 역사 유적 지구(+ 익산, 부여) : 공주 공산성, 공주 송산리 고분군(무령왕릉)
남북국 시대	· 김헌창의 난(822, 헌덕왕) : 웅천주 도독 김헌창이 아버지 김주원이 왕위에 오르지 못한 것에 대한 반발, 국호-장안국, 연호-경운
고려 시대	· 망이·망소이의 난(1176, 공주 명학소의 난) : 이후 '충순현'으로 승격
조선 시대	· 이괄의 난 때 인조의 피난(1624)
근 · 현대	· 동학 농민군의 우금치 전투(1894. 11, 제2차 농민 전쟁)

강화

청동기 시대	· 세계 문화 유산 : 고인돌 유적(+화순, 고창)
남북국 시대	· 혈구진 설치(844, 문성왕) : 해상교역을 중심으로 하는 대표적인 해 상 군진
고려 시대	· 강화 천도(1232) : 몽골의 1차 침입 이후 몽골이 무리한 조공 요구 로 최우 정권의 강화도 천도 · 대장도감 설치(1236, 최우) - 재조대장경(팔만대장경) 조판 · 삼별초의 대몽 항쟁(강화도 → 진도 → 제주도) : 배중손 지휘기, 승 화후 온(溫)을 왕으로추대
조선 시대	· 임진왜란 이후 사고(史庫) 설치 : 마니산 사고 → 정족산 사고 · 외규장각 설치(정조) : 의궤 등 왕실 관련 서적 보관 → 병인양요 때 프랑스에게 약탈 · 강화학파 성립 : 정제두 중심, 소론 + 불우한 종친이 가학(家學)의 형태로 연구 · 정묘호란 때 인조의 피난(1627), 병자호란 때 봉림대군 피난(1636)

근 · 현대	· 병인양요(1866. 9), 신미양요(1871. 5)
	
	    병인양요 / **신미양요**
	· 배경 : 병인박해 / · 배경 : 제너럴 셔먼호 사건
	· 문수산성(한성근)·정족산성(양 / · 광성진(어재연) 전투
	  헌수) 전투 / · 척화비 건립
	· 외규장각 도서 약탈
	
	· 운요호 사건(1875) : 일본이 조선에 대한 통상 강요 → 1876년 강화도 조약 체결의 계기

부여

청동기 시대	· 부여 송국리 유적 : 집자리 유적(환호, 목책), 송국리식 토기, 탄화 미, 비파형동검 발견
삼국 시대	· 백제의 사비 천도(538, 성왕) : 대외 진출에 유리한 사비 지역으로 천도 · 신라의 소부리주 설치(671) : 신라가 당 군사에게 승리한 뒤 소부 리주를 설치하고 도독으로 아찬 진왕(眞王)을 임명하여 신라 영토 에 편입 · 백제 역사 유적 지구(관북리 유적, 부소산성, 정림사지, 부여 나성, 능산리 고분군 등) · 능산리 사지 - 창왕명 석조사리감 / 능산리 절터 공방지 - 금동대향로 · 왕흥사 - 왕흥사지 심초석 · 정림사지 5층 석탑(평제탑)
고려 시대	· 홍산 대첩(1376, 우왕) : 최영의 왜구 격퇴 · 무량사 5층 석탑 : 고려 전기 석탑, 백제의 영향

청주

남북국 시대	· 민정문서 작성(서원경) : 서원경과 서원경 근접의 4개 촌락	
	문서 작성	· 촌주가 변동 사항을 매년 조사하여 3년마다 촌 단 위로 다시 작성
	조사 대상	· 토지 종류와 면적, 호구 수, 특산물, 수목, 가축의 종류와 수 · 인정(人丁)의 다소를 기준으로 9등급, 인구는 성 별에 따라 연령별로 6등급
	작성 목적	· 생산 자원과 노동력의 철저한 통제 → 조세 수취 와 노동력 징발의 기준 설정
고려 시대	· 흥덕사 - 직지심체요절(1377, 우왕) : 현존 최고(最古) 금속 활자 본(세계기록유산), 조선 고종 때 프랑스공사 플랑시가 반출(현재 프랑스 국립도서관 소장)	
조선 시대	· 이인좌의 난(1729, 영조) : 남인 강경파 + 소론 강경파가 주도하여 청주성을 거점으로 반란 → 왕과 탕평파 대신에게 권력이 집중되 는 계기	

충주

삼국 시대	· 충주(중원) 고구려비 : 고구려의 한강 상류지역 차지, 신라왕을 '동이 매금'으로 표현(고구려의 독자적 천하관), 고구려 군대가 신라 영토 내 주둔 사실을 보여줌
고려 시대	· 김윤후의 충주성 전투(1253, 몽골 5차 침입) · 다인철소 전투(1254, 몽골 6차 침입)
조선 시대	· 조선 전기 사고(史庫) 설치 → 임진왜란 때 소실 · 탄금대 전투(1592. 4) : 신립의 전사 · 조창 설치 : 가흥창(내륙 수운)

단양

구석기 시대	· 단양 금굴 유적 : 가장 오래된 구석기 시대 유적 · 단양 상시리 바위그늘 유적 : 호모 에렉투스의 특징을 지닌 호모 사피엔스의 머리뼈 출토 · 단양 수양개 유적 : 후기 구석기 유적, 슴베찌르개, 소 정강이뼈에 새긴 물고기 모양(주술적 의미)의 예술품 발견
삼국 시대	· 단양 적성비(551, 진흥왕) : 신라의 한강 상류 지역 점령 사실

안동

고려 시대	·안동 전투(930, 고창 전투, 병산 전투) : 고려 군이 후백제에게 승리 → 고려가 주도권 장악 ·홍건적의 2차 침입 시 공민왕의 복주(안동) 피난(1361) ·안동 봉정사 극락전 : 12~13세기 무신 집권기, 맞배지붕 형식의 주심포 양식, 현존 최고(最古)의 목조 건물 ·안동 이천동 석불 : 마애여래 입상
조선 시대	·도산서원(이황), 병산서원(유성룡) ·세계 문화 유산 : 안동 하회마을(유성룡)

영주

남북국 시대	·부석사 창건(의상)
고려 시대	·부석사 무량수전 : 주심포 양식, 팔작지붕, 배흘림기둥 ·부석사 조사당 벽화 : 제석천, 범천, 사천왕 등의 호법신장, 가장 오래된 벽화 ·부석사 소조 아미타여래 좌상 : 진흙으로 빚어 제작, 형태적으로 신라 양식 계승
조선 시대	·백운동 서원(중종 때 풍기 군수 주세붕이 안향의 옛집에 건립) → 소수서원(이황의 건의로 명종 때 사액)

경주

삼국 시대	·신라 수도(금성) ·경주 역사 유적 지구 : 남산 지구 - 포석정, 나정, 배리석불입상 / 월성 지구 - 첨성대, 계림 / 대릉원 지구 - 황남대총, 천마총 / 황룡사 지구 - 분황사, 황룡사지 / 산성 지구 - 명활산성
고려 시대	·3경 설치 : 동경(성종)
조선 시대	·동학 창시(1860) : 몰락 양반 최제우가 창시, 유·불·선(도) + 천주교 교리 + 민간신앙 ·세계 문화 유산 : 양동마을(회재 이언적)

상주

남북국 시대	·원종·애노의 난(889) : 진성여왕 대 조세 독촉, 지배층의 수탈, 기근 등의 원인 ·견훤의 출신지 : 상주 가은현

대구

남북국 시대	·신문왕의 달구벌 천도 시도 → 실패
고려 시대	·공산 전투(927) : 후백제의 신라 공격으로 인해 고려가 신라 원조 → 후백제 승리 ·부인사 : 초조대장경 조판(거란 2차 침입) → 몽골 침입 때 소실
근·현대	·국채 보상 운동 시작(1907) : 대구에서 서상돈·양기탁 등 주도, 금주·금연 + 모금 활동 전개, 통감부의 탄압으로 실패 ·조선 국권 회복단 조직 : 윤상태·서상일·이시영(단군 신앙), 파리 강화 회의에 독립 청원서 작성, 군자금 모금

부산

신석기 시대	·부산 동삼동 유적 : 패총 유적, 죠몬 토기·일본산 흑요석기(일본과의 원거리 물자 교류), 빗살무늬 토기, 조·기장 발견
삼국 시대	·부산 복천동 고분(금관가야)
조선 시대	·삼포개항(1426) : 부산포·염포·제포에 왜관 설치 ·부산진·동래성 함락(1592, 임진왜란) : 정발, 송상현의 항전 ·내상의 활동 : 대 일본 무역 참가
근·현대	·개항지 : 강화도 조약에 따라 1876년 개항(경제적 목적) ·백산상회 : 임시 정부의 군자금 전달 ·6·25 전쟁 중 임시 수도

진주

고려 시대	·최충헌의 식읍 → 이후 최씨 정권의 경제적 기반 ·분사대장도감 설치 : 재조(팔만)대장경 조판
조선 시대	·진주 대첩(1592. 10) : 진주 목사 김시민의 지휘 ·진주혈전(1593. 6) : 김천일, 논개 ·진주 농민 봉기(1862) : 삼정의 문란과 백낙신의 수탈이 원인 → 전국적 확대, 정부의 삼정이정청 설치·삼정이정절목 반포(효과 X)
근·현대	·형평사 설립(1923. 4. 25) : 백정에 대한 사회적 차별 철폐 목적

전주

후삼국 시대	·후백제 건국(900) : 견훤이 완산주를 도읍으로 후백제 건국
고려 시대	·전주 관노의 난(1182, 경대승 집권기) : 주현군 병사가 주도, 최초의 노비 참가
조선 시대	·조선 전기 사고(史庫) 설치 → 임진왜란 때 유일하게 보존
근·현대	·전주 화약 체결(1894. 5. 8) : 동학 농민군과 정부 사이에 체결

익산

삼국 시대	·백제 무왕의 익산 천도 시도 → 실패 ·보덕국 설치 : 신라가 금마저에 보덕국을 설치하고 안승을 보덕국왕으로 임명(674) ·백제 역사 유적 지구 - 미륵사 : 무왕 대 호국 사찰로 건립, 미륵사지 석탑 : 현존 최고(最古)의 탑 / 왕궁리 유적
근·현대	·1970년대 이리(익산) 수출자유지역으로 선정(+마산)

정읍

근·현대	·동학 농민군의 황토현 전투(1894. 4) ·이승만의 정읍 발언(1946. 6) : 제1차 미·소 공동 위원회 결렬 직후 남한만이라도 단독 정부 수립 주장

광주

근·현대	·광주 학생 항일 운동(1929) : 식민지 노예 교육 철폐, 신간회의 지원, 일제 강점기 최대 규모의 항일 학생 운동 ·5·18 민주화 운동(1980) : 신군부의 전국 비상 계엄령 확대에 반발 → 신군부 퇴진, 김대중 석방, 민주주의 실현 요구 / 관련 기록물 세계기록유산 등재

진도

고려 시대	·삼별초의 대몽 항쟁(강화도 → 진도 → 제주도) : 배중손 지휘, 일본에 「고려첩장」 보냄
조선 시대	·명량 해전(1597. 9)

 국내

나주

철기 시대	·영산강 유역의 독무덤(옹관묘) - 마한의 묘제
고려 시대	·나주 전투(903/911) : 왕건이 후백제의 배후 지역인 금성 공격 ·거란의 2차 침입 때 현종의 피난(1010) ·정도전 유배지 : 원(元)의 사신 마중 거부로 나주에서 유배 생활
조선 시대	·임진왜란 때 김천일의 의병 봉기 ·나주 괘서 사건(1755, 영조) : 영조의 정통성 부정 → 소론 몰락, 노론의 권력 장악 ·조창 설치 : 영산창 설치(해운 이용)

강진

고려 시대	·백련사 결사(1208) : 만덕사 중심, 원묘국사 요세가 천태종을 중심으로 전개, 법화신앙 → 참회(예참)와 회개 강조 + 아미타 정토신앙 ·청자 도요지(+ 부안) : 태토와 연료 풍부
조선 시대	·강진 무위사 극락전(15세기) : 검박하고 단정, 주심포 양식 ·정약용 유배지 : 다산 초당

원주

남북국 시대	·신라의 5소경 설치 : 북원경 ·양길의 근거지 : 궁예를 휘하에 두고 강원도 일대에서 활동
고려 시대	·원주 법천사지 지광국사 현묘탑 ·원주 거돈사지 원공국사탑
조선 시대	·조창 설치 : 흥원창

강릉

삼국 시대	·신라의 하슬라주 : 이사부를 군주(軍主)로 삼음 ·신라의 3소경 설치 : 북소경
남북국 시대	·김주원(김헌창의 아버지)이 왕이 되지 못하고 명주(강릉)로 도피 ·사굴산문 : 9산 선문 중 하나. 범일국사가 굴산사에서 개창 → 범일국사 : 강릉단오제(세계무형유산)의 주신
고려 시대	·강릉 객사문 : 현존 최고(最古)문
조선 시대	·오죽헌 : 신사임당·율곡 관련 유적지

제주도

구석기 시대	·제주 빌레못 유적 : 중기 구석기 유적, 혈거(穴居) 유적지
신석기 시대	·제주 한경 고산리 유적 : 초기 신석기 시대, 이른 민무늬 토기·덧무늬 토기·눌러찍기무늬 토기 출토
고려 시대	·삼별초의 대몽 항쟁(강화도 → 진도 → 제주도) : 김통정 지휘 ·탐라총관부 설치(1273~1301) : 삼별초 함락 이후 원 직할령으로 설치(말 목장) → 충렬왕 대 회복
근·현대	·제주 4·3 사건(1948) : 남한 단독 정부 수립 반대 → 서북 청년단과 경찰의 과잉 진압, 제주도민 봉기·미군정 무차별 발포

평양

구석기 시대	·평양 만달리 유적 : 후기 구석기 유적지, 만달사람의 뼈 발견
삼국 시대	·장수왕의 평양 천도(427) : 고구려의 남하 정책 → 백제의 위례성 함락(475) ·안동도호부 설치(668) : 고구려 멸망 이후 당나라가 설치
고려 시대	·서경 설치 : 태조, 서경길지설 + 북진 정책, 분사제도 실시(묘청의 난, 조위 총의 난을 계기로 폐지) ·묘청의 난(1135) ·묘청이 금나라 정벌과 칭제 건원 주장 ·서경파가 반란을 일으킴(국호 : 대위국, 연호 : 천개) ·성격 : 서경파(고구려 계승, 전통 사상 중시) ↔ 개경파(신라 계승, 사대 적 유교 사상 중시) ·조위총의 난(1174, 정중부 집권기) : 서경 유수 조위총이 정권 탈취를 목적 으로 난을 일으킴 ·최광수의 난(1217, 최충헌 집권기) : 고구려 부흥 ·동녕부 설치(1270~1290) : 자비령 이북, 충렬왕 대 회복 → 이후 요양으로 동녕부 이동
조선 시대	·임진왜란 때 조·명 연합군의 평양성 탈환(1593. 1) ·유상(柳商)의 활동
근·현대	·제너럴 셔먼호 사건(1866. 7) : 미국 상선 제너럴 셔먼호가 통상 요구 → 평양 군민의 공격으로 침몰 → 신미양요 발발(1871)의 원인 ·대성학교 설립(1908) : 신민회 회원 안창호가 설립한 중등 교육 기관 → 1914년 기성단 조직 ·송죽회(1913) : 평양 숭의여학교 교사와 학생 중심의 비밀 결사 단체 ·조선 물산 장려회 설립(1922, 조만식) : 일제의 회사령 철폐·관세 철폐에 대항 → 1923년, 전국적으로 물산 장려 운동 전개

의주

청동기 시대	·미송리식 토기 : 의주 미송리 동굴에서 처음 출토
고려 시대	·강동 6주 설치(흥화진) : 거란의 1차 침입 때 서희의 외교 담판으로 강동 6주 설치 ·흥화진 전투(1018) : 거란 3차 침입 때 강감찬의 활약 ·각장 설치(1005) : 거란과의 교역을 위한 무역장 ·위화도 회군(1388) : 명(明)의 철령위 설치 통보에 최영·우왕의 요동 정벌 추진 ↔ 이성계의 4불가론 → 위화도 회군으로 이성계의 군사적 실권 장악
조선 시대	·임진왜란 때 선조의 피난(1592) ·정묘호란(1627) 때 이립의 거병 ·만상의 활동 : 대 중국 무역
근·현대	·보합단(1920) : 군자금 모금, 군경 및 친일파 처단 등

개성

고려 시대	·후고구려 건국(901) : 궁예가 개성을 도읍으로 후고구려 건국 ·고려 수도 : 왕건이 918년 고려 건국 이후 개경으로 천도 → 만월대 축조 ·나성 축조 : 거란과의 항쟁 이후 개경 주변에 나성 축조 ＊고려의 천리장성 : 국경지역(압록강~도련포) ·만적의 난(1198, 최충헌 집권기) : 최충헌의 사노비 만적이 계획, 최초 노비 주도의 난(신분해방적 성격) ·개성 불일사 5층 석탑 : 고구려의 영향 ·개성 현화사 7층 석탑 : 신라 양식 + 고려의 독특한 직선미 ·경천사지 10층 석탑 : 원의 영향을 받은 다각다층탑, 현재는 국립중앙박물 관 소장
조선 시대	·송상의 활동 : 인삼 재배·판매, 대외 무역 관여(만상과 내상 사이의 중계무 역), 전국적 인삼 유통망인 송방 설치
근·현대	·휴전 협정 체결(1953. 7. 27) : 판문점에서 유엔군·북한·중국 사이에 체결 ·개성 공단 : 제1차 남북 정상 회담(2000) 이후 개성 공단 건설 착수(2002)

원산

근·현대	·개항지 : 강화도 조약에 따라 1880년 개항(군사적 목적) ·원산학사 설립(1883. 봄) : 최초의 근대적 사립학교, 근대학문 + 무술 교육 ·원산 노동자 총파업(1929)

해외

중국

🧭 산둥반도

- 백제 근초고왕 : 요서, 산둥, 규슈에 해상기지 설치
- 발해 무왕 : 장문휴의 수군으로 하여금 산둥반도 등주(덩저우)를 공격하게 하여 자사 위준을 살해함
- 남북국 시대의 대당 무역 : 신라방, 신라소, 신라관, 신라원 설치 / 당의 발해관 설치
- 장보고의 대외 활동 : 등주(덩저우)에 법화원 설치

🧭 만주

북만주	· 밀산부 한흥동(1909) : 이상설, 최초의 독립운동 기지 · 대한 독립군단(1920. 12) : 간도 참변으로 독립군이 북만주 집결 → 자유시 이동 · 3부 성립 : 신민부(1925)
서간도 (남만주)	· 삼원보, 신한민촌(1911) 중심 : 신민회 주도(이회영, 이동녕) · 경학사(경제 자립 목적, 실패) → 부민단 → 한족회 · 신흥강습소 → 신흥중학 → 신흥무관학교(1919) : 서로 군정서 · 3부 성립 : 참의부(1923. 8), 정의부(1924. 1) · 국민부 성립(1929. 4) : 3부 통합 운동의 결과 협의회파 중심 → 조선 혁명당· 조선 혁명군 : 양세봉 지휘 + 중국 의용군, 영릉가·흥경성 전투
북간도	· 서전서숙(1906) : 이상설, 국외 항일 교육 기관 · 명동학교(1908) : 김약연, 서일 · 중광단(서일, 1911) → 대한 정의단(1919) → 군정부(1919) → 북로 군정서 (1919, 김좌진) · 간민회(김약연, 1913) → 국민회(이동휘, 김약연) → 대한국민회 (국민회군, 안무) · 무오 독립선언 발표(대한 독립선언, 1918. 11) : 만주·연해주 일대의 유력 독립운동가 39인 · 봉오동 전투(1920. 6) : 홍범도의 대한 독립군 → 훈춘 사건(1920. 10)→ 청산리 대첩(1920. 10) : 김좌진의 북로 군정서 · 간도 참변(1920. 10) : 봉오동·청산리 대첩에 대한 보복으로 일제가 한인 학살 자행 → 북간도 지역 상실, 북만주 밀산에 집결 · 혁신의회 성립(1928. 12) : 3부 통합 운동의 결과 촉성회파 중심 → 한국 독립당 · 한국 독립군 : 지청천 지휘 + 중국 호로군, 쌍성보·경박호·대전자령 전투

🧭 중국 관내

상해	· 대동단결 선언(1917) : 복벽주의 포기, 국민주권주의 + 공화주의의 임시 정부 수립 촉구 · 신한청년당(1918) : 여운형, 김규식 - 파리 강화 회의에 독립 청원서 제출 · 대한민국 임시 정부(1919. 9) : 한성 정부 + 대한 국민 의회 + 상해 임시 정부

- 난징 : 조선 민족 혁명당(1935. 7) - 중국 내 민족 유일당
- 한커우 : 조선 의용대(1938) - 중국 국민당 정부 지원, 소극적 활동으로 분열
- 충칭 : 조선 의용대 충칭 본대(김원봉, 한국 광복군에 흡수) / 대한민국 임시 정부 산하 부
대로 한국 광복군 창설(1940. 9)
- 옌안 : 조선 의용대 화북지대(+ 중국 홍군과 연합, 호가장 전투·반소탕전)
→ 조선 독립동맹에 편입(조선의용군, 1942)

미주

🧭 미국

미국본토	· 공립 협회(1905) : 미국 내 한인 대표 기관 · 대한인 국민회(1910) : 국민회(공립 협회 + 한인 합성 협회) + 대동보국회 / 신한민보 간행 · 흥사단(1913) : 안창호가 샌프란시스코에서 설립 · 구미위원부(1919) : 워싱턴, 임시 정부의 외교담당 기관
하와이	· 하와이 사탕수수 노동자 이민(1902) : 최초의 공식적 노동 이민 · 한인 합성 협회(1907) : 하와이 한인 사회의 구심체 · 대조선국민군단(1914~1917) : 박용만이 하와이에서 조직, 독립 전쟁을 위한 군인 양성

🧭 멕시코

- 에네켄 농장으로 경제적 이주(1905)
- 숭무학교(1910) : 이근영·신광희를 중심으로 군인 양성 운동이 전개되면서 설립

연해주

- 신한촌 형성 / 한민회(1905), 해조신문 발행(1908)
- 13도의군(1910. 6) : 의병장 중심(유인석·이범윤·홍범도·이상설), 국내 침투 작전, 아령파천
건의
- 성명회(1910. 9) : 유인석·이상설, 의병 운동 계열 + 애국 계몽 운동 계열
- 권업회(1911) : 이범윤, 한인 사회 자치 조직, 러시아 당국의 공식 인가
- 대한 광복군 정부(1914) : 이상설을 정도령, 이동휘를 부도령으로 한 정부 명칭을 띤 최초의
독립 운동 단체
- 대한 국민 의회(1919. 3) → 대한민국 임시 정부로 통합(1919. 9)
- 자유시 참변(1921) : 간도 참변 이후 독립군의 자유시 이동 → 소련 적군의 공격 → 수백 명
의 독립군 희생, 일부 만주로 귀환
- 중앙아시아 강제 이주(1937) : 스탈린의 민족 강제이주 정책으로 연해주 한인 20만 명이
카자흐스탄, 우즈베키스탄 등지로 강제 이주

일본

- 2·8 독립 선언(1919) : 일본 유학생이 중심이 된 조선 청년 독립단이 선언서와 결의문 발표
- 관동 대지진(1923)으로 인한 조선인 학살

PART

01

신영식 한국사 Ⅰ

Chapter 01 역사 학습의 목적

1 역사의 의미

┌ 사실(19C) – 실증주의(독일 역사학파), Geschehen, Geschichte
│　　〈랑케〉 바다에 펼쳐진 무수한 모래알과 같은 과거에 있었던 사실들의 집합체
│　　　　　역사가는 자기 자신을 죽이고 오직 사실로 하여금 말하게 해야 한다.
└ 기록된 사실(20C) – 상대주의(영미 역사학계), Historia
　　　〈크로체, 오스틴〉 "모든 역사는 현재의 역사이다."
　　　〈E. H. Carr〉 "역사란 과거와 현재의 끊임없는 대화이다."

실증주의와
상대주의 구분법

$\dfrac{\text{과거 + 현재}}{\text{사실　역사가}}$

역사가의 주관적
가치판단 개입 유무

2 역사 학습의 목적

┌ 역사를 배운다? – 사실만이 아닌 기록된 역사를 배운다는 의미
├ 역사를 배우는 이유 – 과거를 바탕으로 현재를 이해하고 미래를 설계하기 위하여
└ 역사학의 외면과 내면 ┌ 외면 : 역사적 현장에서 인지할 수 있는 현상　ex. 김유신이 말의 목을 베었다.
　　　　　　　　　　　　└ 내면 : 역사적 사실이 나타나게 된 배경, 원인, 동기, 과정　ex. 김유신은 말이 자신의 의지를 꺾으려 한다하여 말의 목을 베었다.

Chapter 02 한국사와 세계사

1 한국사의 보편성과 특수성

┌ 보편성 : 세계사적 공통성 – 박애, 자유, 평등… ex. 구석기 – 신석기 – 청동기 – 철기 등의 시대 구분
├ 특수성 : 각 국가의 특수성 : 한국사의 특수성 – 향도, 계, 두레, 신라의 호국 불교(정치적)
│　　↓　　　ex. 윤봉길이 홍커우 공원에서 수통 폭탄을 투척한 사건에 대한 우리나라와 일본의 다른 평가
민족주의가 강조된 시기 ┌ 강성기 : 고흥의 『서기』, 문종 대의 『고려사』·『고려사절요』, 성종 대의 『동국통감』
│　　　　　　　　　　　　　└→ 세종 대 편찬하여 문종 대 완성
│　　　　　　└ 존립 위태 : 『제왕운기』, 『삼국유사』, 신채호·박은식 등의 민족주의 사학자 …
└ 역사를 바르게 이해하기 위해서는 보편성과 특수성을 상호보완적으로 연계해야 한다.(개방성과 주체성) ┌ 보편성만 강조될 경우 – 사대주의로 치우칠 우려
　　　　　　　　　　　　　　　　　　　　　　　　　　　　　　　　　└ 특수성만 강조될 경우 – 배타적 민족주의, 국수주의로 치우칠 우려

2 한국사의 바른 이해

3 민족 문화의 이해

'여러 가지 역사관'

· 토인비의 순환주의적 역사관
: "역사는 살아있는 유기체"
　생성·발전·소멸의 순환(도전과 응전)

· 헤겔의 관념론적 진보주의
: 정·반·합의 변증법적 발전

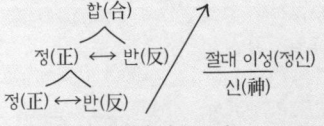

합(合)

정(正) ⟷ 반(反)　　절대 이성(정신)

정(正) ⟷ 반(反)　　신(神)

· 맑스의 유물론적 진보주의
: 역사 발전의 원동력은 계급(투쟁)
→ 물질 분배 과정에서 발생
　① 원시 공산제 사회
　　↓ 잉여 생산물과 빈부 격차(계급)
　　↓ 지배·피지배의 고착화
　② 고대 노예제 사회
　　↓ 쌍무 계약관계 형성
　　↓ 농노를 통한 작물 재배
　③ 중세 봉건제 사회
　　↓ 지식층·부르주아 계급 형성
　　↓ 시민 혁명을 통한 시민 사회 형성
　④ 근대 자본주의 사회
　　↓ 빈부 격차의 극단적 심화
　⑤ 공산주의 사회

'사료와 사료 비판'

· 사료란? 역사가가 연구하는 유물이나 기록
등의 자료 → 사료비판이 필요함

· 사료 비판 ┌ 외적 비판 : 사료의 진위 여부를
　　　　　　　　　　따지는 것
　　　　　　　　ex. 발견된 삼국사기가 진짜인가
　　　　　　　　　　or 옆집 이자씨가 쓴 가짜인가
　　　　　　　└ 내적 비판 : 사료 내용·자체의
　　　　　　　　　　신뢰성을 따지는 것
　　　　　　　　ex. 김부식이 유교적 사대주의에
　　　　　　　　　　입각하여 불교 관련 설화, 토착
　　　　　　　　　　신화, 단군 신화 등을 다 삭제
　　　　　　　　　　하였다.

Section 02 우리 역사의 형성

Chapter 01 선사 문화의 전개와 민족의 기반 형성

1 선사 시대의 세계

└─ 선사(先史 : 역사 이전) ─ 구석기·신석기·청동기·철기
   ┌→ 기록(사실 X)
   └→ 문자 이전 시기

✦ 인류의 기원

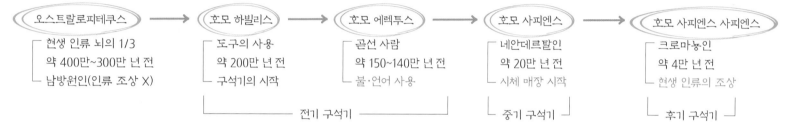

| 오스트랄로피테쿠스 | → | 호모 하빌리스 | → | 호모 에렉투스 | → | 호모 사피엔스 | → | 호모 사피엔스 사피엔스 |

┌ 현생 인류 뇌의 1/3
│ 약 400만~300만 년 전
└ 남방원인(인류 조상 X)

┌ 도구의 사용
│ 약 200만 년 전
└ 구석기의 시작

┌ 곧선 사람
│ 약 150~140만 년 전
└ 불·언어 사용

┌ 네안데르탈인
│ 약 20만 년 전
└ 시체 매장 시작

┌ 크로마뇽인
│ 약 4만 년 전
└ 현생 인류의 조상

└─ 전기 구석기 ─┘   └ 중기 구석기 ┘   └ 후기 구석기 ┘

✦ 신석기 문화와 청동기 문명의 탄생

┌ 신석기 혁명 : 농경의 시작 → 정착 생활, 간석기와 토기의 사용, 촌락 공동체 형성(강가 주변)
│   〈고든 차일드〉(a Neolithic Stone Implement Revolution)
│   "산업 혁명에 비할 수 있을 정도의 인류의 급진적 변화"
└ 4대 문명의 탄생 : 메소포타미아·이집트·인더스·황허 문명
          → 이후 청동기 시대에 도시, 국가의 출현

2 우리나라의 선사 시대

✦ 우리 민족의 기원

┌ 혈연적 동질성 ──→ 구석기에는 우리나라에 사람이 거주하기만 함(우리 조상 X)
└ 지역적 동질성 therefore 민족의 기틀은 신석기~청동기를 거치는 과정에서 형성
                        (정착 생활) (고조선)

✦ 동방 문화권의 형성

┌ 우리 민족은 요령 지역에서부터 형성 → 점차 한반도로 확대
│   ┌ 강상묘, 누상묘(B.C. 8~7C 고조선 전사의 무덤) → 순장 흔적
│   └ 비파형 동검 가장 많이 출토
│   └→ 고조선의 세력 범위
└ 우리 민족은 기록상 동이족, 예맥족, 예족, 맥족, 한족(韓族) 등으로 불림
     └→ 광의 : 여진과 일본까지 중국 동쪽에 있는 여러 민족 통칭 / 협의 : 우리 민족을 지칭

우리 민족의 강역

만주(길림성)

요령성

요동반도 한반도

산둥 반도

'가장 오래된 문명'

현재 가장 오래된 문명은 기원전 3000년경의 메소포타미아 문명으로 보고 있으나 북한만은 대동강 문명(기원전 4500년경)으로 주장함

3 선사 시대의 전개

✦ 구석기 시대 (약 70만 년 전)

→ 충북 단양 금굴 유적에서 포유류 뼈 출토

- 도구 : 뗀석기(주먹도끼, 찍개, 팔매돌 → 사냥 도구 / 긁개, 밀개 → 조리 도구), 뼈도구
- 예술품 : 뼈에 새긴 그림 - 주술적·신앙적 의미

  ex. 제천 점말 동굴 - 털코뿔이 앞발뼈의 사람 얼굴, 수양개 유적 - 소 정강이뼈의 물고기 모양

┌─ 사냥(수렵)·채집·어로
├─ 이동 생활, 무리 사회, 평등 사회(계급 無)
├─ 막집·동굴·바위 그늘(강가)에 거주
└─ 불과 언어 사용

주먹도끼

- 유적
  - 전기
    - 평남 상원 검은모루 동굴 : 5개의 층(기후 변화), 코뿔소·사슴 등 동물뼈, 1966~1970년 발굴
    - 충북 단양 금굴 : 최고(最古) 유적(약 70만 년 전 포유류 뼈 발견), 1983~1985년 발굴
    - 충북 단양 상시리 바위그늘 : 호모 에렉투스 특징의 H/S의 머리뼈 출토, 1981년 발굴
    - 경기 연천 전곡리 : 아슐리안 계통 주먹도끼(모비우스의 학설 반박), 가로날 도끼 출토, 1979~1983년 발굴
    - 충남 공주 석장리 : 전기~후기 구석기의 12개의 문화층 발견, 1964~1974년 발굴(남한 최초 발굴)
  - 중기
    - 평양 역포구역 대현동 : 슬기사람 계통의 '역포사람' 화석 윗머리뼈 발굴
    - 평남 덕천 승리산 동굴 : 인골뼈 - H/S(덕천사람, 아래층)·H/SS(승리산사람, 위층), 1972~1973년 발굴
    - 함북 웅기 굴포리 : 중기 구석기, 신석기 시대 유물, 1960~1964년 발굴
      - cf 굴포리 서포항 : 신석기 유적 - 개·뱀·말 형상 호신부(주술적 의미), 동침신전앙와장(태양 숭배)
        - 부포리 : 중석기 유적
    - 충북 제천 점말 동굴 : 사람의 얼굴을 새긴 털코뿔이의 앞발뼈 출토(주술적 의미), 1973~1980년 발굴
    - 강원 양구 상무룡리 : 좀돌날 몸돌 출토(흑요석 ▪), 1987~1988년 발굴 → 백두산 산
    - 제주 빌레못 동굴 : 혈거 유적지, 1973년 발견·1977~1981년 학술 조사
  - 후기
    - 함북 종성 동관진 : 1933년(일제) 철도 공사 중 발견(우리나라 최초 발굴된 구석기 유적)
    - 평양 만달리 : 만달사람의 뼈, 1979~1980년 발굴
    - 평남 상원 용곡리 동굴 : 용곡사람 뼈, 뼈를 갈아 짐승머리 조각(주술적 의미), 1980~1981년 발굴
    - 충북 제천 창내 : 막집·둥근 밀개, 1982~1983년 발굴
    - 충북 단양 수양개 : 슴베찌르개▪, 소 정강이뼈에 새긴 물고기 모양(주술적 의미), 1983~1985년·1995~1996년 발굴
    - 충북 청원 두루봉 흥수굴 : 완전한 사람뼈 화석(흥수아이), 1976~1983년 발굴

✦ 중석기 시대 (기원전 1만 년경)

→ 구석기~신석기의 과도기

- 신생대4기 해빙기 → 초원 형성, 대한해협·황해 형성(∵ 해수면 상승)
- 잔석기(화살촉) 제작 - 활(원거리 사냥) / 이음 도구 제작
- 유적지 ┌─ 남한 : 홍천 하화계리, 거창 임불리, 통영 상노대도 조개더미(최하층)
        └─ 북한 : 평양 만달리, 함북 웅기군 부포리 유적

'구석기 시대 구분'

- 기준 : 석기를 다듬는 정도
  - 전기 : 다용도(몸돌 사용)
    상원 검은모루, 단양 금굴,
    연천 전곡리, 공주 석장리…
  - 중기 : 1개의 용도(도구의 분화, 격지 사용)
    웅기 굴포리, 제천 점말 동굴,
    제주 빌레못 동굴…
  - 후기 : 쐐기 사용(형태가 같은 돌날격지 제작)
    종성 동관진, 제천 창내,
    단양 수양개, 평양 만달리…

'르발루아 기법과 중기 구석기 시대'

- 프랑스 파리 르발루아에서 유래
- 몸돌의 가장자리에 타격을 가하여 떼어 낸 격지(박편 석기)로 긁개, 자르개, 찌르개 등 제작
- 경기도 연천에서 르발루아 기법의 몸돌 출토

'흑요석'

- 화산 활동으로 형성
- 좀돌날 석기로 사용
- 강원도에서 많이 출토 → 대개 백두산산
- 부산 동삼동의 흑요석은 일본산 (원거리 교역의 근거)

'슴베찌르개'

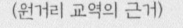

- 슴베 = 이음 도구
- 후기 구석기~중석기 시대에 사용

✦ 신석기 시대 [기원전 8000년경]

- 간석기 : 돌낫, 돌삽, 돌칼, 돌보습(농기구) / 갈돌, 갈판(조리 도구)
  - 농경의 시작 : 밭농사(조·피·수수 / 보리·콩) – 황해도 봉산 지탑리 / 평양 남경
    - (보조 작물) (주곡 작물) (탄화된 조·피 발견)
    - └→ 청동기 이후(벼농사 실시)
  - 정착 생활 : 토기와 움집 제작, 가축 사육 시작
    - ┌ 움집 : 원형, 모서리가 둥근 방형(강가나 해안가)
    - └ 토기 : 곡식 저장과 조리 목적
  - 어로·수렵 비중이 여전히 컸음(잉여 생산물 少)
  - 평등 사회(계급·지배자 X), 취락형성(혈연)
  - 씨족 사회 (혈연중심) ──→ 부족 사회
    - 족외혼
    - ⟮씨족⟯ ⟮씨족⟯ but 씨족 간 경제적 폐쇄성(경제적 교류 X)
  - 모계 사회
- 가락바퀴(+ 뼈바늘) → 원시적 직조 기술 시작(의복·그물 제작)
- 토기 제작
  - 이른 민무늬 토기 → 덧무늬 토기 → 눌러찍기무늬 토기 → 빗살무늬 토기
    - └─── 거의 비슷한 시기(신석기 초기) ───┘   신석기 후기

  가락바퀴(방추차)

- 원시 신앙 출현 ┬ 애니미즘 : 만물 정령 신앙(태양, 물)
  - ├ 토테미즘 : 동물 숭배 신앙(곰, 호랑이, 닭, 개, 말, 소…)
  - ├ 샤머니즘 : 무속 신앙
  - └ 조상 숭배·영혼 불멸 신앙
- 예술 활동 : 사람·동물 모양 조각품, 조개껍데기 가면, 치레걸이 등 출토(주술적 의미)
  - ex. 부산 동삼동 패총, 인천 옹진 소야도 – 조개껍데기 가면
- 유적 : 주로 강가나 해안가에 형성
  - 제주 한경 고산리 : 이른 민무늬 토기, 덧무늬 토기, 눌러찍기무늬 토기 출토(초기 신석기 시대)
    - →백두산산 →뾰족한 모양
  - 강원도 양양 오산리 : 오산리형 낚시 바늘, 흑요석기, 토제 인면상, 납작밑 토기 / 양양 지경리 유적 : 신석기 시대 집자리 출토
  - 부산 동삼동 유적 : 패총 유적, 조개 껍데기 가면, 죠몬 토기·일본산 흑요석기(일본과 원거리 물자 교류), 빗살무늬 토기, 조와 기장 발견
  - 서울 암사동 유적 : 신석기 마을 유적(움집터), 빗살무늬 토기, 패총 X, 탄화된 도토리
  - 황해도 봉산 지탑리 : 빗살무늬 토기, 탄화된 곡물(조·피, with 평양 남경), 갈돌 → 농경의 모습
  - 평남 온천 궁산리 : 패총 유적, 빗살무늬 토기, 사슴뿔로 만든 괭이, 산돼지 어금니를 간 낫, 그물추, 가락바퀴
  - 함북 웅기 굴포리 서포항 : 패총, 동침신전앙와장(태양 숭배, 사후 세계), 개·뱀·말 형상화 → 호신부
  - 김해 수가리(빗살무늬 토기), 청진 농포동(여성 조각품)

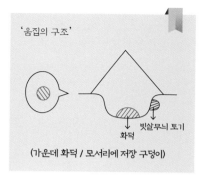

'움집의 구조'

빗살무늬 토기

화덕

(가운데 화덕 / 모서리에 저장 구덩이)

'씨족 사회 유습'

- 동예 책화(경제적 폐쇄성)
- 동예 족외혼
- 삼한 두레(공동 생산·분배)
- 신라 화랑도(원화 : 원시 사회 교육 제도)
- 신라 화백 회의(만장일치 의사결정)
- 고구려 서옥제(데릴사위제 : 모계 사회)

'패총(조개더미)'

- 주로 신석기 유적(강가, 해안가)
- 청동기 – 황해도 몽금포 패총
  - 절영도 패총
- 철기 – 창원 성산 패총(야철지)
  - 김해 회현리 패총(벼, 왕망전)
  - 벼농사 ↲ ↳ 중국과 교역

Chapter 02 고조선의 성립과 여러 나라의 성장

1 고조선과 청동기 문화

✦ 청동기의 보급

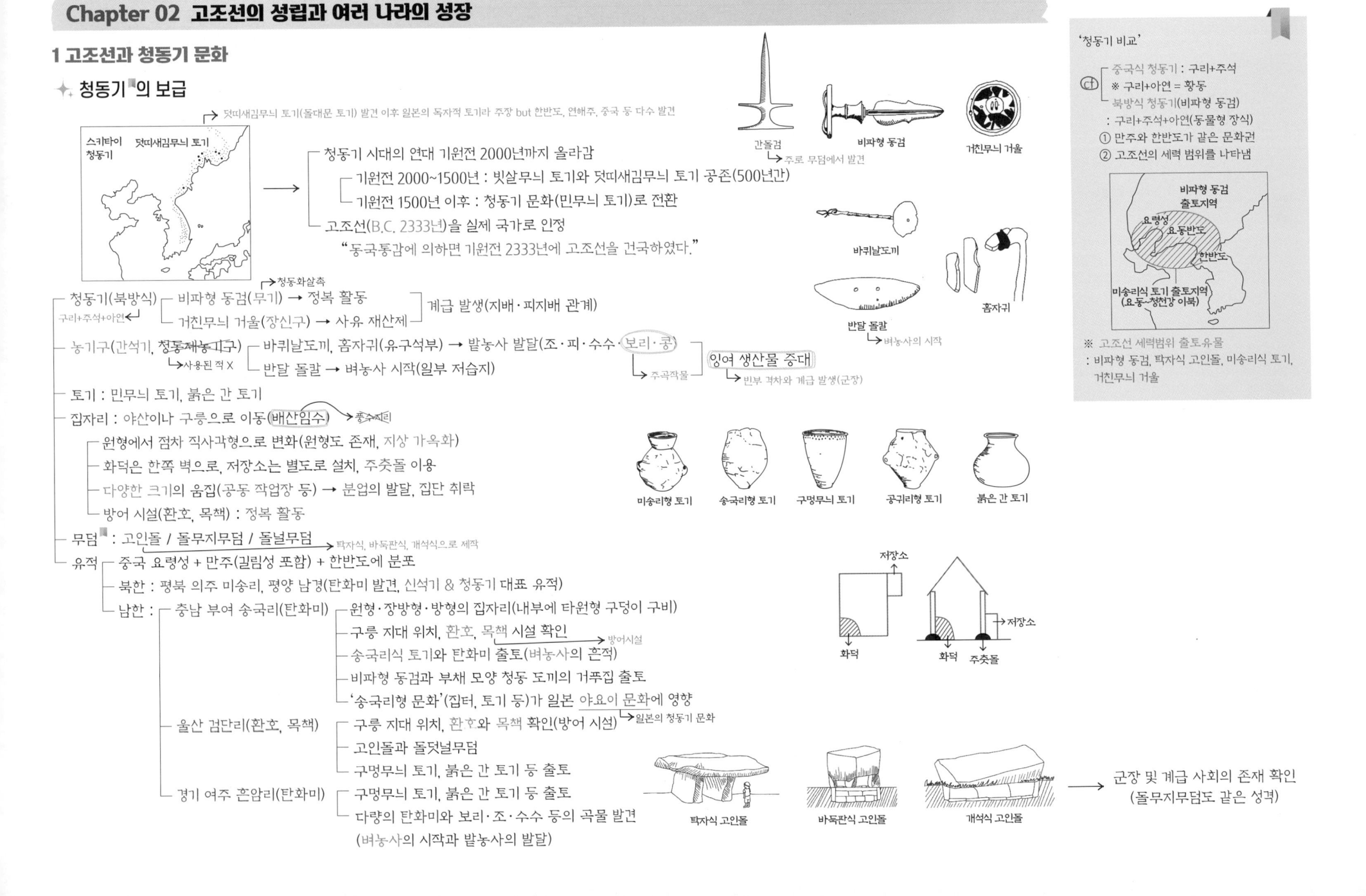

└→ 덧띠새김무늬 토기(돌대문 토기) 발견 이후 일본의 독자적 토기라 주장 but 한반도, 연해주, 중국 등 다수 발견

─ 청동기 시대의 연대 기원전 2000년까지 올라감
    ┌ 기원전 2000~1500년 : 빗살무늬 토기와 덧띠새김무늬 토기 공존(500년간)
    └ 기원전 1500년 이후 : 청동기 문화(민무늬 토기)로 전환
─ 고조선(B.C. 2333년)을 실제 국가로 인정
    "동국통감에 의하면 기원전 2333년에 고조선을 건국하였다."

'청동기 비교'
cf ─ 중국식 청동기 : 구리+주석
    ※ 구리+아연 = 황동
   └ 북방식 청동기(비파형 동검)
    : 구리+주석+아연(동물형 장식)
   ① 만주와 한반도가 같은 문화권
   ② 고조선의 세력 범위를 나타냄

※ 고조선 세력범위 출토유물
: 비파형 동검, 탁자식 고인돌, 미송리식 토기,
거친무늬 거울

─ 청동기(북방식) ─┬ 비파형 동검(무기) → 정복 활동
   (구리+주석+아연)   ┌→청동화살촉
             └ 거친무늬 거울(장신구) → 사유 재산제   ┘ 계급 발생(지배·피지배 관계)

─ 농기구(간석기, 청동제농기구) ─┬ 바퀴날도끼, 홈자귀(유구석부) → 밭농사 발달(조·피·수수·(보리·콩)) ─┐
       └→사용된 적 X   └ 반달 돌칼 → 벼농사 시작(일부 저습지)   └→ 주곡작물   잉여 생산물 증대
                                          └→ 빈부 격차와 계급 발생(군장)

─ 토기 : 민무늬 토기, 붉은 간 토기
─ 집자리 : 야산이나 구릉으로 이동 (배산임수) →풍수지리
   ┌ 원형에서 점차 직사각형으로 변화(원형도 존재, 지상 가옥화)
   ├ 화덕은 한쪽 벽으로, 저장소는 별도로 설치, 주춧돌 이용
   ├ 다양한 크기의 움집(공동 작업장 등) → 분업의 발달, 집단 취락
   └ 방어 시설(환호, 목책) : 정복 활동
─ 무덤 : 고인돌 / 돌무지무덤 / 돌널무덤 →탁자식, 바둑판식, 개석식으로 제작
─ 유적 ─┬ 중국 요령성 + 만주(길림성 포함) + 한반도에 분포
   ├ 북한 : 평북 의주 미송리, 평양 남경(탄화미 발견, 신석기 & 청동기 대표 유적)
   └ 남한 ─┬ 충남 부여 송국리(탄화미) ─┬ 원형·장방형·방형의 집자리(내부에 타원형 구덩이 구비)
                           ├ 구릉 지대 위치, 환호, 목책 시설 확인 →방어시설
                           ├ 송국리식 토기와 탄화미 출토(벼농사의 흔적)
                           ├ 비파형 동검과 부채 모양 청동 도끼의 거푸집 출토
                           └ '송국리형 문화'(집터, 토기 등)가 일본 야요이 문화에 영향
                                          └→일본의 청동기 문화
            ├ 울산 검단리(환호, 목책) ─┬ 구릉 지대 위치, 환호와 목책 확인(방어 시설)
                           ├ 고인돌과 돌덧널무덤
                           └ 구멍무늬 토기, 붉은 간 토기 등 출토
            └ 경기 여주 흔암리(탄화미) ─┬ 구멍무늬 토기, 붉은 간 토기 등 출토
                                └ 다량의 탄화미와 보리·조·수수 등의 곡물 발견
                                 (벼농사의 시작과 밭농사의 발달)

간돌검   비파형 동검   거친무늬 거울
         └→주로 무덤에서 발견

바퀴날도끼   홈자귀
반달 돌칼   └→벼농사의 시작

미송리형 토기   송국리형 토기   구멍무늬 토기   공귀리형 토기   붉은 간 토기

저장소 / 화덕 / 주춧돌

탁자식 고인돌   바둑판식 고인돌   개석식 고인돌
                                   → 군장 및 계급 사회의 존재 확인
                                      (돌무지무덤도 같은 성격)

✦ 철기의 사용 (기원전 5세기)

┌ 전래 : 중국에서 철기 전래 ──→평북 위원
├ 도구 : 철제 무기와 농기구(간석기 → 철기)로 사용 ⇒ 정복 활동 활발, 농업 생산력 증대 ──→경남 사천 늑도 유적
├ 청동기의 의기화 : 세형 동검, 잔무늬 거울, 거푸집(용범) ⇒ 청동기의 독자적 제작
├ 중국 화폐 발견 : 명도전(연·제), 반량전(진), 오수전(전한), 왕망전(신) ⇒ 중국과 경제적 교역
├ 붓(경남 창원 다호리) 발견 ⇒ 한자의 전래 ──→전체적으로 민무늬 토가+입구에 원형, 삼각형의 띠
├ 토기 : 민무늬 토기의 발전, 덧띠 토기, 검은 간 토기 제작
└ 가옥 : 귀틀집, 초가집 형태의 반움집 등장, 부뚜막 시설(온돌)의 등장
        ↳통나무집   ↳하남 미사동 유적

세형 동검

잔무늬 거울

✦ 청동기·철기 시대의 생활 (청동기와 철기 시대 모습은 거의 비슷)

┌ 남·녀의 역할 분화(부계 중심 사회) : 남자는 주로 바깥일, 여자는 집안일 ┌군장의 권위를 하늘과 연결(천손 사상)
└ 사유 재산제와 계급 발생(빈부 격차) → 군장의 등장(청동기, 선민 사상 등장) → 국가의 형성(철기)

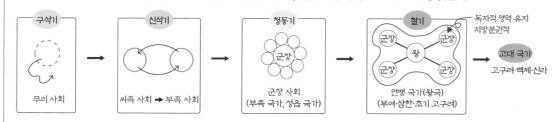

구석기	신석기	청동기	철기
무리 사회	씨족 사회 ➡ 부족 사회	군장 사회 (부족 국가, 성읍 국가)	연맹 국가(왕국) (부여·삼한·초기 고구려)

독자적 영역 유지
지방분권적

고대 국가
고구려·백제·신라

┌ 무덤 : 고인돌·돌무지무덤·돌널무덤 / 널무덤·덧널무덤·독무덤
│   ┌ 청동기 시대 – 고인돌·돌무지무덤·돌널무덤 → 철기까지 이어짐
│   └ 철기 시대 – 널무덤·덧널무덤·독무덤
│   ↳대표적으로 삼한의 주구묘 : 중국식 철기와 청동기가 함께 출토
│   ↳영산강 유역에서 주로 발견

✦ 청동기·철기 시대의 예술

┌ 주술적 청동기 : 호랑이 모양·말 모양 띠고리 장식(북방식 청동기) + 농경문 청동기 + 팔주령·쌍두령
├ 토우 : 사람·짐승 모양의 토우(장식 + 주술)
├ 암각화 : 연대 알 수 없음(ⓒ 선각화는 구석기 시대부터)
│   ┌ 울주 대곡리 반구대 암각화 : 사실적 묘사, 거북·사슴·호랑이, 작살에 꽂힌 고래 등 → 주술적(수렵에서 풍요 기원)
│   ├ 울주 천전리 암각화 : 추상적 무늬, 동심원·마름모꼴·지그재그 문양 등 / 신라 화랑 이름 새겨짐
│   └ 고령 양전동(장기리) 알터 암각화 : 추상적 무늬, 동심원·방패형(또는 검파형)의 기하학적 무늬
└ 선돌 : 하늘과 땅을 연결 + 지배자 권위 상징
        ↳태양을 상징

'널무덤과 독무덤'

⇒ 주로 철기 시대(삼한)와 관련 출제
   but 이전 시기부터 조성됨
┌ 널무덤(삼한의 대표적 무덤 양식)
│ ┌ 신석기 시대부터 등장
│ └ 철기와 함께 청동기 출토
│   (중국식 철기, 청동기 의기화)
└ 독무덤
   ┌ 부여 송국리 유적에서도 발견
   └ 전라도 나주 영산강에서 발굴(마한)

2 단군과 고조선

✦ 고조선의 시기 구분

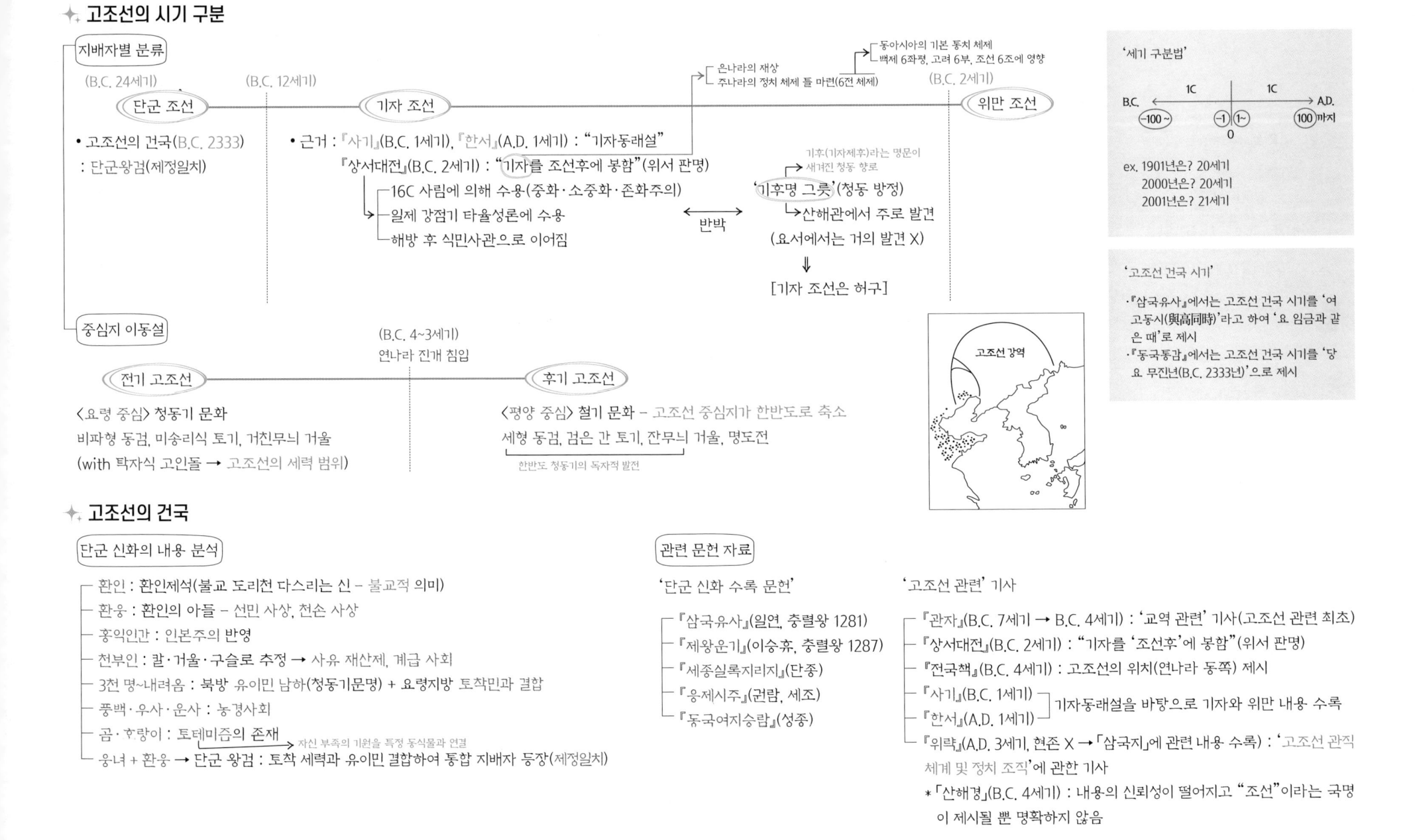

지배자별 분류

(B.C. 24세기)　　　(B.C. 12세기)

단군 조선　→　기자 조선

┌ 은나라의 재상
└ 주나라의 정치 체제 틀 마련(6전 체제)

┌ 동아시아의 기본 통치 체제
└ 백제 6좌평, 고려 6부, 조선 6조에 영향

(B.C. 2세기)　위만 조선

• 고조선의 건국(B.C. 2333)
　: 단군왕검(제정일치)

• 근거 : 『사기』(B.C. 1세기), 『한서』(A.D. 1세기) : "기자동래설"
　　『상서대전』(B.C. 2세기) : "기자를 조선후에 봉함"(위서 판명)
　　┌ 16C 사림에 의해 수용(중화·소중화·존화주의)
　　├ 일제 강점기 타율성론에 수용
　　└ 해방 후 식민사관으로 이어짐

기후(기자제후)라는 명문이 새겨진 청동 향로

'기후명 그릇'(청동 방정)
　→ 산해관에서 주로 발견
　(요서에서는 거의 발견 X)

반박 ⇦

⇓
[기자 조선은 허구]

중심지 이동설

(B.C. 4~3세기)
연나라 진개 침입

전기 고조선　→　후기 고조선

〈요령 중심〉 청동기 문화
비파형 동검, 미송리식 토기, 거친무늬 거울
(with 탁자식 고인돌 → 고조선의 세력 범위)

〈평양 중심〉 철기 문화 – 고조선 중심지가 한반도로 축소
세형 동검, 검은 간 토기, 잔무늬 거울, 명도전
한반도 청동기의 독자적 발전

'세기 구분법'

1C　　1C
B.C. ←─────────→ A.D.
(−100 ~)(−1)(1~)　　(100)까지
　　　　0

ex. 1901년은? 20세기
　　2000년은? 20세기
　　2001년은? 21세기

'고조선 건국 시기'

• 『삼국유사』에서는 고조선 건국 시기를 '여고동시(與高同時)'라고 하여 '요 임금과 같은 때'로 제시
• 『동국통감』에서는 고조선 건국 시기를 '당요 무진년(B.C. 2333년)'으로 제시

고조선 강역

✦ 고조선의 건국

단군 신화의 내용 분석

─ 환인 : 환인제석(불교 도리천 다스리는 신 – 불교적 의미)
─ 환웅 : 환인의 아들 – 선민 사상, 천손 사상
─ 홍익인간 : 인본주의 반영
─ 천부인 : 칼·거울·구슬로 추정 → 사유 재산제, 계급 사회
─ 3천 명~내려옴 : 북방 유이민 남하(청동기문명) + 요령지방 토착민과 결합
─ 풍백·우사·운사 : 농경사회
─ 곰·호랑이 : 토테미즘의 존재 　자신 부족의 기원을 특정 동식물과 연결
─ 웅녀 + 환웅 → 단군 왕검 : 토착 세력과 유이민 결합하여 통합 지배자 등장(제정일치)

관련 문헌 자료

'단군 신화 수록 문헌'

┌ 『삼국유사』(일연, 충렬왕 1281)
├ 『제왕운기』(이승휴, 충렬왕 1287)
├ 『세종실록지리지』(단종)
├ 『응제시주』(권람, 세조)
└ 『동국여지승람』(성종)

'고조선 관련' 기사

┌ 『관자』(B.C. 7세기 → B.C. 4세기) : '교역 관련' 기사(고조선 관련 최초)
├ 『상서대전』(B.C. 2세기) : "기자를 '조선후'에 봉함"(위서 판명)
├ 『전국책』(B.C. 4세기) : 고조선의 위치(연나라 동쪽) 제시
├ 『사기』(B.C. 1세기) ┐ 기자동래설을 바탕으로 기자와 위만 내용 수록
├ 『한서』(A.D. 1세기) ┘
├ 『위략』(A.D. 3세기, 현존 X → 「삼국지」에 관련 내용 수록) : '고조선 관직 체계 및 정치 조직'에 관한 기사
* 「산해경」(B.C. 4세기) : 내용의 신뢰성이 떨어지고 "조선"이라는 국명이 제시될 뿐 명확하지 않음

✦ 고조선의 발전과 멸망

연의 장수 진개의 침입
(B.C. 4세기 ~ 3세기)

위만 입국 : with 철기, 1천여 명 부하 → '박사'로 임명(서북 방비 담당)
(B.C. 3세기 말)

┌→ 고조선의 한나라 섭하 살해
한 무제의 침입 → 1차 접전(패수)에서 승리 → 1년간 5차례 공격
(B.C. 109년)

전기 고조선

┌→ 단군 조선
'조선 王'(B.C. 323)
등장 후
적어도 3명 王

후기 고조선

연나라 비견한 국가 조직 형성(B.C. 4C)

┌ 부왕·준왕(父子관계) → 부자 상속제
├ 대부(大夫) 관직명 : 행정 실무 담당자
│   → 관직 체계 갖춤
└ 박사 : 지방관 파견의 모습(ex. 위만)

위만 조선 (B.C. 194년)

┌ 준왕 축출 : 준왕은 남으로 내려가 '한왕(韓王)'이 됨
├ 진·예와 한의 무역 차단(중계 무역) → 한과 대립
├ 철기 문화 적극 수용(전국적 확대)
├ 주변 정복 활동(진번 / 임둔 지역 – 황해도, 함경도)
├ 북방의 흉노와 연결 → 한나라 위협
└ 관직 정비

┌ 왕·태자·비왕·상·대신·경·장군 명칭 등장
└ 패수상군·패수서군(군사 조직)

멸망 (B.C. 108년, 우거왕)

한사군 설치(한군현)
(낙랑·진번·임둔·현도)
↓
┌ 진번, 임둔은 얼마 후 폐지
├ 현도군 내에서 고구려 성장
├ 낙랑은 313년 고구려에 의해 축출
└ 유이민의 남쪽 이주 → 삼한 성립에 기여

고조선의 8조법 ┌→ 응·보적 성격의 법률
(보복법적 관습법, 『한서지리지』에 3조목만 전함)

• 사람을 죽인 자는 즉시 죽이고 – 노동력 중시
• 남에게 상처를 입힌 자는 곡식으로 배상 – 농경 사회, 사유 재산제
• 도둑질한 자는 그 집의 노비로 – 사유 재산제, 계급 사회, 형벌 노비
• 용서받기를 원하는 자는 1인당 50만 전을 내야 – 사유 재산제, 현물 화폐
• 여자들은 모두 정조를 지키고 – 남성 중심 가부장제 사회

고조선 멸망 후
→ 60여 개 조로 증가
(∵ 토착민의 저항과 반발)

'예군 남려의 투항(기원전 128)'

• 예군 남려가 위만조선에서 벗어나 한(漢)의 요동으로 내속
• 한 무제가 그 땅에 창해군을 설치
   → 수년 후 폐지됨

'고조선의 발전 과정'

천산산백
진개의 침입
위만 임명지
연
위만의 공격
평양
준왕의 남하
(마한지방)
진(辰)

'위만의 단군 조선 계승 근거'

┌ 상투·흰옷(호복, 오랑캐옷) 착용
├ 서북 지방 방비(박사)의 중책 담당
├ 집권 후 '조선'(국호) 유지
└ 토착 세력 중 고위직 다수

'고조선의 멸망 과정'

한 무제의 공격 : 『사기』기록
┌ 한 나라 장수 순체 참수·양복 신분 강등
└ 로인과 우거왕 아들에 대한 포상
   ⇒ 내부 분열로 우거왕 때 멸망

3 여러 나라의 성장

✦ 부여 - 송화강 유역(만주 길림시 일대)

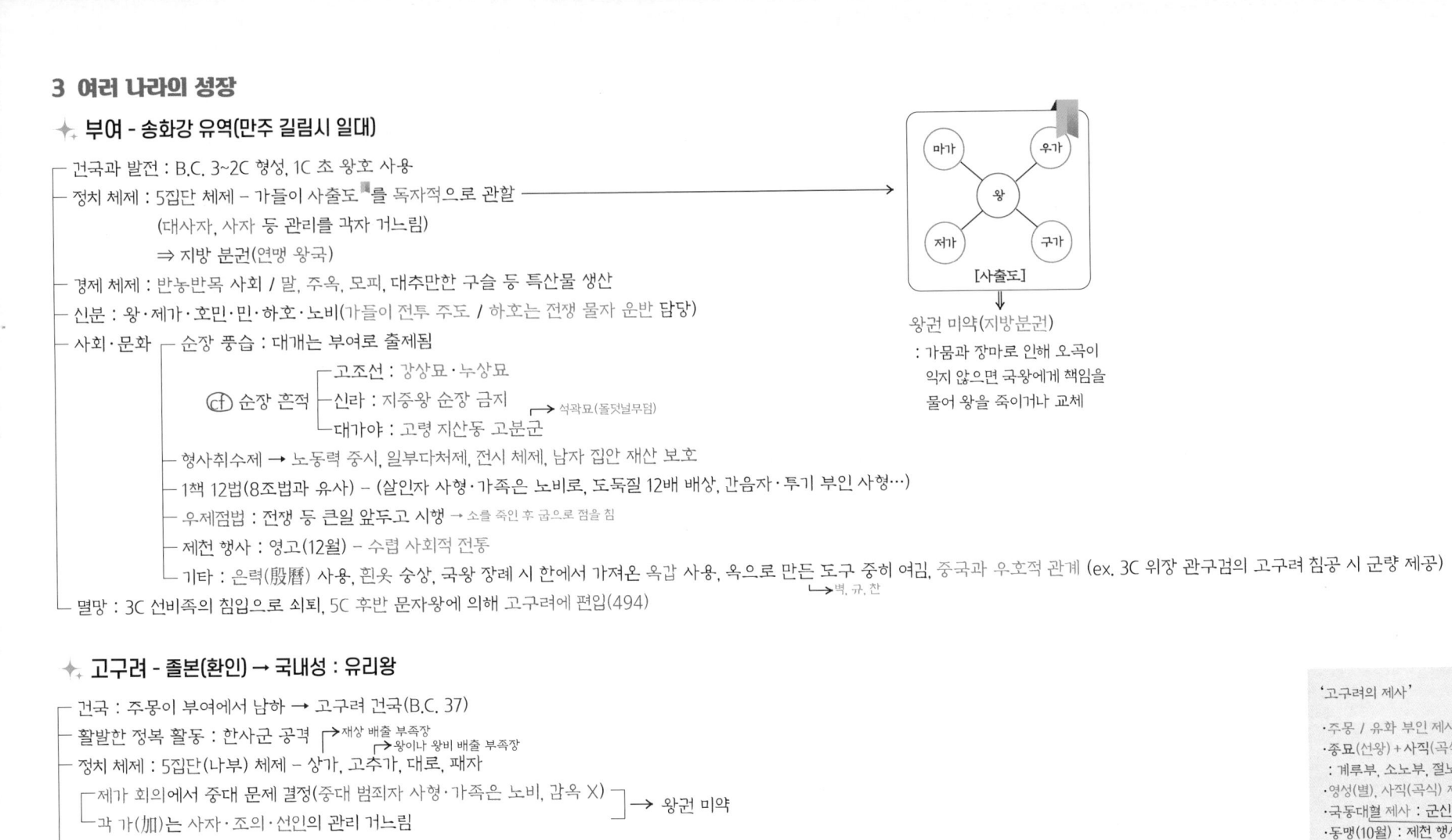

- 건국과 발전 : B.C. 3~2C 형성, 1C 초 왕호 사용
- 정치 체제 : 5집단 체제 - 가들이 사출도 를 독자적으로 관할
  - (대사자, 사자 등 관리를 각자 거느림)
  - ⇒ 지방 분권(연맹 왕국)
- 경제 체제 : 반농반목 사회 / 말, 주옥, 모피, 대추만한 구슬 등 특산물 생산
- 신분 : 왕·제가·호민·민·하호·노비(가들이 전투 주도 / 하호는 전쟁 물자 운반 담당)
- 사회·문화 ┬ 순장 풍습 : 대개는 부여로 출제됨
  - ⓒ 순장 흔적 ┬ 고조선 : 강상묘·누상묘
    - ├ 신라 : 지증왕 순장 금지 ──→ 석곽묘(돌덧널무덤)
    - └ 대가야 : 고령 지산동 고분군
  - ├ 형사취수제 → 노동력 중시, 일부다처제, 전시 체제, 남자 집안 재산 보호
  - ├ 1책 12법(8조법과 유사) - (살인자 사형·가족은 노비로, 도둑질 12배 배상, 간음자·투기 부인 사형…)
  - ├ 우제점법 : 전쟁 등 큰일 앞두고 시행 → 소를 죽인 후 굽으로 점을 침
  - ├ 제천 행사 : 영고(12월) - 수렵 사회적 전통
  - └ 기타 : 은력(殷曆) 사용, 흰옷 숭상, 국왕 장례 시 한에서 가져온 옥갑 사용, 옥으로 만든 도구 중히 여김, 중국과 우호적 관계 (ex. 3C 위장 관구검의 고구려 침공 시 군량 제공)
    - └→ 벽, 규, 찬
- 멸망 : 3C 선비족의 침입으로 쇠퇴, 5C 후반 문자왕에 의해 고구려에 편입(494)

왕권 미약(지방분권)
: 가뭄과 장마로 인해 오곡이
  익지 않으면 국왕에게 책임을
  물어 왕을 죽이거나 교체

✦ 고구려 - 졸본(환인) → 국내성 : 유리왕

- 건국 : 주몽이 부여에서 남하 → 고구려 건국(B.C. 37)
- 활발한 정복 활동 : 한사군 공격 ┬→ 재상 배출 부족장
  - └→ 왕이나 왕비 배출 부족장
- 정치 체제 : 5집단(나부) 체제 - 상가, 고추가, 대로, 패자
  - ┌ 제가 회의에서 중대 문제 결정(중대 범죄자 사형·가족은 노비, 감옥 X) ┐
  - └ 각 가(加)는 사자·조의·선인의 관리 거느림 ┘ → 왕권 미약
- 경제 : 부경(약탈 경제), 맥궁(특산물)
- 사회·문화 ┬ 형사취수제(부여의 풍습, 3C 동천왕까지)
  지배층이 집집마다 ←┤ 서옥제(데릴사위제) → ┬ 모계 사회적(씨족 사회 유습) 전통
  설치한 창고 │ └ 노동력 중시 → 봉사혼
  - ├ 1책 12법 : 부여와 공통점, 연좌제
  - ├ 점술법 유행(점복의 풍습)
  - └ 후장(厚葬) : 금은 모두 소비 / 소나무·잣나무 심음, 돌무지무덤 조성
    - └→ 실제로는 박장

'고구려의 제사'

- 주몽 / 유화 부인 제사 : 조상신 제사
- 종묘(선왕) + 사직(곡식신) 제사
  : 계루부, 소노부, 절노부
- 영성(별), 사직(곡식) 제사 : 풍요 기원
- 국동대혈 제사 : 군신 참여 제사
- 동맹(10월) : 제천 행사 └ 나라 동쪽에 있는 큰 동굴
- 기자신 제사

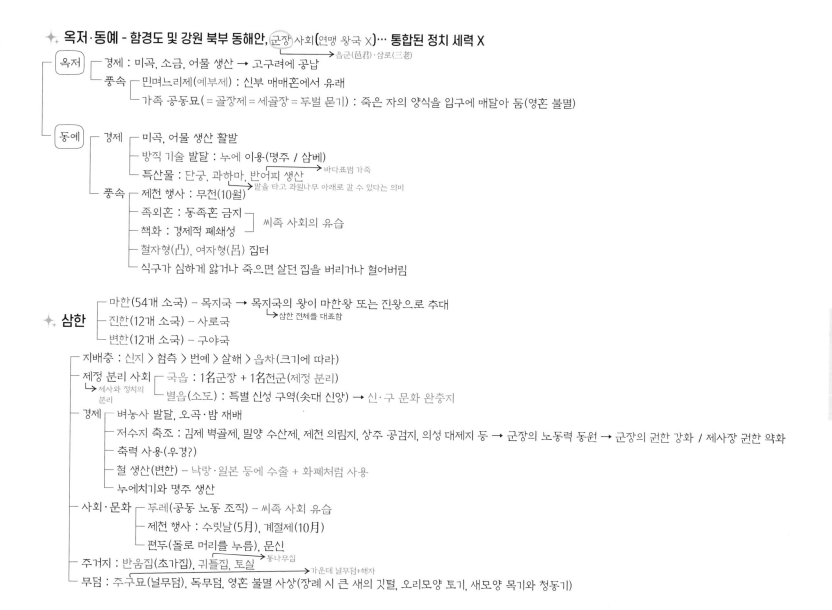

✦ **옥저·동예 - 함경도 및 강원 북부 동해안, 군장 사회(연맹 왕국 X)··· 통합된 정치 세력 X**

옥저 ┬ 경제 : 미곡, 소금, 어물 생산 → 고구려에 공납
             └→ 읍군(邑君)·삼로(三老)
     └ 풍속 ┬ 민며느리제(예부제) : 신부 매매혼에서 유래
             └ 가족 공동묘(= 골장제 = 세골장 = 두벌 묻기) : 죽은 자의 양식을 입구에 매달아 둠(영혼 불멸)

동예 ┬ 경제 ┬ 미곡, 어물 생산 활발
         ├ 방직 기술 발달 : 누에 이용(명주 / 삼베)
         └ 특산물 : 단궁, 과하마, 반어피 생산
                 └→ 바다표범 가죽
     └ 풍속 ┬ 제천 행사 : 무천(10월)
               └→ 말을 타고 과일나무 아래로 갈 수 있다는 의미
         ├ 족외혼 : 동족혼 금지 ┐
         ├ 책화 : 경제적 폐쇄성 ┘ 씨족 사회의 유습
         ├ 철자형(凸), 여자형(呂) 집터
         └ 식구가 심하게 앓거나 죽으면 살던 집을 버리거나 헐어버림

✦ **삼한** ┬ 마한(54개 소국) – 목지국 → 목지국의 왕이 마한왕 또는 진왕으로 추대
         ├ 진한(12개 소국) – 사로국　　└→ 삼한 전체를 대표함
         └ 변한(12개 소국) – 구야국

┬ 지배층 : 신지 〉 험측 〉 번예 〉 살해 〉 읍차 (크기에 따라)
├ 제정 분리 사회 ┬ 국읍 : 1名군장 + 1名천군(제정 분리)
│ └→ 제사와 정치의 └ 별읍(소도) : 특별 신성 구역(솟대 신앙) → 신·구 문화 완충지
│　　분리
├ 경제 ┬ 벼농사 발달, 오곡·밤 재배
│   ├ 저수지 축조 : 김제 벽골제, 밀양 수산제, 제천 의림지, 상주 공검지, 의성 대제지 등 → 군장의 노동력 동원 → 군장의 권한 강화 / 제사장 권한 약화
│   ├ 축력 사용(우경?)
│   ├ 철 생산(변한) – 낙랑·일본 등에 수출 + 화폐처럼 사용
│   └ 누에치기와 명주 생산
├ 사회·문화 ┬ 두레(공동 노동 조직) – 씨족 사회 유습
│   ├ 제천 행사 : 수릿날(5月), 계절제(10月)
│   └ 편두(돌로 머리를 누름), 문신
├ 주거지 : 반움집(초가집), 귀틀집, 토실
│   └→ 통나무집
└ 무덤 : 주구묘(널무덤), 독무덤, 영혼 불멸 사상(장례 시 큰 새의 깃털, 오리모양 토기, 새모양 목기와 청동기)
               └→ 가운데 널무덤+해자

'대외 무역 루트의 변화'

·한 군현 설치 이후부터 4세기 초 이전 : 중국 – 한 군현 – 삼한 – 일본으로 이어지는 해상 교역 활발
·낙랑 축출(313)로 한 군현 멸망 이후 : 중국 – 백제 – 일본으로 이어지는 해상 교역 활발

Chapter 01 고대 국가의 성립과 발전

1 고대 국가의 정치적 발전

- **고대 국가의 특징**
  - 왕위 세습(형제 상속 → 부자 상속)
  - 율령 반포(체제 + 제도)
  - 불교 수용(사상적 통합)
  - 정복 활동(경제력·군사력 확장)
  - 관리와 군대 파견

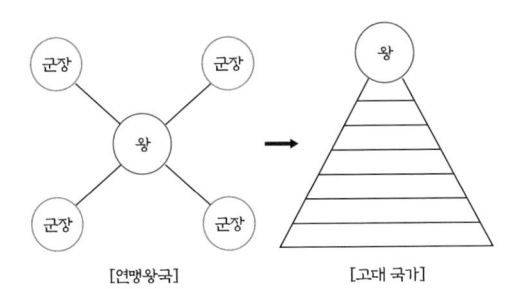

[연맹왕국] [고대 국가]

- **삼국의 성립**
  - 고구려 : 부여 유이민(주몽) + 압록강 토착 세력(소서노 집단)
  - 백제 : 부여·고구려 유이민(비류·온조) + 한강 토착민
  - 신라 : 토착 세력이 유이민 흡수·통합

- **삼국의 발전 과정**

	2C	3C	4C	5C	6C
왕위 형제 상속	태조왕(고)	고이왕(백)	내물왕(신)		
왕위 부자 상속	고국천왕(고)		근초고왕(백)	눌지왕(신)	
율령 반포		고이왕(백)	소수림왕(고)		법흥왕(신)
불교 수용			소수림왕(고, 372) 침류왕(백, 384)	눌지왕 (신, 전래 457)	법흥왕 (신, 수용 527)
전성기			근초고왕(백)	광개토 대왕(고) 장수왕(고)	진흥왕(신)

ⓒ 고대 중국사 정리

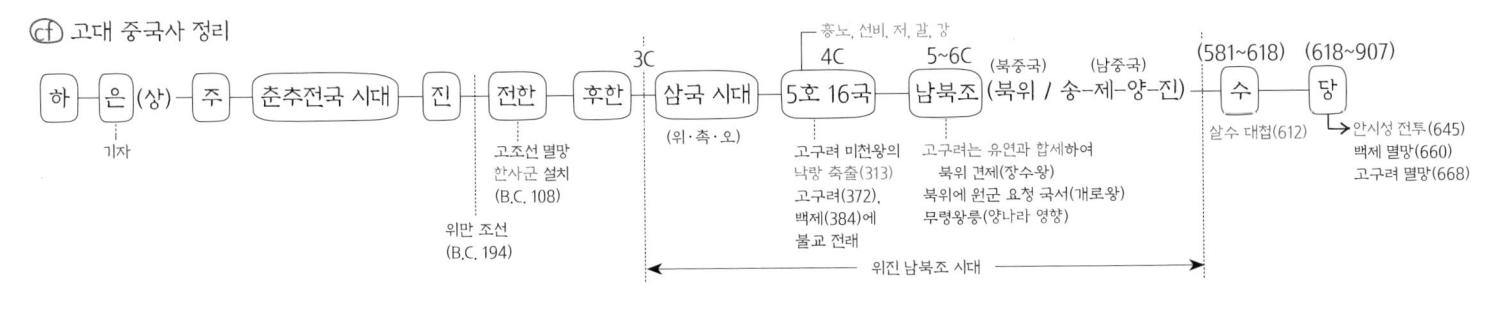

✦ 시기별 삼국의 발전 과정

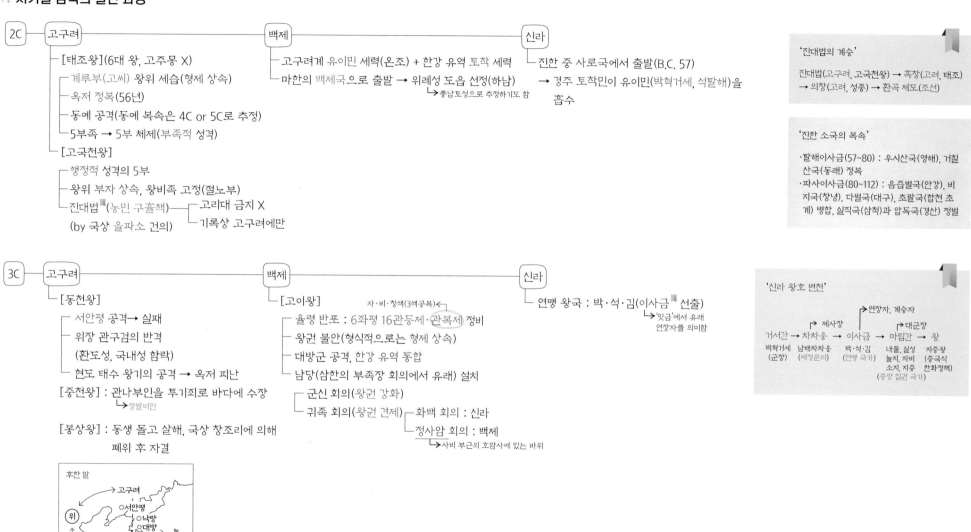

2C ─ 고구려 ──────────── 백제 ──────────── 신라

고구려
- [태조왕](6대 왕, 고주몽 X)
- 계루부(고씨) 왕위 세습(형제 상속)
- 옥저 정복(56년)
- 동예 공격(동예 복속은 4C or 5C로 추정)
- 5부족 → 5부 체제(부족적 성격)
- [고국천왕]
- 행정적 성격의 5부
- 왕위 부자 상속, 왕비족 고정(절노부)
- 진대법(농민 구휼책) ─ 고리대 금지 X
  (by 국상 을파소 건의) └ 기록상 고구려에만

백제
- 고구려계 유이민 세력(온조) + 한강 유역 토착 세력
- 마한의 백제국으로 출발 → 위례성 도읍 선정(하남)
  └→풍납토성으로 추정하기도 함

신라
- 진한 중 사로국에서 출발(B.C. 57)
- → 경주 토착민이 유이민(박혁거세, 석탈해)을 흡수

'진대법의 계승'

진대법(고구려, 고국천왕) → 흑창(고려, 태조) → 의창(고려, 성종) → 환곡 제도(조선)

'진한 소국의 복속'
- 탈해이사금(57~80) : 우시산국(영해), 거칠 산국(동래) 정복
- 파사이사금(80~112) : 음즙벌국(안강), 비지국(창녕), 다벌국(대구), 초괄국(합천 초계) 병합, 실직국(삼척)과 압독국(경산) 정벌

3C ─ 고구려 ──────────── 백제 ──────────── 신라

고구려
- [동천왕]
- 서안평 공격 → 실패
- 위장 관구검의 반격
  (환도성, 국내성 함락)
- 현도 태수 왕기의 공격 → 옥저 피난
- [중천왕] : 관나부인을 투기죄로 바다에 수장
  └→장발미인
- [봉상왕] : 동생 돌고 살해, 국상 창조리에 의해 폐위 후 자결

백제
- [고이왕]　　　　　　　　자·비·청색(3색공복)←
- 율령 반포 : 6좌평 16관등제·관복제 정비
- 왕권 불안(형식적으로는 형제 상속)
- 대방군 공격, 한강 유역 통합
- 남당(삼한의 부족장 회의에서 유래) 설치
- 군신 회의(왕권 강화)
- 귀족 회의(왕권 견제) ─ 화백 회의 : 신라
  └ 정사암 회의 : 백제
    └→사비 부근의 호암사에 있는 바위

신라
- 연맹 왕국 : 박·석·김(이사금 선출)
  └→'잇금'에서 유래 연장자를 의미함

'신라 왕호 변천'

거서간 → 차차웅 → 이사금 → 마립간 → 왕
박혁거세　남해차차웅　박·석·김　내물, 실성　지증왕
(군장)　(제정분리)　(연맹 국가)　눌지, 자비　(중국식
　　　　　　　　　　　소지, 지증　한화정책)
　　　　　　　　　　　(중앙 집권 국가)

제사장 / 연장자, 계승자 / 대군장

후한 말
- → 고구려
- ○서안평 / ○낙랑 / ○대방
- 위
- 오

\<3C 고구려 대외 관계\>

4C
중국 : 5호 16국
혼란기

고구려 ──→ 봉상왕에 의해 살해당한 돌고의 아들

백제

신라

[미천왕] ┌ 서안평 점령(311)
        ├ 낙랑 축출(313)   5호 16국 혼란기 이용
        └ 대방 축출(314)   (4c)

[고국원왕] ─ 전연(모용황)의 침략(342) → 남평양
            (대방) 이동
          ─ 백제(근초고왕)의 공격 → 전사(371)

선비족(전연)
→ 고구려
백제

[소수림왕]
 ┌ 전진과 수교(372) : 백제 견제
 ├ 불교 전래(372) – from 전진의 순도(375년,
 │   초문사·이불란사 건립)
 ├ 태학 설립(372) : 국립 대학
 ├ 율령 반포(373, 고대 국가 완성)
 ├ 백제 및 거란과의 충돌(378)
 │   국립
 ⊕ ┌ 태학(4C) : 중앙, 귀족, 유학 + 한학 교육
   └ 경당(5C?) : 지방, 귀족 + 평민, 한학 + 무술
 사학의 효시 ←   → 전시 국가적 특징

[근초고왕](전성기)
 ─ 왕위 부자 상속 정착, 왕비족 고정(진씨)
 ─ 마한 정복(전라도 유역 진출), 고구려 공격(고국원왕 전사)
 ─ 가야에 대한 지배권 행사
 ─ 요서·산동·일본 규슈에 해상기지 건설
 ─ 동진과 수교(남북 외교)
 ─ 일본에 ┌ 아직기 파견 : 한자의 전래
         └ 왕인 파견 : 논어와 천자문 전래
 ─ 고흥의 『서기』 편찬 – 현존 X
 ─ 칠지도 하사(369) : 일본에 강력한 영향력

부여
요서 지방   고구려
전진
산동 지방
동진   규슈
〈 4C 근초고왕 〉

[침류왕] – 불교 수용(384) : 동진의 마라난타

'임나(가야)일본부설(4C)'

[근거] ┌ 『일본서기』(8C)
       ├ 『광개토 대왕릉비』
       └ 칠지도

[반박] ┌ 『고사기』(4C) : 전무
       ├ 『일본서기』 : 일왕가 칭송목적
       ├ 『광개토 대왕릉비』 : 주어–일본 X
       ├ 4C–통합 정치 세력 無
       ├ 칠지도 – 供–'하사하다'의 의미
       └ '일본'이란 용어는 7C부터

칠지도

[내물왕](고대 국가 진입)
 ─ 김씨 왕위 세습(형제 상속)
 ─ 마립간의 왕호 사용
 ─ 낙동강 유역 진출(진한 장악)
 ─ 전진과 수교(고구려를 통해), 사신 위두 전진에 파견

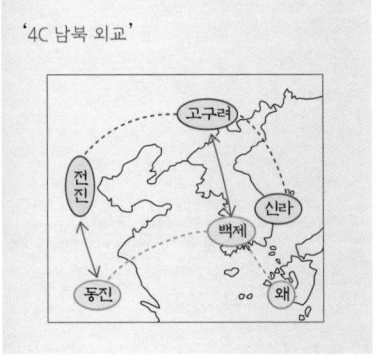
'4C 남북 외교'
고구려
전진   신라
백제
동진   왜

'불교의 전래'
·고구려(소수림왕, 372)
 : from 전진의 순도
·백제(침류왕, 384)
 : from 동진의 마라난타
·신라
 ┌ 전래(눌지왕, 457) – 고구려 목호자
 └ 수용(법흥왕, 527) – 이차돈 순교
              (흥륜사, 백률사)
·일본
 : 백제 노리사치계(6C, 성왕)

5C	고구려		백제		신라	

중국
: 남북조
시대

[광개토 대왕]

- 광개토 대왕릉비(장수왕, 414 건립)
  - 1면 : 주몽(추모) - 건국 과정
    - '천제지자 모하백여랑'
    - cf) '하백지손 일월지자' (모두루 묘지명) → 북부여 수사
    - '일월지자 하백지손' (지안고구려비 ▤)
  - 2면 / 3면 : 광개토 대왕 때 영토 확장(직·간접)
    - 비려·숙신·후연·거란·동부여
    - 백제의 한강 이북 58개 성 공취(관미성)
    - 신라에 출몰한 왜구 격퇴(400)
  - 4면 : 수묘인 수와 역할(복속민도 포함)
- 왜구 격퇴
  - 399년 왜구 출몰
  - 400년 왜구 격퇴
    - 근거 ┬ 광개토 대왕릉비
    - └ 호우명 그릇(호우총 출토)
    - '국강상광개토지호태왕호우십'(그릇 밑바닥 명문)
    - → 신라에 대한 고구려의 간섭(4C 말~5C 초)
    - (실성과 눌지의 왕위 교체)
- 가야 연맹장 교체(16p 참조)
- 연호 : 영락(永樂) ┬ 대외적 : 중국과 대등함
  - └ 대내적 : 강력한 왕권

[장수왕]

- 남하 정책 : 평양 천도(427) → 나·제 동맹(433) → 백제 위례성 합락(475)
  - ⓒ 졸본성 → 국내성(유리왕) → 평양성 → 나·제 동맹(433) ······ 동맹 결렬(553)
  - 도읍 이동 ┘ (427)
  - ⓑ 위례성 → 웅진성(문주왕) → 사비성(성왕) (비유+눌지) 결혼동맹(493)
  - (475) (538) (동성·소지)
  - └ 개로왕 전사(475)
- * 충주(중원) 고구려비 : 남양만~죽령까지 영토 확장
- 흥안령 일대 지두우 분할 점령(with 유연) - for 〈북위 + 물길〉 견제

[문자왕] - 부여 복속(494) → 고구려 최대 영토

[비유왕] - 나·제 동맹(433, with 눌지왕)

[개로왕] ┬ 북위에 원군 요청 국서(472)
- ├ 장수왕에게 한강 유역 상실(475)
- └ → 전사 : 위례성 합락

[문주왕] - 웅진(공주) 천도(475) → 왕권 약화

[동성왕] ┬ 왕권 강화 시도 : 웅진 토착 귀족
- │ (백씨·사씨·연씨) 대거 등용
- ├ 신라 소지왕과 결혼동맹(493) 이찬 비지의 딸
- ├ 국방력 강화 : 우두성, 이산성, 가림성 등
- │ 축조(방어망 정비)
- ├ 탐라국 복속(498)
- └ 백가의 가림성 반란 → 피살

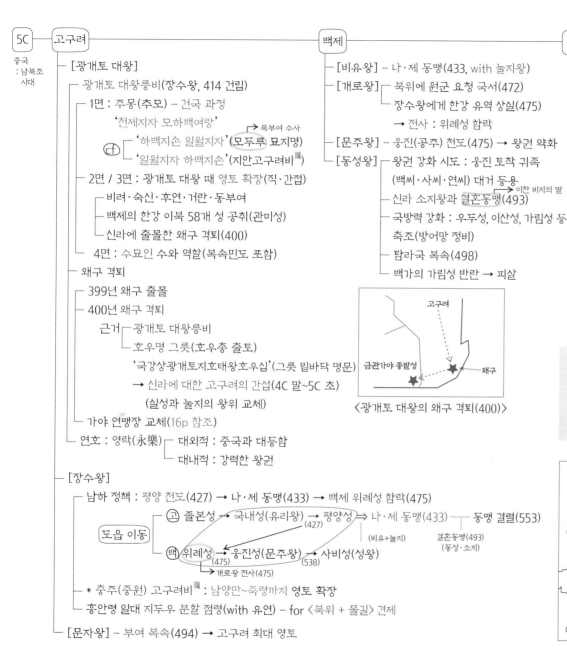

〈광개토 대왕의 왜구 격퇴(400)〉

금관가야 종발성
고구려
왜구

[내물왕] ┬ 왜구 격퇴(광개토 대왕의 협조)
- └ (근거 : 호우명 그릇) 호우총 출토

[실성왕] ┬ 고구려에 볼모로 갔다가(392)
- ├ 귀국 후 즉위 - 눌지왕 제거 시도
- └ → 고구려군에 제거됨

[눌지왕] ┬ 나·제 동맹(433) :with 비유왕
- ├ 왕위 부자 세습
- ├ 불교의 전래(고구려 묵호자 or
- │ 아도화상)
- └ 박제상(김제상)의 활약

교통과 통신목적
[소지왕] ┬ 우역(487)과 시장(490) 개설
- ├ 신궁(神宮) 설치(487)
- ├ 백제와 결혼 동맹(493)
- └ 6부 행정 구역 ▤ 마련(6촌 → 6부)

〈5C 삼국의 대외 항쟁〉
(고구려 전성기)

부여
숙신
거란
동부여
후연
고구려

'남한의 고구려 유적'

경기도 연천군 호로고루성, 당포성, 은대리성, 서울시 아차산 보루군, 망우산·용마봉 보루군, 홍련봉 보루군, 시루봉 보루군, 세종시 청원 남성골 산성, 경기도 포천 반월산성, 충북 진천 대모산성 등

'5C 고구려의 다면 외교'

유연 / 전연(후연) / 숙신(물길)
지두우 / 북연 / 고구려
북위
송·제·양·진

·전반적으로 북위 견제(but 전쟁 無)
: for 〈북위+물길〉을 견제
→ 유연과 지두우(흥안령) 분할 점령 시도
·북위와 연합하기도 함
: 북연의 풍홍을 제거하고 송을 견제하기 위해 북위와 연결

'지안 고구려비'

┬ 수묘비
├ 현존 최고의 고구려비로 추정
└ 고주몽 : '일월지자 하백지손'

'충주(중원) 고구려비'

┬ 한강 상류 지방 차지
├ 고구려가 신라왕을 '동이매금'이라고 표현
│ → 고구려의 독자적 천하관
│ '신라토내당주' → 고구려 군대가 신라
│ 영토 내 주둔
├ 고구려가 신라왕과 신하에게 의복 하사
└ '발위사자' → 고구려 관등의 분화와 정비
과정 확인

'신라의 6부 행정 구역 마련'

·삼국사기 기록에는 유리왕 때로 기록
but 연맹 왕국 때 행정구역 정비는 불가능
∴ 김부식의 오기로 이해
·6부 행정 구역 마련 시점은 학자에 따라
소지왕·눌지왕·지증왕 때로 주장
→ 소지왕으로 두 번 출제

✦ 가야의 여러 나라(諸國)
- 6가야설 : 『삼국유사』(가락국기의 기록)
- 10~12가야설 : 현재의 다수설

전기 가야(2~3C)

금관가야 중심(김해) ──────→ 위축(4C) ─────〈포상 8국의 난〉─────→ 해체(400년) : 광개토 대왕 왜구 격퇴
- 철 생산(낙랑·왜와 교역) + 벼농사 발달   원인 ┌ 낙랑 축출(313) → 철 교역의 위축   → 금관가야 위축(멸망 X) : 전기 가야 해체
- 건국 설화 : '구지가'('거북아 거북아…')   ├ 신라·백제의 팽창·압박
                                                          ├ 백제 목라근자의 공격(근초고왕 대)
                                                          └ 신라 내물왕의 낙동강 유역 진출

후기 가야(5C 후반)
(백제·신라의 위축)

대가야 중심(고령) ──[남원까지 진출](6C 초)──→ 위축(6C 전반) : 백제와 신라의 압박 ──→ 신라(법흥왕)와 결혼 동맹(522) : 명맥 유지
- 농업 생산력 + 철광(야로현)   ┌ 백제의 대사진 탈취   (대가야의 이뇌왕 + 신라 이찬 비조부의 딸)
- 고령 지산동 고분군(순장 풍습) → 석곽묘(돌덧널무덤)   └ 신라 전성기   → 월광태자 출생
- 건국 설화 : "가야산신 정견모주가 이비가지의 빛을
  받아 뇌질주일과 뇌질청예를 낳았는데 뇌질주일이
  이진아시왕(대가야王), 뇌질청예가 수로왕(금관가야王)"

복속기(6C)
- 금관가야 복속(법흥왕)(532) → 금관가야의 왕족은 신라 진골에 흡수(김구해 → 김무력 → 김서현 → 김유신)
- 백제, 대가야, 왜 연합군 관산성 전투 패배(554) → 대가야 복속(by 진흥왕 때 이사부)(562) → 연맹 국가 단계에서 소멸(고대 국가 X)
  └→ 백제 성왕이 옥천 관산성 공격

가야의 특징
- 벼농사 발달(고령, 합천 지역)
- 수레형 토기(4C 스에키 토기에 영향)
- 철 생산(철제 갑옷·무기), 중계무역(낙랑, 규슈)
- 순장 풍습
- 고령 지산동 고분, 부산 복천동 고분, 함안 말이산 고분, 김해 대성동 고분,
  창녕 계남리고분
- 덧널무덤, 구덩식 돌덧널무덤, 굴식 돌방무덤(백제 영향, 고령 고아동 벽화고분)
  └→ 가야 유일의 벽화고분

'가야의 건국 설화'

구지가 관련 설화
→ 금관가야 건국 설화
┌ 뇌질주일 : 이진아시왕(대가야)
└ 뇌질청예 : 김수로(금관가야)
→ 대가야 건국 설화

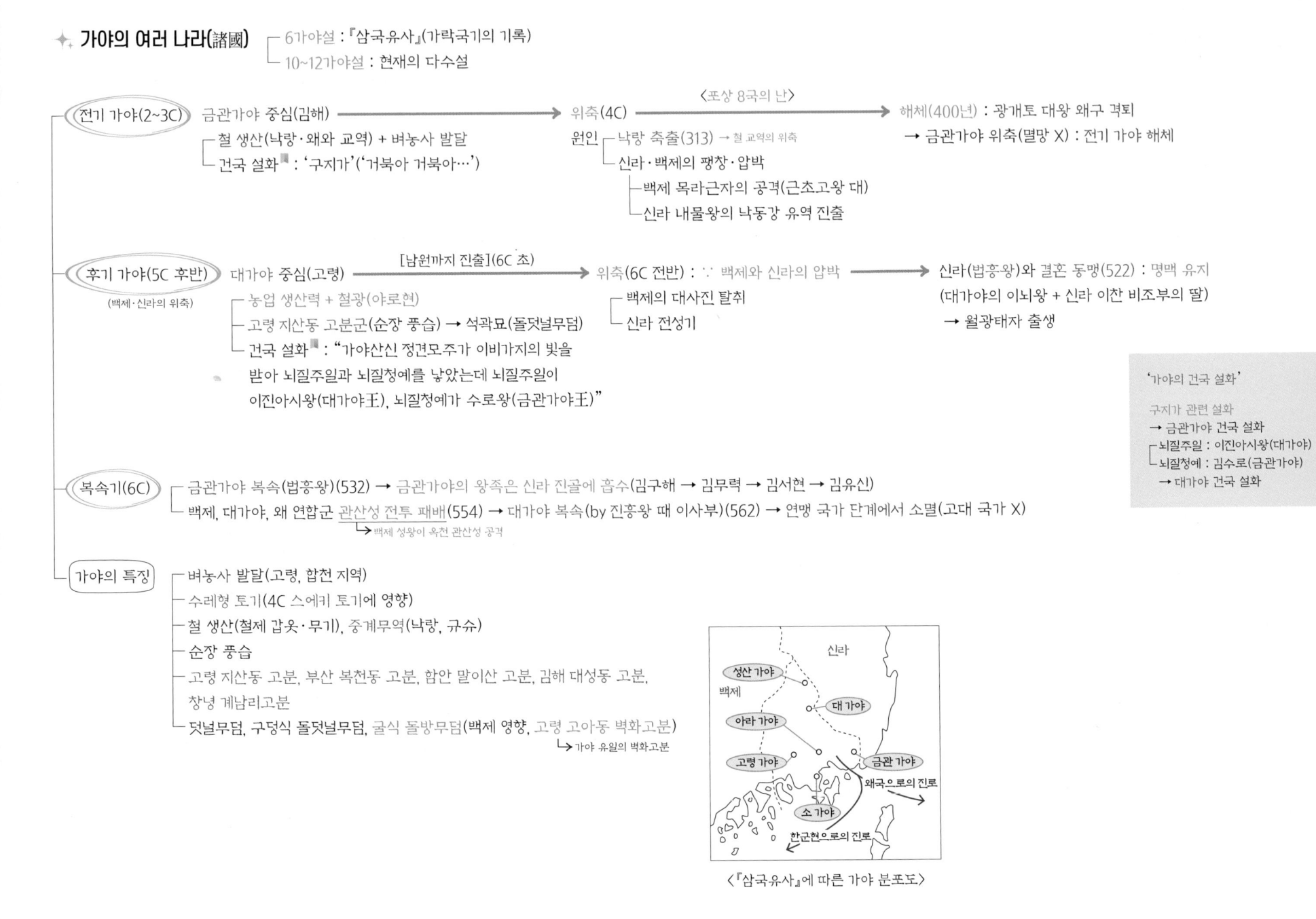

〈『삼국유사』에 따른 가야 분포도〉

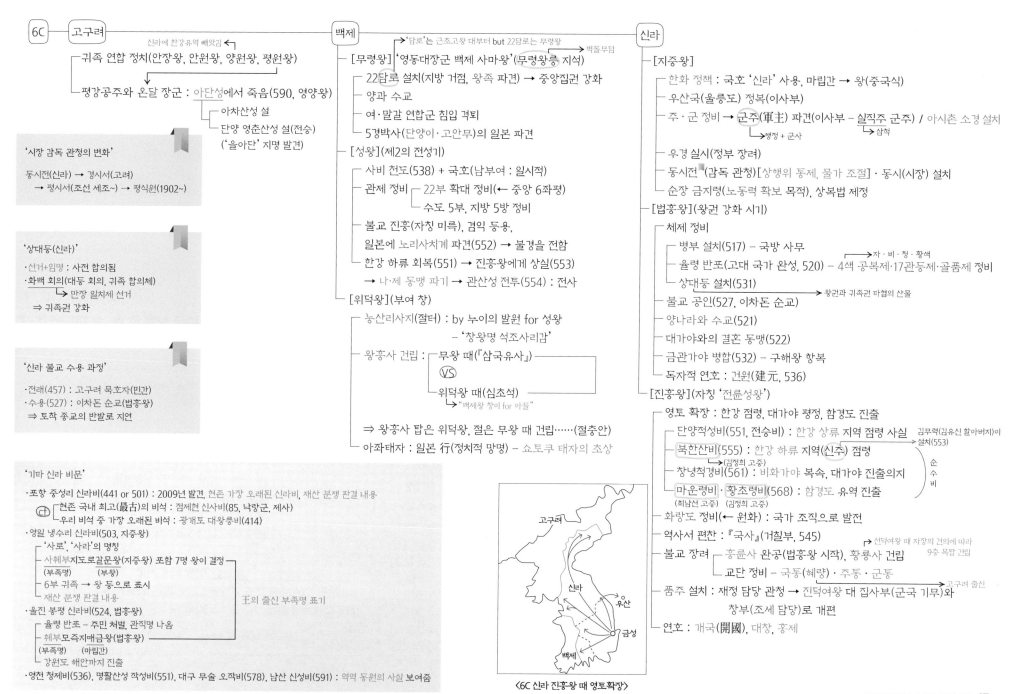

6C

고구려

신라에 한강유역 빼앗김 ←

귀족 연합 정치(안장왕, 안원왕, 양원왕, 평원왕)

평강공주와 온달 장군 : 아단성에서 죽음(590, 영양왕)
　├ 아차산성 설
　└ 단양 영춘산성 설(전승)
　　('을아단' 지명 발견)

'시장 감독 관청의 변화'

동시전(신라) → 경시서(고려)
　→ 평시서(조선 세조~) → 평식원(1902~)

'상대등(신라)'

· 선거＋임명 : 사전 합의됨
· 화백 회의(대등 회의, 귀족 합의체)
　└→ 만장 일치제 선거
⇒ 귀족권 강화

'신라 불교 수용 과정'

· 전래(457) : 고구려 묵호자(민간)
· 수용(527) : 이차돈 순교(법흥왕)
⇒ 토착 종교의 반발로 지연

'기타 신라 비문'

· 포항 중성리 신라비(441 or 501) : 2009년 발견, 현존 가장 오래된 신라비, 재산 분쟁 판결 내용
　㉮ ┌ 현존 국내 최고(最古)의 비석 : 점제현 신라비(85, 낙랑군, 제사)
　　 └ 우리 비석 중 가장 오래된 비석 : 광개토 대왕릉비(414)
· 영일 냉수리 신라비(503, 지중왕)
　┌ '사로', '사라'의 명칭
　├ 사훼부지도로갈문왕(지중왕) 포함 7명 왕이 결정
　│ (부족명) 　(부왕)
　├ 6부 귀족 → 왕 등으로 표시
　└ 재산 분쟁 판결 내용
· 울진 봉평 신라비(524, 법흥왕)
　┌ 율령 반포 - 주민 처벌, 관직명 나옴
　├ 훼부모즉지매금왕(법흥왕)
　│ (부족명) 　(마립간)
　└ 강원도 해안까지 진출
· 영천 청제비(536), 명활산성 작성비(551), 대구 무술 오작비(578), 남산 신성비(591) : 역역 동원의 사실 보여줌

王의 출신 부족명 표기

백제

　　　　→ '담로'는 근초고왕 대부터 but 22담로는 무령왕
　　　　　　　　　　　　　　　　　　→ 벽돌무덤

[무령왕] '영동대장군 백제 사마왕'(무령왕릉 지석)
　├ 22담로 설치(지방 거점, 왕족 파견) → 중앙집권 강화
　├ 양과 수교
　├ 여·말갈 연합군 침입 격퇴
　└ 5경박사(단양이·고안무)의 일본 파견

[성왕](제2의 전성기)
　├ 사비 천도(538) ＋ 국호(남부여 : 일시적)
　├ 관제 정비 ┬ 22부 확대 정비(← 중앙 6좌평)
　│ 　　　　 └ 수도 5부, 지방 5방 정비
　├ 불교 진흥(자칭 미륵), 겸익 등용,
　│ 일본에 노리사치계 파견(552) → 불경을 전함
　└ 한강 하류 회복(551) → 진흥왕에게 상실(553)
　　 → 나·제 동맹 파기 → 관산성 전투(554) : 전사

[위덕왕](부여 창)
　├ 능산리사지(절터) : by 누이의 발원 for 성왕
　│ 　　　　　　　 - '창왕명 석조사리감'
　├ 왕흥사 건립 : 무왕 때(『삼국유사』)
　│ 　　　　　 (VS)
　│ 　　　　　 위덕왕 때(심초석)
　│ 　　　　　 └→ "백제왕 창이 for 아들"
　├ ⇒ 왕흥사 탑은 위덕왕, 절은 무왕 때 건립……(절충안)
　└ 아좌태자 : 일본 行(정치적 망명) - 쇼토쿠 태자의 초상

신라

[지중왕]
　├ 한화 정책 : 국호 '신라' 사용, 마립간 → 왕(중국식)
　├ 우산국(울릉도) 정복(이사부)
　├ 주·군 정비 → 군주(軍主) 파견(이사부 - 실직주 군주) / 아시촌 소경 설치
　│ 　　　　　└→ 행정 + 군사 　　　　　　　　　└→ 삼척
　├ 우경 실시(정부 장려)
　├ 동시전(감독 관청)[상행위 통제, 물가 조절]·동시(시장) 설치
　└ 순장 금지령(노동력 확보 목적), 상복법 제정

[법흥왕](왕권 강화 시기)
　├ 체제 정비
　│ 　┌ 병부 설치(517) - 국방 사무
　│ 　├ 율령 반포(고대 국가 완성, 520) - 4색 공복제·17관등제·골품제 정비
　│ 　└ 상대등 설치(531) 　　　　└→ 자·비·청·황색
　│ 　　　　　　　　　 └→ 왕권과 귀족권 타협의 산물
　├ 불교 공인(527, 이차돈 순교)
　├ 양나라와 수교(521)
　├ 대가야와의 결혼 동맹(522)
　├ 금관가야 병합(532) - 구해왕 항복
　└ 독자적 연호 : 건원(建元, 536)

[진흥왕](자칭 '전륜성왕')
　├ 영토 확장 : 한강 점령, 대가야 평정, 함경도 진출
　│ 　┌ 단양적성비(551, 전승비) : 한강 상류 지역 점령 사실
　│ 　│ 　　　　　　　　　　　　　　　 김무력(김유신 할아버지)이
　│ 　├ 북한산비(555) : 한강 하류 지역(신주) 점령 　설치(553)
　│ 　│ (김정희 고증) 　　　　　　　　　　　　　　 ┐순
　│ 　├ 창녕척경비(561) : 비화가야 복속, 대가야 진출의지 │수
　│ 　└ 마운령비·황초령비(568) : 함경도 유역 진출 　　┘비
　│ 　　 (최남선 고증) (김정희 고증)
　├ 화랑도 정비(← 원화) : 국가 조직으로 발전
　├ 역사서 편찬 : 『국사』(거칠부, 545)
　│ 　　　　　　　　　　　　　　 ┌→ 선덕여왕 때 자장의 건의에 따라
　├ 불교 장려 ┬ 흥륜사 완공(법흥왕 시작), 황룡사 건립 　9층 목탑 건립
　│ 　　　　 └ 교단 정비 - 국통(혜량)·주통·군통
　├ 품주 설치 : 재정 담당 관청 → 진덕여왕 대 집사부(군국 기무)와
　│ 　　　　　　　　　　　　　　 └→ 고구려 출신
　│ 　　　　　　　　　 창부(조세 담당)로 개편
　└ 연호 : 개국(開國), 대창, 홍제

〈6C 신라 진흥왕 때 영토확장〉

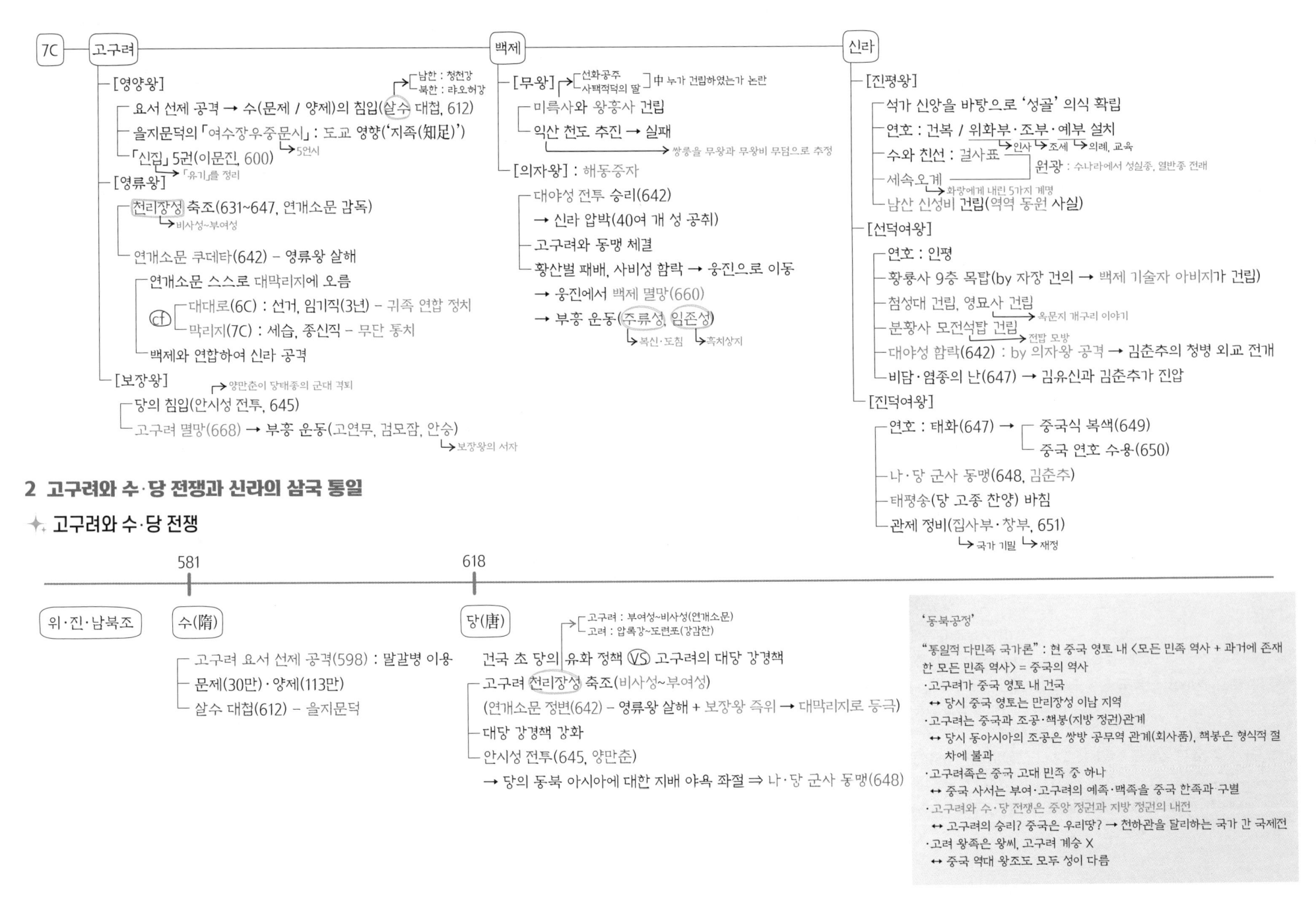

7C

[고구려]

[영양왕]
- 요서 선제 공격 → 수(문제 / 양제)의 침입(살수 대첩, 612)
  - → 남한 : 청천강
  - → 북한 : 랴오허강
- 을지문덕의 「여수장우중문시」 : 도교 영향('지족(知足)')
  - → 5언시
- 「신집」 5권(이문진, 600)
  - → 「유기」를 정리

[영류왕]
- 천리장성 축조(631~647, 연개소문 감독)
  - → 비사성~부여성
- 연개소문 쿠데타(642) – 영류왕 살해
  - 연개소문 스스로 대막리지에 오름
  - cf ┌ 대로(6C) : 선거, 임기직(3년) – 귀족 연합 정치
  -    └ 막리지(7C) : 세습, 종신직 – 무단 통치
- 백제와 연합하여 신라 공격

[보장왕]
  - → 양만춘이 당태종의 군대 격퇴
- 당의 침입(안시성 전투, 645)
- 고구려 멸망(668) → 부흥 운동(고연무, 검모잠, 안승)
  - → 보장왕의 서자

[백제]

[무왕] → ┌ 선화공주
  -          └ 사택적덕의 딸 → 中 누가 건립하였는가 논란
- 미륵사와 왕흥사 건립
- 익산 천도 추진 → 실패
  - → 쌍릉을 무왕과 무왕비 무덤으로 추정

[의자왕] : 해동증자
- 대야성 전투 승리(642)
  - → 신라 압박(40여 개 성 공취)
- 고구려와 동맹 체결
- 황산벌 패배, 사비성 함락 → 웅진으로 이동
  - → 웅진에서 백제 멸망(660)
  - → 부흥 운동(주류성, 임존성)
    - → 복신·도침 → 흑치상지

[신라]

[진평왕]
- 석가 신앙을 바탕으로 '성골' 의식 확립
- 연호 : 건복 / 위화부·조부·예부 설치
- 수와 친선 : 걸사표
  - → 인사 → 조세 → 의례, 교육
- 세속오계
  - → 원광 : 수나라에서 성실종, 열반종 전래
  - → 화랑에게 내린 5가지 계명
- 남산 신성비 건립(역역 동원 사실)

[선덕여왕]
- 연호 : 인평
- 황룡사 9층 목탑(by 자장 건의 → 백제 기술자 아비지가 건립)
- 첨성대 건립, 영묘사 건립
- 분황사 모전석탑 건립
  - → 옥문지 개구리 이야기
  - → 전탑 모방
- 대야성 함락(642) : by 의자왕 공격 → 김춘추의 청병 외교 전개
- 비담·염종의 난(647) → 김유신과 김춘추가 진압

[진덕여왕]
- 연호 : 태화(647) → ┌ 중국식 복색(649)
  -                    └ 중국 연호 수용(650)
- 나·당 군사 동맹(648, 김춘추)
- 태평송(당 고종 찬양) 바침
- 관제 정비(집사부·창부, 651)
  - → 국가 기밀 → 재정

2 고구려와 수·당 전쟁과 신라의 삼국 통일

✦ 고구려와 수·당 전쟁

581   **618**

위·진·남북조   **수(隋)**   **당(唐)**

수(隋)
- 고구려 요서 선제 공격(598) : 말갈병 이용
- 문제(30만)·양제(113만)
- 살수 대첩(612) – 을지문덕

당(唐)
- 건국 초 당의 유화 정책 VS 고구려의 대당 강경책
  - → ┌ 고구려 : 부여성~비사성(연개소문)
  -    └ 고려 : 압록강~도련포(강감찬)
- 고구려 천리장성 축조(비사성~부여성)
- (연개소문 정변(642) – 영류왕 살해 + 보장왕 즉위 → 대막리지로 등극)
- 대당 강경책 강화
- 안시성 전투(645, 양만춘)
  - → 당의 동북 아시아에 대한 지배 야욕 좌절 ⇒ 나·당 군사 동맹(648)

'동북공정'
"통일적 다민족 국가론" : 현 중국 영토 내 <모든 민족 역사 + 과거에 존재
한 모든 민족 역사> = 중국의 역사
· 고구려가 중국 영토 내 건국
  ↔ 당시 중국 영토는 만리장성 이남 지역
· 고구려는 중국과 조공·책봉(지방 정권)관계
  ↔ 당시 동아시아의 조공은 쌍방 공무역 관계(회사품), 책봉은 형식적 절
    차에 불과
· 고구려족은 중국 고대 민족 중 하나
  ↔ 중국 사서는 부여·고구려의 예족·맥족을 중국 한족과 구별
· 고구려와 수·당 전쟁은 중앙 정권과 지방 정권의 내전
  ↔ 고구려의 승리? 중국은 우리땅? → 천하관을 달리하는 국가 간 국제전
· 고려 왕족은 왕씨, 고구려 계승 X
  ↔ 중국 역대 왕조도 모두 성이 다름

✦ 백제·고구려 부흥 운동과 삼국 통일

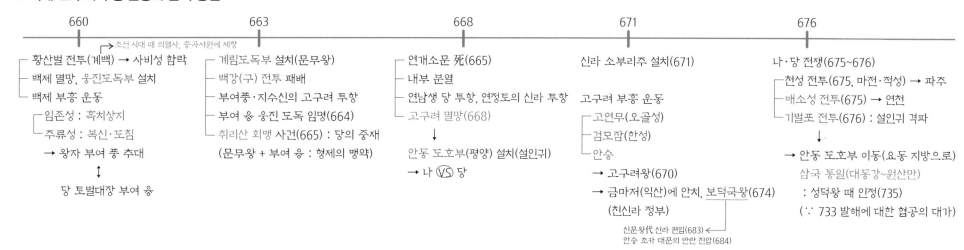

| 660 | 663 | 668 | 671 | 676 |

→ 조선 시대 때 의열사, 충곡서원에 제향

660
- 황산벌 전투(계백) → 사비성 함락
- 백제 멸망, 웅진도독부 설치
- 백제 부흥 운동
  - 임존성 : 흑치상지
  - 주류성 : 복신·도침
    → 왕자 부여 풍 추대
    ↕
    당 토벌대장 부여 융

663
- 계림도독부 설치(문무왕)
- 백강(구) 전투 패배
- 부여풍·지수신의 고구려 투항
- 부여 융 웅진 도독 임명(664)
- 취리산 회맹 사건(665) : 당의 중재
  (문무왕 + 부여 융 : 형제의 맹약)

668
- 연개소문 死(665)
- 내부 분열
- 연남생 당 투항, 연정토의 신라 투항
- 고구려 멸망(668)

  안동 도호부(평양) 설치(설인귀)
  → 나 VS 당

671
- 신라 소부리주 설치(671)

  고구려 부흥 운동
  - 고연무(오골성)
  - 검모잠(한성)
  - 안승
    → 고구려왕(670)
    → 금마저(익산)에 안치, 보덕국왕(674)
      (친신라 정부)

  신문왕代 신라 편입(683) ←
  안승 조카 대문의 반란 진압(684)

676
- 나·당 전쟁(675~676)
  - 천성 전투(675, 마전·적성) → 파주
  - 매소성 전투(675) → 연천
  - 기벌포 전투(676) : 설인귀 격파
    ↓
    → 안동 도호부 이동(요동 지방으로)
    삼국 통일(대동강~원산만)
    : 성덕왕 때 인정(735)
    (∵ 733 발해에 대한 협공의 대가)

3 삼국 간의 항쟁과 대외 관계

4세기	남북 외교	전진 + 고구려 + 신라 VS 동진 + 백제 + 왜
5세기	고구려 주도기	북위 VS 고구려 + 유연 VS 백제 + 신라
6세기	신라 고립기	신라 VS 고구려 / 신라 VS 백제
7세기	십자 외교	돌궐 + 고구려 + 백제 + 왜 VS 신라 - 수·당

'삼국의 원거리 교역'
- 4세기 : 해안선을 따라 이동하다가 요동 반도에서 산둥 반도를 잇는 교역로
- 5세기 : 웅진 반도에서 산둥 반도를 잇는 교역로
- 6세기 : 당항성을 통해 양쯔강 유역까지 교역
  (원거리 교역의 시작)
- 일본 항로 : 인천 능허대 - 죽막동 - 해남(군곡리 유적) - 거제 또는 김해 - 대마도 - 규슈 동북 - 세토 내해 - 나라

'신라의 민족 융합 정책'
- 백제와 고구려 유민들에 대한 적극적인 포섭과 회유 : 지배층 인사에게 본국의 관직에 따라 신라의 관직과 관등을 일률적으로 부여(고구려 왕 안승의 진골 귀족 편입)
- 9주 5소경의 설치 : 옛 신라 땅에 3주, 옛 백제 땅에 3주, 옛 고구려 땅에 3주를 각각 균분한다는 원칙을 표방
- 9서당의 편성 : 신라인 고구려인 백제인 말갈인 까지 포함

4 남북국 시대의 정치

✦ 통일 신라의 시대 구분

성골 출신王   진골 출신王

『삼국사기』(김부식, 1145) :   상대 ── 중대 ── 하대
〈왕 출신 성분 기준〉   ~진덕여왕   무열왕계 진골   범내물계 진골
                               (무열왕~혜공왕) (선덕왕~경순왕)

『삼국유사』(일연, 1281) :   상고 ── 중고 ── 하고
〈불교식 왕명〉   ~지증왕   법흥왕~진덕여왕   무열왕~
                               (불교식 왕명기)

✦ 통일 신라의 발전

신라 중대의 특징   전제 왕권 강화, 무열왕계 왕위 세습

┌ 집사부 중시(시중) 권한 강화
├ 화백회의 상대등 권한 약화
└ 6두품 역할 증대 ┬ 학문 + 예술 분야에서 활약
　　　　　　　　├ 왕의 정치적 조언자 역할
　　　　　　　　├ but 중시(시중)나 상대등에 오르지 못함(* 신분적 제약)
　　　　　　　　└ 아찬까지만 오름(집사부 시랑, 각 부 경)
　　　　　　　　　　　↳ 6관등

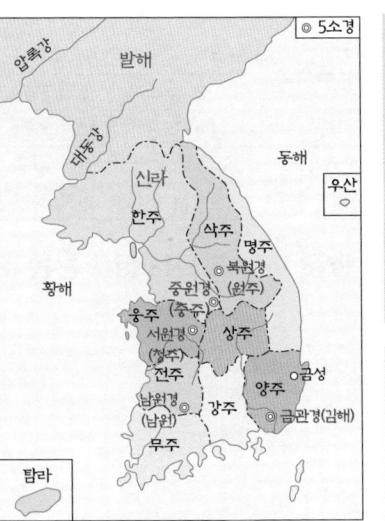

〈신라의 9주 5소경〉

'만파식적'

왕은 놀라고 기뻐하여 오색 비단과 금과 옥으로 보답하고 사자를 시켜 대나무를 베어서 바다에서 나오자, 산과 용은 갑자기 사라져 나타나지 않았다. 왕이 행차에서 돌아와 그 대나무로 피리를 만들었는데, 이 피리를 불면, 적병이 물러가고 병이 나으며, 가뭄에는 비가 오고 장마는 개며, 바람이 잦아지고 물결이 평온해졌다.　　 － 『삼국유사』 －

'경덕왕 대 한화 정책'

· 하슬라주, 실직주 등의 명칭을 중국식 명주, 삭주 등으로 고침
· 집사부 '중시'를 중국식 '시중'으로 고침
· 국학을 '태학감'으로 개칭(혜공왕 때 다시 '국학')

'경덕왕 대 향가'

충담사의 「안민가」, 「찬기파랑가」, 월명사의 「도솔가」

신라 중대

[무열왕] : 백제 멸망(660), 갈문왕제 폐지, 북진 설치
　　↓
[문무왕] : 고구려 멸망(668), 나·당 전쟁 승리(676),
　　　　　 외사정 파견(673), 안압지(임해전) 건립(674)
　　↓
[신문왕](681~692)
┌ 김흠돌의 난(681) : 정권 탈취 목적 → 귀족 숙청
└ 개혁 정치 ⇒ for 왕권 강화
　 ┌ 집사부 등 14부 체제 정비
　 ├ 관료전 지급(687), 녹읍 폐지, 식읍 제한(689)
　 ├ 9주 5소경
　 ├ 9서당(중앙군)·10정(지방군)
　 ├ '국학' 설립(682) – 유교 정치 이념 수용(확립 X)
　 ├ 만파식적 (피리) : 왕권의 강대함 표출 ⟶ 배경 : 대왕암, 감은사지 3층 석탑
　 ├ 5묘제 – 태조(?)·진지·문흥·무열·문무
　 └ 달구벌 천도 시도 → 실패
　　↓
[효소왕] : 남시, 서시 설치
　　↓
[성덕왕] : 정전(丁田) 지급(722)
(702~737) ┬ 국가의 토지 지배권 강화
　　　　　 ├ 농민 사유지의 소유권 추인
　　　　　 └ 무전농에게 토지 지급 X(소유권만 인정)
　　↓
[경덕왕] ┬ 녹읍 부활(757) – 귀족권 재강화
(742~765) ├ 한화 정책 – 관료와 군현 명칭을 중국식으로 개편
　　　　　 └ 불국사와 석굴암 축조(751) → by 김대성 건의
　　　　　　 for 현생부모 for 전생부모
　　↓
[혜공왕] ┬ 96각간의 난(대공의 난(768))
(765~780) └ 김지정의 난(780) – 혜공왕 피살
　　　　　　　 ↳ 상대등 김양상(선덕왕)이 진압

'골품 제도'

· 골제 : 성골 / 진골
· 두품제 : 6 > 5 > 4 > 3 > 2 > 1
　　　　　 (大)　　　　　 (小)

'녹읍과 관료전'

· 녹읍, 식읍
　: 수조권, 역 징발권(노동력), 공납 징수권
· 관료전 : 수조권만 지급

'9주 5소경'

통일 전(3소경 or 2소경) ⇒ 통일 후 5소경
· (아시촌(함안))
· 북소경(강릉)
· 국원소경(충주)
　　　　　　　　　　· 북원경(원주)
　　　　　　　　　　· 중원경(충주)
　　　　　　　　　　· 서원경(청주)
　　　　　　　　　　· 남원경(남원)
　　　　　　　　　　· 금관경(김해)

'9서당(중앙군)'

⇒ 왕권 강화·민족 융합 성격 ⟶ 고구려, 백제, 말갈
　　　　　　　　　　　　　　　　 보덕국인까지 포함
· 자금·비금·녹금서당 – 신라인
· 황금서당 – 고구려인
· 백금·청금서당 – 백제인
· 적금·벽금서당 – 보덕인
· 흑금서당 – 말갈인

'혜공왕의 5묘제(신문왕과 비교)'

· 세세불훼지종 : 미추, 무열, 문무
· 불훼지종 : 경덕, 성덕

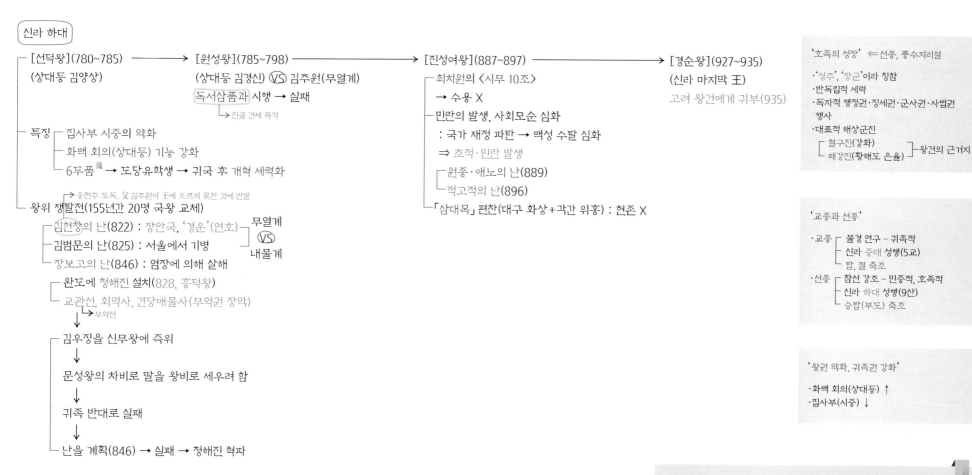

신라 하대

[선덕왕](780~785) ──→ [원성왕](785~798) ──────→ [진성여왕](887~897) ──────→ [경순왕](927~935)
(상대등 김양상)   (상대등 김경신) VS 김주원(무열계)   ├ 최치원의 〈시무 10조〉   (신라 마지막 王)
                      독서삼품과 시행 → 실패   → 수용 X   고려 왕건에게 귀부(935)
                        └→ 진골 견제 목적   ├ 민란의 발생, 사회모순 심화
특징 ┬ 집사부 시중의 약화   : 국가 재정 파탄 → 백성 수탈 심화
     ├ 화백 회의(상대등) 기능 강화   ⇒ 초적·민란 발생
     └ 6두품 → 도당유학생 → 귀국 후 개혁 세력화   ┌ 원종·애노의 난(889)
       └→ 웅천주 도독, 父 김주원이 王에 오르지 못한 것에 반발   └ 적고적의 난(896)
왕위 쟁탈전(155년간 20명 국왕 교체)   └ 「삼대목」 편찬(대구 화상+각간 위홍) : 현존 X
     ┌ 김헌창의 난(822) : 장안국, '경운'(연호) ┐ 무열계
     ├ 김범문의 난(825) : 서울에서 기병   │ VS
     └ 장보고의 난(846) : 염장에 의해 살해   ┘ 내물계
     ┌ 완도에 청해진 설치(828, 흥덕왕)
     └ 교관선, 회역사, 견당매물사 (무역권 장악)
              ↓
             무역선
     김우징을 신무왕에 즉위
              ↓
     문성왕의 차비로 딸을 왕비로 세우려 함
              ↓
     귀족 반대로 실패
              ↓
     └ 난을 계획(846) → 실패 → 청해진 혁파

─────

'호족의 성장' ⇐ 선종, 풍수지리설

· '성주', '장군'이라 칭함
· 반독립적 세력
· 독자적 행정권·징세권·군사권·사법권
  행사
· 대표적 해상군진
  ┌ 혈구진(강화)   ┐ 왕건의 근거지
  └ 패강진(황해도 은율)   ┘

─────

'교종과 선종'

· 교종 ┬ 불경 연구 – 귀족적
        ├ 신라 중대 성행(5교)
        └ 탑, 절 축조
· 선종 ┬ 참선 강조 – 민중적, 호족적
        ├ 신라 하대 성행(9산)
        └ 승탑(부도) 축조

─────

'왕권 약화, 귀족권 강화'

· 화백 회의(상대등) ↑
· 집사부(시중) ↓

─────

'신라 하대 6두품의 활동'

· 도당 유학생(숙위학생) → 빈공과
  ┌ 김운경(최초 빈공과 급제)
  ├ 최치원 ┬ 당에서 관직 후 귀국 〈토황소격문〉
  │   ├ 〈시무10조〉 현존 X – "과거제 실시" 주장 → 수용 X(∵ 귀족 반발)
  │   ├ 은둔 ⇒ 「계원필경」, 「제왕연대력」
  │   └ 4산비명(진감선사비명) – 난랑비서문(유+불+도)
  │   └→ 유+불+도
  ├ 최승우 : 견훤의 책사, 「대견훤기고려왕서」 저술
  └ 최언위 : 왕건의 책사, 낭원대사 오진탑비명 및 「대고려왕답견훤서」 저술
· 은둔 or 호족과 결탁

✦ 발해

발해의 고구려 계승 의식

- 지배층의 대다수가 고구려인
- 무왕과 문왕이 일본에 보낸 외교 문서에 고구려 계승 자처(ex. 문왕 – '고려국왕 대흠무')
- 문화적 유사성 : 정혜공주 묘(굴식 돌방무덤 + 모줄임 천장구조), 발해 석등, 온돌 장치, 이불병좌상, 막새 기와 등

건국

[고왕](698~719)

- 대조영(이진충의 반란 이용, 천문령 전투 승리)
- 천통(독자적 연호)
- 동모산에 진(震) 건국(지배층 : 고구려인, 피지배층 : 말갈족) →소수 →대다수
- 당이 '발해군왕'으로 임명(713)

발전

[무왕](719~737) ──→

- 대무예
- 인안(독자적 연호)
- 북만주 장악…흑수말갈 반란 진압
- 산둥 반도 덩저우 공격(by 장문휴)
  - → 덩저우 자사 위준 살해
  - → 당과 신라의 반격 격퇴
- 천도 : 동모산 → 중경 현덕부
  (문왕이라는 견해도 있음)
- 대외 관계
  - 돌궐과 친선 : 당 견제 목적
  - 일본과 친선 : 신라 견제 목적

[문왕](737~793) ──→

- 대흠무
- 대흥, 보력(독자적 연호) →중앙 관제 정비
- 당의 분열 정책 – 당과 친선(문물유입)
- 3성 6부 체제 도입(중국과 대등함)
- 주자감 설치(교육기관)
- 발해국왕 책봉(762)
- 천도 : 중경 → 상경(756) → 동경(785)
- '신라도' 개설 → 사신 왕래(상경–동경–남경–경주)
- 황제국가 표방(천손, 황상), 불교적 성왕(전륜성왕) 표방

[성왕](793~794) ──→

- 대화여
- 중흥(독자적 연호)
- 천도 : 동경 → 상경
  (마지막 상경 천도)

→대조영의 동생 대야발의 4세손

[선왕](818~830) ──→

- 대인수
- 건흥(독자적 연호)
- 대부분 말갈족 복속(흑수말갈 포함)
- 요동~연해주 : 최대 영토 차지
- 5경 15부 62주 100여 개 현 : 지방 체제 정비
  (상경·중경·동경·서경·남경)
- 당으로부터 '해동성국'이라 불림

[대인선]

거란족에 멸망(926)
: by 거란 태조 야율아보기

cf 발해 유민이 세운 국가
: 후발해, 정안국, 흥료국, 대발해국

'발해 건국 배경'

·고구려 유민의 저항
·당의 보장왕 요동 도독 임명(677) → '소고구려국' 유민들의 동족의식 강화 배경

'발해의 천도'

·동모산(구국) → 중경 현덕부 : 2대 무왕 시기
·중경 현덕부 → 상경 용천부 : 3대 문왕 시기, 756년경, 당나라 안록산의 난(755) 영향 받음
·상경 용천부 → 동경 용원부 : 3대 문왕 시기, 780년대 후반
·동경 용원부 → 상경 용천부 : 5대 성왕 시기, 793년경

'발해의 건국 과정'

걸걸중상, 걸사비우
대조영(걸걸조영)
이진충의 난
거란
이해고
당
동모산 △ 진 건국
이해고 격파

→신라는 원성왕과 헌덕왕 대 두 차례 발해에 사신 파견

'당의 분열(신라 vs 발해) 정책'

·쟁장 사건(897) : 발해와 신라 사신이 상석 경쟁
·등제 서열 사건(906)

'발해의 교역로'

·조공도 : 상경 → 중경 → 서경 → 덩저우
·신라도 : 상경 → 동경 → 남경 → 금성(경주)
·일본도 : 상경 → 동경 → 일본

'발해의 주요 교통로(5도와 담비의 길)'

거란도
거란 부여부
조양도
당 영주
조공도
당 등주
구국
서경
남경
신라
상경
담비의 길
중경 동경
일본도
신라도

'발해사 연구'

·이승휴 『제왕운기』
  : 최초 발해를 우리 역사로 기록
  cf 『삼국유사』는 발해를 말갈 역사로 파악
·유득공 『발해고』
  : '남북국 시대' 용어 처음 사용
·김정호 『대동지지』 : 남북국 용어
·이종휘 『동사』
·정약용 『아방강역고』 발해를 우리 역사로 파악
·한치윤 『해동역사』
·신채호 『조선상고사』

5 통치 조직의 정비

✦ 중앙 관제

→6관등 '나솔' 이상은 '은제관식' 착용
(2014년 남해에서 발견)

	고구려	백제	신라	통일 신라	발해
관등	10여 관등(~형, ~사자)	16관등(~솔, ~덕)	경위 : 17관등(~찬) / 외위 : 11관등	17관등(~찬)	
중앙 관제	내평(내무), 외평(외무), 주부(재정)	6좌평(고이왕) → 22부(성왕)(내관12부 + 외관10부)	10부(병부 등, 법흥왕)	14부(집사부 등, 신문왕)	3성 6부
합의 제도	제가 회의(대대로 → 막리지) 6C 7C	정사암 회의(상좌평·내신좌평)	화백 회의(상대등)	집사부(중시) → 화백 회의(상대등)	정당성(대내상)

→왕권 견제 기능

'신라의 경위제와 외위제'

통일 이전 　　　　통일 이후
┌ 경위제 17관등 ──→ 경위제 통합
└ 외위제 11관등 ──→ X
　지방민 차별 대우　　지방민 차별 완화

✦ 발해의 관제

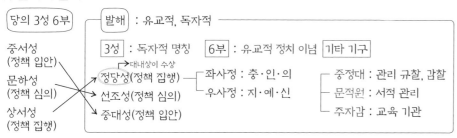

당의 3성 6부　　발해 : 유교적, 독자적

중서성
(정책 입안)

문하성
(정책 심의)

상서성
(정책 집행)

3성 : 독자적 명칭　　6부 : 유교적 정치 이념　기타 기구

→대내상이 수상
정당성(정책 집행) ── 좌사정 : 충·인·의　　중정대 : 관리 규찰, 감찰
선조성(정책 심의) ── 우사정 : 지·예·신　　문적원 : 서적 관리
중대성(정책 입안)　　　　　　　　　　　　주자감 : 교육 기관

✦ 관청 업무

	인사 업무	조세 수취	교육·의례·외교	국방 업무	형벌·법률·노비	수공업·토목·영선	관리 감찰
고려(조선)	이부(조)	호부(조)	예부(조)	병부(조)	형부(조)	공부(조)	어사대(사헌부)
발해	충부	인부	의부	지부	예부	신부	중정대
백제	내신좌평	내두좌평	내법좌평	병관좌평	조정좌평	※ 위사좌평 : 숙위·경비 업무	
통일 신라	위화부	조부·창부	예부·영객부	병부	좌·우 이방부	공장부(수공업) 예작부(토목·영선)	사정부

┌ 집사부(국가 기밀)
├ 승부(육상 교통)
└ 선부(선박·해상 교통)

└ 교육·외교

└ 중앙관리
　감찰

✦ 지방 관제

	고구려	백제	신라	→	통일 신라	발해
수도	5부	5부	6부		6부	
지방	5부(욕살) | 성(처려근지, 도사)	5방(방령) | 군(군장) | 성(성주, 도사)	5주(군주) | 군(당주) | 성(도사)		9주(총관 → 도독) | 군(태수) | 현(현령)	15부(도독) | 62주(자사) | 현(현승)
특수 구역	3경 (국내성·평양성· 한성)	22담로	3(2)소경 (국원소경·북소경· 아시촌소경)		5소경(사신 파견) 북원경(원주), 중원경(충주), 서원경(청주), 남원경(남원), 금관경(김해)	5경 (상·중·동· 서·남경)

→ 발해에서 현 아래는
촌을 두어 촌장이 관리

- 삼국 초기에는 외교권 및 군사권을 제외하고는 각 부의 귀족이 독자적 권한 행사
- 통일 신라의 지방 말단
  현 〉 촌(촌주가 관할) 〉 향·부곡(농업 종사)
  토착 세력 ↰
  - 법제적 양인(천민 X)
  - 반향인 → 거주 이전의 자유 X
  - 조세·공납 부담 大
  - 향리에 의해 지배, 지방관 파견 X

✦ 군사조직

- 삼국은 지방관이 군사 지휘권도 가짐(지방 행정 조직 = 군사 조직)
- 고구려는 유사시(국가 동원시) 대모달, 말객 등의 군관이 지휘
- 백제는 중앙의 각 부에는 500명, 지방의 각 방에는 700~1,200명의 군대 배치(방령 지휘)
- 신라 : 법당, 6정, 귀당, 시위부, 계금당, 이계당, 이궁, 서당, 낭당 등
- 통일 신라는 9서당(중앙군), 10정(지방군)으로 편제
  ↳ 전국적 규모의 기병 군단
- 발해는 중앙군은 10위로 대장군·장군이 지휘, 왕궁과 수도 경비 담당
  ※ 지방군은 농병일치로 지방관이 지휘

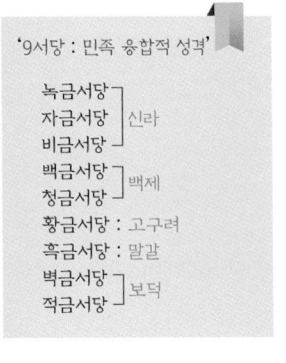

Chapter 02 고대 국가의 경제

1 삼국 시대

✦ 경제 정책

- 왕토 사상 : 추상적, 관념적 권리 – 실제로는 농민의 사유지 존재
- 피정복지에 대한 가혹한 수탈 : 피정복민을 노비로 지급하고 피정복지를 식읍으로 삼음
- 수취 체제 ┬ 조세 ■ : 재산의 정도(인정의 다소 / 노동력의 크기) 기준
  │   → 곡물·포 징수(차등 징수)
  ├ 역 : 15세 이상 남자 → 왕궁·성·저수지 건축 시 동원
  └ 공물(공납) : 토산물, 특산물(현물) 징수
- 농업 기술 : 철제 농기구의 보급(깊이갈이 시작), 우경의 장려, 저수지 축조에서 역역 동원, 휴경법의 일반화(시비법의 미발달) ┌→소를 농경에 이용(6c 지증왕)
- 수공업 : 노비와 장인을 이용한 관수품 생산(관청 수공업)
- 상업 : 소지왕 대 경주에 시장 형성(490) / 지증왕 대 동시전(시장 감독) 설치(508) 및 동시(시장) 설치(509)
- 대외무역 : 고구려(남북조 및 북방 민족과 교역), 백제(남중국 및 왜), 신라(6세기 이후 당항성을 통해 중국과 직접 교역)
- 농민 생활 안정책 : 진대법(194, 고국천왕 때 을파소(국상) 건의, 춘대추납의 무이자 농민 구휼책) 실시
  └→ 한미한 집안출신

✦ 경제 생활

┌→지역 단위 설정 분급
- 귀족 : 국가에서 지급받은 녹읍과 식읍, 개인 소유의 토지와 노비를 이용하여 호화로운 생활
- 농민 : 척박한 토지와 적은 생산량으로 인해 고리대로 몰락한 농민, 유랑민 증가

'고대의 토지 제도' : 녹읍과 식읍

· 종류 : 녹읍과 식읍
┌ 녹읍 : 관직에 대한 대가
└ 식읍 : 공로에 대한 대가
· 특징 : 관리들에게 수조권+역 징발권 지급
  (공납 징수에 대해서는 이견)

〈삼국의 경제 활동〉

'조세 부과 기준'

· 고구려 : 경무법(밭이랑 기준)
· 백제 : 두락제(파종량 기준)
· 신라 : 결부법(수확량 기준)
  → 고려와 조선으로 계승

'각 나라의 수취 체제'

· 고구려 : 사람마다 곡식 5석·베 5필, 호(戸)마다 3등급으로 구분하여 곡식 징수
· 백제 : 조세(보리·콩 → 쌀), 공물(실과 마), 역(15세 이상 60세 미만의 정남)
· 신라 : 가호를 기준으로 노동력 징발, 빈부격차에 따라 조세와 공납 부과

2 통일 신라

✦ 경제 정책

- 수취 체제(조, 용, 조) : 전세(생산량의 1/10), 공물(촌락 단위로 특산물 징수), 역(16세 이상 60세 미만 남자, 군역과 요역)
- 민정 문서 (신라 장적, 촌락 문서) : 일본 도다이사 쇼소인에서 발견(1933)
  - 작성 : 토착 세력인 촌주가 매년 조사하여 3년마다 재작성(현재 발견된 민정 문서의 작성 시기는 모름, 효소왕 4년(695) 혹은 경덕왕 14년(755) 혹은 헌덕왕 7년(815) 중 하나)
  - 대상 지역 : 서원경(청주) 주변 4개의 촌락
  - 작성 목적 : 조세 징수와 노동력 징발의 자료 → 국가 재정 확보 목적
    (당시 중앙 정부의 촌락에 대한 대민 지배, 국가의 세무행정, 촌락의 경제 상황 알 수 있게 하는 중요 자료)
    ※ 가호는 공연(孔烟)과 계연(計烟)으로 구분하여 표시
  - 조사 대상 ─ 토지의 종류와 면적(관모전답, 내시령답, 연수유전답, 촌주위답, 마전 – 소유주 이름 X)
    - 인구 수(남녀, 연령별 6등급 – 연령 기준에 대해서는 학자들마다 이견 있음 / 노비, 어린이, 여자 포함)
    - 호구 수(인정의 다소 기준 9등호제 – 민정 문서에서는 중하연 이하만 나옴)
    - 소와 말의 수, 나무의 종류(뽕나무, 호두나무, 잣나무)와 수 등 파악
- 토지 제도 변화 : 관료전 지급(687) / 녹읍 폐지, 세조(歲租) 지급, 식읍 제한(689) - 왕권 강화 목적 → 정전 지급(722) → 녹읍 부활(757)
  └→ 귀족권의 재강화

✦ 경제 활동

- 경제력 향상
  - 통일 이후 시장의 확대 → 서시, 남시 설치(695, 효소왕) → 지방의 주나 소경 등 중심지 혹은 교통 요지에 시장 발생(물물 교환 형태)
  - 수공업 : 관영 수공업 – 장인이나 노비를 국가 작업장에 소속시켜 주로 관수품 생산
- 대외 무역 : 대당 무역 번성 – 공무역뿐만 아니라 사무역도 발달
  - 무역항 : 울산(최대 무역항), 당항성(남양만, 산둥 반도까지), 영암(양쯔강 유역 항저우, 쑤저우까지)
  - 무역품 ┬ 수출품 – 명주와 베, 조하주, 어아주, 바다표범 가죽, 우황 및 인삼, 금·은 세공품
    └→ 고급 직물
    └ 수입품 – 비단, 서적, 고급 약재, 귀족 공예품, 차, 자기, 칠기 등 사치품
  - 기타 대외 무역 : 일본과는 통일 직후에는 견제, 8C 이후 이전보다 교류 증가 / 울산항을 통해 아라비아 상인과 교역,
    장보고 대외 활동(완도(장도)에 청해진 설치, 해적 토벌)

✦ 경제 생활

- 귀족 : 식읍, 녹읍을 통한 농민 지배, 관료전 및 세조 외에 목마장(마거)과 섬(해도)의 목장 소유
  → 귀족의 사치 생활 : 사치품 사용(당·아라비아에서 수입한 비단, 양탄자, 유리그릇, 귀금속 등) /
    35금입택과 4절유택, 월지(안압지) / 사치품 선호
  → 흥덕왕의 사치금지령 : 지켜지지 않음
- 농민 : 농민의 부담 증가(휴경법의 일반화, 척박한 토지와 적은 생산량, 과도한 조세와 지대(소작료)의 납부)

'민정 문서에서 토지의 종류'

- 관모전답 : 관청의 경비 충당 목적
- 내시령답 : 녹읍 또는 관료전
- 연수유전답 : 민호가 직접 소유한 개인 사유지
  (민정 문서 전체에서 가장 넓은 면적 차지)
- 촌주위답 : 촌주의 향역에 대한 대가
- 마전 : 촌락 공유지로 주민들이 공동으로
  마(麻) 경작
- 관모전답, 내시령답, 촌주위답은 촌락 주민들이 공동으로 경작하고 생산량은 관청, 내시령, 촌주가 가져갔음

'민정 문서 내 인구 조사(6등급)'

- 남자 : 소자 / 추자 / 조자 / 정 / 제공 / 노공
- 여자 : 소여자 / 추여자 / 조여자 / 정녀 /
  제모 / 노모

'신라인의 대당 진출'
(산둥 반도, 양쯔강 하류)

- 신라방(신라인 마을)
- 신라소(관청)
- 신라관(유숙소)
- 신라원(사원, 법화원이 대표적)

'장보고의 대외 활동'
(남해와 황해의 해상 무역권 장악)

- 교관선(무역선)
- 견당매물사(당과 교역)
- 회역사(일본과 교역)
- 법화원 설치(산둥반도 덩저우)
  └→ 신라원을 대표함

'장보고의 몰락'

839년 민애왕 살해 → 신무왕(김우징) 즉위 →
문성왕 즉위 후 자신의 딸을 문성왕의 차비로
보내려다 실패 → 조정에서 자객 염장을 보내
장보고 살해(846)

3 발해

✦ 경제 정책

─ 수취 체제 : 조세(조, 콩, 보리), 공물(베, 명주, 가죽 등 특산물), 부역(궁궐, 관청 건축에 농민 동원)

─ 귀족 경제의 발달 : 대토지 소유, 당에서 수입한 비단·서적 등을 통한 화려한 생활

─ 발해 경제의 발전 : 농업은 밭농사 중심(일부 지역에서 벼농사), 수렵 발달(모피, 녹용, 사향), 목축 발달(솔빈부의 말은 주요 수출품),

          금속 공업·직물업·도자기업 발달(발해삼채)   흰색, 갈색, 녹색의 3가지 색을 띤 발해 자기

─ 대외 무역 ─ 대당 무역 : 8세기 초 당과 대립 – 문왕 대 이후 당과 친선, 덩저우에 발해관 설치(조공도)

             └ 대일 무역 발달(일본도)   → 발해와의 교역을 위해 당이 설치

             └ 신라와의 교역(신라도)   → 수출품 : 모피(가죽), 인삼, 우황, 불상, 자기

                                       수입품 : 비단, 책, 금·은으로 만든 그릇

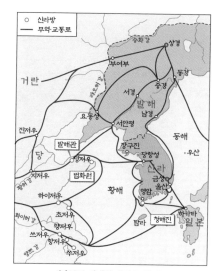

〈남북국 시대의 대외 무역로〉

Chapter 03 고대 국가의 사회

1 사회 계층과 신분 제도

- 부여·초기 고구려 – 신분 : 가(加, 부족장) / 호민(경제적 부유층) / 하호(경제적 빈곤층, 노비 X) / 노비
- 삼국 시대 ┬ 귀족(율령 반포를 통해 신분 고착화 – 신분은 친족의 사회적 위치에 따라 결정)
  - 평민(대개 농민 – 조세, 공납, 역 담당)
  - 천민(대개 노비)
    - ↳ 전쟁노비(삼국 시대), 부채노비(통일 신라 이후)

2 삼국 사회의 모습

- 고구려 ┬ 상무적 기풍
  - 엄격한 신분 체제(고구려 고분 벽화에서 신분에 따라 인물의 크기를 달리 표현)
  - 지배층 ┬ 왕족(소노부 → 계루부)
    - 왕비족(절노부)
    - 귀족(5부 출신 귀족들 – 군장, 성주)
  - 평민 : 조세, 병역, 토목 공사에 동원
    - → 평민들의 노비화 방지책 : 진대법(춘대추납, 고국천왕)
  - 형벌 ┬ 반역·반란자 : 화형에 처한 뒤 참수 + 가족은 노비
    - 항복·패전·살인자 : 사형
    - 도둑질한 자 : 1책 12법
    - 남의 소·말을 죽인 자 : 노비
    - 빚을 갚지 못한 자 : 자식의 노비화
  - 혼인 : 형사취수제·서옥제(지배층의 혼인 풍습)
    - but 평민은 자유 연애 결혼
    - (남자 집에서 돼지고기와 술만 보냄, 예물 X)

- 백제 ┬ 언어, 풍속, 의복이 고구려와 유사(근거 : 양직공도) ┌→ 6C 양나라에 간 백제 사신 그림
  - 상무적 기풍
  - 지배층 : 왕족 부여씨,
    - 8성 귀족(진/해/사/연/협/국/백/목씨)
    - – 정사암 회의 주도, 왕권 견제(6관등 나솔 이상은 은제 관식 착용)
    - → 중국 고전과 역사책 탐독 / 투호, 바둑, 장기 등 오락 즐김
  - 형벌 ┬ 반역자·패전자·살인자 : 참수 / 도둑질한 자 : 귀양 + 2배 배상
    - 간음녀 : 남편 집 노비(남자 처벌 규정 X)
    - 뇌물죄·횡령죄 : 금고형 + 3배 배상
  - 구휼 제도 운영 : 부여 쌍북리 좌관대식기 목간의 곡식 대출 내용

- 신라 : 중앙 집권 국가로의 발전이 늦어 초기의 전통을 오랫동안 유지

백제의 은제 관식

신라

┌ 화백 회의 ▪ : 만장일치제(씨족 사회 유습) / 4영지(청송산 / 우지산 / 피전 / 금강산)에서 논의 /
│   남당(사로 6촌 촌장 회의)에서 유래 → 상대등을 중심으로 한 대등(귀족)들로 구성 /
│   └→ 진지왕
│   국가 중대사 결정 및 국왕의 즉위와 폐위에 관여
│
├ 화랑도 : 씨족 사회 청소년 집단에서 비롯(원화) → 6세기 진흥왕 대 국가 조직으로 발전 / 세속오계(원광, 진평왕)
│   └→ 화랑에게 내린 5가지 계명
│   화랑 또는 국선(진골) + 낭도(6두품~평민)로 조직 → 대립된 계급 간 갈등을 조절·완화하는 기능 / 유 + 불 + 도의 융합 / 임신서기석(유학 + 한학)
│   └→ 두 화랑이 3년 후에 대성하자는
│   다짐을 돌판에 새김
├ 골품 제도 : 6세기 법흥왕 전후 중앙 집권화 과정에서 발생(왕족·귀족 및 지방 군장 세력들을 통합·편제)
│   ┌ 구성 : 골제(성골 + 진골, 왕족 대상) + 두품제(6 > 5 > 4 > 3 > 2 > 1두품, 귀족 대상)
│   └ 특징 ┬ 골품에 따라 승진의 상한선 결정(하한선 X) – 6두품(6관등 아찬), 5두품(10관등 대나마), 4두품(12관등 대사)
│   ├ 골품은 개인의 정치·사회 활동뿐 아니라 일상 생활(가옥의 규모, 재료, 장식물, 복색, 수레)까지 규제
│   ├ 골품은 개인의 신분뿐 아니라 친족의 등급도 표시
│   ├ 공복의 색(자색 / 비색 / 청색 / 황색 – 4색 공복제)은 골품이 아니라 관등을 기준으로 구분
│   ├ 7세기 중반 진덕여왕을 마지막으로 성골 소멸 : 무열왕 이후 진골이 왕위 세습
│   ├ 삼국 통일 이후 3두품 이하(3두품, 2두품, 1두품)는 모두 평민화, 신라 하대에는 4두품까지 평민화
│   ├ 왕경인과 소경인만으로 구성(지방민·노비는 제외) : 골품제 적용 대상은 모두 귀족으로 편제
│   └ 골품에 따른 불만은 중위제로 보완(아찬 – 4중아찬 / 대나마 – 9중대나마)
│
└ 6두품(득난, 得難) : 대족장 출신
    ┌ 자색 공복 X
    │   ┌→ 5관등 이상
    ├ 6관등(아찬)까지 승진 가능(상대등·중시·각 부 령 등 중앙 장관 될 수 없음)
    ├ 법제적으로 지방 장관(도독)에는 오를 수 있었으나 대개 진골이 차지
    ├ 신라 중대 : 국왕의 정치적 조언자
    │   └→ 당에서 외국인을 대상으로 보던 과거
    │   → 신라 하대 : 도당유학(빈공과 급제) ex. 최치원, 최승우, 최언위 등
    │   – 귀국 후 은둔하거나 호족과 결탁   └→ 3최
    └ 대표적 6두품 : 원효(화쟁 사상), 강수(답설인귀서), 설총(화왕계 – 원효의 子), 최치원(시무 10조)

3 남북국 시대의 사회

┌ 후기 신라(통일 신라) 시대의 사회 생활
│   ┌ 통일 직후 민족 융합 노력(유민 포섭, 9서당의 설치)
│   └ 신라 하대 귀족의 호화 생활(35금입택, 4절유택) ↔ 사치금지령(흥덕왕)
└ 발해의 사회 구조
    ┌ 고구려인(지배층, 소수) + 말갈족(피지배층, 다수)
    └ 지배층은 빈공과 급제 : 신라인과 수석 경쟁(등제 서열 사건)
        └→ 왕족 대씨, 귀족 고씨

〈신라의 골품 제도와 관직 진출〉

순위	관등		공복	골품			
	외위	경위		진골	6두품	5두품	4두품
1		이벌찬	자색				
2		이찬					
3		잡찬					
4		파진찬					
5		대아찬					
6		아찬	비색				
7	악간	일길찬					
8	술간	사찬					
9	고간	급벌찬					
10	귀간	대나마	청색				
11	선간	나마					
12	상간	대사	황색				
13	간	사지					
14	일벌	길사					
15	일척	대오					
16	피일	소오					
17	아척	조위					

Chapter 04 고대 국가의 문화 발전과 교류

1 고대 문화의 성격

- 삼국 문화의 성격 ┬ 고구려(북조의 영향) : 중국 문화를 비판적 수용
  - ├ 백제(주로 남조의 영향) : 중국 문화를 적극적 수용
  - └ 신라 : 초기에는 소박한 전통(토우), 후기에는 조화미(백제 + 고구려)
- 삼국 문화의 공통성 : 금동 미륵보살 반가 사유상 – 민족 문화 형성의 토대
- 남북국 시대 문화의 성격 ─ 통일 신라 : 불교 문화의 발달, 귀족 문화의 발달, 민간 문화의 수준 향상, 지방으로의 문화 확산
  └→ 삼국 공통 제작 불상

2 한자의 보급과 교육

- 한자 사용 : 철기 시대부터(근거 : 창원 다호리 붓) → 한자의 토착화(향찰, 이두)
- 교육 기관 ┬ 고구려 ┬ 태학(4세기 소수림왕 : 중앙 / 국립 / 귀족 자제 대상 / 유교 경전과 역사서 교육)
  - │ └ 경당(5세기 장수왕 이후 추정 : 지방 / 사립 / 평민 자제 입학 가능 / 한학과 무술 교육)
  - ├ 백제 : 전하는 교육 기관 없음, 5경 박사, 의박사, 역박사 파견 → 유교 경전과 기술학 교육
  - └ 신라 : 화랑도(6세기 진흥왕 대 국가 조직으로 발전 – 경학과 무술 교육, 평민도 입도 가능)
- 한학의 발달 ┬ 고구려 : 광개토 대왕릉비, 충주 고구려비, 을지문덕 오언시
  - ├ 백제 ┬ 개로왕이 북위에 보낸 국서(472), 사택지적비(불당을 세운 내력, 도교의 영향)
  - │ └ 『역림』, 『모시』, 『춘추좌씨전』, 『사기』, 『한서』 등의 기록 有, 『논어』 구절 적힌 목간 발견
  - │   └→ 부여 쌍북리 발견
  - └ 신라 : 단양 적성비, 진흥왕 순수비, 황초령비, 임신서기석(유학 + 한학의 발달)
  - ┌→ 예부 소속 / 대사 이하부터 관등이 없는 자 중 15세~30세까지의 귀족 자제만 입학 가능 / 9년제 / 논어와 효경이 필수과목 / 산학도 가르침
- 통일 신라 : (국학)의 설립(682, 신문왕) – 충효 유교 이념의 수용과 왕권 강화 목적 / 청주 거로현을 학생 녹읍으로 설정 → 태학감(경덕왕, 박사와 조교 배치) → 국학(혜공왕)
  -   (소성왕, 799)
  - ⓒⓕ 독서삼품과 "(독서출신과, 788, 원성왕) : 유교 경전의 이해 수준을 시험하여 상품 / 중품 / 하품으로 구분하여 관리 채용, 국학 졸업 시험 성격
  - → 실패(∵진골의 반발) but 학문·유학 보급에 널리 이바지
- 발해 : 주자감(문왕, 유교 교육 목적 → 유교 경전 교육, 귀족 자제), 당의 빈공과 급제, 정혜공주와 정효공주 묘지명의 유교 경전 내용
  -                             └→ 오소도의 아들 급제 → 신라와의 등제서열 사건

'목간'

- •종이 대신 조그만 널빤지, 나무판자에 붓과 먹으로 글자를 새긴 것
- •부여 궁남지, 부여 관북리, 신라 월성 해자, 함안 성산산성 등지에서 출토

'독서삼품과(원성왕)'

- •상품 : 좌전, 예기, 문선, 논어, 효경을 읽은 자 ┐
- •중품 : 곡례, 논어, 효경을 읽은 자   ├→ 효경만 필수
- •하품 : 곡례, 효경을 읽은 자   ┘
- •특품 : 5경(시경, 서경, 역경, 예기, 춘추)과 3사(사기, 한서, 후한서)에 능한 자가 응시 → 서열과 관계없이 특채

3 역사 편찬과 유학 보급

- 역사 편찬(모두 현존 X) ─┬─ 고구려 :『유기』100권(건국 초, 작자 미상) → 이문진의『신집』5권(600, 영양왕)
　　　　　　　　　　　　├─ 백제 : 고흥의『서기』(4C, 근초고왕)
　　　　　　　　　　　　└─ 신라 : 거칠부의『국사』(545, 진흥왕) ⇒ 통일 신라 : 김대문(성덕왕 대 진골 출신, 자주적·주체적 문장가)의『화랑세기』,『고승전』,『한산기』,『악본』,『계림잡전』→ [모두 현존 X]
　　└→화랑이야기　　　　　└→한산주이야기　　　└→경주이야기
- 유학 보급(6두품 주도)

　┌─ 신라 중대 ─┬─ 강수(외교 문서에 능함) –「답설인귀서」,「청방인문표」, 불교를「세외교」라 배척
　│　　　　　　 └─ 설총(유교 경전에 조예, 이두 정리와 한문 보급, 고려 현종 대 '홍유후' 추증) –「화왕계」(신문왕에게 유교 정치 시행할 것을 권고)
　├─ 신라 하대 : 도당 유학생(숙위 학생) 증가 → 빈공과 급제 : 김운경(최초), 최치원(당에서 활동 → 귀국 후「시무 10조(개혁안)」제시(진성여왕 대) but 수용 X, 고려 현종 대 '문창후'로 추증)
　│　　　　　ⓔⓧ 최승우, 최언위, 박인범 등　　　　　　　　　　　　　　　　　　　　　　　　　　　　　　└→ 현존 X, 과거제 실시 주장
　│
　│　┌───┐
　│　│ ＊최치원의 저작 ─┬「토황소격문」(황소의 난 배경)
　│　│　　　　　　　　　├『계원필경』(당에서 쓴 시와 산문, 현존 최고(最古) 문집)
　│　│　　　　　　　　　├『제왕연대력』(현존 X), 난랑비서문(현존 X), 사륙집(현존 X)
　│　│　　　　　　　　　├ 해인사묘길상탑지(진성여왕 대의 혼란상), 사불허북국거상표
　│　│　　　　　　　　　│　　　　　　　　　　　　　　　　　└→발해와 신라의 쟁장 사건
　│　│　　　　　　　　　└ 4산비명(진감선사 대공탑비, 낭혜화상 백월보광탑비, 봉암사 지증대사 적조탑비, 대숭복사비)
　│　└───┘
　└─ 발해 ─┬─ 도당 유학생 파견(8세기 후반) → 빈공과 급제(오소도, 오광찬)
　　　　　 └─ 압자와(독자적 문자 사용 근거 but 공식 기록과 외교 문서에는 한자 사용)

4 불교의 수용과 발달

- 불교 수용-(왕실) ─┬─ 고구려 : 전진의 순도가 전래(소수림왕, 372)
　　　　　　　　　 ├─ 백제 : 동진의 마라난타가 전래(침류왕, 384) → 고구려와 백제는 불교의 전래와 동시에 수용
　　　　　　　　　 └─ 신라 : 눌지왕 대 묵호자(또는 아도 화상, 457년경)가 전래 → 법흥왕 대 이차돈의 순교를 통해 수용(527)
- 불교의 역할 ─┬─ 고대 문화 발전에 공헌(새로운 문화 창조)
　　　　　　　 └─ 중앙 집권화(왕권 강화)에 기여 → 세속 5계(원광)
　　　　　　　　　　　　　　　　　　　　　 └→화랑에게 내린 5가지 계명
- 삼국 불교의 특징 : 귀족 불교 / 호국 불교 / 토착 신앙과 융합 / 조형 예술 발달

　┌─ 고구려 : 삼론종('공(空)' 사상) – 승랑(삼론종과 화엄종의 대가, 5~6세기 중국 남조에서 활동, 양나라 무제가 대승불교로 전환하는 데 기여)
　├─ 백제 : 율종(계율 중시) 발달, 겸익(성왕 때(529) 인도에서 율장 전래), 노리사치계(성왕 때(552) 일본에 불교 전파)
　└─ 신라 : 업설(업보, 인과 사상) + 왕즉불(王卽佛) ─┬─ 왕권 강화, 지배층 정당화 논리, 신분 질서 강화
　　　　　　　　　　　　　　　　　　　　　　　　　├─ 미륵불 신앙(미래불이 이상적 불국토 건설 → 화랑도와 밀접한 관련)
　　　　　　　　　　　　　　　　　　　　　　　　　└─ 불교식 왕명(법흥왕~진덕여왕) / 백좌강회, 팔관회 거행

　┌──┐
　│ ＊불교식 왕명기 국왕의 활동 ─┬─ 법흥왕 : 불교 공인
　│　　　　　　　　　　　　　　　│　　　　　　　　　　　　　　┌→고구려 승려　　　　　　　　┌→신라 최초 사찰
　│　　　　　　　　　　　　　　　├─ 진흥왕 : '전륜성왕' 자처, 교단 조직(국통, 주통, 군통 – 혜량을 국통으로 임명), 황룡사 건립, 흥륜사 ■ 완공
　│　　　　　　　　　　　　　　　├─ 진평왕 : 원광의 활동(걸사표, 세속 5계), 신라 왕실의 불교식 신성화
　│　　　　　　　　　　　　　　　└─ 선덕여왕 : 자장의 활동(대국통 – 계율종 개창, 황룡사 9층 목탑 건립 건의 – 호국불교), 영묘사 건립
　└──┘

백률사 석탑

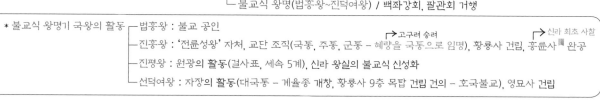

'흥륜사'

- 법흥왕 대 공사 시작, 진흥왕 대 완공
- 이차돈이 순교한 자리에 건립
  (신라 최초 사찰)

'백률사'

- 법흥왕 대 건립되기 시작, 자추사를 백률사로 개칭
- 백률사는 이차돈의 목이 떨어진 자리에 건립
- 헌덕왕 9년(817) 백률사 석당 건립
  └→이차돈의 순교사실을
  　새긴 돌기둥

─ 불교 사상의 발달(신라의 통일 전후)

┌ 원효(617~686) : 『대승기신론소』, 『금강삼매경론』, 『화엄경소』 저술 / 일심(一心) 사상 → 화쟁 사상(「십문화쟁론」: 원융회통(중관 + 유식) 사상)
　　　　　　　　　　→ 숙종 때 대성화정국사 또는 화쟁국사로 추앙받음
　├ 아미타(정토) 신앙(누구나 '나무아미타불'만 염불하면 극락에 갈 수 있음) → 불교의 대중화 : 내세적
　└ 법성종(=해동종 : 경주 분황사 중심) 개창
　　　5교 중 하나 ←

├ 의상(625~702) : 『화엄일승법계도』 저술 – 화엄 사상 : 일즉다 다즉일(一卽多 多卽一)("하나가 곧 모든 것이고, 모든 것이 곧 하나다.")
　　　→ 모든 존재는 상호 의존적이면서 서로 조화를 이루고 있음(원융회통 사상) + 왕즉불(王卽佛) 사상과 결합
　　　┌ 전제 왕권 강화에 기여
　　　├ 화엄종(영주 부석사 중심 + 양양 낙산사) 개창 / 관음 신앙(현세구복적) + (아)미타 신앙(내세적) – 불교의 대중화
　　　└ 문무왕에게 '민심(民心)의 성(城)'을 쌓을 것을 강조

├ 원측(613~696) : 유식 불교(신유식) – 서명사에서 현장 문하에서 수학(서명학파) → 현장의 사상을 계승한 규기(구유식)와 논쟁 / 『해심밀경소』 저술

├ 혜초(704~787) : 『왕오천축국전』(성덕왕 대인 719년에서 727년까지 인도·중앙 아시아, 페르시아, 아라비아 등 순례 후 풍물 소개, 남천로위언 등 오언시 수록)
　　　– 프랑스 탐험가 펠리오가 둔황 천불동에서 발견(1908)

└ 김교각(696~794) : 성덕왕의 왕자 출신이며 당나라 구화산에서 지장보살의 화신으로 추앙(등신불)

─ 발해 불교의 발달 ┬ 고구려 불교 계승(왕실·귀족 중심)
　├ 문왕 – '불교적 성왕' 자칭(대흥보력효감금륜성법대왕 : 정혜 / 정효공주 묘에 기록)
　　　독자적 연호 → 전륜성왕과 유사 → 4·6 변려체, 불로장생 사상, '황상'(자주적 성격) 표현
　└ 상경성 내 10여 개 절터 – 불상, 석등, 연화무늬 기와 발견
　　　→ 고구려 계승

'밀교'
· 비밀 불교 또는 밀의(密儀) 종교의 약칭, 주술적 성격
· 신라 후기 현세 구복적 신앙과 연결(질병 치료, 자식 출산 등)

'원효와 의상'
· 원효 : 6두품 출신, 당 유학 포기(일체유심조), 무열왕 대 요석공주와 결혼 → 파계
　→ 아들 : 설총(6두품, 신문왕 대 화왕계 저술)
　→ '소성거사'라 자처 : 무애가(無碍歌)를 지어 부름
· 의상 : 진골 출신, 당에 유학, 지엄 문하에서 수학
　→ 당의 침공을 알리기 위해 귀국(670), 문무왕 대 활약

'불교의 수용과 발달'
대승불교 : 중생 구제 목적 → '보살'의 존재
소승불교 : 개인 해탈 목적
교종 : 불경 중시(형식적 / 권위적) → 중앙 귀족 중심(신라 중대) 탑·절·불상 등 조형 예술 발달 – 5교 중심
선종 : 참선 중시(실천적 / 민중적) → 지방 호족 중심(신라 하대) 승탑(부도 – 승려 사리탑)의 발달 – 9산 중심

5교 9산
┌ 5교(교종)
　├ 법성종(원효, 경주 분황사)
　├ 화엄종(의상, 영주 부석사)
　├ 열반종(보덕, 완주 경복사)
　├ 계율종(자장, 양산 통도사)
　└ 법상종(진표, 김제 금산사) → 금강계단 불사리탑, 삼보사찰 중 하나
└ 9산(선종)
　├ 가지산파(도의 → 염거 → 체징)
　├ 실상산파(홍척)
　├ 동리산파(혜철)
　├ 사굴산파(범일)
　├ 봉림산파(현욱 → 심희)
　├ 사자산파(도윤 → 절중)
　├ 희양산파(도헌)
　├ 성주산파(무염)
　└ 수미산파(이엄 – 왕건의 스승)
* 9산 선문은 지방 호족과 결탁하여 호족을 지원하기도 함

5 선종과 풍수지리설 / 도교 노장 사상

- 선종
  - 선종 대두 : 법랑(선덕여왕~진덕여왕), 신행(성덕왕~혜공왕)이 전래(북종선) – 교종에 눌려 위축
    - → 확산 : 도의(헌덕왕)가 전래(남종선) → 신라 하대 유행
  - 선종의 특징 : 실천 수행 강조(마음 속에 내재된 깨달음을 얻는 것 중시) → 개혁적 성격(왕실 및 귀족 권위 부정)
    - 참선 수행 중시(견성오도·즉시성불·불립문자 직지인심) → 호족의 이념적 지주, 중앙 정부의 통제력 약화 기여
  - 9산 선문의 성립 : 가지산파(장흥 보림사 중심 – 도의의 법통 계승, 체징 때 개산) ~ 수미산파(해주 광조사 중심 – 이엄) → 호족 세력과 결탁(반 신라적 성향)
  - 선종 확산의 영향
    - 고려 개창의 사상적 토대, 중국 문화의 이해의 폭 확대
    - 승탑(부도)의 확산, 지방 문화의 역량 증대(지방 호족 세력의 이념적 지주)
- 풍수지리설
  - 전래 : 신라 하대 선종 승려 도선이 당으로부터 전래
  - 의미 : 산세와 수세를 살펴 도읍·주택·묘지 등 선정
  - 영향 : 국토의 효율적 이용과 관련(환경 결정론적 영향)
    - 도참신앙과 결부 → 경주 중심 국토 편성에 대한 비판 → 호족 발흥 정당화 → 신라 정부의 권위 약화
- 도교(노장) 사상 : 노자·장자의 사상(『도덕경』) → 무위자연(無爲自然) / 산천 숭배·신선 사상과 결합 → 귀족 사회 보급(불로장생 신선사상)
  - 고구려
    - 초기 : 오두미도 성행
    - 영류왕 대 당으로부터 도입 → [귀족 견제] 연개소문의 도교 장려 : 당으로부터 숙달 등 8명의 도사(道士)와 『도덕경』 유입
      - → 보덕이 백제로 망명하여 열반종 개창
    - 강서대묘 사신도(좌청룡, 우백호, 남주작, 북현무)
    - 여수장우중문시(5언시 – 을지문덕 : "지족원운지")
  - 백제
    - 산수무늬 벽돌(= 산수문전) ―[부여 능산리절터 공방지에서 발견]
    - 금동대향로(신선들이 사는 이상 세계 형상화 : 봉래산 + 뚜껑에 여의주를 목에 낀 봉황, 받침에 용 조각) ―
      - → 신선, 5악사, 인면조(수)신상, 실재하는 짐승, 나무, 오솔길, 시냇물, 폭포 형상화 ―[도교 + 불교]
    - 무령왕릉 지석(매지권) : 토지 신으로부터 토지를 매입했다는 권리증서
    - 사택지적비(7세기, 무위자연의 삶)
    - 부여 궁남지 : 누각·섬 등에서 도교적 신선 사상 찾아볼 수 있음
  - 신라 : 화랑도(= 국선도 = 풍류도 : 유 + 불 + 도) → 명산대천 제사
  - 통일 신라
    - 진감선사 대공탑비(최치원 4산비명 중 하나) → 유·불·도 사상 모두 반영
    - 난랑비 서문(현존 X, "나라에 현묘한 도가 있으니 이를 '풍류(風流)'라 한다.")
    - 12지신 상(김유신묘, 성덕왕릉, 괘릉 등)
    - 월지(안압지, 인공 섬 → 봉래산)
    - 김지성, 김가기 : 도교적 생활
  - 발해
    - 정혜·정효공주 묘지의 불로장생 사상("공주는 무악(巫岳)에서 영기(靈氣)를 품고, 낙천(洛川)에서 신선에 감응받았다."),
    - 이광현(당의 도인에게 도교를 배워 도교에 심취함)

'고려와 조선의 도교'

· 고려 시대 : 초제(도교 제사) 거행 + 예종 대 복원궁을 시작으로 도관(도교 사원) 설치 + 불교·도교 및 토착 신앙이 결합된 팔관회 개최
· 조선 시대 : 소격서 및 강화도 마니산에서 초제 거행

6 과학 기술의 발달

- 천문학과 수학
  - 천문학 ┬ 농경과 밀접하게 관련하여 발전 → 왕의 권위와 연결
    - 고구려 : 천문도(조선 천상열차분야지도에 영향) 및 별자리 그림(각저총)
    - 백제 : 남조에서 원가력 수용, 역박사
    - 신라 : 첨성대(7세기 선덕여왕, 현존 동양 최고(最古) 천문대)
    - 통일 신라 : 김암(병법과 천문학에 조예) / 인덕력 수용, 누각전 설치(시간, 성덕왕)와 누각박사 6명 배치 → 천문박사 1인 추가(경덕왕)
    - 『삼국사기』: 천문 현상 관측 기록(일식·월식, 혜성의 출현, 기상 이변 등)
      └→ 김유신의 후손, 사천대 박사에 임명
  - 수학 ┬ 조형물의 축조에 수학적 지식 활용 → 고구려 고분 석실이나 천장의 구조
    - 백제 정림사지 5층 석탑 / 신라의 황룡사 9층 목탑
    - 통일 신라의 석굴암 석굴 구조(석굴암 구조에서 사각형의 전실은 땅을, 원형의 주실은 하늘을 상징 → 천원지방 구현)
    - 불국사 3층 석탑(석가탑), 다보탑 / 누각(물시계) 설치(성덕왕)

- 목판 인쇄술과 제지술의 발달 : 무구정광대다라니경(8C 초 제작) – 석가탑에서 발견 / 현존 최고(最古) 목판 인쇄물 / 닥나무로 만듦, 우수한 제지술 발달

- 금속 기술의 발달 ┬ 고구려 : 제철 기술 발달(고분 벽화에 철 단련하고 수레바퀴 제작하는 그림 → 오회분 4호 및 5호묘)
  - 백제 : 칠지도(강철로 만들고 금으로 글씨를 상감), 금동 대향로
  - 신라 : 금관(금관총, 천마총, 황남대총 북분, 금령총, 서봉총 출토 → 금 세공 기술 발달)
  - 통일 신라 : 상원사 동종(725, 성덕왕) –현존 최고(最古)
    → 성덕대왕 신종(봉덕사종 = 에밀레종, 771년 혜공왕 대 완성)
    - 구리 + 아연 12만 근을 주조(비천상), 종의 내부와 외부를 통하는 음통 장착, 종을 만든 내력을 적은 명문
      └→ 황동

첨성대
(국보 제31호)

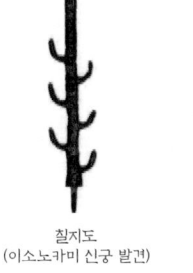
칠지도
(이소노카미 신궁 발견)

금동 대향로
(국보 제287호)

금관
(경주 천마총 출토)
(국보 제188호)

상원사 동종
(국보 제36호)

성덕대왕 신종
(국보 제29호)

성덕대왕 신종 비천상

7 고대인의 자취와 멋

✦ 고분과 고분 벽화

고구려
- 초기 : 돌무지무덤(만주의 지안 일대) – 태왕릉 / 장군총(석실형 계단식 돌무지무덤) : 벽화 X, 껴묻거리 X
- 후기 : 굴식 돌방무덤(만주 지안, 평안도 용강, 황해도 안악 등지 분포) → 돌로 널방(석실)을 짜고 그 위에 흙으로 덮어 봉분을 만든 것
  : 벽화 O, 껴묻거리 X(by 도굴이 용이), 부부 합장묘
- 굴식 돌방무덤의 종류
  - 안악 3호분(미천왕릉 or 고국원왕릉 or 중국인 동수 무덤, 대행렬도·여인도·부엌 그림)
  - 덕흥리 고분(13명의 태수에게 보고를 받는 유주자사 진의 모습, 견우직녀도)
  - 쌍영총(서역의 영향을 받은 두 개의 팔각기둥, 기마(사)도)
  - 수산리 고분(신분에 따라 사람의 크기를 구분 → 일본 다카마쓰 고분 벽화에 영향 / 교예도)
  - 무용총(무용도, 수렵도, 접객도, 행렬도) / 각저총(씨름도, 별자리 그림) / 강서대묘(사신도)

'고구려 고분 벽화의 특징'

- 초기 : 무덤 주인의 생활 표현(무용총의 무용도, 접객도, 수렵도 / 각저총의 씨름도 등)
- 후기 : 추상적 그림(도교와 음양오행 반영 – 강서대묘의 사신도 / 국내성 오회분의 달의 신 해의 신 사신도 등)

집안 환도산성 아래 돌무지무덤

집안 태왕릉(고국원왕릉 또는 광개토 대왕릉 추정)

집안 장군총 (광개토 대왕릉 추정)

안악 3호분 주인공

안악 3호분 여주인공

덕흥리 고분 유주자사 진과 태수들

덕흥리 고분 견우직녀도

쌍영총 쌍영 (두 기둥) –서역의 영향

쌍영총의 기사도(기마도)

수산리 고분 교예도

무용총 무용도

무용총 수렵도

각저총 씨름도

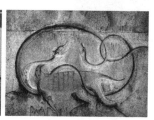

강서대묘 사신도 중 현무도(북쪽)

백제

한성 시대 : 계단식 돌무지무덤 - 석촌동 고분(→ 백제의 건국 세력이 부여·고구려 계통)

웅진 시대 : 송산리 고분군 → 대규모 굴식 돌방무덤(1, 2, 3, 4, 5호분) + 벽돌무덤(6, 7호분)

    - 송산리 굴식 돌방무덤(1~5호분)에서는 벽화 X, 벽돌무덤인 6호분에서만 벽화 발견(사신도, 일월도)

    - 7호분(무령왕릉) : 1971년 발견 / 국왕과 왕비 합장묘 / 벽돌무덤(남조 영향) - 연꽃무늬 벽돌 but 벽화 X, 목관은 일본의 금송(金松) 사용

        금제 관식, 진묘수, 오수전(양나라 화폐), 환두대도 등 수천 점 유물 출토(무령왕 지석 : "영동대장군 백제 사마왕" /

        무령왕비 지석 뒷면(매지권) : "토지신으로부터 땅을 샀다." 기록 → 도교적 영향)

사비 시대 : 능산리 고분군 → 소규모의 세련된 굴식 돌방무덤 / 동하총(1호분)에서 벽화 발견(연화문, 비운문, 사신도)

'나주 신촌리 9호분'

·영산강 유역에 위치한 거대한 옹관 고분
 (독널, 독무덤)
·마한계의 독자적 문화 흔적
·한일 고대 교류사 연구의 단서

서울 석촌동 3호
돌무지무덤

무령왕릉 내부 모습

무령왕릉 진묘수
(국보 제162호)

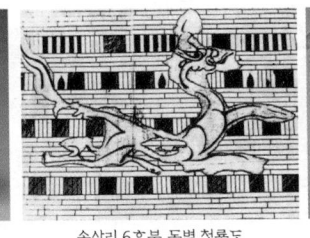
송산리 6호분 동벽 청룡도

부여 능산리 1호분 벽화

신라

통일 전 - 돌무지덧널무덤 (적석목곽분) - 지상이나 지하에 시신과 껴묻거리를 넣은 나무 널(관)과 덧널(곽)을 설치하고 그 위에

        냇돌을 쌓고 흙으로 덮음 → 신라에서만 제작(마립간 시기) / 도굴 어려워 껴묻거리 多 / 단장묘(추가 매장 X) / 벽화 X

천마총(금관, 천마도 - 벽화 아님), 호우총(호우명 그릇), 황남대총(금관), 서봉총(봉황장식 금관) 등

(신라에서는 통일 직전에 순흥 읍내리 벽화고분(연화문, 신장도 발견)이나 어숙지 술간묘와 같은 굴식 돌방무덤 제작

    → 고구려, 백제의 영향)

통일 후 : 화장 유행 - 대왕암(문무왕릉)

규모가 작은 굴식 돌방무덤(횡혈식 석실분) - 성덕왕릉, 김유신묘, 괘릉(원성왕릉으로 추정) 등

(무덤 둘레돌에 <u>12지 신상</u> 조각 : 성덕왕릉, 김유신묘, 괘릉, 흥덕왕릉 등 - 성덕왕릉만 환조, 나머지는 부조)

    도교 영향

'신라 돌무지덧널무덤'

덧널

껴묻거리 상자 / 석단

봉토 / 널

돌무지부

껴묻거리 상자 / 널 / 덧널 / 덧널
내부

천마도
(국보 제207호)

전(傳) 김유신 묘
(부조 12지 신상)

김유신 묘의
12지 신상 중 양
(부조)

성덕왕릉의
12지 신상 중 원숭이
(환조)

괘릉의
서역 무인상

발해

─ 정혜공주 묘(문왕 둘째 딸, 육정산 고분군 – 동모산 인근, 1949년 발견) : 굴식 돌방무덤(고구려 영향) / 모줄임 천장구조 / 벽화 X / 돌사자 상(고구려 + 당 영향)

─ 정효공주 묘(문왕 넷째 딸, 용두산 고분군 – 중경 인근, 1980년 발견) : 벽돌무덤(당 영향) / 평행 고임 구조(모줄임 천장구조 X) – 고분 위에 벽돌탑 조성 / 12명의 인물 벽화

＊ 정혜공주 묘와 정효공주 묘의 공통점 : 묘지석 발견(4·6 변려체 – 정혜공주 묘지는 훼손이 심하지만 정효공주 묘와 유사한 내용으로 추정 / 도교 영향)

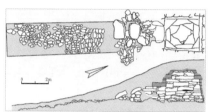
정혜공주 묘 평면도와 측면도

정혜공주 묘 돌사자

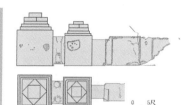
모줄임 천장 구조

정효공주 묘 복원도

정효공주 묘 벽화

가야

─ 초기 : 널무덤(목관묘), 덧널무덤(목곽묘) → 돌덧널무덤(석곽묘) – 굴식 돌방무덤(대가야 고령 고아동 벽화고분 : 연화문 벽화)

고령 고아동 벽화 고분

'고령 지산동 44호분'

돌덧널무덤(석곽묘), 순장의 흔적, 다양한 토기 및 금동관과 함께 철제 갑옷 및 투구 등 출토, 오키나와산 야광 조개 국자 및 백제산 금동합 출토

🔸 건축과 탑 / 불상

* 삼국 공동 제작 불상 : 금동 미륵보살 반가 사유상
  - 국보 118호(고구려) / 국보 78호(신라 또는 고구려 : 탑 모양의 관) / 국보 83호(신라 또는 백제 : 삼산관)

금동 미륵보살 반가 사유상
(국보 제118호)
- 고구려

금동 미륵보살 반가 사유상
(국보 제83호)
- 신라 또는 백제

고구려
- 건축 : 현존 X / 안학궁 터(평양, 한 면의 길이가 610m) /
  쌍성 양식 - 평지성과 배후산성(졸본 도읍기 - 졸본성과 오녀산성,
  국내성 도읍기 - 국내성과 환도산성)
- 탑 : 목탑 중심 - 현존 X
- 불상 : 연가 7년명 금동 여래 입상(북조의 영향, 안원왕 대 것으로 추정)
  → 광배 뒤에 '연가 7년'이라는 글자 새겨짐

연가 7년명
금동 여래 입상
(국보 제119호)

평양 안학궁 평면도

백제
- 건축 ┬ 왕흥사지(무왕 또는 위덕왕)
       └ 미륵사지(익산) - 무왕 대 호국 사찰로 건립 / 동서의 석탑과 가운데 목탑
- 탑 ┬ 미륵사지 석탑(무왕) - 동·서탑 중 서탑 / 목탑 양식 반영 /
      │ 현존 최고(最古)의 탑 - 2009년 금동제 사리장엄구와 금제 사리봉안기 발견
      │ (미륵사지 석탑 금제 사리봉안기에는 "좌평 사택적덕의 딸인 백제 왕후가
      │ 재물을 희사해서 절을 창건했다."는 기록이 발견되어 무왕비에 대한 논란이
      │ 있음)
      └ 정림사지 5층 석탑 - 백제의 대표적 탑 / 미륵사지 석탑 계승 /
        1층 탑신에 소정방이 쓴 대당평백제국비명(평제문)이 새겨져 있음
- 불상 : 서산 마애 삼존불 → 남조의 영향 / 백제의 미소

미륵사 복원 상상도

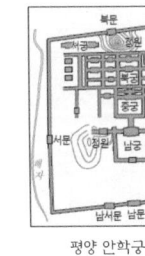

미륵사지 석탑
(국보 제11호)

미륵사지 금제 사리봉안기

미륵사지 금동제 사리장엄구

정림사지 5층 석탑
(국보 제9호)

서산 마애 삼존불
(국보 제84호)

신라
- 건축 : 흥륜사, 황룡사(진흥왕) - 현존 X
- 탑 ┬ 황룡사 9층 목탑(선덕여왕) - 자장의 건의 /
      │ 백제 기술자 아비지의 도움으로 건립(70미터) /
      │ 각각의 층에 9개의 외적 표기(호국 사탑)
      │ → 몽골 침입 때 소실
      └ 분황사 모전석탑(선덕여왕) - 석재를 벽돌 모양으로 만들어 쌓은 탑
        (모전 - 전탑을 모방) / 3층까지만 현존 / 사면에 돌사자상 /
        입구 양쪽에 인왕상
- 불상 : 경주 배리(배동) 석불 입상 - 경주 역사유적 남산지구 내에 위치 /
  푸근한 자태와 은은한 미소(신라 불상의 정수)

황룡사 9층 목탑(복원 모형)

분황사 모전석탑
(국보 제30호)

경주 남산 배동(배리)
석불입상(보물 제63호)

통일 신라 ─ 건축 ─ 불국사(경덕왕) – 김대성의 건의에 따라 건립 /

　　　　　　　　　　대웅전 구역(사바세계), 극락전 구역(극락세계), 비로전 구역(연화장 세계)으로 구분

　　　　　　　　　　→ 불국토의 이상을 조화와 균형 감각으로 표현

　　　　　　　　　　(정문 돌계단인 청운교·백운교 : 직선과 곡선의 조화 – 그랭이 공법 : 자연석에 인공석을 연결)

　　　　　├─ 석굴암(경덕왕) – 김대성이 전생 부모를 위해 건립 /

　　　　　　　　　　인공 석굴 사원 / 네모난 전실(땅)과 둥근 주실(하늘)을 갖춤

　　　　　└─ 월지(안압지, 문무왕) – 인공섬 : 도교의 영향 / 귀족 문화 → 14면체 주사위 발견 / 목간 발견 /

　　　　　　　　　동궁(東宮)터 임해전(연회 장소) 건립

　　─ 탑 ─ 의성 탑리리 5층 석탑(통일 전후 건립) – 전탑과 목탑 양식 반영

　　　　├─ 감은사지 3층 석탑(신문왕, 682) – 통일된 새로운 국가의 힘찬 건설이라는 장중한 의지 반영 ─┐

　　　　├─ 고선사지 3층 석탑 – 삼국 통일의 기상 반영　　　　　　　　　　　　　　　이중 기단의 3층 석탑 │

　　　　├─ 불국사 3층 석탑(경덕왕, 751) – 석가탑 / 통일 신라의 정형(定型) 석탑 ────────────┘

　　　　├─ 불국사 다보탑(경덕왕, 751)

　　　　│　– 대표적 이형 석탑 : "다보여래가 땅에서 솟아나와 석가여래의 설법을 입증한다."

　　　　│　　　　　(법화경 내용) 표현(석가탑과 함께 대표적 1금당 2탑 양식)

　　　　└─ 화엄사 4사자 3층 석탑 – 8세기 중엽 이형 석탑 – 네 귀퉁이에 4사자, 중앙에는 합장한 승려상

　　　　⇒ 신라 하대 : 규모가 작아지고(실상사 3층 석탑, 보림사 3층 석탑) 석탑 자체를 장식하려는 의도 증대

　　　　　　→ 양양 진전사지 3층 석탑(탑신과 기단에 부조로 불상 조각), 정혜사지 13층 석탑(흙으로 쌓은 기단 위에 13층 탑신)

불국사 가람 배치 평면도

불국사 청운교·백운교
(국보 제23호)

석굴암(국보 제24호)

월지(안압지)

감은사지 3층 석탑
(국보 제112호)

불국사 3층 석탑
(석가탑, 국보 제21호)

불국사 다보탑
(국보 제20호)

화엄사 4사자 3층 석탑
(국보 제35호)

진전사지 3층 석탑
(국보 제122호)

─ 부도(승탑)의 유행 : 신라 하대 선종의 영향(호족 세력의 성장 반영)
　　─ 팔각원당형 : 염거화상탑 / 쌍봉사 철감선사 승탑
　　─ 이형 승탑 : 태화사지 12지 신상 부도(석종형)
─ 탑비 ─ 국왕 관련 탑비(신라 중대) : 태종무열왕릉비(귀부 + 이수 현존) / 성덕대왕릉비(귀부만 현존)
　　　└─ 승려의 탑비(신라 하대) : 실상사 증각대사 응료탑비, 쌍계사 진감선사 대공탑비(최치원),
　　　　　　　　　쌍봉사 철감선사 탑비 등　　　└→ 혜소의 탑비, 유·불·도 삼교를 하나로 파악
─ 불상 ─ 신라 중대 ─ 석굴암 본존불·10대 제자·11면 관음 보살상
　　　　　　　　(불교의 이상 세계를 구체적으로 실현하고자 하는 의도)
　　　　　　　　사천왕상(7세기 후반 통일 전후) : 나·당 전쟁의 승리와 왜구 격퇴 염원(호국 불교)
　　　　　　　　칠불암 마애석불(7세기 말~8세기 초)
　　　　└─ 신라 하대 ─ 사실감과 균형감은 저하 but 다양한 표정의 불상 등장
　　　　　　　　(새로운 사회 도래에 대한 시대적 요구 반영)
　　　　　　　　　─ 비로자나불(수인 : 지권인) 제작 : 철조 비로자나불(철원 도피안사, 장흥 보림사) /
　　　　　　　　　　석조 비로자나불(대구 동화사, 봉화 취서사)
　　　　　　　　　└─ 마애석불 제작 : 함안 방어산 마애 약사여래 삼존 입상(시대적 혼란 반영)

흥법사지 염거화상탑　　쌍봉사 철감선사탑
　　　　　　　　　　　　(국보 제57호)

석굴암 본존불　　석굴암 11면　　보림사 철조 비로자나불 좌상　　도피안사
(국보 제24호)　　관음보살상　　　　(국보 제117호)　　　　철조 비로자나불 좌상
　　　　　　　　　　　　　　　　　　　　　　　　　　　　　(국보 제63호)

┌─────┐
│ 발해 │
└─────┘
─ 건축 : 궁궐터(상경성 구조 – 당의 장안성 모방) / 주작대로(북 → 남 / 당의 장안성 모방) / 4성터 온돌 장치(고구려 영향)
　　　　사원 건축(금당과 좌우 건물을 회랑으로 연결)
─ 탑 : 영광탑(길림성 장백현) – 발해 유일한 전탑(5층 벽돌탑(당나라 양식 계승))
─ 불상 : 고구려 양식을 계승한 다양한 불상 발견
　　　─ 흥륭사 불상 : 상경성 흥륭사에서 발굴
　　　─ 이불병좌상 : 동경 팔련성 절터에서 발견 – 흙을 구워 제작(전불)
　　　　└→ 도쿄 국립박물관 소장

발해 영광탑　　동경 팔련성 이불병좌상　　흥륭사(상경성 제2절터) 발해 석조 불상

상경 용천부 평면도

✦ 공예 / 글씨 / 그림과 음악

- 공예 ┬ 신라 토기 – 유약 X → 통일 신라 도기 – 황록색(또는 황갈색) 연유 계통 유약 사용 / 발해 자기 – 삼채(당에서 유행)
  └ 발해 조각 – 벽돌과 기와 무늬(고구려 영향 – 소박하고 힘찬 모습)
- 석등 : 통일 신라 – 불국사 석등, 법주사 쌍사자 석등 / 발해 – 흥룡사 석등(현무암)
- 글씨 ┬ 고구려 – 광개토 대왕릉 비문(웅건한 서체) ┄┄→ 고려 시대 집자비문(태자사 낭공대사 백월서운탑비) 제작
  └ 통일 신라 – 김인문(무열왕 비문, 화엄사 화엄경 석경) / 김생(질박하면서도 굳센 독자적 서체 확립 – 해동필가의 조종, 『원화첩』(김생의 글씨첩 간행, 현존 X)) / 요극일(구양순체)
- 그림 : 신라 – 천마도(벽화 X), 솔거의 황룡사 벽의 소나무 그림, 정화·홍계의 불화 / 통일 신라 – 김충의(당에서 활약) → 하대 : 귀족의 초상화
- 음악·무용 ┬ 고구려 – 왕산악(진의 칠현금을 개량하여 거문고 만들고 악곡 지음) / 백제 – 고구려의 영향 → 악기, 악사 일본에 파견(미마지)
  ├ 신라 – 백결 선생(방아타령을 지어 가난한 아내 위로) / 가야 – 우륵(대가야 출신, 12현금인 가야금 제작 – 12악곡)
  ├ 통일 신라 – 고구려와 백제의 향악 수용(3현 : 거문고, 가야금, 비파 / 3죽 : 대·중·소피리), 당악(군악 : 귀족 사회에 정착), 범패(불교의식 음악)
  └ 발해 – 발해금, 일본에 악공 파견, 송나라 악기 제작에 영향
- 한문학·향가 ┬ 고구려 – 황조가(유리왕), 여수장우중문시(5언시 – 을지문덕) / 백제 – 정읍사(민중의 생활상)
  │   └→ 『악학궤범』에 수록
  ├ 신라 – 회소곡(노동요), 향가(승려와 화랑 중심 – 다양한 주제) / 가야 – 구지가(무속, 주술적 성격)
  ├ 통일 신라 ┬ 향가집 : 『삼대목』 편찬(888, 진성여왕 대 대구 화상과 각간 위홍이 편찬, 현존 X)
  │   └ 설화 문학 : 에밀레종 설화, 설씨녀 이야기, 효녀 지은 이야기 등
  └ 발해 – 정혜·정효공주 비문(4·6 변려체), 다듬이 소리(양태사)
             └→ 도교적 성격 내포

'신라의 향가'

혜성가, 서동요, 원왕생가, 모죽지랑가, 헌화가, 도솔가, 제망매가, 찬기파랑가, 안민가, 도천수관음가, 우적가, 처용가

법주사 쌍사자 석등
(국보 제5호)

흥룡사(상경성 제2절터) 발해 석등

8 일본으로 건너간 우리 문화

- 고대 일본 역사의 전개와 한반도의 영향 – 빗살무늬 토기 – 죠몬 토기 문화(신석기 시대) / 벼농사 문화 → 야요이 문화(청동기 시대) / 가야 문화(수레형 토기) → 스에키 토기(4세기) / 삼국 시대의 문화(고구려, 백제, 신라) → 아스카 문화(6~7세기) / 통일 신라의 문화·당의 문화 → 하쿠호 문화(7~8세기)
- 삼국 시대 문화의 일본 전파 – 6세기경 야마토 조정의 성립과 7세기경 나라 지방에서 발전한 아스카 문화 형성에 기여

  - 백제 ┬ 4세기(근초고왕) – 아직기(한자 전래 – 오진태자 스승), 왕인(천자문과 논어 전파)
    ├ 6세기(무령왕) – 단양이·고안무(5경 박사 – 유교 경전 전파)
    ├ 6세기(성왕) – 노리사치계(불경·불상 전파(552) – 고류지(광륭사) 미륵보살 반가 사유상, 호류지(법륭사) 백제 관음상 건립에 영향)
    │   cf) 겸익(인도 기행(529) 후 율종 소개 – 소승불교의 전래 근거)
    ├ 6세기(위덕왕) – 혜총(쇼토쿠 태자의 스승), 아좌태자(위덕왕의 아들 – 쇼토쿠 태자의 초상 그림)
    └ 7세기(무왕) – 관륵(역서와 달력, 천문, 지리서, 둔갑술(도교) 및 불교 전파 → 일본 승직 제도 마련에 영향) / 미마지의 기악 전수
       → 이외에도 5경 박사, 의박사, 역박사와 천문박사, 채약사, 화가와 공예 기술가 건너감(백제 가람 양식 등장)

  - 고구려 ┬ 7세기(영양왕) – 혜자(쇼토쿠 태자의 스승), 담징(지묵법 : 종이·먹 제조 방법, 호류지(법륭사) 금당 벽화)
    ├ 7세기(영류왕) – 혜관(삼론종의 개조)
    └ 7세기(보장왕) – 도현(『일본세기』 저술 ; 현존 X →『일본서기』 편찬에 영향) / 수산리 고분 벽화 → 다카마쓰 고분 벽화에 영향

  - 신라 : 조선술(배 만드는 기술), 축제술(제방 쌓는 기술 → 한인의 연못)

  - 가야 : 수레형 토기 → 일본 스에키 토기에 영향
             └→ 일본 승려 양변에게 화엄학 전수
  - 통일 신라 : 원효·강수·설총·심상(화엄종) 등 불교·유교 문화 전파 → 하쿠호 문화 형성에 기여
       → 헤이안 시대(8C 말) : 도읍을 헤이안으로 옮긴 후부터는 외국 문화의 영향에서 벗어나려는 움직임

  - 발해 : 양태사, 왕효렴 등 문인 파견, 장경선명력, 불경, 음악 전함

수산리 고분 벽화
(평남 강서)

다카마쓰 고분 벽화
(일본 나라시)

Chapter 01 고려의 건국과 발전

1 고려의 성립

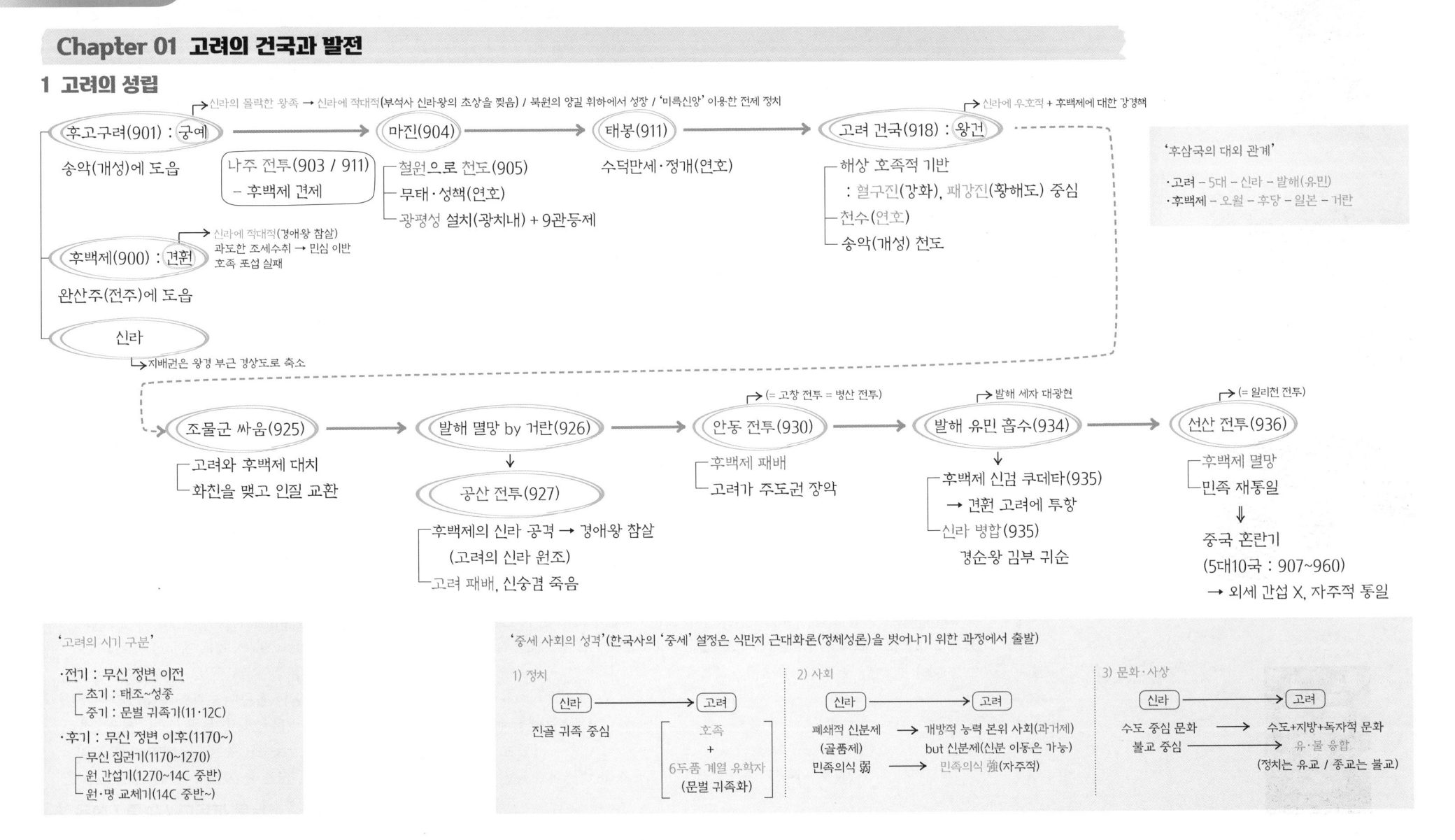

→신라의 몰락한 왕족 → 신라에 적대적(부석사 신라왕의 초상을 찢음) / 북원의 양길 휘하에서 성장 / '미륵신앙' 이용한 전제 정치

후고구려(901) : 궁예

송악(개성)에 도읍

나주 전투(903 / 911)
- 후백제 견제

마진(904)
- 철원으로 천도(905)
- 무태·성책(연호)
- 광평성 설치(광치내) + 9관등제

태봉(911)
- 수덕만세·정개(연호)

→신라에 우호적 + 후백제에 대한 강경책

고려 건국(918) : 왕건
- 해상 호족적 기반
  : 혈구진(강화), 패강진(황해도) 중심
- 천수(연호)
- 송악(개성) 천도

'후삼국의 대외 관계'
- 고려 – 5대 – 신라 – 발해 (유민)
- 후백제 – 오월 – 후당 – 일본 – 거란

→ 신라에 적대적(경애왕 참살)

후백제(900) : 견훤

완산주(전주)에 도읍

과도한 조세수취 → 민심 이반
호족 포섭 실패

신라

→지배권은 왕경 부근 경상도로 축소

조물군 싸움(925)
- 고려와 후백제 대치
- 화친을 맺고 인질 교환

발해 멸망 by 거란(926)
↓
공산 전투(927)
- 후백제의 신라 공격 → 경애왕 참살
  (고려의 신라 원조)
- 고려 패배, 신숭겸 죽음

→(= 고창 전투 = 병산 전투)

안동 전투(930)
- 후백제 패배
- 고려가 주도권 장악

→발해 세자 대광현

발해 유민 흡수(934)
- 후백제 신검 쿠데타(935)
  → 견훤 고려에 투항
- 신라 병합(935)
  경순왕 김부 귀순

→(= 일리천 전투)

선산 전투(936)
- 후백제 멸망
- 민족 재통일

중국 혼란기
(5대10국 : 907~960)

→ 외세 간섭 X, 자주적 통일

'고려의 시기 구분'

- 전기 : 무신 정변 이전
  - 초기 : 태조~성종
  - 중기 : 문벌 귀족기(11·12C)
- 후기 : 무신 정변 이후(1170~)
  - 무신 집권기(1170~1270)
  - 원 간섭기(1270~14C 중반)
  - 원·명 교체기(14C 중반~)

'중세 사회의 성격'(한국사의 '중세' 설정은 식민지 근대화론(정체성론)을 벗어나기 위한 과정에서 출발)

1) 정치

신라 → 고려

진골 귀족 중심

호족
+
6두품 계열 유학자
(문벌 귀족화)

2) 사회

신라 → 고려

폐쇄적 신분제 → 개방적 능력 본위 사회(과거제)
(골품제)   but 신분제(신분 이동은 가능)
민족의식 弱   민족의식 强(자주적)

3) 문화·사상

신라 → 고려

수도 중심 문화 → 수도+지방+독자적 문화
불교 중심   유·불 융합
             (정치는 유교 / 종교는 불교)

2 중세 사회의 전개

✦ 태조(918~943)

- 민생 안정책
  - 취민유도 : 과도한 수취 금지 ┬ 조세율 1/10
    - └ 비옥도에 따라 3등분
  - 빈민 구제 : 흑창 설치 ┬ 고구려의 진대법 계승(춘대추납 무이자)
    - └ 성종 때 의창 → 조선의 환곡 제도로 계승
  - 노비 해방
- 북진 정책 ┬ 자주적 성격(고구려 계승 의지 – 국호 고려, 연호 천수)
  - ├ 서경 중시(고구려 옛 수도) → 최초 분사 설치
  - ├ Ⓒⓕ 분사 제도 정비는 성종 때
  - ├ 대(對) 거란 강경책(만부교 사건, 942)
  - └ 발해 유민 포섭, 영토 확보(청천강~영흥만)
- 정치 안정 도모
  - ├ 태봉 관제 + 통일 신라, 중국 제도 참고
  - ├ 『정계』, 『계백료서』: 신하들의 국왕에 대한 도리, 규범 제시(현존 X)
  - └ 훈요 10조 : 후대 왕이 지켜야 할 요강
- 교육 장려 : 학보 설치(930) + 개경에 학교 운영 ──→ 장학기금
- 숭불 정책
  - ├ 법왕사, 흥국사, 개태사 건립
  - └ 연등회·팔관회 중시 ──┐
- 풍수지리 사상 중시 ──┘→ 〈훈요 10조〉에 포함
  - └─→ 송악(개경) 길지설, 서경길지설
- 호족 융합 정책 : 개국 공신과 지방 호족을 관리로 등용
  - ├ 회유책
    - ├ 정략 결혼 → 태조 사후 왕위 쟁탈전
    - ├ 사성(賜姓) 정책 + 토성 분정(본관제 : 지역과 성(姓)을 연계)
    - ├ 역분전 지급(논공행상 : 공로 기준)
    - └ 재지관반 : 호족의 지방자치권 보장·지방관 미파견
  - └ 강경책 ──→ 신라의 상수리 계승(인질제도)
    - ├ 기인 제도 (→ 조선의 경저리)
    - └ 사심관 제도 ex. 경순왕 김부가 최초의 사심관
      - ┌ 개경 거주
      - (부호장 이하 향리 임명권) → 조선의 유향소와 경재소로
      - └ 지방에 대한 연대 책임 ⟩ 분화·발전

✦ 혜종(943~945)

왕규의 난 → 박술희 죽음
  왕식렴과 요(정종)가 진압 → 혜종 사망, 정종 즉위
    └→ 왕건 사촌

✦ 정종(945~949)

- ┌ 서경 천도 계획(실패)
- └ 광군 30만 배치(청천강 유역) ⓋⓈ 거란
  - ※ 통수부로서 광군사는 개경에 설치

✦ 광종의 개혁(949~975) : 귀족 숙청

- 주현공부법 : 주현 단위 수취 체제 정비 ──┐목적 ┬ 호족 억제 / 왕권 강화
- 노비 안검법 : 불법적 노비화 → 양인으로 해방 ──┘   └ 민생 안정 / 국가 재정 확보
- 과거 제도 실시(쌍기의 건의)
  - : 신구 세력 교체 → 호족 억제 → 왕권 강화
    (고려 사회의 개방성)
- 관리 공복 제도 실시(4색) : 자색·단색·비색·녹색 – 지배층의 위계 질서 확립
- 귀족 숙청 : 대상 준홍과 좌승 왕동 귀양
- 칭제건원 : '황제'라 칭함
  - ┌ 독자적 연호 사용(광덕, 준풍) ──→ 송 건국 이후 송 연호 사용(963)
  - └ 개경 : 황도, 서경 : 서도 ──┘   (친송배요)
- 제위보 설치 : 빈민 구제, 민생 안정
- 중국식 문산계 사용(정식 사용은 성종 대 이후부터)
  - ├ 문산계 – 문반 + 무반의 품계
  - └ 무산계 – 탐라 왕족·여진 추장·향리·노병·공장·악인에게 부여된 품계
- 불교 융성
  - ├ 승과 제도 정비
  - ├ 국사 및 왕사 제도 정비(최초 : 탄문)
  - ├ 남중국에 의통·제관 파견(천태종 전파)
  - ├ 불교 통합 ┬ 교종 통합 : 화엄종(균여) 중심(귀법사 창건)
  - │   └ 선종 통합 : 법안종 중심
  - └ 관촉사 석조 미륵보살 입상 건립(968)
    - └→ 교·선의 통합 X

'훈요 10조(발췌)'

1조 : 나라의 대업은 부처의 힘을 입어야…
2조 : 도선이 정한 곳 외에는 사원을 짓지 말도록…
4조 : 반드시 중국을 따를 필요가 없고, 거란은 야만의 나라…
5조 : 서경은 중요한 곳… 머무르기를 100일이 넘도록…
6조 : 연등회, 팔관회를 줄이지 말라.
8조 : 차현 이남 공주강 밖의 인물을 등용하지 말라.
10조 : 고전과 경사를 많이 읽어 정치의 거울로 삼는다.

'고려의 독자적 연호'

[태조] / [광종] / [묘청]
천수 / 광덕·준풍 / 천개
연호만 / 칭제건원

'우리 역사상 독자적 연호'

- 고구려 : 영락(광개토 대왕)
- 신라 : 건원(법흥왕) / 개국·대창·홍제(진흥왕) / 건복(진평왕) / 인평(선덕여왕) / 태화(진덕여왕)
- 통일 신라 : 경운(김헌창의 난)
- 발해 : 천통(고왕) / 인안(무왕) / 대흥·보력(문왕) / 중흥(성왕) / 건흥(선왕) / 청태(대인선)
- 후고구려 : 무태 – 성책(마진) – 수덕만세 – 정개(태봉)
- 고려 : 천수(태조) / 광덕·준풍(광종) / 천개(묘청)
- 개항기 : 개국(제1차 갑오개혁, 1894) / 건양(을미개혁, 1895)
- 대한 제국 : 광무(고종, 1897) / 융희(순종, 1907)

✦ 경종의 개혁(975~981)

- 반동 정치 : 숙청된 구세력 사면령 → 왕권 강화
- 시정 전시과▪ 시행 : 관등 + 인품(전·현직 관료에게 토지 분급)
  - ↳역분전 한계
  - ↳4색 공복제

✦ 성종(981~997)

- 체제 정비 + 유교 정치 사상
  - 최승로의 시무 28조▪ 채택
    - 불교의 폐단 비판 but 불교(종교) 자체는 중시
      - → 팔관회와 연등회 폐지
    - 유교 정치 이념 채택 : 종묘·사직 설치
    - 중앙 집권 강화 but 귀족 연합 정치(전제 왕권 견제)
      - → 노비환천법 + 공신 자제 등용
      - → 지방관 파견 : 12목 설치(호족 억제) → 12목사 파견(고려 시대 최초 지방관 파견)
      - ⇒ 향리 제도 정비 : 호족을 호장과 부호장으로 개편 →
        - 호장
        - 부호장
        - 사병 / 사창
        - 호정 / 병정 / 창정
        - 부호정 / 부병정
        - 사 / 병사
    - 대간 제도 시작 : 왕권 견제 – 〈5조정적평〉
    - 중국 제도 취사 선택
      - → 2성 6부 체제(당 관제 모방), 중추원·삼사(송 관제 모방)
    - 자주적 민족 문화 강조 : 고려 토풍 중시
  - 유학 교육 진흥
    - 국자감 정비(중앙 교육 기관 ← 태조 때 경학)
    - 도서관 개설(개경 – 비서성, 서경 – 수서원)
    - 향교(= 향학) 설치
    - 문신월과법(995) — 문신(특히 음서 출신자)에게 과제 제시
      - └ 매월 시 3편·부 1편(문신) / 시 30편·부 1편(지방관) 요구
    - 교육 강조 교서
      - ┌ 40% 손실 : 조(전세) 면제
      - ├ 60% 손실 : 조·포(공납) 면제
      - └ 70% 손실 : 조·포·역(군역·요역) 면제
  - 기타
    - 민생 안정책 : 의창·상평창·재면법(재해 시 조·포·역 면제)
      - └빈민구제 └물가조절 ┌ 개경, 서경, 12목에 설치
    - 분사 제도 정비(시작은 태조) → 묘청의 난(1135) 이후 폐지
      - → 분사의 완전 폐지는 조위총의 난(1174)
    - 건원중보 : 최초의 철전 주조(널리 유통 X)
    - 거란의 1차 침입(993) : 서희의 외교 담판 → 강동 6주 획득

✦ 목종(997~1009)

- 개정 전시과(998) : 18품 관품만 고려하여 전·현직 관리 지급(인품 배제)
- 강조의 정변(1009) → 목종 시해 → 거란 2차 침입 계기(1010)

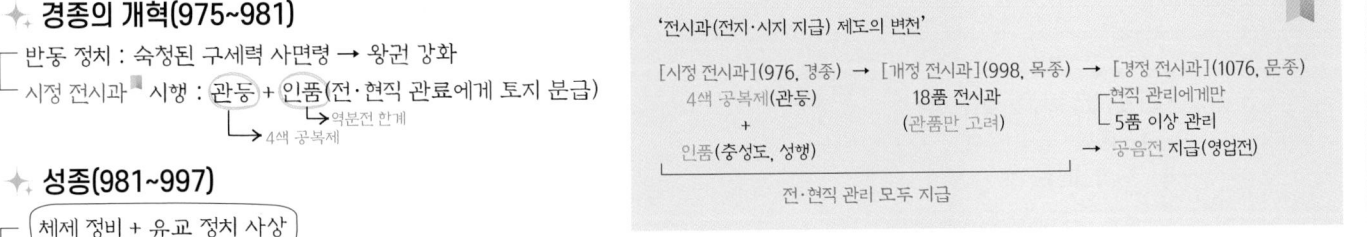

'전시과(전지·시지 지급) 제도의 변천'

[시정 전시과](976, 경종) → [개정 전시과](998, 목종) → [경정 전시과](1076, 문종)
4색 공복제(관등)   18품 전시과   ┌현직 관리에게만
+   (관품만 고려)   ├5품 이상 관리
인품(충성도, 성행)   └ 공음전 지급(영업전)

└─────── 전·현직 관리 모두 지급 ───────┘

'최승로의 시무 28조'

2조 : 불사가 많아 백성의 고혈을 짜내고 죄를 지은 자가 중을 가장하고…
3조 : 불필요한 군대 수를 줄여 민생을 안정시켜야…
6조 : 불보의 돈과 곡식을 중이 관리하니 고리대를 금해야 한다.
7조 : 향호를 억제하기 위해 지방관을 파견해야…(→ 12목사 파견)
9조 : 조회 시 중국 및 신라의 제도에 의해 공복을 입어야…
11조 : 풍속은 토지에 따라 다르므로 모든 것을 중국과 같게 할 필요없다.
12조 : 공물 / 요역을 공평하게 해야 한다.
13조 : 연등회와 팔관회를 줄여야 한다.
18조 : 불상을 만들 때 금은을 사용하는 폐단을 없애야 한다.
19조 : 공신의 등급에 따라 자손을 등용해야 한다.
20조 : 불교는 '수신의 근본'이고 유교는 '치국의 근원'이나 수신은 내생을
       위한 것, 치국은 오늘의 일이다.(→ 유교 정치 확립)
22조 : 주인을 모함하는 노비와 관련된 송사는 분명하게 해야…
           (→ 노비환천법 실시)

✦ 현종(1009~1031)

- 거란 2차, 3차 침입(1010 / 1018)
  - 초조대장경 간행(호국불교)
  - 『고려왕조실록』 소실 → 『7대실록』(태조~목종) 간행
- 도병마사·식목도감 완성(독자적 제도)
- 지방 관제 정비 + 완성(이원적 체계)
  - 지방 5도(행정적) / 양계(군사적)
  - 12목 → 4(5)도호부(군사 요충지) 8목(행정 중심지)
  - 개성부를 경중(京中) 5부와 경기로 구획
- 향리 숫자 제한, 향리의 공복 제정(지방의 크기와 인구수 고려)
- 불교 진흥책 : 연등회와 팔관회 부활, 현화사 건립
  - └부모의 명복 빌기 위함
- 민생 안정책
  - 주현공거법 : 향리 자제 과거 응시 + 관직 등용(향리 회유)
    - → 민생 안정 + 국방력 강화(변경 지역)
  - 면군급고법 : 군대 면제(노부모 생존 시)
  - 주창수렴법 : 의창제 보완, 주 단위 창고 설치
  - 감목양마법 : 목장을 감독하는 법(for 좋은 말)

✦ 문종(1046~1083)

- 경정 전시과 실시(1076) : 현직 관리 중심 + 녹봉 지급
  - 공음전(5품 이상 관료의 자제, 세습 가능)
  - 구분전(군인 유가족 + 하급 관리 유가족)
  - 한인전(6품 이하 관리 자제 중 관직에 오르지 못한 자)
- 최충 9재 학당(1055, 문헌공도) → 사학 12도(12공도) : 관학 위축
- 흥왕사 건립 : 문종의 4子 의천을 위해
- 민생 안정책 : 동·서 대비원(빈민 진휼과 치료 목적)
- 기인선상제
  - 기인의 잡역 동원(30~40세)
  - 역의 대가로 관직 부여(동정직·명예직)
  - 호장·부호장 제외(병창정 이하로 국한)
- 남경 설치 : 3경 中 하나 / 서경 분사 제도 강화(서경기 4도 설치)
  - └개경, 서경, 남경
- 체제 정비 : 율령 정비, 사형수 3심제 시행

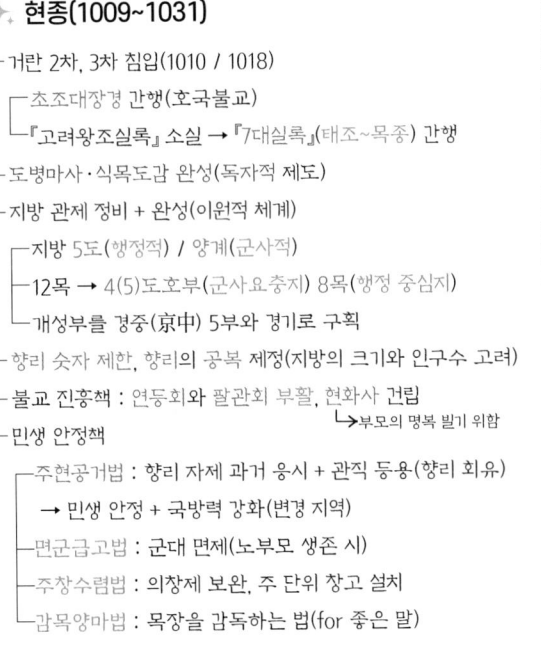

'고려 시대 천리장성 축조(덕종~정종)'

천리장성 : 압록강~도련포
cf) 고구려 천리장성
    : 부여성~비사성

3 정치 체제의 정비

✦ 중앙 통치 조직 (2성 6부 / 2사 7시)

↳ 이부 고공사 : 모든 관리(官吏) 인사장부 관리(管理)
　형부 도관 : 노비문서 관리

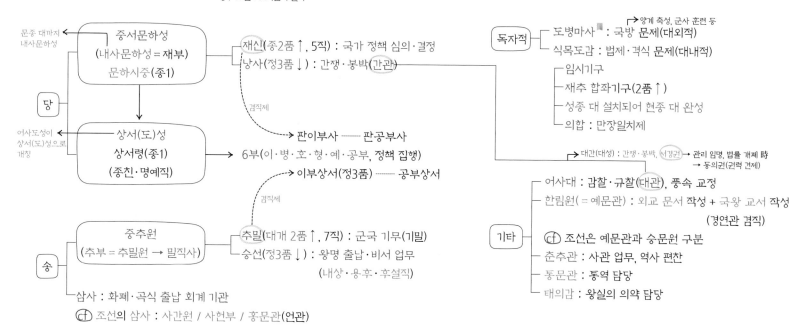

당

중서문하성
(내사문하성 = 재부.)
문하시중(종1)

← 문종 대까지
　내사문하성

↓

상서(도)성
상서령(종1)
(종친·명예직)

← 어사도성이
　상서(도)성으로
　개칭

송

중추원
(추부 = 추밀원 → 밀직사)

─ 삼사 : 화폐·곡식 출납 회계 기관

ⓒⓕ 조선의 삼사 : 사간원 / 사헌부 / 홍문관(언관)

─ 재신(종2품↑, 5직) : 국가 정책 심의·결정
─ 낭사(정3품↓) : 간쟁·봉박 (간관)

　‥‥‥‥‥‥‥‥> 판이부사 ── 판공부사
　　겸직제

6부(이·병·호·형·예·공부, 정책 집행)

　‥‥‥‥‥‥‥> 이부상서(정3품) ── 공부상서
　　겸직제

─ 추밀(대개 2품↑, 7직) : 군국 기무(기밀)
─ 승선(정3품↓) : 왕명 출납·비서 업무
　　　　　　　　(내상·용후·후설직)

독자적

─ 도병마사 ▪ : 국방 문제(대외적)　↳양계 축성, 군사 훈련 등
─ 식목도감 : 법제·격식 문제(대내적)

─ 임시기구
─ 재추 합좌기구(2품↑)
─ 성종 대 설치되어 현종 대 완성
─ 의합 : 만장일치제

↳ 대간(대성) : 간쟁·봉박, 서경권 → 관리 임명, 법률 개폐 時
　　　　　　　　　　　　　　　　　　　→ 동의권(권력 견제)

기타

─ 어사대 : 감찰·규찰(대관), 풍속 교정
─ 한림원(= 예문관) : 외교 문서 작성 + 국왕 교서 작성
　　　　　　　　　　　　　　　　　(경연관 겸직)
ⓒⓕ 조선은 예문관과 승문원 구분
─ 춘추관 : 사관 업무, 역사 편찬
─ 통문관 : 통역 담당
─ 태의감 : 왕실의 의약 담당

'도병마사의 변천'

· 병마판사제(성종)에서 유래
· 현종 초 도병마사로 정비·완성
· 무신 집권기 : 사라짐
· 원 간섭기 : 도평의사사(도당)로 개편(충렬왕)
　┌ 상설기구화
　└ 최고 정무 기구(국방, 외교, 내정)

'서경권(대간일체)'

· 고신서경 : 관리 임명 시 동의권
· 의첩서경 : 구(舊) 법령을 고칠 때 동의권

'고려 시대 중앙 관제'

· 정·종 9품(18단계) : 재추(2품 이상) / 참상관(3~6품) / 참하관(7~9품)
· 산직의 존재 : 검교직(문반 5품 이상 / 무반 4품 이상) / 동정직(문반 6품 이하 / 무반 5품 이하)
· 첨설직 : 왜구·홍건적 격퇴 때 공로자에게 지급된 산직(1354, 공민왕) → 조선 태종 대 폐지

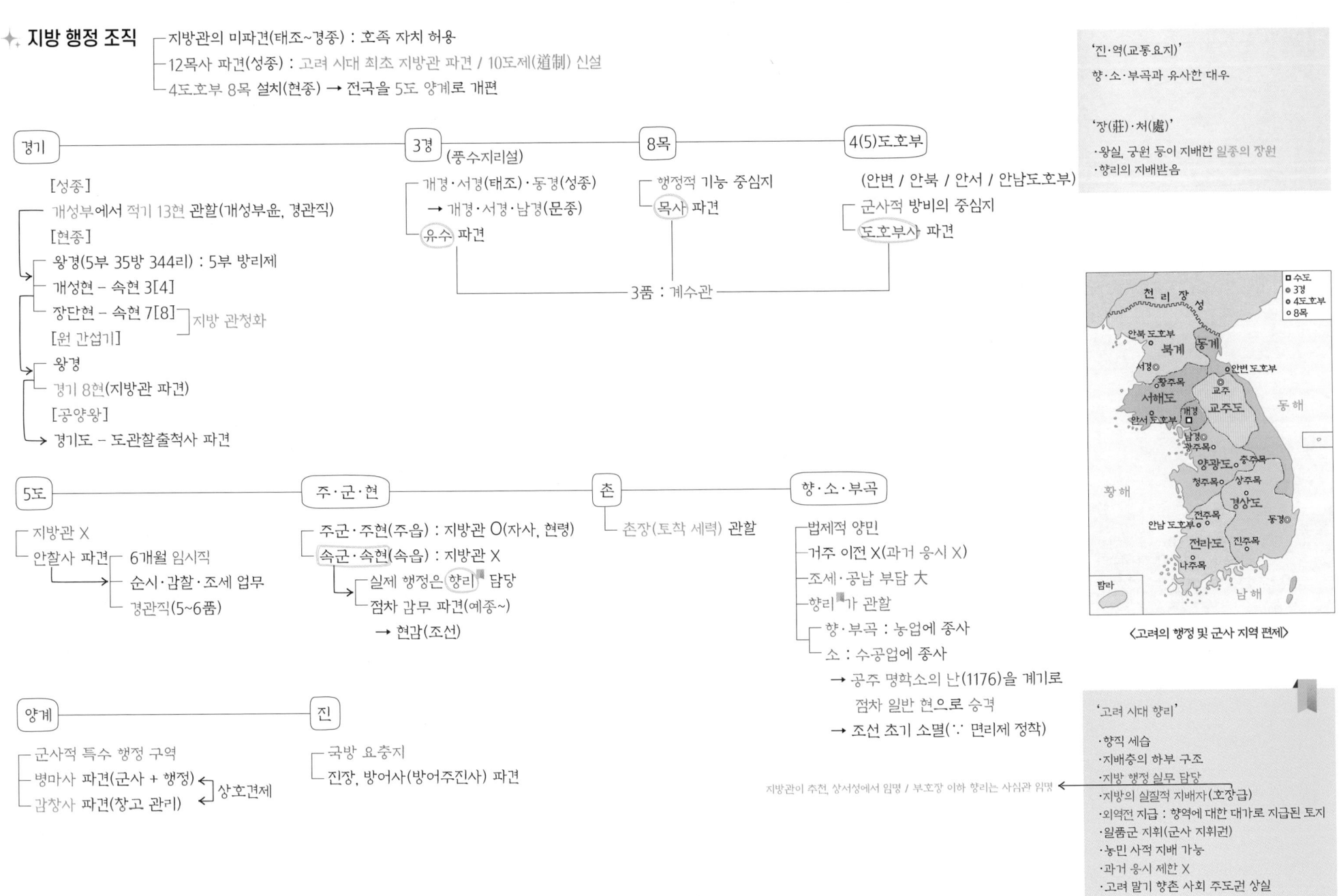

✦ 지방 행정 조직

─ 지방관의 미파견(태조~경종) : 호족 자치 허용
─ 12목사 파견(성종) : 고려 시대 최초 지방관 파견 / 10도제(道制) 신설
─ 4도호부 8목 설치(현종) → 전국을 5도 양계로 개편

경기 ──────────────── **3경** (풍수지리설) ──────── **8목** ──────────── **4(5)도호부**

[성종]
─ 개성부에서 적기 13현 관할(개성부윤, 경관직)
[현종]
─ 왕경(5부 35방 344리) : 5부 방리제
─ 개성현 - 속현 3[4]
─ 장단현 - 속현 7[8] ─┐ 지방 관청화
[원 간섭기]
─ 왕경
─ 경기 8현(지방관 파견)
[공양왕]
→ 경기도 – 도관찰출척사 파견

개경·서경(태조)·동경(성종)
→ 개경·서경·남경(문종)
(유수) 파견

행정적 기능 중심지
(목사) 파견

(안변 / 안북 / 안서 / 안남도호부)
─ 군사적 방비의 중심지
(도호부사) 파견

3품 : 계수관

5도 ──────────────── **주·군·현** ──────── **촌** ──────────── **향·소·부곡**

─ 지방관 X
─ 안찰사 파견 ─┬─ 6개월 임시직
　　　　　　　 ├─ 순시·감찰·조세 업무
　　　　　　　 └─ 경관직(5~6품)

─ 주군·주현(주읍) : 지방관 O(자사, 현령)
─ (속군)·(속현)(속읍) : 지방관 X
　　└─ 실제 행정은 (향리) 담당
　　　 점차 감무 파견(예종~)
　　　　→ 현감(조선)

촌장(토착 세력) 관할

─ 법제적 양민
─ 거주 이전 X(과거 응시 X)
─ 조세·공납 부담 大
─ 향리가 관할
　─ 향·부곡 : 농업에 종사
　─ 소 : 수공업에 종사
　　→ 공주 명학소의 난(1176)을 계기로
　　　 점차 일반 현으로 승격
　　→ 조선 초기 소멸(∵ 면리제 정착)

양계 ──────────────── **진**

─ 군사적 특수 행정 구역
─ 병마사 파견(군사 + 행정) ─┐
─ 감창사 파견(창고 관리) ─┘ 상호견제

─ 국방 요충지
─ 진장, 방어사(방어주진사) 파견

지방관이 추천, 상서성에서 임명 / 부호장 이하 향리는 사심관 임명

'진·역(교통요지)'
향·소·부곡과 유사한 대우

'장(莊)·처(處)'
·왕실, 궁원 등이 지배한 일종의 장원
·향리의 지배받음

〈고려의 행정 및 군사 지역 편제〉

'고려 시대 향리'
·향직 세습
·지배층의 하부 구조
·지방 행정 실무 담당
·지방의 실질적 지배자(호장급)
·외역전 지급 : 향역에 대한 대가로 지급된 토지
·일품군 지휘(군사 지휘권)
·농민 사적 지배 가능
·과거 응시 제한 X
·고려 말기 향촌 사회 주도권 상실

✦ 군사 조직 (고려 시대 군역 대상 : 16세~59세 양인 男)

중앙군 (45령 : 45000명)
- ┌→ 3령(3000명)
- **2군**(친위대) : 응양군 > 용호군 – 친종장군(상장군)이 지휘
- **6위**(수도 경비 + 국경 방어)
  - ┌→ 42령(42000명)
  - 좌우위·신호위·흥위위(정용군 / 보승군) : 경군 핵심 주력 부대
  - 금오위(정용군 / 역령) : 경찰 부대
  - 천우위(상령 / 해령) : 의장대
  - 감문위 : 성문의 파수(노병이 담당)
- 특징 : 세습 직업 군인(군반씨족) → 중류층
  - – 군인전 지급 + 양호 2명
    - └→ 군인에게 지급된 토지, 세습 가능

지방군
- 5도 – 주현군 ┬ 정용군·보승군·일품군(노동 담당/ 향리 지휘)
  - ├ 농민병(군적에 오르지 못한 16세 이상 장정), 군인전 지급 X
  - └ 평상시 농업에 종사, 유사시 동원
- 양계 – 주진군 ┬ 상비군 : 좌군·우군·초군·보창군(북계)·영새군(동계)
  - │ ↓
  - └ 예비군 : 신기군·보반군·백정군·공장·전장·사공·투화
  - ┌ 농민병(16세 이상)
  - └ 군인전 X, 군적 X, 둔전 경작 → 군량 충당

특수군
- 광군 : 거란 침입 대비 목적(정종) – 청천강 유역
- 별무반 ┬ 여진족 정벌 목적(숙종, 윤관)
  - └ 신기군(기병) / 신보군(보병) / 항마군(승병)으로 편성
- 삼별초(공병적 + 사병적) ┬ 좌·우별초(←야별초, 치안목적) + 신의군(포로 출신)
  - ├ 최씨 정권의 사병 집단
  - └ 개경 환도 거부(1270), 몽골에 항쟁(1270~1273)
- 연호군 : 양민 + 천민(혼성부대 ≒ 속오군)(고려 말 우왕 대 왜구 격퇴 목적)

'중방'
- 2군 6위의 상장군·대장군으로 구성(16名) (장군 포함 X)
- 의장 : 반주(응양군 상장군)
- 무신 합좌기구
  - → 무신 집권기 최고 권력 기구화

'중앙군 관련 견해들'
- 부병제설 : 농민병 → 번상 입역 / 군인전 = 조세 면제권(면조설) but 세습?
- 군반제설 : 군반씨족(중류층) / 군인전 = 수조권 지급 but 45000명 모두?
  - * 선군 : 하급 관리~천민까지 대상 → 대개 양인 백정들 대상(결원 보충)
- 이원적 구성설 : 부병(보승, 정용) + 군반씨족
  - (면조) (군인전 지급)

✦ 관리 선발 제도

┌→ 광종 대 쌍기의 건의로 시행(958)

과거제도
- 법제상 양인 이상이면 응시 가능(but 백정 농민은 주로 잡과 응시)
- 시기 : 식년시(3년마다) or 격년시(2년마다)
- 과거보다 음서를 중시

문과
- 제술업 ┌ 한문학 시험(시, 부, 송, 책)
  VS   └ 주로 상층 향리 이상 응시
- 명경업 : 유교 경전 시험

무과 예종, 무신 집권기 일부 시행(거의 실시 X) → 공양왕 대 시행 → 조선으로 계승

승과 종선 → 대선 ┌ 교종선(왕륜사) ┐→ 법계(대덕) 수여
                    └ 선종선(광명사) ┘

잡과 기술관 선발(주로 백정 농민이 응시) : 명산, 명법, 명서, 의, 주금, 지리업 시험

음서(≠습작제)
- 왕족, 공신 및 5품 이상 관리 자손(3품 이상은 수양자, 생질, 사위, 동생까지) 혜택
- 한품제의 제약이 없음(대부분 5품 이상 고위 관리 진출 / 50% 이상 재상직 진출)
- 15세 전후 혜택, 10세 미만 사례 有
- 보수적·폐쇄적 귀족 사회화에 기여(with 공음전)

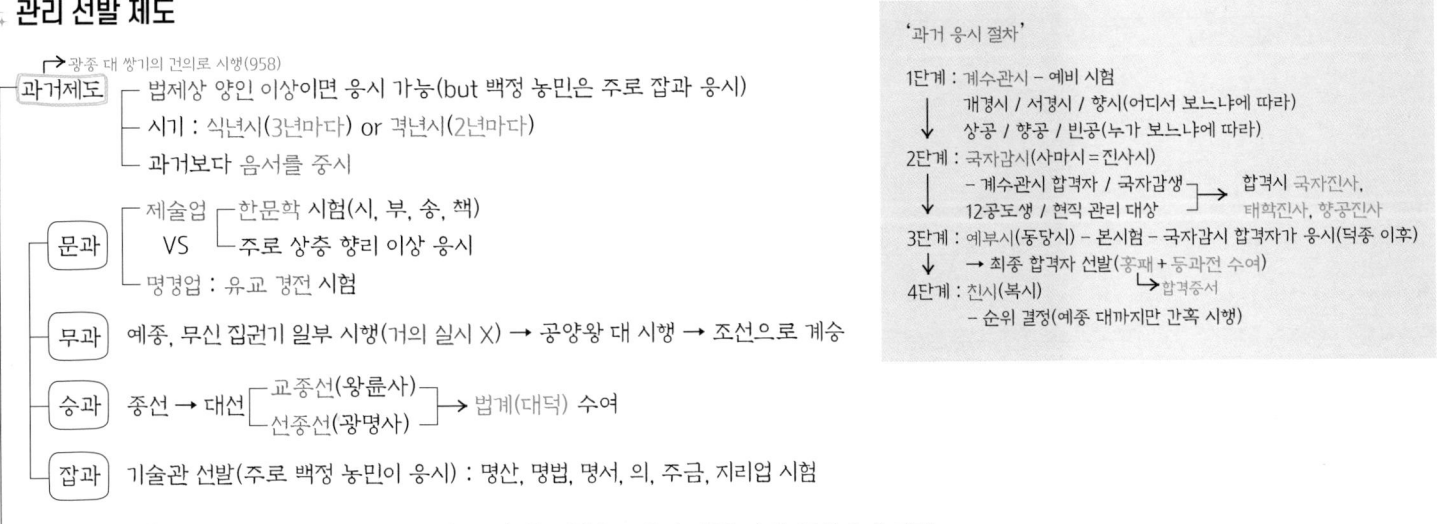

'과거 응시 절차'

1단계 : 계수관시 - 예비 시험
         ↓
         개경시 / 서경시 / 향시(어디서 보느냐에 따라)
         ↓
         상공 / 향공 / 빈공(누가 보느냐에 따라)
2단계 : 국자감시(사마시 = 진사시)
         ↓
         - 계수관시 합격자 / 국자감생 ┐→ 합격시 국자진사,
         12공도생 / 현직 관리 대상   ┘   태학진사, 향공진사
3단계 : 예부시(동당시) - 본시험 - 국자감시 합격자가 응시(덕종 이후)
         ↓
         → 최종 합격자 선발(홍패 + 등과전 수여)
                      └ 합격증서
4단계 : 친시(복시)
         - 순위 결정(예종 대까지만 간혹 시행)

'과거제 변화'

과거삼층제(원의 영향)
┌ 공민왕 때 시행
├ 향시 → 회시 → 전시
└ 지공거↓, 왕의 권한↑

'지공거(고시관)제'
                    → 과거 고시관
과거 후 '좌주'라고 칭함
[학벌 형성 → 문벌 귀족 사회 성립 영향]

좌주
/ / | \ \
문생 ⋯⋯⋯ 문생(합격자)

'과거제의 한계'

· 과거 합격 후 관직 등용이 안 될 수 있음
· 과거보다 음서 중시

4 문벌 귀족 사회의 성립과 동요

✦ **문벌 귀족의 성장**
┌ 6두품 출신 / 호족 출신 / 개국 공신 계열
├ 과거 통해 성장한 세력 출신
└ (성종 이후 새로운 지배 세력)

┌ 특권 ┬ 음서(정치적 특권)
│   ├ 공음전(경제적 특권) + 과전 + 대농장(사전)
│   └ 폐쇄적 결혼 or 왕실과 통혼(사회적 특권)
│   ↓
└ 모순과 폐단

보수적 문벌 귀족 형성 ↔ 국왕 측근 세력
(경원 이씨 세력)   Ⓥ Ⓢ   (윤관 등)

✦ **숙종(1095~1105)** 이자의의 난 진압 후
조카 헌종의 양위를 받아 즉위

┌ 주전도감 설치 : 의천의 건의, 화폐 주조
│   (삼한, 해동, 동국통보)
├ 천태종 융성(의천) : 화엄종 중심 교종 통합
│   → 교종 중심 선종 통합(국청사) ────→ 김위제의 건의
├ 남경 건설 : 남경개창도감 설치(남경 설치는 문종)
├ 별무반 편성(1104, 윤관) : 신기군 + 신보군 + 항마군
│   (→ 여진 정벌·동북 9성 축조는 예종 때)
├ 서적포 설치 : 관학 진흥책(서적 간행 관청)
└ 기자사당 건립(1102)

✦ **예종(1105~1122)**

┌ 여진 정벌, 동북 9성 축조(윤관, 1107) but 2년 뒤 환부
├ 감무 파견(1106) : 지방 통치 강화(속현에 지방관 파견)
├ 구제도감 설치(1109) : 빈민 구제 / 혜민국 설치(약국)
├ 관학 진흥책
│   ┌ 국학 내에 전문 강좌 ⑺재 설치
│   ├ 양현고 설치(장학재단) ──→ 강예재(무학) 포함
│   └ 청연각·보문각 설치(학문연구소)
└ 복원궁(도교 사원)의 설치 : 최초 도교 사원

* 이자겸의 혼계도(婚系圖)

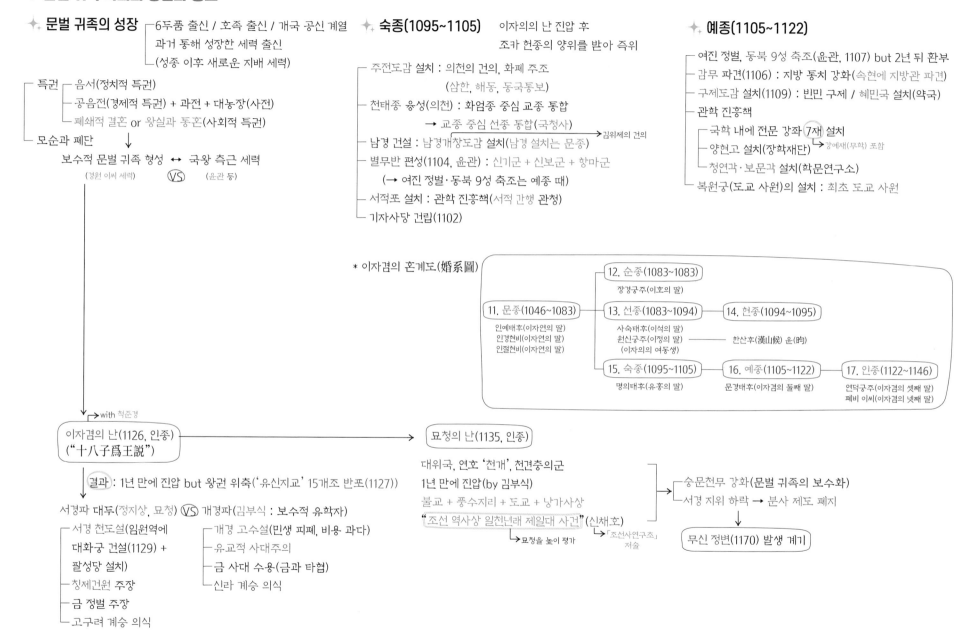

```
                              ┌──── 12. 순종(1083~1083)
                              │      장경궁주(이호의 딸)
                              │
11. 문종(1046~1083) ──────────┼──── 13. 선종(1083~1094) ──── 14. 헌종(1094~1095)
인예태후(이자연의 딸)          │      사숙태후(이석의 딸)
인경현비(이자연의 딸)          │      원신궁주(이정의 딸) ──── 한산후(漢山候) 윤(昀)
인절현비(이자연의 딸)          │      (이자의의 여동생)
                              │
                              └──── 15. 숙종(1095~1105) ──── 16. 예종(1105~1122) ──── 17. 인종(1122~1146)
                                     명의태후(유홍의 딸)          문경태후(이자겸의 둘째 딸)    연덕궁주(이자겸의 셋째 딸)
                                                                                          폐비 이씨(이자겸의 넷째 딸)
```

┌─→ with 척준경
│
이자겸의 난(1126, 인종)
("十八子爲王說")
│
│ 결과 : 1년 만에 진압 but 왕권 위축('유신지교' 15개조 반포(1127))
↓
서경파 대두(정지상, 묘청) Ⓥ Ⓢ 개경파(김부식 : 보수적 유학자)

┌ 서경 천도설(임원역에   ┌ 개경 고수설(민생 피폐, 비용 과다)
│   대화궁 건설(1129) +   ├ 유교적 사대주의
│   팔성당 설치)   ├ 금 사대 수용(금과 타협)
├ 칭제건원 주장   └ 신라 계승 의식
├ 금 정벌 주장
└ 고구려 계승 의식

묘청의 난(1135, 인종) ←──────

대위국, 연호 '천개', 천견충의군
1년 만에 진압(by 김부식)
불교 + 풍수지리 + 도교 + 낭가사상
"조선 역사상 일천년래 제일대 사건"(신채호)
  └→묘청을 높이 평가   「조선사연구초」
                        저술

┌ 숭문천무 강화(문벌 귀족의 보수화)
└ 서경 지위 하락 → 분사 제도 폐지
                    ↓
          무신 정변(1170) 발생 계기

5 무신 정권(1170~1270)

└→ 의종 폐위 / 명종 집권

┌─ 무신 정변 발생 원인 : 문벌 귀족 체제의 모순, 숭문천무 정책 심화, 무신과 군인들의 생활고, 의종의 실정 ─┐

└→ 보현원 사건 ──→ ┌─ 경주의 천민 출신
　　　　　　　　　　└─ 김보당의 난 때 의종 제거 공로 → 초고속 승진

정중부 집권(1170~1179) ─────→ **경대승 집권(1179~1183)** ─────→ **이의민 집권(1183~1196)** ┄┄┄┄┄┄┄┐

┌─ 중방 중심　　　　　　　　　　　┌─ 도방 설치　　　　　　　　　　　　┌─ 중방 중심
├─ 반무신의 난　　　　　　　　　　└─ 전주 관노의 난(1182)　　　　　　├─ 김사미·효심의 난(1193) : 이의민의 지원
│　┌─ 김보당의 난(1173) : 의종 복위 운동　　┌─ 주현군 병사가 주도　　　　　　┌─ 농민 전쟁
│　│　└→ 동계병마사　　　　　　　└─ 최초의 노비 참가　　　　　　　└─ 신라 부흥 표방
│　├─ 조위총의 난(1174) : 정권 탈취 + 농민 전쟁
│　│　└→ 서경유수
│　└─ 교종 승려의 난(1174) : 귀법사·흥왕사…
└─ 농민 전쟁
　　망이·망소이의 난(1176) : '충순현' 승격(향·소·부곡이 최초로 일반 현으로 승격되는 계기)
　　(공주 명학소의 난)　　　　농민 전쟁 + 차별 철폐 성격

'무신 집권기 주요 반란'

김보당의 난(1173), 조위총의 난(1174),
교종 승려의 난(1174), 망이·망소이의 난(1176),
전주 관노의 난(1182), 김사미·효심의 난(1193),
이비·패좌의 난(1202), 만적의 난(1198), 광명·
계발의 난(1200), 최광수의 난(1217), 이연년
형제의 난(1237)

무오정변(1258)

〈최씨 무신 집권기〉 ┄┄┄┄┄┄┄┄┄┄┄┄┄┄┄┄┄┄┄┄┄┄┄┄┄┄┄┄┄┄┄

　　　　　　　　　　　　　　　　　　　　　　　　　　　　　　(최씨 정권 몰락)　┌─ 김준·유경·임연 ─┐
　┌→ 명종 – 신종 – 희종 – 강종 – 고종　　　　┌→ 고종 시기　　　　　　　　　　　　　　↓
최충헌 집권(1196~1219) ─────→ **최우 집권(1219~1249)** ───→ **최항** ───→ **최의** ───→ 임유무

┌─ 교정도감 설치(1209, 교정별감 자리에는 최씨 정권이 세습)　　┌─ 교정도감 여전히 존재　　┌→ '필도치'(필도적)라고도 불림('문사'의 의미)
│　[정적 제거 기구 → 국가 최고 기구화]　　　　　　　　├─ 정방 설치 : 인사권(정색승선)
├─ 도방 부활 / 강화　　　　　　　　　　　　　　　　├─ 서방 설치 : 문신 숙위
├─ 조계종 후원 강화　　　　　　　　　　　　　　　　├─ 마별초 : 기마병
├─ 명종에게 '봉사 10조'(개혁안) 제시　　　　　　　　├─ 삼별초 : 야별초 → 좌우별초 + 신의군 ──→ 최씨 정권 사병 집단
│　┌─ 승려 / 귀족의 불법적 토지 겸병 및 고리대 금지　　└─ 몽골의 침입(1231)
│　└─ 효력 X, 오히려 본인이 장악　　　　　　　　　　　→ 강화 천도(1232) / 팔만대장경 조판
│　⇒ 흥녕부 : 최씨 정권 토지 관리기구
│　　(진강부) → 최우 때에는 진양부
├─ 문신 등용 : 이규보, 진화 등
└─ 만적의 난(1198) ┌─ 개경에서 발생(최충헌의 사노비)
　　　　　　　　　├─ 최초 노비 주도의 난
　　　　　　　　　└─ 신분 해방 + 정권 탈취(but 반무신의 난 X / 무신 정권 부정 X)

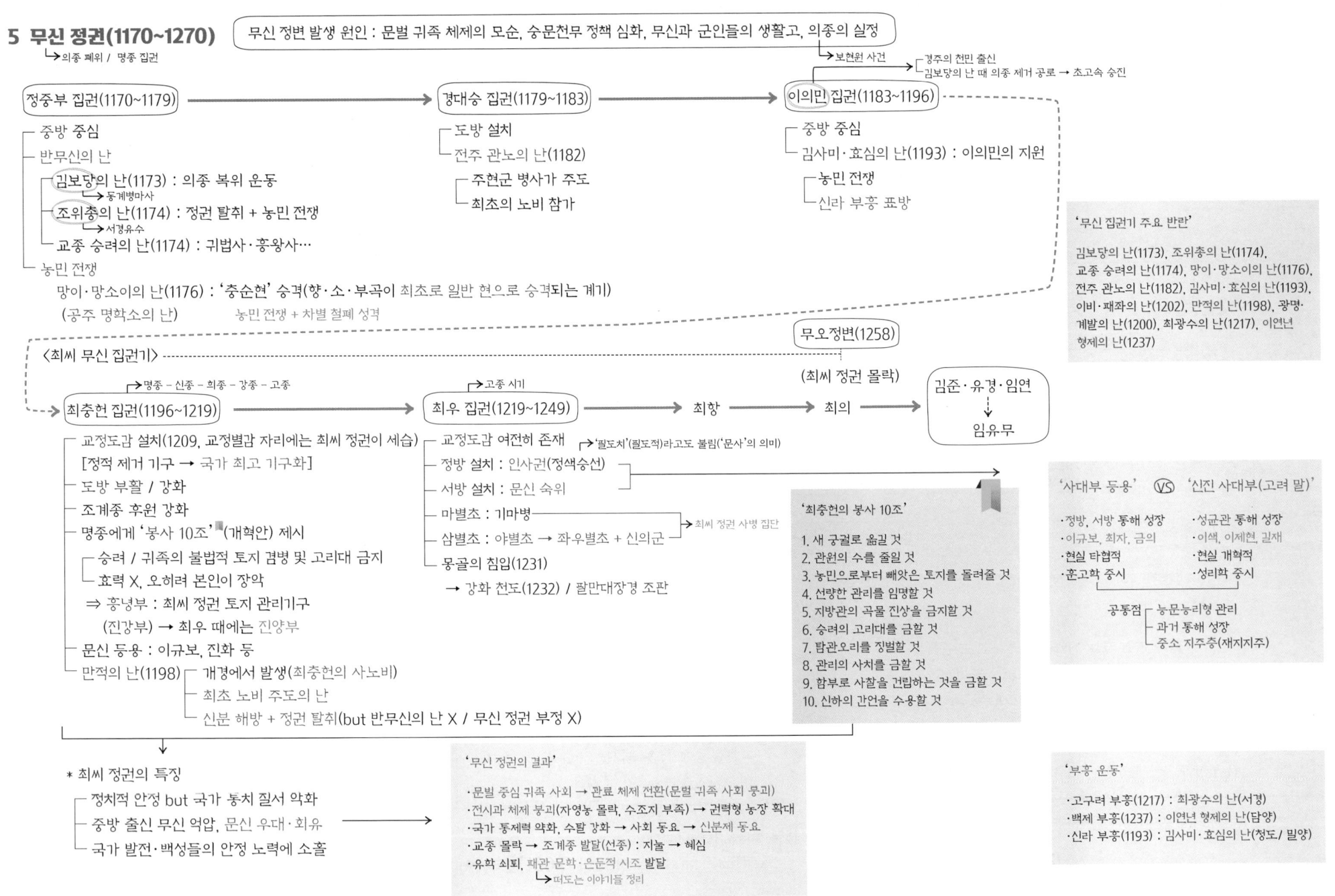

* 최씨 정권의 특징
┌─ 정치적 안정 but 국가 통치 질서 악화
├─ 중방 출신 무신 억압, 문신 우대·회유 ──→
└─ 국가 발전·백성들의 안정 노력에 소홀

6 고려의 대외 관계

└→ 고려 대외 관계의 특징 ┌ 친송배요 : 북진 정책 + 송과의 통교(962~)
　　　　　　　　　　　└ 외왕내제 : 황제국 체제(내부) + 제후국 체제(외부)
　　　　　　　　　　　　　　└→ 짐, 태자 태후 등의 용어 사용

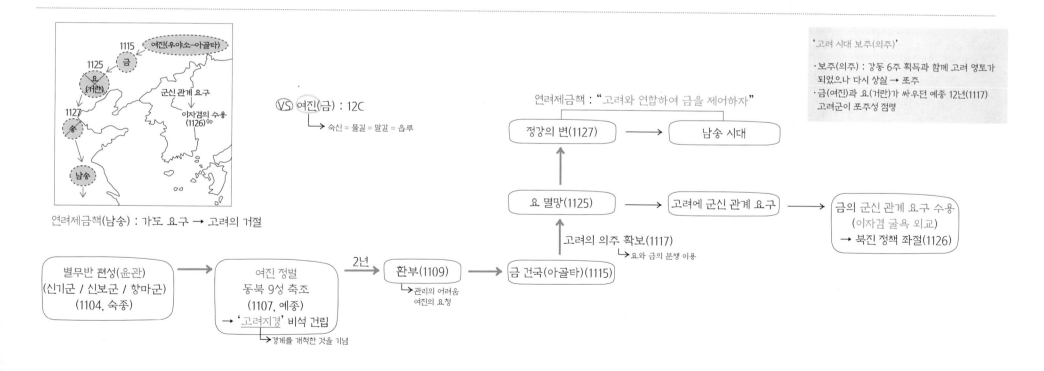

Ⓥ︎Ⓢ︎ 거란(요) : 10C~11C ───────────→ 거란 침입의 영향

┌ 1차 침입(993, 소손녕 80만)
│　할지론 대두
│　　→ 서희의 담판 : 강동 6주 획득(성종), 송과 외교 단절 약속
├ 2차 침입(1010, 요 성종 40만)
│　강조의 정변(1009) 계기 → 개경 함락, 국왕이 나주로 피난
│　　→ 초조대장경 조판
│　　→ 하공진의 정전 교섭(현종의 입조 조건), 양규 선전
└ 3차 침입(1018, 소배압 10만) : 강동 6주 반환 요구
　　→ 흥화진 전투
　　→ 귀주(구주)대첩(강감찬, 1019)

┌ 고려 - 송 - 요의 세력 균형(동아시아 정세 안정)
├ 강동 6주 → 고려 영토로 인정
├ 요와 외교(연호 사용-) / 송과 단교 - 일시적(문종 이후 재개)
├ 나성 축조(개경), 천리장성(압록강~도련포 : 1033~1044) - 덕종~정종
└ 초조대장경 편찬(현종, 2차 침입), 7대 실록 간행

Ⓥ︎Ⓢ︎ 여진(금) : 12C
　　└→ 숙신 = 물길 = 말갈 = 읍루

연려제금책(남송) : 가도 요구 → 고려의 거절

'고려 시대 보주(의주)'

· 보주(의주) : 강동 6주 획득과 함께 고려 영토가
　되었으나 다시 상실 → 포주
· 금(여진)과 요(거란)가 싸우던 예종 12년(1117)
　고려군이 포주성 점령

연려제금책 : "고려와 연합하여 금을 제어하자"

정강의 변(1127) ──→ 남송 시대
　↑
요 멸망(1125) ──→ 고려에 군신 관계 요구 ──→ 금의 군신 관계 요구 수용
　↑　　　　　　　　　　　　　　　　　　　　　(이자겸 굴욕 외교)
고려의 의주 확보(1117)　　　　　　　　　　　　→ 북진 정책 좌절(1126)
　└→ 요와 금의 분쟁 이용

별무반 편성(윤관)　　──→　여진 정벌　　──2년──→　환부(1109)　──→　금 건국(아골타)(1115)
(신기군 / 신보군 / 항마군)　　동북 9성 축조　　　　　　　└→ 관리의 어려움
(1104, 숙종)　　　　　　　(1107, 예종)　　　　　　　　　　여진의 요청
　　　　　　　　　　　　→ '고려지경' 비석 건립
　　　　　　　　　　　　　└→ 경계를 개척한 것을 기념

고려 (VS) 몽골(원) : 13C

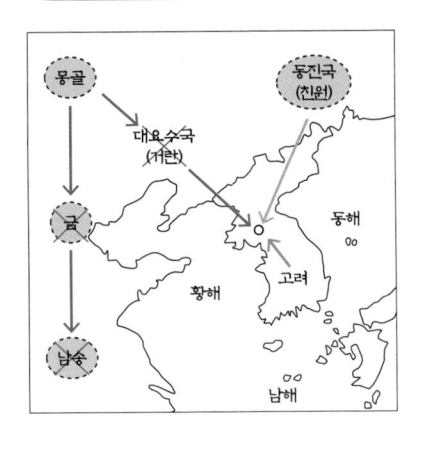

1217년 김취려의 거란(대요수국) 격파

     → 고려 - 몽골 - 동진이 연합하여 거란(대요수국) 격파

1219년 강동의 역 → 여·몽 협약 : '형제 관계' → 과도한 공물 요구(무신 집권기)

1225년 저고여 피살(몽골 사신)

1231년 1차 침입 : 귀주성 전투(박서) → 개경 포위 → 강화 체결 : 다루가치 파견

1232년 ┌ 최우의 강화 천도 → 2차 침입 : 처인부곡 전투(김윤후) : 살리타 사살
    └ 초조대장경 소실, 속장경 소실

1235년 3차 침입 : 황룡사 9층 목탑 소실(1238) / 팔만대장경(재조대장경) 조판 시작
                 → 완성은 1251년
         ⋮

1253년 5차 침입 : 충주성 전투 – 몽골군 격퇴(김윤후)

1254년 6차 침입 : 충주 다인철소 전투 / 태자(원종) 몽골 입조(1259)

1260년 원 세조 구제(世祖舊制) : '불개토풍(不改土風)' 등의 내용 포함

1270년 개경 환도(원종)······삼별초█의 대몽 항쟁~ : 원 간섭기

7 원의 내정 간섭과 자주성의 시련

✦ 영토 상실

┌ 쌍성총관부(1258~1356) : 철령 이북 ⇒ (공민왕) 대 무력 수복(유인우, 1356)

├ 동녕부(1270~1290) : 서경에 설치, 자비령 이북

├ 탐라총관부(1273~1301) : 삼별초 진압 후 제주도에 설치 ┐⇒ (충렬왕) 대 회복
                      * 동녕부는 충렬왕 대 요양으로 이동
                      → 서경은 고려에 반환

└ 일본 원정 ┌ 1차(1274) – 둔전경략사 김방경 중심
      └ 2차(1281) – 정동행성 중심 → 실패(∵ 신풍)
          → 인적·물적 자원 수탈
                 이성계의 요양 점령(1369~1370)

✦ 내정 간섭 기구

┌ 정동행성 : 일본 원정을 위해 설치(충렬왕 때) / 고려 국왕이 정동행성 승상 겸직 / 부속 기관 이문소의 (폐단)이 심함
                 → 연락기구   → 불법적 사법행위

├ 순마소 : 개경의 치안 담당(야간경비)
     감찰 기구(반원 인사와 반역자 색출)

├ 만호부 : 십진법으로 편성된 군사 제도(만호·천호·백호), 공민왕의 개혁 정치 후 고려 제도로 흡수

├ 다루가치 : 감찰관(조세 징수와 내정 간섭)

└ 동경총관(만주 일대) : 고려인 관계 업무

'삼별초(최씨 사병 집단)의 대몽 항쟁(1270~1273)'

개경 환도 반발

강화도 ⟶ 진도(-용장성) ⟶ 제주(애월) ⟶ 탐라총관부
배중손,   해상왕국   김통정 (말 목장, 원 직할령)
승화후 왕온 (30여 개 섬) (1273 함락)
       (1271 함락)   충렬왕 대 회복(1301)

일본에 〈고려첩장〉 (외교 문서) 보냄
       → 자신들이 정통 정부라고 자처

✦ 관제 개편

┌→ 원나라 황제의 사위의 나라
├ 부마국 지위 : 고려 국왕 + 원나라 공주 → 부마(사위)
│
├ 관제 개편 및 격하
│
│ ┌ 관제 개편 : 도병마사 → 도평의사사(도당)
│ │
│ └ 관제 격하 ┬ 2성(중서문하성, 상서성) → 첨의부
│   │
│   ├ 6부 → 4사 [전리사(이부, 예부) / 군부사(병부) / 판도사(호부) / 전법사(형부)]
│   │
│   ├ 중추원 → 밀직사 / 어사대 → 감찰사 / 한림원 → 문한서
│   │
│   └ 제왕적 호칭(짐, 폐하, 태자…) → 제후국 호칭(고, 전하, 세자…)

✦ 기타

┌→ 친원파 주도
├ 입성책동 : 고려를 원의 직할령으로 직접 지배하자는 주장
│   (충선왕 / 충숙왕 / 충혜왕 시기 → 4차에 걸쳐 → 실패)
│
├ 독로화 정책 : 인질 정책(왕족이나 귀족의 자제) → 충렬왕 이후 폐지
│
├ 응방 : 매(해동청) 징발 기구
│
├ 결혼도감 : 원의 공녀 요구 → 조혼 성행
│
├ 반전도감 : 다양한 특산물 징발(충선왕의 비용 마련 목적)
│
├ 통문관 : 몽골어 습득 목적에서 설치
│
└ 겁령구 : 몽골 공주를 따라 온 사속인

✦ 원 간섭기의 개혁 시도

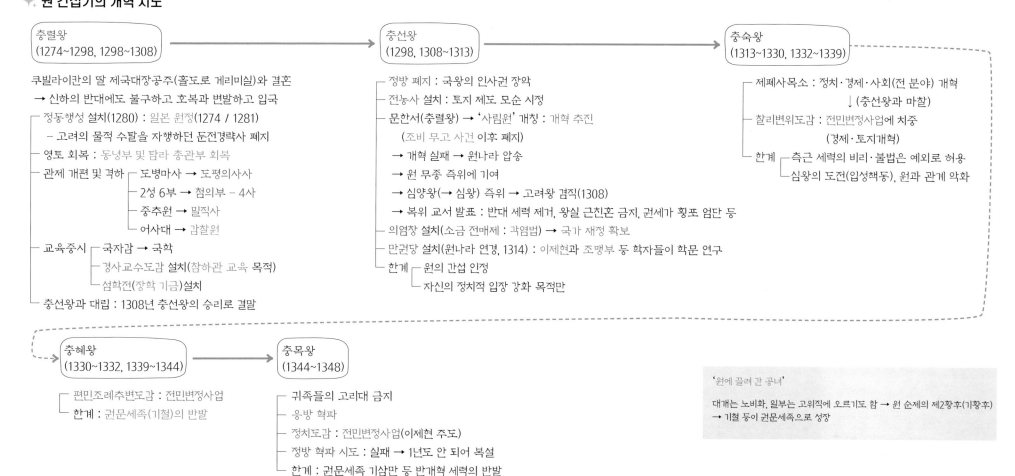

충렬왕 (1274~1298, 1298~1308)

- 쿠빌라이칸의 딸 제국대장공주(홀도로 게리미실)와 결혼
  → 신하의 반대에도 불구하고 호복과 변발하고 입국
- 정동행성 설치(1280) : 일본 원정(1274 / 1281)
  – 고려의 물적 수탈을 자행하던 둔전경략사 폐지
- 영토 회복 : 동녕부 및 탐라 총관부 회복
- 관제 개편 및 격하 ┬ 도병마사 → 도평의사사
  ├ 2성 6부 → 첨의부 - 4사
  ├ 중추원 → 밀직사
  └ 어사대 → 감찰원
- 교육 중시 ┬ 국자감 → 국학
  ├ 경사교수도감 설치(참하관 교육 목적)
  └ 섬학전(장학 기금) 설치
- 충선왕과 대립 : 1308년 충선왕의 승리로 결말

충선왕 (1298, 1308~1313)

- 정방 폐지 : 국왕의 인사권 장악
- 전농사 설치 : 토지 제도 모순 시정
- 문한서(충렬왕) → '사림원' 개칭 : 개혁 추진
  (조비 무고 사건 이후 폐지)
  → 개혁 실패 → 원나라 압송
  → 원 무종 즉위에 기여
  → 심양왕(→ 심왕) 즉위 → 고려왕 겸직(1308)
  → 복위 교서 발표 : 반대 세력 제거, 왕실 근친혼 금지, 권세가 횡포 엄단 등
- 의염창 설치(소금 전매제 : 각염법) → 국가 재정 확보
- 만권당 설치(원나라 연경, 1314) : 이제현과 조맹부 등 학자들이 학문 연구
- 한계 ┬ 원의 간섭 인정
  └ 자신의 정치적 입장 강화 목적만

충숙왕 (1313~1330, 1332~1339)

- 제폐사목소 : 정치·경제·사회(전 분야) 개혁
  ↓ (충선왕과 마찰)
- 찰리변위도감 : 전민변정사업에 치중
  (경제·토지개혁)
- 한계 ┬ 측근 세력의 비리·불법은 예외로 허용
  └ 심왕의 도전(입성책동), 원과 관계 악화

충혜왕 (1330~1332, 1339~1344)

- 편민조례추변도감 : 전민변정사업
- 한계 : 권문세족(기철)의 반발

충목왕 (1344~1348)

- 귀족들의 고리대 금지
- 응방 혁파
- 정치도감 : 전민변정사업(이제현 주도)
- 정방 혁파 시도 : 실패 → 1년도 안 되어 복설
- 한계 : 권문세족 기삼만 등 반개혁 세력의 반발

'원에 끌려 간 공녀'

대개는 노비화, 일부는 고위직에 오르기도 함 → 원 순제의 제2황후(기황후)
→ 기철 등이 권문세족으로 성장

공민왕(1351~1374)의 개혁 정치

※ 왕비 : 노국대장공주(공민왕의 개혁 지원, 원의 압력에서 보호)

실패

* 실패 이유
  ┌ 원 간섭, 권문세족의 반발
  ├ 신돈의 제거
  └ 신진 사대부 세력 미약

┌ 배경 : 원·명 교체기 → 친명 정책
├ 반원 자주 정책 ─ 친원파 세력 숙청(ex. 기철 숙청 → 기새인티무르 공격)
│   ├ 정동행성 이문소 폐지 : 불법 사법행위 근절
│   ├ 관제 복구(2성 6부 체제)
│   └ 몽골풍 폐지, 명 연호 사용
│   → 이자춘(이성계의 父) 활약
├ 영토 확장 ─ 유인우의 쌍성총관부 수복 (1356, 철령 이북)
│   ├ 이성계의 원나라 나하추의 공격 격퇴(1362)
│   └ 이성계, 지용수의 요동 동녕부 공격(1369~1370)
└ 왕권 강화 노력 ─ 정방 폐지 → 인사권 장악 [공민왕 개혁 실패 후 복설 → 위화도 회군(1388) 이후 정방 완전 폐지]
                  ├ 홍건적 침입(1359 / 1361) : 2차 침입 때 국왕이 복주(안동)로 피난
                  │   → 흥왕사의 변 진압(1362, 홍건적의 난 후 환도 과정) → 본격적인 개혁 정치의 계기
                  ├ 전민변정도감 설치(1366) : 독자적 개혁 기구(신돈 등용)
                  ├ 성균관 정비(1367) : 신진 사대부 대거 등용(대사성 : 이색)
                  └ 자제위 설치(1372) : 국왕 시종과 중견 인물 양성 목적(고관 자제가 참여)
                       풍기문란 → 홍륜에 의해 공민왕 피살

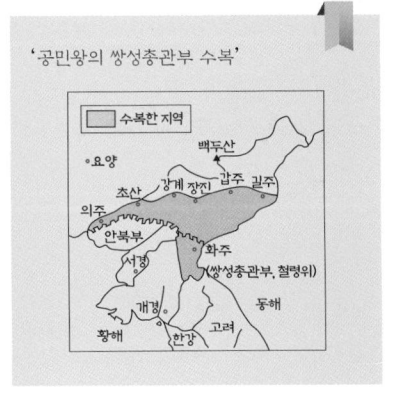

'공민왕의 쌍성총관부 수복'

'전민변정도감의 설폐'
┌ 원종 때 처음 설치(기능 X)
│   → 김준 토지 몰수 목적
├ 충렬왕 때 재설치(기능 X)
└ 공민왕 때 재설치(본격적 개혁)(1366)

8 홍건적과 왜구의 침입

홍건적의 침입

┌ 1차(1359) : 이승경, 이방실 격퇴
└ 2차(1361) : 정세운, 안우, 이방실, 이성계 격퇴 → 공민왕 복주(안동) 피난

왜구 격퇴
    → 일본 막부의 지방 통제력 약화 상황에서 대두

┌ 홍산 대첩(부여, 1376) : 최영
├ 진포 해전(금강, 1380) : 최무선, 화포 제작
├ 황산 대첩(남원, 1380) : 이성계, 일본 왜장 아지발도 사살
│   (=아지바투)
├ 관음포 대첩(남해, 1383) : 정지
└ 쓰시마 섬(대마도) 정벌(1389) : 박위
   cf 이종무의 대마도 정벌(세종 원년, 1419)
   ※ 왜구의 내륙 지역 침략으로 천도론(공민왕, 우왕 대) 대두

Chapter 02 고려의 경제

1 경제 정책

✦ **중농 정책과 민생 안정책** : 개간한 토지에 대해 일정 기간 조세와 소작료 면제 / 농번기 잡역 동원 금지 / 재해 시 세금 감면 / 고리대 이자 제한

✦ **국가 재정 운영** : 호부에서 양안(토지 장부)과 호적(호구 장부)의 작성 / 삼사에서 회계 및 곡식 출납 업무 담당 / 실제 조세 수취는 각 관청의 향리가 담당

✦ **수취 체제** : 조세, 공납, 역으로 나누어 부과

─ 조세(토지세 / 전세) : 1결당 최고 생산량 270두, 비옥도 기준 3등전(상·중·하) / 생산량의 1/10 징수(cf 지대 : 소작농이 지주에게 납부 – 국유지 1/4, 사유지 1/2)
─ 공납(호세 / 현물세) : 집집마다 토산물 징수 / 상공(매년 내야 하는 공물) + 별공(필요에 따라 수시로 거두는 공물)
─ 역(인두세) ── 16세에서 59세까지 정남 대상(인정(人丁)의 다소를 기준으로 9등호제로 구분하여 정남 징발)
      └▶ 임의적 노동력 징발로서 국가에서는 이에 대한 경제적 보상이 없었음
    ├ 요역(성이나 저수지 축조 시 노동력 동원)과 군역(병역)
    └ 양인은 정호와 백정으로 구분되어 군역에 차등
      ┌ 정호(丁戶) : 직역을 담당, 반대 급부로서 토지 지급
      └ 백정(白丁) : 원칙적으로 군역 X → 유사시 주현군이나 주진군에 소속되어 군역 담당
─ 잡세 : 어량세 및 염세(어민), 산세(산민), 상세(상인) 부과

✦ **토지 제도** : 전시과와 민전(民田)이 근간

─ 전시과의 의미 : 국가에 봉사하는 대가로 관료에게 18등급으로 나누어 전지(田地, 농경지)와 시지(柴地, 임야) 지급
─ 전시과의 특징 : 수조권만 지급(소유권 X) / 세습 불가의 원칙(죽거나 관직에서 물러나면 반납) / 전국적 토지 분급
─ 토지 제도의 변천 : 시정 전시과에서 경정 전시과로 진행되는 과정에서 전지와 시지 지급액 감소(∵ 토지 부족 현상) → 녹봉 지급

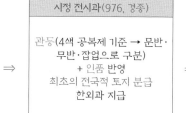

역분전(태조)
공신들에게 논공행상적 지급 (충성도와 인품 고려) 전결(田結) 단위 토지 분급

⇒

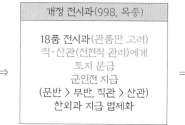

시정 전시과(976, 경종)
관등(4색 공복제 기준 → 문반· 무반·잡업으로 구분) + 인품 반영 최초의 전국적 토지 분급 한외과 지급

⇒

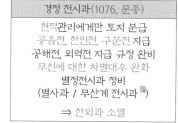

개정 전시과(998, 목종)
18품 전시과(관품만 고려) 직·산관(전현직 관리)에게 토지 분급 군인전 지급 (문반 > 무반, 직관 > 산관) 한외과 지급 법제화

⇒

경정 전시과(1076, 문종)
현직관리에게만 토지 분급 공음전, 한인전, 구분전 지급 공해전, 외역전 지급 규정 완비 무신에 대한 차별대우 완화 별정전시과 정비 (별사과 / 무산계 전시과) ⇒ 한외과 소멸

─ 녹봉제 실시(1076, 문종) : 실직 관리를 대상으로 47등급으로 나누어 400석에서 10석까지 미곡, 베를 현물로 지급(수조지 부족에 대한 보충)
      (1년에 두 번 1월 / 7월에 관리들이 녹패를 제시하고 현물 수령)
─ 고려 후기 농장 확대 : 무신들의 권력형 농장 확대(면세전) → 민전의 감소 → 농민 몰락, 수조지 부족 현상 → 전시과 체제의 붕괴
      → 면세전 확대 현상의 심화 → 국가 재정의 악화 / 권세가들이 사패를 받아 토지 확대
─ 녹과전 지급(1271, 원종) : 관리들의 일시적 생계 유지 목적, 녹봉 대신 경기 8현 토지를 과전(수조권)으로 지급(원 간섭기 이후에도 간헐적으로 지급) → 미봉책
─ 과전법(1391, 공양왕) : 위화도 회군(1388) 이후 국가 재정 확보와 신진 사대부의 경제적 기반 확립을 목적으로 경기 토지의 수조권 재분배

'조세 운반'

·지방에서 거둔 조세는 조창에 보관하였다가 조창민을 동원하여 조운을 통해 개경의 경창(좌창 – 광흥창 / 우창 – 풍저창)으로 운반
   └▶ 녹봉   └▶ 국용
·2월부터 조세운반 시작~5월에 조운 종료

'고려 시대의 조세율(차율수조)'

·민전(民田)조율 : 1/10
·공전(公田)조율 : 1/4
 – 내장전, 공해전, 둔전
·사전(賜田)조율 : 1/2
 – 공음전, 공신전

'무산계 전시과 지급 대상'

여진 추장, 탐라 왕족, 상층 수공업자, 특수 향리, 악인, 노병(본래 한외과 지급 대상이 경정 전시과 이후 무산계 전시과 대상에 포함되면서 한외과 소멸)

✦ 토지의 종류

- 과전 : 문·무 관리에게 수조권 지급(세습 불가)
- 영업전(대대로 세습) : 공음전(5품 이상 관리에게 지급, 자손 세습 가능), 공신전(공신에게 지급), 내장전(왕실 경비 충당), 군인전(중앙군), 외역전(향리)
- 한인전 : 6품 이하 관리의 자제 중 관직에 오르지 못한 자에게 지급(1대까지 세습)
- 구분전 : 퇴역 군인과 하급 관리의 유가족에게 지급(1대까지 세습)
- 공해전 : 관청의 경비 충당
- 사원전 : 사원에 지급(면세 특권)
- 별사전 : 승직·지리업 종사자 지급(ⓒⓕ 조선 시대에는 준공신에게 지급)
- 민전(民田) : 매매·상속·기증·임대 가능한 사유지, 소유권 보장과 생산량의 1/10 조세 부담

'토지의 분류'
- 소유권 기준 ┌ 공전(公田)
            └ 민전(民田)
- 수조권 기준 ┌ 공전(公田)
            └ 사전(私田)

'군인전·외역전(영업전)'
전정연립(田丁連立) : 직역의 세습과 함께 전정(田丁)도 세습

2 경제 활동

✦ 귀족과 농민의 경제 생활

- 귀족 : 과전(1/10 수조), 공음전·공신전(1/2 수조), 녹봉(곡식 / 베 또는 비단 지급), 자신 소유지에서 거두는 지대, 외거 노비의 신공(노동력, 베, 곡식), 농장 수익 → 귀족의 사치 생활
- 농민 : 민전 경작, 국·공유지나 다른 사람의 소유지 경작, 가내 수공업(삼베, 모시, 비단 생산) ─ 황폐해진 경작지(진전)나 황무지 개간 시 – 토지 소유권 인정 또는
                                                                                      일정 기간 소작료나 조세 감면
                                                                         └ 12세기 이후에는 간척 사업 확대 ∵ 대몽 항전기 강화도

'장생표'
고려 시대 비보사찰의 경우 사원령 둘레에는 영역을 표시하는 장생표 설치

✦ 농업 기술의 발달

- 우경에 의한 심경법(깊이갈이)의 일반화
- 시비법의 발달 ┌ 녹비(콩 등을 갈아 엎어 비료로 사용) → 퇴비(동물의 똥오줌을 비료로 이용)
              └ 분종(종자를 찍어 파종) → 분전(밭 전체에 덧거름을 뿌림)
                ⇒ 휴경지의 감소(소멸 X) but 여전히 일역전(一易田) · 재역전(再易田) 존재(농경의 상경화 X)
                                         └→ 2년 1작 └→ 3년 1작
- 2년 3작 윤작법(돌려짓기)의 시작과 보급(일반화 X) : 조, 콩, 보리를 2년 동안 돌려가며 재배(밭농사)
- 이앙법(모내기법)의 시작 : 비가 많이 오는 남부 지방을 중심으로 시행(벼농사) → 정부는 가뭄 우려해 금지
- 목화씨의 전래(공민왕 대 원으로부터 문익점) : 의생활 변화, 정천익(문익점 장인)이 씨아와 물레(목화씨를 빼는 데 쓰는 기구) 기술 보급
- 농서의 보급 : 『농상집요』(충정왕 대 이암 전래) – 원나라 화북 지방 농법 소개(자주적 X)
- 수리 시설 개선(벽골제, 수산제 등), 농기구와 종자 개량

'수공업 생산 관청'
- 공장안에 등록된 장인들은 주로 국가에서 필요로 하는 물품 생산
- 군기시(무기 총괄), 선공시(왕실과 관청의 영조물 건조), 장야서(철기 금속류 담당)

✦ 수공업

                    ┌→ 관청 상층 수공업자 중 300일 이상 출역을 조건으로 녹봉과 토지 지급
- 고려 전기 ┌ 관청 수공업 : 기술자를 공장안에 등록하여 군기시, 장야서 등 중앙과 지방 관청에서 관수품 생산
          └ 소(所 : 전업적 수공업 집단) 수공업 : 금, 은, 철, 구리, 실, 옷감, 종이, 먹, 차, 생강 등 공납품 생산 ──→ 무기류, 금은세공품, 견직물 등
- 고려 후기 ┌ 민간 수공업(삼베, 모시, 비단, 명주를 생산하는 농촌 가내 수공업이 중심) / 관청 수공업의 쇠퇴
          └ 사원 수공업(제지, 직포, 베, 모시, 기와, 술, 소금 생산)

'고려 후기 수공업의 변화'
- 관청 수공업 쇠퇴 + 소 수공업 해체 → 민간수공업 발전(공장세 징수) → 국가는 시장에서 물품 구매
- 염소, 철소의 해체 → 민간 염호, 철호에 소금이나 철을 부과

✦ 상업

┌ 고려 전기 ┌ 도시 상업 활동 : 시전(개경, 동경, 서경 설치), 경시서(상행위 감독 및 물가 조절), 관영 상점(서적점 / 약점 / 다점 / 주점) 설치, 벽란도(예성강 하구)와 같은 항구 상업 발달
│   │   └→ 개경, 서경, 동경에 설치
│   └ 지방 상업 발달 : 관아 근처 일용품 거래, 행상(行商)의 활동, 사원 상업 활동
└ 고려 후기 : 시전 규모 확대 및 전문화(민간 상품 수요 증가),
             지방 상업 발달(행상 활발), 원(국립 여관, 육상 교통로 개척)의 발달, 소금 전매제 시행(충선왕),
             관청이나 사원 등이 상업 활동에 개입

✦ 화폐 주조와 고리대 : 고려 시대 화폐는 농업 중심 경제 체제와 귀족들의 반대로 인해 널리 유통되지 못함(유통 실패)

┌ 화폐 발행 과정 : 건원중보(성종) – 최초의 철전 → 삼한통보 / 삼한중보·해동통보 / 해동중보·동국통보 / 동국중보(숙종, 의천의 주전론에 따라 주전도감 설치 발행),
│   은병(숙종, 활구라고 하는데 우리나라 모양을 본떠서 은 1근으로 만든 포 100필에 달하는 고액권) → 주로 귀족 간 뇌물이나 무역에서 사용 → 충렬왕 이후 남발과 위조의 성행)
│   ⇒ 쇄은(충렬왕, 잘게 부서진 은) ⇒ 소은병(충혜왕) ⇒ 지원보초 / 중통보초(원나라 세조 대 지폐로서 고려에서도 통용)
│   ⇒ 저화(공양왕, 지폐로서 자섬저화고에서 발행, 널리 유통되지 못하고 이듬해 고려 멸망으로 회수 → 조선 태종 대 사섬서에서 재발행)
└ 고리대 성행 ┌ 장생고 설치 : 사원, 왕실, 귀족들이 빈민 구제를 명분으로 설치
            └ 보(寶)의 발달 : 기금을 만들어 이자로 공적인 사업의 경비 충당 ┐→ 고리대 변질 → 농민의 몰락

'보의 종류'
· 학보 : 태조, 장학 재단
· 광학보 : 정종, 승려의 면학
· 제위보 : 광종, 빈민 구제
· 팔관보 : 문종, 팔관회 경비
· 경보 : 현종, 불경 간행
· 금종보 : 현종, 현화사 금종 관리 비용

✦ 무역 활동

┌ [고려 전기] 공무역 중심, 벽란도가 국제 무역항으로 번성(대외 무역 발달)
│
├ 대송 무역(962년 이후) : 가장 활발(주로 조공 무역) ┌ 수입품 – 비단, 서적, 약재
│   └ 수출품 – 종이, 인삼, 나전칠기, 먹, 화문석
├ 대 거란 무역 ┌ 교역 활발(X) / 1차 침입 후 각장 설치
│   ├ 거란 3차 침입 이후 사행 무역 ┌ 수출품 – 금·은 공예품, 포백류
│   │   └ 수입품 – 붉은 실, 양 등 가축
│   └ 불교 교류 활발 : 원효의『대승기신론소』전파 / 고려 교장(속장경) 간행 시 요나라 주석서 참조
├ 대 여진 무역 ┌ 교역이 거란보다 활발 ┌ 수출품 – 농기구, 식량
│   │   └ 수입품 – 마필, 철갑
│   └ 금(金) 건국(1115) 이후 사행 무역
├ 대 일본 무역 ┌ 정식 국교(X) : 사헌무역 / 대마도와 진봉 관계
│   └ 11C 후반(문종 시기) 가장 활발 ┌ 수출품 – 식량, 인삼, 서적, 문방구
│   └ 수입품 – 수은, 유황, 감귤, 진주, 칼, 말
└ 아라비아(대식국)와의 무역 ┌ 벽란도를 통해 입국 ┌ 수출품 – 금, 비단
                         │   └ 수입품 – 수은, 향료, 산호
                         └ 고려(Corea)의 이름이 서방 세계에 알려지는 계기

[원 간섭기 무역] ┌ 공무역과 함께 사무역 다시 활발 → 금, 은, 소, 말 등이 과다하게 유출
               └ 농업 기술, 목화, 화약 제조 기술 등 유입

고려의 대외 무역

'대송 무역로'
· 북중국 : 벽란도 → 옹진(장산곶)
          → 산둥반도 → 덩저우
· 남중국 : 벽란도 → 군산도 → 흑산도
          → 밍저우
＊남중국과의 교통로가 더 활발

Chapter 03 고려의 사회

개방적 사회 (신분이동 有) / 문벌 귀족 사회(신분제 사회) / 평민도 성(姓) 사용 + 유력한 가문은 본관 사용(본관제)

1 고려의 신분 제도

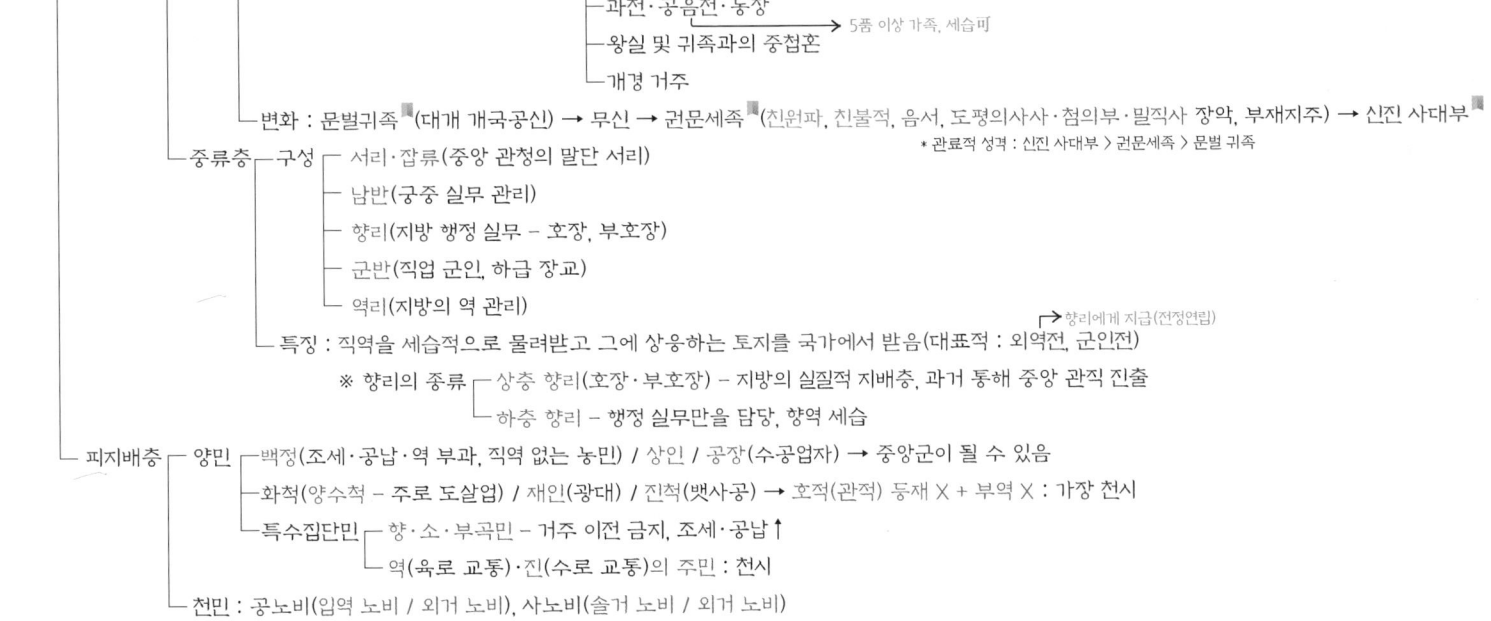

'문벌 귀족과 권문세족'

· 대표적 문벌 귀족 : 경원 이씨(이자겸), 해주 최씨
(최충), 경주 김씨(김부식), 파평 윤씨(윤관)
· 대표적 권문세족 : 평양 조씨(조인규), 안동 김씨,
당성 홍씨, 황천 조씨

'사대부와 신진 사대부'

· 사대부 : 최우 집권기에 과거를 통해 관직에 진
출하여 정방과 서방을 통해 성장(현실 타협적 →
최씨 정권과 결탁) / 훈고학적 기반(이규보, 최자,
금의, 진화 등)
→ 일부는 원 간섭기 이후 권문세족으로 성장
· 신진 사대부 : 원 간섭기 향리 출신으로 과거를
통해 진출하여 성균관을 통해 성장
(현실 개혁적 → 공민왕의 개혁 정치 주도) / 배
불적(불교 배척) 성격 / 성리학(충렬왕 대 안향이
유입) 수용(이제현, 이색, 정몽주, 정도전 등)
＊사대부와 신진 사대부의 공통점 : 학자적 관리
(능문능리형 : 문학적 소양 + 행정 실무 능력)
/ 중소 지주층(재지지주) 과거를 통해 성장
→ 고관 진출 불가능

'고려 시대의 노비'

· 공노비와 외거 노비는 가정과 재산 소유 可 / 원칙적 본관과 성(姓) X
· 역(役)은 면제 but 토지와 가호를 구성한 노비의 경우 전세와 공납은 납부
· 성(姓)을 가진 노비는 대개 귀족이 노비화된 경우 / 외거 노비가 면천되기도 함
· 공노비 : 10세~59세까지 / 60세가 되면 면역 / 재산으로 간주 X / 세습 X
   ┌ 입역 노비 : 궁중·중앙 관청·지방 관아에서 잡역 종사 + 급료 지급
   └ 외거(납공) 노비 : 지방에 거주하면서 농업에 종사 + 관청에 신공(身貢) 납부
· 사노비 : 재산으로 간주(매매, 증여의 대상) / 주인 호적에 부적되어 파악
   ┌ 솔거 노비 : 귀족·사원에서 직접 부리는 노비(최소한의 의식주만 해결)
   └ 외거(납공) 노비 : 주인과 따로 사는 노비, 농업에 종사(대개 소작) /
              주인에게 신공 납부 / 사회·경제적으로는 백정과 비슷한 생활

'노비의 지위'

일반적으로 재산으로 간주(공노비 제외) → 매매·증여·상속의 대상
일천즉천 + 천자수모법
┌→ 부모 중 한쪽이   ┌→ 부(父)도 노비 + 모(母)도 노비면
   노비면 자식도 노비   자(子)는 자연적으로 노비인데,
   (노비 or not)   소유권은 모(母)의 소유주에게 귀속

'고려 시대 양인 구분'

· 정호 : 직역(군역 및 향역) 담당
   ex. 군인호, 향리호 : 군인전, 외역전 지급(O)
· 백정(호) : 민전(民田 : 사유지) 경작(국가로부터 토지 지급 X)
   직역 담당(X) but 조세·공납·부역 담당
   (백정은 주현군과 주진군에 배속되어 실제적으로는 유사시 군역 담당)
· 신량역천 : 어간(어업), 염간(염전), 목자간(목축), 철간(철광),
   봉화간(봉수군)

2 백성의 생활 모습

- 향도(香徒)
  - 의미 : 불교 신앙조직 – 매향(埋香) 활동 : 장차 미륵을 만나 구원받겠다는 믿음에서 바닷가에 향나무를 묻는 활동(미륵신앙)
    - → 외적 침입을 막고 나라가 평안해지길 바라는 믿음 / 내세
    - (* 사천매향비 : 1387년 향나무 묻고 세움, 내세 행운과 국태민안 기원 내용)
  - 활동
    - 초기 : 대형 불상, 석탑, 절 건축 등에 노동력 동원
    - 후기 : 농민 공동체 조직(마을제사, 혼례, 상장례 주관)
    - → 조선 시대로 계승 (* 조선 후기 '상두꾼(상여를 메는 사람)'도 향도에서 유래)

- 사회 제도
  - 농민 생활 안정책 : 농번기 잡역 면제 / 재면법(40% → 조 / 60% → 조·포 / 70% → 조·포·역 면제) / 이자가 원곡을 넘지 않도록 제한
  - 농민 구휼책
    - 흑창(태조) → 의창(성종, 진대법 계승)
    - 제위보(광종, 빈민 구제 위한 기금 조성) → 조선 시대 제생원으로 계승
  - 물가 조절 기구 설치 : 상평창(성종, 개경·서경·12목에 설치)
  - 의료 기관의 설치
    - 동·서 대비원(정종~문종, 개경에서 환자 진료 및 빈민 구휼)
    - 혜민국(예종, 개경에서 의약 담당)
    - 구제도감(예종), 구급도감(고종) : 전염병 등 각종 재해 발생 시 임시기구로 설치

- 법률
  - 사법 : 당률을 참작한 71개 조의 법률 but 대부분 관습법 중시(지방관이 사법권 관할) + 고려 실정에 맞는 율문 제작
  - 형법 : 반역죄 및 불효죄 중죄 / 태·장·도·유·사 5종의 형벌 시행 (cf. 사형의 경우 3심제 적용)
  - 형벌 집행 보류
    - 귀양형 받은 자가 부모상 당하면 유형지 도착 전 7일간 휴가 주어 부모상 치르도록 함
    - 70세 이상 노부모 두고 봉양할 가족이 없을 때 형벌 집행 보류
  - 수속법(속동제) : 실형주의를 원칙으로 하되 배상주의로서 동(銅)을 납부하고 형벌 면제
  - 귀향형(歸鄕刑) : 일정 신분 이상의 사람들이 한미한 죄를 범한 경우 본관지로 돌려보냄

3 고려 후기

- 무신 집권기 : 대규모 농민 봉기
- 몽골 침입 : 지방 백성들에게 산성이나 섬으로 피난케 함(산성입보, 해도입보)
- 원 간섭기
  - 전공을 세우거나 몽골 귀족과 혼인, 몽골어에 능숙하여 출세(조인규), 겁령구(원나라 공주의 사속인)
  - 몽골풍(변발, 몽골식 복장, 몽골어, 수라상, 족두리, 연지곤지, 소주)·고려양(고려의 의복, 그릇, 음식) 유행
  - 결혼도감 설치(원의 공녀 요구) → 조혼 성행
  - 신분 상승 움직임(군공, 과거 등)
- 고려 말 : 왜구·홍건적 침입 → 신흥 무인 세력 등장(이성계, 최영 등)

- 풍습 : 장례·제사 의례 → 토착 신앙과 융합된 불교와 도교 의식을 따름 (vs 정부에서는 유교적 규범 시행 장려)
- 명절 : 정월 초하루, 삼짇날(3/3), 단오(5/5), 유두(6/15), 추석(8/15)
- 혼인 : 일부일처제 일반적(일부 축첩) / 왕실에서는 근친혼 성행 (여러 번 금령에도 불구하고 여전히 성행)
- 여성 지위 : 양측적 친속 관계 – 부계와 모계가 동등(but 여성의 정치적 진출은 제한)
  - 자녀 균분 상속 / 호적·묘비에 연령순 기재(남녀차별 X)
  - 윤회 봉사(제사를 자녀들이 돌아가면서 지냄)·분할 봉사(제사를 나눠 지냄)
  - 여성 호주 가능(양자 X)
  - 솔서혼, 남귀여가혼 성행 / 여성 재가 허용(재가녀 자식의 사회적 차별 X)
  - 사위·외손자 : 음서 혜택, 정호의 직역 및 토지의 상속 → 남자가 여자 집안 호적에 입적
  - 상복에서 처가와 외가의 차이 X
  - 공을 세운 사람의 부모 + 처부모 모두 시상
  - 남편 사망 시 아내가 재산 분배권 有

'고려 시대의 가족 제도'

"지금은 남자가 장가들면 여자 집에 거주하여, 남자가 필요로 하는 것은 모두 처가에서 해결하고 있습니다. 그리하여 장인과 장모의 은혜가 부모의 은혜와 똑같습니다. 아아, 장인께서 저를 두루 보살펴 주셨는데 돌아가셨으니, 저는 장차 누구를 의지해야 합니까."

– 『동국이상국집』 –

'보와 불교 행사'

· 보 : 기금을 만들어 이자로 경비 충당
  ex. 경보(불경 간행), 팔관보(팔관회 행사), 광학보(승려 장학)
· 연등회 : 전국적 불교행사(1/15 → 2/15)
· 팔관회 : 통일 신라에서 시작된 토속신앙 행사(기우제)에서 기원 – 명산대천 제사 / 서경(10/15), 개경(11/15)에서 시행 / 겨울에 행한 기우제 / 군신이 모두 참여 – 국가와 왕실의 태평 기원 / 대표적 국가제전 (외국인과 지방관의 진상 허용 → 국제 교역의 장)

Chapter 04 고려의 사상과 문화 발전

1 유학의 발달과 교육

✦ 유학의 발달

┌ 초기 : 자주적·주체적 성격 ┬ 태조(최언위·최응·최지몽 등 6두품 유학자 등용)
│ ├──〈대고려왕답견훤서〉 저술 ← / 정치 지침서 활용
│ ├ 광종(당 태종의 『정관정요』, 과거제 실시, 문한 기구 정비)
│ ├ 성종 – 유교 정치 사상의 확립, 국자감 정비, 향교 설치 → 최승로〈시무 28조〉, 김심언〈봉사 2조〉
│ │   └ 지방 교육 기관 / └ 왕권 견제+중앙 집권 강화 / └ 중앙교육기관
│ └ 현종 – 설총(홍유후)과 최치원(문창후) 문묘 봉사
│   └ 한·당의 유학, 경전의 자구 해석 중시
│ ┌ 고려의 훈고학적 유학에 철학적 경향 주입
├ 중기 : 보수적 성격 ┬ 문종(최충 : 9재학당(문헌공도) 설립 / '해동공자' 칭호)
│   └ 인종(김부식 : 보수적·현실적 성격의 유학 / 『삼국사기』 편찬)
│   └ 1145, 현존 최고(最古) 역사서
├ 무신 집권기 ┬ 유학 침체 but 과거제는 더욱 잘 정비
│   └ 사대부 성장 : 이규보(최충헌이 1199년에 발탁), 최자, 금의, 이인로 → 정방과 서방 통해 성장
│   └ 문관 숙위 기구
└ 후기(원 간섭기) : 성리학 전래(충렬왕 대 회헌 안향이 원으로부터 전래) – 인간의 심성과 우주의 원리 문제를 철학적으로 규명하려는 신유학
       백이정(원에서 성리학 수학) / 이제현(연경 만권당에서 조맹부의 학자들과 교류)·박충좌 / 이색(성균관 대사성) / 정몽주(동방 이학의 祖)·권근·정도전 : 신진 사대부

'고려 말 성리학 특징'

· 현실 개혁 사상
· 실천적 기능 강조(일상생활 관련)
  → 16C 이론을 바탕으로 한 사림의 관념적
     성리학과 구별
· 『소학』· 『주자가례』 중시
  → 가묘(사당) 건립 / 불교 및 권문세족
     비판(『불씨잡변』)
          └ 정도전이 1398년 저술

✦ 교육기관

┌ 태조 : 개경과 서경에 학교 설립
├ 성종 : 국자감(중앙 교육기관) / 향교(= 향학, 지방 교육 기관) / 박사(경학 + 의학) 파견(12목) / 문신월과법 / 비서성(개경)·수서원(서경)
│   └ 문신들에게 매월 시 3편, 부 1편을 올리도록 한 법 / └ 도서관 겸 학문연구소
│   교서 반포 – "교육이 아니면 인재를 얻을 수 없다."(교육의 중요성 강조)
│ ┌ 국자감 ┬ 유학부(7품 이상 관리의 자제 입학 / 9년제)(신분별 입학) : 국자학(3품 이상) : 유교 경전 / 태학(4~5품) : 역사, 정치 / 사문학(6~7품) : 문학
│ │   ├ 기술학부(8품 이하 자제 및 평민 입학 / 6년제) : 율학(법률) / 서학(서예·그림) / 산학(수학)
│ │   └ (기술학부는 예종 대 7재를 정비하여 인종 대 설치 → 경사 6학 체제 완비 / 율학, 서학, 산학을 제외한 기술 교육은 해당 관청에서 실시)
│ └ 향교(성종 대 설치 + 인종 대 정비) – 지방 관리·서민 자제도 입학 가능
├ 문종 이후 : 사학의 융성 → 문헌공도(1055)를 시작으로 사학 12도 성립 : 9경(유교 경전)과 3사(역사서) 교육, 관학 위축
└ ⇒ 관학 진흥책
    ┌ 숙종 : 국자감 內 서적포 설치(서적 간행)
    ├ 예종 : 7재 설치(9재 학당 모방) → 강예재(무학, 무술) 신설
    │   청연각, 보문각, 천장각, 임천각(도서관 겸 학문 연구소) 설치 / 양현고(장학기금) 설치
    ├ 인종 : 경사 6학(경학부 + 기술학부) 정비(7재에서 강예재 폐지) + 향교 정비 / 김부식 등용 – 『삼국사기』 편찬
    │   └ 유교적 사대주의+신라계승의식
    ├ 충렬왕 : 섬학전(장학 기금, 양현고의 부실 보충) 설치 / 국자감 → 국학 개칭 / 문묘(공자 사당) → 중창(안향과 김문정의 활동)
    │   경사교수도감(참하관에게 경전·역사 교육 목적) 설치   └ 공자와 70제자의 회상 가져옴
    └ 공민왕 : 성균관을 순수 유교 교육기관으로 개편 / 유교 교육 강화 → 신진 사대부 육성
                                                          └ 공민왕의 개혁 세력
       ※ 고려 후기 개경에 동·서 학당 설치 / 지방에는 서재 운영

'국자감 명칭 변화'

· 충렬왕 원년(1275) : 국학으로 개칭
· 충렬왕 24년(1298) : 충선왕 즉위 후 성균감
  으로 개칭
· 충렬왕 34년(1308) : 충선왕 복위 후 성균관
  으로 개칭
· 공민왕 5년(1356년) : 국자감으로 개칭
  (반원 정책)
· 공민왕 11년(1362) : 성균관으로 환원 → 조
  선으로 계승

2 역사서 편찬

✦ 고려 시대 역사서

- 고려 전기(초기 역사서, 현존 X) : 고구려 계승 의식 / 자주적·주체적 → 중기 역사서 : 신라 계승 의식 / 보수적
  - 『고려왕조실록』(거란 침입으로 소실) → 『7대 실록』(태조~목종, 임진왜란 때 소실) / 『가락국기』(금관가야의 역사 기록, 현존 X, 일부 내용이 『삼국유사』에 전함)
  - 『고금록』(문종 대 박인량 저술, 편년체, 현존 X) / 『속편년통재』(예종 대 홍관 저술, 편년체, 현존 X) (+) 『편년통재』(연대 미상, 작자 미상 → 『삼국사기』에 소개)
    → 송왕조의 계보 정리

  > 『삼국사기』 : 인종 대 김부식이 왕명 받아 편찬(1145년, 총 50권으로 구성)
  > - 현존 최고(最古) 역사서, 고려 초의 『구삼국사』를 기본으로 유교적 합리주의 사관 반영(불교 관련 설화 배제)
  > - 기전체로 서술(본기·연표·지·열전) – 고구려·백제·신라를 〈본기〉에 수록
  > - 신라 계승 의식 반영(고구려·백제와 연결되는 고조선·삼한 역사 삭제, 발해사 배제, 단군신화 등 건국 설화 배제)
  > - 주관적 사서 → 객관적 사실과 주관적 사론을 구분
  > - 통일적 민족 의식 : 고유한 풍습이나 명칭을 그대로 사용, 삼국을 '아(我)'로 표현

  - 『편년통록』(의종 대 김관의가 편찬, 태조 왕건의 6대조부터의 행적 기술, 현존 X)

- 고려 후기(무신 집권기 : 고구려 계승 의식 → 원 간섭기 : 고조선 계승 의식)
  - 무신 집권기 역사서(민족적 자주 의식 바탕 → 우리 전통 문화를 바르게 이해하려는 경향 대두)
    - 『동명왕편』 ─ 이의민 집권기인 명종 대 이규보가 저술(1193) / 『동국이상국집』에 수록
      - 고구려 동명왕(천제의 손자로 인식)의 업적을 칭송한 영웅 서사시(5언시) – 고구려 계승 의식
      - 개인의 창작이 아닌 전승을 통해 내려온 『구삼국사』 인용(신이사관)
      - 자주적 민족 의식("천하로 하여금 우리나라가 본래 성인의 도(都)임을 알리려 한다.")
    - 『해동고승전』 ─ 고종 대 각훈이 왕명에 따라 편찬(1215)
      - 삼국 시대의 승려 30여 명의 전기 수록(현재 유통 편 2권만 현존)
      - 교종(화엄종) 스스로의 전통 확립 시도
      - 중국 불교와 우리 불교를 대등한 입장에서 서술
  - 원 간섭기의 역사서(민족의 자존감을 확인할 수 있는 역사 인식 확산 → 고조선 계승 의식의 부각)
    - 『삼국유사』 : 충렬왕 대 선종 승려 일연이 편찬(1281) / 불교사 중심(9개 편목 중 7개가 불교사) / 기사본말체(또는 설화체 또는 유사체) /
      고조선 계승 의식(단군 신화 수록) / 단군 신화와 야사, 고대 민간 설화나 전래 기록 수록 – 신이(神異)사관 → 우리 고유의 문화와 전통 중시
      (유교적 합리주의 사관에 대한 비판의식) / 천(天)의 후손으로서 단군의 후예가 고구려·백제로 계승되었으며, 삼한과 신라는 중국 계통으로 파악 /
      수정이나 가필 없이 고기(古記)와 중국 사료를 그대로 전달(객관적 역사 서술) / 민간 설화·전통 풍습을 사실적으로 서술 / 향가 14수 수록
    - 『제왕운기』 : 충렬왕 대 이승휴가 삼척 두타산에서 저술(1287) / 중국 역사(상권, 7언시)와 우리 역사(하권, 7언시 + 5언시)를 대등하게 파악 /
      단군 신화 수록(삼국을 천손으로서 단군과 연결) → 단군 / 기자 / 위만의 3조선설을 최초로 채용 / 요동 지역을 중국과는 구별되는 독자적 천하로 파악 /
      발해사를 우리의 역사로 최초 기록
  - 성리학적 사서(정통 의식과 대의 명분 강조)
    - 『본조편년강목』 : 최초의 강목체 역사서, 충숙왕 대 민지가 저술 – 태조의 3대조부터 고종까지 고려 왕조 기록(→ 충목왕 대 이제현, 안축, 이곡이 다시 증수·편찬)
    - 『국사』 / 『사략』 : 공민왕 대 이제현, 백문보, 이달충이 유교적 왕도 정치 이념을 반영하여 편찬(1357)
      → 『사략』은 이제현이 담당한 초고(이 중 현재 사론만 전함)

『동명왕편의 구성』

- 서장 : 동명왕의 출생 이전의 계보
- 본장 : 동명왕의 출생과 입국,
  종말까지 묘사
- 종장 : 왕업을 계승한 유리가 즉위하기
  까지의 과정 + 이규보의 입장

'역사 서술 방식'

- 기전체 : 분류사 – 본기(황제) / 세가(제후) /
  열전(왕비와 귀족) / 지(제도사) / 연표(연대표)
  ex.『삼국사기』(김부식), 『고려사』(김종서),
  『동사(東史)』(이종휘), 『해동역사』
  (한치윤) 등
- 편년체 : 시대사 – 연·월·일 순으로 기록
  ex.『~실록』, 『~통감』, 『~절요』
- 기사본말체 : 사건 중심으로 서술
  ex.『삼국유사』(일연), 『연려실기술』(이긍익)

'강목법'

성리학적 명분론에 따라 강(綱)과 목(目)으로
구분하여 서술, 기전체나 편년체에 가미
ex.『동사강목』(안정복), 『여사제강』(유계)

3 불교 사상과 신앙

✦ 불교 정책

┌ 태조의 숭불 정책 : 사찰 건립 / 〈훈요 10조〉 → 연등회·팔관회를 줄이지 말 것 당부
│   └▶태조 왕건이 후대 왕들에게 내린 계명
│ * 고려인의 불교 신앙 ┌ 귀족 : 정치 이념인 유교와 신앙인 불교를 서로 융합
│   └ 일반 백성 : 현세적인 기복 신앙으로서 불교 신봉, 향도(불교 + 토속 신앙 + 풍수지리설)에 참여
├ 광종의 불교 정책 ┬ 승과 제도 실시 → 합격자에게 승계(법계 : '대덕') 수여(승계를 받아야 주지 가능)
│   ├ 국사·왕사 제도 실시(불교의 국교로서 지위)
│   ├ 귀법사 창건(교종 통합 시도)
│   └ 승록사 운영(태조 대 설치된 것으로 추정) → 승정(승려 인사 행정)을 목적으로 설치 but 주로 승적 관리 + 불교 행사 주선 + 지방 사원과 중앙 관청의 매개 업무 담당 /
│   사원에 토지 지급 + 승려들에게 면역 혜택 → 사원이 수공업·상업에 참여 + 고리대 개입(불보, 장생고)
│
│   ┌──┐
│   │ * 고려 시대 승계 : 대덕 → 대사 → 중대사 → 삼중대사 ┬ 수좌(교종) → 승통 │
│   │   └ 선사(선종) → 대선사   │
│   └──┘
│
├ 성종의 억불 정책 : 〈최승로의 시무 28조〉 → 유교적 정치 사상 도입 / 연등회·팔관회 폐지
└ 현종 이후 불교 정책 : 연등회·팔관회 부활 / 현화사 건립(현종) → 흥왕사 건립(문종) : 불교적 중흥기
                                    └▶법상종의 본찰   └▶화엄종의 본찰

✦ 불교 통합 운동

┌ 고려 초기 ┬ 특징 : 선종 + 교종 함께 성행
│   │   └▶북악의 법손, 보살의 실천행 강조, 「보현십원가」 저술, 성상융회·성속무애 사상 주장
│   ├ 광종의 교단 통합 시도 : 교종 통합(균여의 화엄종 중심 − 귀법사 창건) / 선종 통합(법안종 중심)
│   │   → 광종 사후 교선의 대립 지속
│   └ 광종 대 천태학 발전 : 의통(중국 천태종의 16대 교조)·제관(「천태사교의」 저술) → 고려의 천태학을 중국에 전래
│
├ 고려 중기 ┬ 특징 : 교종 번창 → 화엄종(흥왕사 : 왕실의 후원)과 법상종(현화사 : 경원 이씨 등 귀족의 후원) 중심
│   └ 의천의 교단 통합 운동 : 원효의 화쟁사상 중시 / 화엄종 중심 교종 통합(흥왕사)
│   └▶문종의 4子, 송나라 유학
│   → 교종 중심 선종 통합(국청사) − (해동)천태종 : 교관겸수, 내외겸전, 성상겸학(이론의 연마와 실천 강조)
│   → 의천 사후 교종 승려의 이탈 + 법안종(선종) 승려의 유입으로 천태종 변질 → 교단 다시 분열
│
└ 무신 집권기 ┬ 특징 : 교종의 탄압 + 선종의 발달(무신 정권의 후원)
              ├ 지눌의 교리 통합 시도 : 선종 중심의 교종 통합(송광사) − 조계종 : 돈오점수, 정혜쌍수 → 선교 일치 사상의 완성 → 지방민의 적극적 호응
              └ 신앙 결사 운동 전개 : 지눌이 명리에 집착하는 불교계의 타락상 비판 → 신앙 결사 조직
                 ┌ 수선사 운동(1204) : 예불독경 + 선 수행 + 노동 강조(보조국사 지눌, 조계종 중심, 팔공산 거조암 + 순천 송광사)
                 │   → 진각국사 혜심(최우 대 활동) : 유불 일시실(성리학 수용의 사상적 토대 마련)
                 └ 백련사 운동(1216) : 법화신앙 → 참회(예참)와 회개 강조 + 아미타 정토신앙(원묘국사 요세, 천태종 중심, 강진 만덕사)

              (* 최씨 정권의 조계종 후원 : 최우는 본인과 자신의 아들을 수선사에 입사 → 강화도에 송광사 분사 설치)

✦ 원 간섭기 고려 불교

불교계의 타락 → 막대한 토지 소유 + 고리대·상업에도 관여(권문세족과 결탁)

⇒ 보우(공민왕 대 왕사 → 우왕 대 국사)의 개혁 시도 : 교단 정비 및 개혁 노력(9산 선문 통합 시도 → 종파 명칭 : 도존(道存))·한양 천도 시도

→ 개혁 실패(※ 보우는 혜근(나옹화상)과 함께 충목왕 대 임제종 도입 시도 → 전통 불교의 법맥 단절)

    ⓒⓕ 보우 : 16C 명종 대 문정왕후가 등용

✦ 대장경 간행 - 목판으로 간행 / 경(經)·율(律)·논(論)의 3장으로 구성 / 불교 경전 집대성

┌ 초조대장경 : 현종 대 거란 침입 격퇴 염원(호국 불교) → 몽골 2차 침입 때 대구 부인사와 함께 소실(인쇄본 일부 현존)

├ 교장(속장경) : 의천이 흥왕사에 교장도감을 설치하고 간행 /

         고려·송·요의 대장경에 대한 주석서(장소)를 모아 간행(본래 대장경 아님) /

         「신편제종교장총록」(참조 서적 목록) 작성 → 몽골 2차 침입 때 흥왕사와 함께 소실된 것으로 추정

└ 재조(팔만)대장경 : 고종 대 몽골 격퇴 염원(호국 불교)

         → 1236년 최우가 대장도감(강화), 분사대장도감(진주) 설치하고 간행(교종 승려 수기가 교정 담당)

         → 조선 초기 해인사(합천)로 이관 → 현재까지 보관(고려대장경과 제경판 – 세계 기록 유산)

         ⓒⓕ 해인사 장경판전(15세기 제작, 세계 문화 유산) : 창의 크기를 다르게 제작(통풍 목적)

✦ 도교와 풍수지리설

┌ 도교▪ : 불로장생, 현세구복 추구 → 나라의 안녕과 왕실의 번영 기원

│   ┌ 초제 거행 : 민간에서 서낭신, 토지신 등에게 제사 거행 + 궁중에서 하늘에 제사

│   ├ 도관(도교 사원) 건립 : 예종 대 복원궁 건립(최초, 1115) → 신격전, 소격전 등 건립

│   │   ┌→개경과 서경에서 행하던

│   │   국가제전   → 소격전으로 통합(조선 태조, 1392)

│   ├ 팔관회 거행 : 도교의 초제 + 불교 + 민간 신앙 → 명산대천 제사

│   └ 한계 : 일관된 체계 X / 교단으로 성립되지 못하고 민간 신앙으로 전개

└ 풍수지리설▪ : 길흉화복을 예언하는 도참 사상과 결부 → 고려에서 유행

           (『도선비기』, 『해동비록』 편찬 but 현존 X)

   ┌ 전개 : 개경 길지설·서경 길지설(북진 정책, 묘청의 난에 영향)

   │   ┌→김위제의 건의에 따라 설치

   │   → 남경 길지설(문종 대 남경 설치) → 숙종 때 남경개창도감 설치)

   │   → 한양 명당설(고려 말) → 공민왕~공양왕 시기까지 천도론 대두

   └ 특징 : 지기쇠왕설 + 비보사탑설 유행 / 3경제 → 개경(태조)·서경(태조)·동경(성종)

           또는 남경(문종) / 3소제 → 백악산(좌소)·백마산(우소)·기달산(북소)

'고려의 토착 신앙'

· 평양의 동명신사(고구려 시조 주몽 제사), 개경 유화 부인 제사
· 지역의 산과 강, 각 고을 신 등급을 매겨 체계화 하여 제사
· 성황신 제사(성황당) : 공식적으로 국가에서 인정 → 국난이 있을 때 제사

'고려 시대 도교 관련 기구'

· 도관 : 복원궁, 신격전, 소격전
· 초제 거행 : 구요당, 청계배성소
· 궁중 전각 : 대청관, 옥촉정, 성수전
· 임시 관청 : 대초색, 기은도감, 정사색

'풍수지리 사상의 전개'

· 신라 말기 : 송악 길지설 / 호족의 사상적 토대
· 고려 초기 : 개경 길지설 + 서경 길지설(훈요 10조)
· 고려 중기 : 남경 길지설(문종~숙종) / 묘청의 난
· 고려 말 : 한양 명당설 – 조선의 도읍 선정
· 16세기 : 산송(山訟) 성행 – 묘지 소송

4 과학 기술의 발달

✦ 천문학과 의학 – 고대 사회의 전통적 과학 기술 계승 + 중국과 이슬람 과학 기술 수용

└▶농경과 관련

- 천문학의 발달 : 사천대(고려 후기에는 서운관)설치 – 천문과 역법 담당 관청(천문 관측은 개성 첨성대에서 담당)
  - → 일식, 혜성, 태양 흑점 등 관측 기록 풍부
- 역법의 발달 : 당의 선명력(고려 초기) → 원의 수시력(충선왕 대) → 명의 대통력(공민왕 대)
  - → 칠정산 내외편(조선 세종 대, 한양 중심) → 시헌력(아담 샬이 제작, 조선 효종 대) → 태양력(을미개혁)
- 의학의 발달 : 중앙 – 태의감(의학 교육 + 의과 시행)·상약국 설치 / 지방 향교 – 의학박사 파견 /
  - 우리 실정에 맞는 자주적인 의학 발달 → 향약방이라는 고려의 독자적 처방
- 의서 편찬 ┌『향약구급방』(현존 최고(最古) 의서) – 각종 질병에 대한 처방과 국산 약재 180여 종 소개
  - └『삼화자향약방』(현존 X) –『향약제생집성방』(태조),『향약집성방』(세종) 편찬 시 기본 자료로 활용

고려 개성 첨성대

✦ 인쇄술의 발달

- 목판 인쇄술 : 한 종류의 책을 대량 생산하는 데 유리 → 대장경 간행
- 활판 인쇄술 : 여러 종류의 책을 소량씩 인쇄할 때 적합 ──▶12C 인종 때 최윤의 등이 지은 의례서
  - ┌『상정고금예문』(1234, 현존 X) : 이규보『동국이상국집』에 강화도에서 최우가 금속 활자로 인쇄했다고 기록(서양보다 200년 앞서)
  - └『직지심체요절』(1377, 우왕) : 현존 최고(最古) 금속 활자본(세계기록유산) / 청주 흥덕사에서 백운화상이 간행 /
    - 조선 고종 대 주한 프랑스 공사 콜랭 드 플랑시가 반출 → 현재 프랑스 국립도서관 소장
- 서적원 설치(공양왕) : 활자의 주조와 인쇄 담당
- 제지술 발달 : 닥나무 재배 장려 / 등피지 혹은 경면지라고 불림, 종이 제조 전담 관서 설치 → 중국에서 호평

✦ 화약 무기와 조선 기술

화통도감 설치(1377, 최무선) → 진포 해전(1380, 우왕 대 최무선)

└▶대장군포 등의 화약 무기 제조

→ 관음포 해전(1383, 우왕 대 정지) / 누전선(전함) 건조·화포 탑재

누전선

5 귀족 문화의 발달

✦ 건축의 발달

```
┌─ 고려 전기 건축 : 현존 X / 개성 만월대 궁궐터 → 경사진 면에 축대를 높이 쌓고 건물을 계단식으로 배치 / 사원 건축 → 현화사, 흥왕사(현존 X)
└─ 고려 후기 건축 ┬─ 주심포 양식 : 기둥 위에 공포 / 고려 전기부터 제작
                │           ┌─ 안동 봉정사 극락전(12·13세기 무신 집권기, 맞배지붕 – 현존 최고(最古) 목조 건물)
                │           ├─ 영주 부석사 무량수전(팔작지붕, 배흘림 기둥)과 조사당(사천왕 + 제석천 또는 보살상 + 범천 벽화)
                │           └─ 예산 수덕사 대웅전(맞배지붕, 배흘림 기둥) / 강릉 객사문(현존 최고(最古)의 門)
                │       모란 벽화 ←
                └─ 다포 양식 : 원의 영향으로 제작, 궁궐이나 화려한 건축물 ⇒ 조선 시대 궁궐, 사원 건축에 영향
                        → 황해도 사리원의 성불사 응진전(맞배지붕), 함경남도 안변 석왕사 응진전(맞배지붕)
```

| 주심포 양식 | 안동 봉정사 극락전 (국보 제15호) | 영주 부석사 무량수전 (국보 제18호) | 예산 수덕사 대웅전 (국보 제49호) | 다포 양식 | 황해 성불사 응진전 | 함남 석왕사 응진전 |

✦ 석탑의 건립 – 다양한 형태 / 다각다층탑(안정감 부족) / 기단의 보편화 / 삼국 전통 양식 계승

```
┌─ 고려 전기 석탑 : 개성 불일사 5층 석탑(고구려 영향) / 오대산 월정사 8각 9층 석탑(송의 영향) / 부여 무량사 5층 석탑(백제 영향) /
│                  개성 현화사 7층 석탑(신라 양식 + 고려의 독특한 직선미)
└─ 고려 후기 석탑 : 경천사지 10층 석탑(원의 영향, 현재 국립 중앙 박물관 內) – 조선 세조 대 원각사지 10층 석탑(현재 탑골공원 內)에 영향
                   └→ 대리석으로 제작, 라마불교 영향
```

| 개성 불일사 5층 석탑 | 평창 월정사 8각 9층 석탑 (국보 제48호) | 개성 현화사 7층 석탑 | 부여 무량사 5층 석탑 (보물 제185호) | 경천사지 10층 석탑 (국보 제86호) |

✦ 승탑

┌ 팔각원당형 승탑(통일 신라 양식 계승) : 여주 고달사지 승탑(국보 4호) / 고달사지 원종대사 혜진탑(보물 7호) / 흥법사지 진공대사 승탑 / 구례 연곡사 북승탑(국보 54호)
└ 특수형 승탑 : 정토사 홍법국사 실상탑(현종 대 제작, 탑신만 공 모양) / 법천사 지광국사 현묘탑(해린의 부도, 사각형) / 여주 신륵사 보제존자승탑(나옹화상의 부도, 종모양)

→ 태조 왕건의 왕사 / 비문은 고려 태조가 지음

여주 고달사지 승탑
(국보 제4호)

여주 고달사지
원종대사 혜진탑

원주 흥법사지
진공대사탑

충주 정토사지
홍법국사 실상탑
(국보 제102호)

원주 법천사지
지광국사 현묘탑
(국보 제101호)

여주 신륵사 보제존자 승탑

✦ 불상

┌ 재료면에서의 다양함 : 광주 춘궁리 철불(하남 하사창동 철조 석가여래 좌상)
├ 제작 수법면에서의 다양함 : 영주 부석사 소조 아미타여래 좌상(부석사 무량수전 內, 소조불(진흙으로 빚어 제작) → 형태면에서는 신라 양식 계승)
├ 형식면에서의 다양함 : 논산 관촉사 석조 미륵보살 입상 / 안동 이천동 석불(마애여래 입상) / 파주 용미리 마애이불 입상 / 북한산 구기리 마애석가여래 좌상(절벽 깎아 제작)
│   → 지역적 특색 반영 + 사람이 많이 다니는 길목에 조성
└ 신라 양식 계승 : 영탑사 금동 삼존불

광주 춘궁리 철불
(보물 제332호)
(하남 하사창동
철조 석가여래 좌상)

부석사 소조
아미타여래 좌상
(국보 제45호)

논산 관촉사 석조
미륵보살 입상
(국보 제323호)

안동 이천동 석불
마애여래 입상
(보물 제115호)

파주 용미리
마애이불 입상
(보물 제93호)

✦ 청자와 공예(귀족 문화)

- 자기 공예 : 신라·발해의 토기·도기 제작 기술 + 송 자기 제작 기술 수용 → 순수 비색 청자(11C, 송나라 사신 서긍이 『고려도경』에서 아름다움 극찬) → 양각·음각 청자(11세기 말)
  → 인종 대 고려를 방문한 후 고려풍물 소개
  → 상감청자(12C 중엽, * 상감 기법 : 나전칠기나 은입사 공예에서 응용된 것/ 그릇 표면을 파낸 자리에 백토, 흑토를 메워 무늬 내는 방법)
  → 원 간섭기 북방 가마 기술의 도입으로 인해 상감청자의 빛깔 퇴조(황갈색) : 15세기 분청사기가 제작되는 계기
- 금속공예 : 청동 은입사 기술 발달 → 청동기 표면을 파내고 실처럼 만든 은을 채워 넣어 무늬 장식 : 청동 은입사 향로 / 청동 은입사 포류수금문 정병(불교 도구)
  → 버드나무와 기러기와 오리 무늬가 그려진 정병
- 나전칠기 공예 : 옻칠한 바탕에 자개를 붙여 무늬를 나타냄 – 경함, 화장품갑, 문방구 → 조선으로 계승
- 범종 : 화성 용주사 종/ 해남 탑산사 종 – 신라 양식 그대로 계승
- 글씨, 문학 ┬ 글씨 : 구양순체(나말여초 : 장단설, 유신, 탄연) → 조맹부체(= 송설체 / 여말선초 : 이암, 이제현)
  → 농상집요 소개
  │   → 신품 4현 – 유신 / 탄연 / 최우 / 김생(통일 신라 해동필가 조종)
  └ 문학 ┬ 고려 초기 : 향가 유행 – 균여의 「보현십원가」 / 균여 일대기로서 「균여전」(문종)
        ├ 고려 중기 : 관료 위주 한문학 숭상
        └ 고려 후기 : 패관 문학(떠돌던 이야기 정리) 및 가전체 문학(사물을 의인화) / 경기체가 (고려 후기 사대부가 저술) / 고려가요(= 속요 = 장가)

'고려 청자'

· 청자 도요지 : 태토와 연료 풍부 → 강진(대구면), 부안(진서리)
· 청자 종류 : 철채상감, 철채백퇴화, 철유상감, 철유백퇴화문 등 여러 기법
· 청자 굽는 온도 : 약 1,250℃ ~ 1,300℃

'경기체가(주로 사대부가 제작)'

· 노래 말미에 '경기하여~' 또는 '경(景)긔엇더하니잇고~'로 마무리
· 『한림별곡』이 최초 : 한림제유(무신 집권기 도태된 유학자들)가 저술
· 대표작 : 『한림별곡』(한림제유), 『관동별곡』(안축), 『죽계별곡』(안축) 등

순수 비색 청자
: 서긍이 「고려도경」
에서 극찬

양각 청자

음각 청자

청자 칠보투각 향로
(국보 제95호)

청자 상감
운학무늬 매병
(국보 제38호)

청자 진사 연화무늬
표주박 모양 주자
(국보 제133호)

청동 은입사 향로

청동 은입사
포류수금문 정병
(국보 제92호)

나전 국당초 염주 합

나전 경함

용주사 동종
(국보 제120호)

해남 탑산사명 동종

✦ 그림 / 음악 / 무용

- 그림
  - 전기 : 「예성강도」(인종 때 이령 - 子 이광필도 화가로서 이름을 날림, 현존 X)
  - 후기 : 「기마도강도」(이제현, 문인화) / 「천산대렵도」(공민왕, 원대 북화의 영향) /
    - 불화의 유행 → 구복적 성격의 아미타불도, 지장보살도, 관음보살도 유행 /
    - 「양류관음도(= 관음보살도)」(혜허, 일본에 현존) + 「수월관음도」(김우문이 그린 것과 서구방이 그린 것 두 가지 다 일본에 현존)
    - 기타 그림 : 사경화(불교 경전의 내용을 알기 쉽게 표지에 그림), 수덕사 대웅전 벽화(모란), 부석사 조사당 벽화(사천왕상 + 범천·제석천)
- 음악
  - 아악 : 송의 대성악(예종 대 수입) → 궁중 음악으로 발전 : 주로 태묘 등 제사에 이용
  - 향악(속악 = 우방악) : 고유 음악 + 당악의 영향으로 발달, 민중 속요와 어울려 여러 악곡 제작 → 동동, 한림별곡, 대동강, 정읍사, 오관산 등
  - 당악(좌방악) : 실제로는 송의 음악
- 무용
  - 나례 실시 → 섣달 그믐 밤 귀신을 쫓던 행사, 대표적 : 처용무 → 궁중 연회나 사신 접대에서 연극적 행사로 발전 → 나희로 변모
  - 가면극 산대놀이 → 산대희 → 하회탈의 등장(사회 모순 비판)
  - 가무백희(= 기악잡희) : 팔관회 이후 노래, 춤, 기예로 나누어 공연(줄타기, 재주넘기, 택견, 수벽, 탈춤, 꼭두각시 거행)
    - → 신라 때부터 시작, 조선 이후 나례도감에서 관장

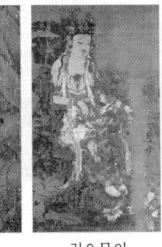

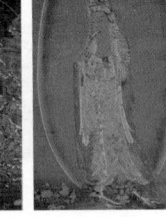

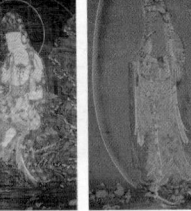

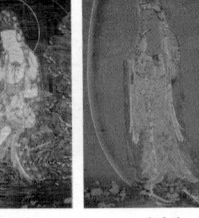
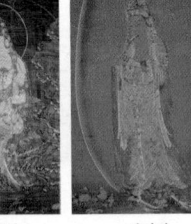
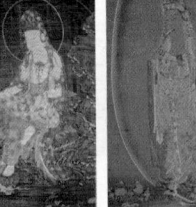

공민왕의 천산대렵도   이제현의 기마도강도   김우문의 수월관음도   서구방의 수월관음도   혜허의 양류관음도

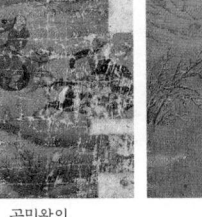

사경화   제석천   지국천왕   중장천왕   광목천왕   다문천왕   범천
부석사 조사당 벽화(국보 제46호)

PART 02

신영직 한국사 Ⅱ

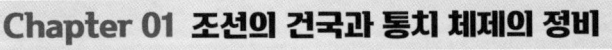

Chapter 01 조선의 건국과 통치 체제의 정비

1 조선의 건국

✦ 신진 사대부의 성장

권문세족 ↔ 신진 사대부(≠사대부)

└─ 온건파(다수파) ─┬─ 정몽주, 이색, 길재 ┐ `'동방 이학의 조'`
                    ├─ 불사이군(역성 혁명 반대) ├─ 사림파(16C)
                    └─ 전면적 토지 개혁 반대 ┘ (= 사학파)

└─ 혁명파(소수파) ─┬─ 정도전, 권근, 조준, 남은, 윤소종 ┐
       +   ├─ 역성 혁명 주장 ├─ 훈구파(15C)
  신흥 무인 세력   └─ 전면적 토지 개혁(과전법) 추구 ┘ (= 관학파)

↓

조선 건국(1392)

✦ 근세 사회의 성격

정치

─ 관료 체제 확립
─ 왕권과 신권의 조화
─ [중앙 집권화]
  └─ 모든 군현에 지방관 파견
  └─ 면리제 정착 ⇒ 향·소·부곡 소멸

사회

─ 신분보다 능력 존중(과거제 정비)
─ 정치 참여 폭 확대(양천제)

경제

─ 양인 수 증가(노비 해방)
─ 농민의 경작권 보장(과전법)
  → 자영농 증가

문화

─ 양인 전반에 교육 기회 확대(사농일치 교육 제도)
─ 과학 기술 발달
─ 민족 문화의 기반 마련(한글 창제)

✦ 조선의 성립 과정

명(明) 철령위 설치 통보 →

┌─ 명(明) 정벌설(최영)
│   ⇕ Ⓥ⑤
└─ 4불가론(이성계)
   ─ 이소역대일불가
   ─ 하월발병기불가
   ─ 거국원정왜승기호
   ─ 시방서우노궁해교대군질병

─ 1374년 우왕 집권 : 이인임 일파 제거
               ↓
    최영(·우왕 장인)과 이성계 집권
─ 1388년 위화도 회군(우왕 폐위) : 이성계 + 조민수
      – 군사적 실권 장악
─ 1389년 폐가입진(창왕 폐위 → 공양왕 즉위)
      – 정치적 실권 장악
─ 1391년 과전법 : 혁명파 신진 사대부 주도
          ─ 공사 전적 소각
          ─ 토지 수조권 재조정
          ─ 수조지 경기 국한(1/10세)
              ↓
      국가 재정 및 경제적 기반 확보
─ 1392년 역성 혁명(공양왕 → 이성계)
─ 1393년 '조선' 국호 사용
─ 1394년 한양 천도(공주 계룡산과 무악도 후보지)
─ 1395년 경복궁(법궁) 건립(정도전의 활약)
      – 종묘, 사직, 관아, 학교, 시장, 도로 건설

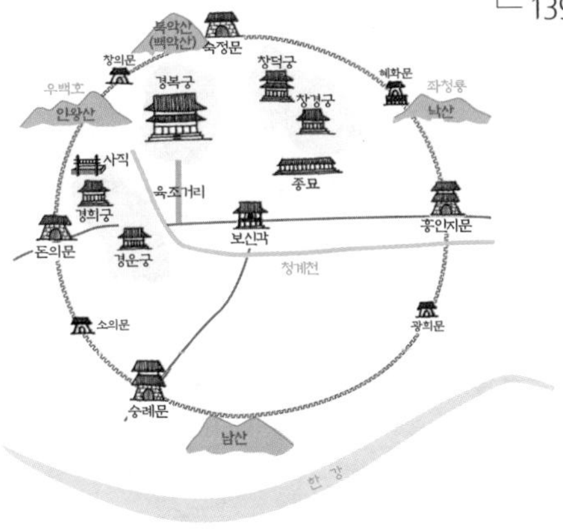

〈한양 도성 구조〉

'한양 도성'

한양 도성	·좌묘우사 원칙 : 동쪽에 종묘, 서쪽에 사직단 설치 ·주산인 백악과 좌청룡에 해당하는 낙산(혹은 낙타산), 우백호에 해당하는 인왕산, 안산(案山)에 해당하는 남산을 연결 ·도성에는 동서남북 사방을 중심으로 8개의 성문 설치 ·성저십리(城底十里) → 10리 안에는 금장(禁葬)과 벌체 금지, 조선 후기 시전상인의 금난전권 행사 범위
한양의 성문 사대문	·오행 사상을 따라 숭례문, 흥인지문, 돈의문, 숙정문으로 명명 ·종로의 보신각과 더불어 인의예지신(仁義禮智信, 오상) 구현
사소문	·동소문(혜화문, 동), 서소문(소의문, 서), 남소문(광희문, 남), 북소문(창의문, 북)

2 정치 체제의 확립

✦ 태조(1392~1398)

- 민본주의에 입각한 성리학적 통치이념 확립
- 총재 중심 체제 : 모든 정책은 도평의사사에서 결정
- 중농억상, 숭유억불, 사대교린

'정도전의 저술'

- 조선경국전(1394) : 최초의 사찬 법전(총재 정치 : 재상 중심)
- 경제문감(1395) : 정치 조직 초안
  - 상권 : 중국 재상 제도 변천 과정
  - 하권 : 관찰사, 대간, 수령, 위병 등 변천 과정
- 불씨잡변(1398) : 유학의 입장에서 불교 비판
- 고려국사(1395) : 고려 멸망의 당위성 제시 목적
- 금남잡영·금남잡제 : 1375년 유배 시 개인문집
- 진법서(= 진법 = 진도)
  - 독자적 전술 정리
  - 표전문제로 명과의 마찰(요동 정벌)
- 삼봉심기리편 : 불교와 도교에 대한 성리학의 우위성

'총재 정치와 왕도 정치'

재상은 위로는 임금을 받들고 아래로는 백관을 통솔하여 만인을 다스리는 것이니 그 직책이 매우 크다. 또한, 임금의 자질에는 어리석은 자질도 있고 현명한 자질도 있으며 강력한 자질도 있고 유약한 자질도 있어서 한결같지 않으니 재상은 임금의 아름다운 점은 순종하고 나쁜 점은 바로잡아 임금으로 하여금 대중(大中)의 경지에 이르도록 하는 것이 재상의 역할이다.

− 『조선경국전』 −

'왕자의 난'

- 1차(1398, 무인정사) : 정종 즉위, 정도전 피살 ┈→ 보도(輔導)책임(방석 지지)
- 2차(1400, 방간의 난) : 이방원의 권력 장악 → 태종 즉위
  - ┈→ 또는 박포의 난

✦ 정종(1398~1400)

- 개경 천도(1399)
- 의정부 설치(행정 총괄 기구) → 도평의사사 축소 ┐
- 중추원 → 삼군부로 개편(군사권 집중, 국왕 관리) ┘ 군·정 분리
- 집현전 설치(학술 보조 기관) → 보문각으로 개편
  - ⓒ 세종 때 학술 기관, 간언 기관으로 다시 설치

✦ 태종(1400~1418)

[왕권 강화 정책]

- 6조 직계제 실시(태종·세조)
  - → 의정부는 사대문서 관리, 사형수 재결만 / 6조 직급 정2품으로 상승
- 사간원 독립 : 일반적으로는 왕권 견제지만 태종 대에는 왕권 강화 + 귀족권 견제
- 왕실·외척·종친 정치 참여 배제
- 의금부·승정원 설치 : 왕권 강화
- 사병 혁파 → 국왕이 군사권 장악
- 신문고 설치 : 연산군 대 폐지 → 영조 대 부활(병조 관할)
  - ┈→ 의금부 관할

[기타 정책]

- 억불숭유책 : 전국 242개 사원만 인정하고 나머지 사원의 토지·노비 몰수
- 양전 사업 : 양안(토지 장부) 작성(20년마다) → 전세 징수 기준 ┐
- 호구 조사 : 호적(가호 장부) 작성(3년마다) → 공납·역 징발 기준 ├⇒ 국가 재정 기틀 확립
- 호패법 실시 : 양반~천민 남자(16세 이상) → 농민 유망·이탈 방지 목적 ┘
  - ┈→ 중앙 : 한성부 / 지방 : 관찰사, 수령
- 공도 정책, 사민 정책(태종~중종) / 경성·경원에 무역소 설치 → 국경 무역의 허용
- 서얼금고법(= 서얼차대법)
  - 문과 응시 제한
  - 무과, 잡과 응시 가능(한품서용제로 출세 제한) ┈→ 서얼과 상급기술관은 당하관 이하로 승진 제한
  - ⓒ 재가금지법 : 재가녀의 아들과 손자의 문과 금지 규정은 성종 대
- 활자 주조(계미자) − 주자소 설치 / 저화 발행 − 사섬서
- '속육전', '원육전' 간행 : 「경제육전」 보완
- '동국사략'(권근), '혼일강리역대국도지도'(이회, 이무) 제작 ┈→ 현존 동양 최고(最古) 세계지도
- 5부학당, 「조선왕조실록」 편찬 시작
  - ┈→ 「오경천견록」, 「입학도설」 등 저술

'의정부, 집현전, 홍문관'

- 의정부
  - 최초 설치는 정종
  - 태종 때 독자적 기구로 정비
- 집현전
  - 최초 설치는 정종 때
  - 세종 때 학술 및 경연 기관으로 다시 설치
- 홍문관
  - 최초 설치는 세조 때(문한 기구)
  - 성종 때 경연 기관으로 설치

'6조 직계제와 의정부 서사제'

6조 직계제(태종, 세조) | 의정부 서사제(세종, 문종, 단종)
− 왕권 강화 | − 왕권과 신권 조화

- 의정부의 서사를 나누어 6조에 귀속시켰다. …… 처음에 왕은 의정부의 권한이 막중함을 염려하여 이를 혁파할 생각이 있었지만, 신중하게 여겨 서두르지 않았는데 이때에 이르러 단행하였다. 의정부가 관장한 것은 사대문서와 중죄수의 심의뿐이었다.
  − 『태종실록』 −

- 6조는 각기 직무를 먼저 의정부에 품의하고, 의정부는 가부를 헤아린 뒤에 왕에게 아뢰어 (왕의) 전지를 받아 6조에 내려보내어 시행한다.
  − 『세종실록』 −

'태종 대의 관제 개혁'

- 문하부 폐지 : 재신은 의정부에 소속, 낭사는 사간원으로 독립(1401)
- 삼사 : 사평부로 개편(1401) → 의정부 합좌에서 제외(전곡 업무만 담당)
- 의흥삼군부 : 승추부로 개칭(1401, 군무 외에 왕명 출납 관장) → 삼군도총제부 부활·개편(1403)
- 6조 장관의 직급을 정2품 판서로 높임(1405) → 6조의 기능 강화
- 사평부, 승추부 완전 폐지 → 재정 및 군정 권한은 호조와 병조로 이관(1405)

'저화(지폐) 발행'

- 자섬저화고(고려 공양왕) : 최초 발행
- 사섬서(조선 태종)

✦ 세종(1418~1450)

민생 안정책

─ 공법(貢法) 제정

15C 초 ─────────────→ **공법제** (cf 1결의 면적 = 벼 400두 재배 면적)

十일제(1/10) + 답험손실법(재해 시 세금 감면)   연분 9등법(1436) : 최대 20두~최하 4두

[비옥도 기준 3등전] : 상 – 중 – 하   (풍흉의 정도를 고려하여 9등급)

cf 1결(結) = 벼 300두(斗) 재배 면적

→ 전세액은 조세 30두 이하

상상년 20두(1/20)	중상년 14두	하상년 8두
상중년 18두	중중년 12두	하중년 6두
상하년 16두	중하년 10두	하하년 4두(1/100)

전분 6등법(1443)
(비옥도 기준, 수등이척법 : 등급에 따라 다른 자를 사용)

| 1등전 1결 | 2등전 1결 | ...... | 6등전 1결 |

─ 의창제 정비, 사창제 실시(대구에서 시험적)

─ 양인 증가 : 여진 귀화인, 재인, 화척 → 신백정(양인화)

─ 감옥 시설 개선, 관비의 출산 휴가 보완

왕권과 신권의 조화

─ 의정부 서사제 시행 : 재상 중심의 정치

─ 집현전 정비 : 유학 연구 + 경연에 참여(세조 때 폐지, 성종 때 홍문관이 대체) / 사가독서제 실시

─ 윤대법 실시 : 백관이 교대로 왕과 정사 논의, 매일 5명 내외   cf 차대 : 월 5회 정도(의정부, 6조 고위관리)

문화 발달 및 편찬 사업

→ 강우량 측정기
─ 한글 창제 → 한글 서적 편찬 : 『용비어천가』, 『월인천강지곡』

─ 과학 기술 발달 : 측우기(1441), 자격루, 앙부일구 제작

─ 칠정산 내외편 : 독자적 역법 체계(한양 기준)
          → 화약 무기 제조·사용법   → 의학 백과사전
─ 『효행록』, 『농사직설』, 『삼강행실도』, 『총통등록』, 『향약집성방』, 『의방유취』 등 편찬
          → 자주적 농서

─ 경자자, 갑인자, 병진자 등 주조 → 밀랍 고정이 아닌 식자판을 조립하는 방식(인쇄 효율 증대)

─ <오례>의 정비, 『국조오례의』 편찬 시작, 『주자가례』 장려

─ 정간보(악보) 제작, 여민락 지음 / 아악·당악·향악 정리(박연)
     → 우물 '정(井)' 모양의 악보

기타 정책

─ 쓰시마섬 정벌(이종무, 1419) → 왜구 근절(15c)

─ 4군(최윤덕) 6진(김종서) 개척 → 현재 국경(압록강~두만강) 확정

─ 사원 혁파(36개 사원 제외) / 7종 → 선교 양종 / 내불당 설치(불경 편찬=불교 진흥)
          → 교종 18 + 선종 18
─ 사법 개혁 ─────────→ 금부삼복법 : 사형 시 삼심제 적용

─ 토관 제도 실시 : 국방력 강화 목적   ─ 노비 사형(私刑, 개인적 처벌) 금지

─ 부민고소금지법 : 백성들의 수령 고소 금지   ─ 태배 금지법 : 무고한 태형, 가혹한 고문 금지

─ 원악향리처벌법 : 부정한 향리 처벌법

'경연과 서연'

·경연(국왕) 〉 서연(세자)

·법연 : 조강·주강·석강(매일) /
        야대·소대(수시)

'조선 전기 불교 진흥책'
          → 내도량
·내원당(태종) : 불교 행사장

·내불당(세종) ┐
·간경도감(세조) ┘ 불경 편찬

          → 불경을 국역할 목적

'영토 확장 과정'

┌ 통일 신라 : 대동강·원산만

├ 태조 왕건 : 청천강~영흥만

├ 서희 강동 6주 : 압록강~도련포

├ 공민왕 쌍성총관부 수복 : 철령위 회복

└ 세종 4군 6진 개척 : 압록강~두만강
          → 현재 국경선 확보

✦ 문종·단종(1450~1455)

- 왕권 약화, 재상 중심 정치(김종서, 황보인)
  → 계유정난(1453) : 수양대군이 실권 장악

✦ 세조(1455~1468)

- 계유정난(1453) 이후 이징옥의 난(1453)을 진압하고 단종 폐위
  └→ 김종서의 문인

┌ **왕권 강화책**

- 6조 직계제 실시(6조 권한 약화+왕권이 6조 장악)
- 집현전 혁파 – 경연 제도 폐지(∵ 사육신 사건)
- 군현제 정비, 면리제·오가작통법 실시, 호적·호패법 강화
  → 향·소·부곡 소멸(중앙 집권 강화) ⁵⁵가구씩 묶어 유망 방지 및 국가 재정 확보책
- 종친들 중역에 등용(↔ 태종)
- 토관 제도 확대, 사민 정책 강화

┌ **체제 정비**

- 보법 실시 ┌ 양인 개병제 기본
           └ 정군에 보인 2명 지원
- 5위 체제 정비 : 5위도총부 관할
- 진관 체제 실시 ┌ 군현을 진관으로 편성
                └ 수령이 지휘관 겸직
- 『경국대전』 편찬 시작 :『호전』과 『형전』 먼저 간행(육전상정소)
  ⓒf 6전 체제 완성은 성종 대

┌ **기타 정책**

- 직전법(1466) 실시 : 현직 관리만 수조권 지급 / 각종 둔전 설치
- 유향소 폐지 : 이시애의 난(1467) 계기 → 성종 때 부활(1488)
- 간경도감 설치, 원각사 건립(1464, 원각사지 10층 석탑) ─→이준, 남이 등이 진압
  └→ 불경 국역, 1461

✦ 성종(1469~1494)

- 장인 한명회의 지원하에 13세에 즉위(세조비 정희왕후 수렴청정) → 왕권 약화 → 사림 등용

┌ **유교 정치 이념 강화 및 억불 정책**

- 사림 등용 : 훈구파 견제 목적
              ┌ 김종직, 김일손, 김굉필
                 └→세조 대 정계 진출
- 유향소 부활(1488) ┌ 성리학적 향촌 질서 확립
                    └ 사림의 세력 기반
- 경연 활성화 : 홍문관 설치(←집현전 기능 대행)
  옥당←┘   └→세조 대 불경 국역을 목적으로 설치
- 억불 정책 ┌ 간경도감 폐지, 사찰 도성 밖으로
            └ 도첩제 폐지(1492) → 산간 불교화(강력한 억불정책)
                    ⇓
              (승려면허제 폐지)

┌ **기타 정책**

- 관수관급제(1470) 실시 : 관청에서 생산량 조사하여 징세 → 관리에게 현물로 지급
                        (국가의 토지 지배권 강화)
- 북방 개척 ┌ 압록강 이북 지역 정벌(윤필상, 1479)
            └ 두만강 이북 야만족 소탕(허종, 1491) ┌→음악의 모든 것(성현)
- 편찬 사업 :『경국대전』,『동문선』,『동국여지승람』,『악학궤범』,『삼국사절요』,
           『국조오례의』,『동국통감』 등 편찬 └→삼국 시대에서 고려 말까지 시와 산문 정리(서거정)
- 사창제 폐지(19C 대원군 때 부활) └→〈외기〉,〈삼국기〉,〈신라기〉,〈고려기〉로 구성

✦ 연산군(1494~1506)

        ┌→'말을 삼가라'의 의미
┌ 신언패 – 언론 통제
└ 무오사화(1498), 갑자사화(1504) → 중종 반정(1506)으로 폐위

3 중앙 정치 조직

✦ 정치 체계 확립

- 양반 관료제 : 문반 + 무반(2품 이상은 문·무 구분 X)
- 관계주의 : 30계서(정·종, 상·하직)
  - 1품~6품 : 정·종 구분 → 다시 상·하직 구분 : 수령은 6품 이상만 임명
    - ex. 정1품 상직(대광보국숭록대부), 정1품 하직(보국숭록대부)
  - 7품~9품 : 정·종 구분만(상·하직 구분 X)
    - ex. 정7품(무공랑, 적순부위), 종7품(계공랑, 분순부위)
  - 당상관 : 정3품 상직(통정대부, 절충장군) 이상
  - 당하관 : 정3품 하직(통훈대부, 어모장군) 이하
    - 참상관 : 정3품 하직~종6품 하직(수령으로 부임 가능)
    - 참하관 : 정7품~종9품
  - 종4품 이상은 서경 면제 / 정5품 이하는 반드시 서경 거치도록
  - 관계와 관직 결합(원칙)
    - but 행수제
      - 계고직비(관계↑ 관직↓) : 관직 앞에 '행(行)'
        - ex. 숭록대부행도승지
          - 종1 / 정3
      - 계비직고(관계↑ 관직↓) : 관직 앞에 '수(守)'
        - ex. 통정대부수대사헌
          - 정3 / 종2
- 겸직제 발달 : 재상 및 당상관은 요직을 겸직, 관찰사는 병마절도사·수군절도사 겸직
- 대가제 실시 : 국가 경사 시, 정3품 이상 자손(아들, 동생, 사위, 조카) 대상으로 품계 지급

✦ 왕권 강화책과 왕권 견제책

- 왕권 강화책 : 6조 직계제, 의금부, 승정원, 과거제, 호패법, 장용영, 규장각
- 왕권 견제책 : 의정부, 삼사, 서경 제도
  - +
  - → 홍문관, 예문관, 교서관
  - 상소 : 국왕에게 올리는 글(일반 백성 누구나 but 주로 간관이나 (삼관) 관리)
  - 구언 : 국왕이 신하에게 정책·인사에 대한 조언을 구하는 것(응지상소 : 구언에 응하여 관원·백성들이 올리는 상소)
  - 순문(하순) : 국왕이 신하에게 사문하는 것
  - 권당 : 정부 정책 불만 시 성균관 유생들이 식당 출입 X 또는 성균관을 떠남
  - 상참 : 매일 편전에서 국왕과 의정부·6조·삼사·예문관·승정원 관리들이 논의(cf 조참 – 월 4회)
  - 윤대 : 매일 5명 이내 문관(6품↑), 무관(4품↑)을 관청별로 돌아가며 만나서 논의(cf 차대 – 월 5회 정도)

✦ 정치 제도 정비

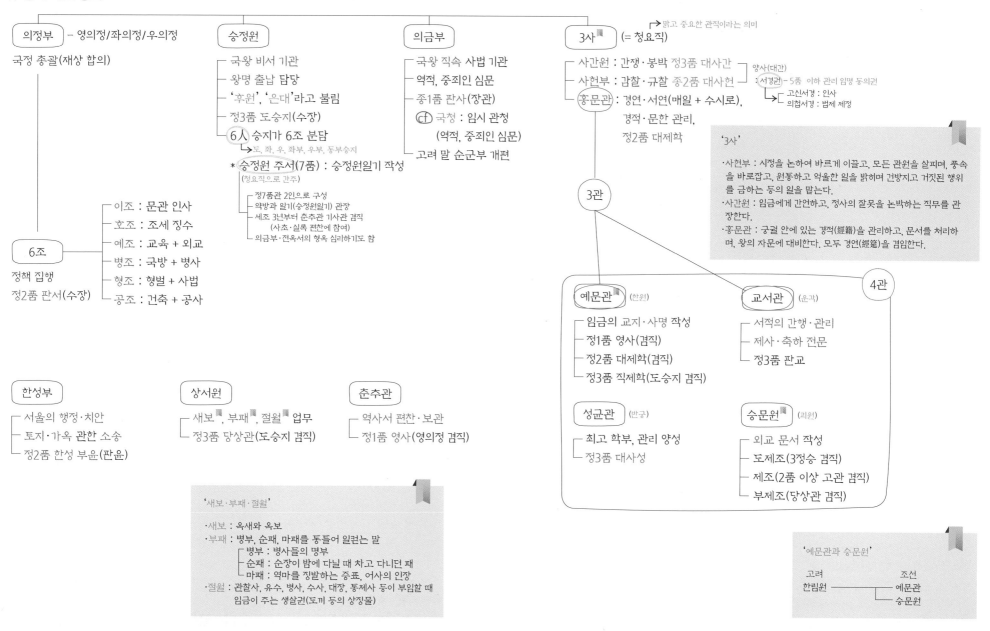

의정부 – 영의정/좌의정/우의정

국정 총괄(재상 합의)

6조

정책 집행
정2품 판서(수장)

- 이조 : 문관 인사
- 호조 : 조세 징수
- 예조 : 교육 + 외교
- 병조 : 국방 + 병사
- 형조 : 형벌 + 사법
- 공조 : 건축 + 공사

승정원

- 국왕 비서 기관
- 왕명 출납 담당
- '후원', '은대'라고 불림
- 정3품 도승지(수장)
- 6人 승지가 6조 분담
  └▸도, 좌, 우, 좌부, 우부, 동부승지
- * 승정원 주서(7품) : 승정원일기 작성
  (청요직으로 간주)
  - 정7품관 2인으로 구성
  - 약방과 일기(승정원일기) 관장
  - 세조 3년부터 춘추관 기사관 겸직
    (사초·실록 편찬에 참여)
  - 의금부·전옥서의 형옥 심리하기도 함

의금부

- 국왕 직속 사법 기관
- 역적, 중죄인 심문
- 종1품 판사(장관)
- ㎝ 국청 : 임시 관청
  (역적, 중죄인 심문)
- 고려 말 순군부 개편

3사 ┌▸맑고 중요한 관직이라는 의미 (= 청요직)

- 사간원 : 간쟁·봉박 정3품 대사간 ┐양사(대간)
- 사헌부 : 감찰·규찰 종2품 대사헌 ┘:서경권 – 5품 이하 관리 임명 동의권
- **홍문관** : 경연·서연(매일 + 수시로),   └▸ 고신서경 : 인사
  경적·문한 관리,   └ 의첩서경 : 법제 제정
  정2품 대제학

3관

4관

예문관 (한원)

- 임금의 교지·사명 작성
- 정1품 영사(겸직)
- 정2품 대제학(겸직)
- 정3품 직제학(도승지 겸직)

교서관 (운각)

- 서적의 간행·관리
- 제사·축하 전문
- 정3품 판교

성균관 (반궁)

- 최고 학부, 관리 양성
- 정3품 대사성

승문원 (괴원)

- 외교 문서 작성
- 도제조(3정승 겸직)
- 제조(2품 이상 고관 겸직)
- 부제조(당상관 겸직)

한성부

- 서울의 행정·치안
- 토지·가옥 관한 소송
- 정2품 한성 부윤(판윤)

상서원

- 새보, 부패, 절월 업무
- 정3품 당상관(도승지 겸직)

춘추관

- 역사서 편찬·보관
- 정1품 영사(영의정 겸직)

> '3사'
> - 사헌부 : 시정을 논하여 바르게 이끌고, 모든 관원을 살피며, 풍속을 바로잡고, 원통하고 억울한 일을 밝히며 건방지고 거짓된 행위를 금하는 등의 일을 맡는다.
> - 사간원 : 임금에게 간언하고, 정사의 잘못을 논박하는 직무를 관장한다.
> - 홍문관 : 궁궐 안에 있는 경적(經籍)을 관리하고, 문서를 처리하며, 왕의 자문에 대비한다. 모두 경연(經筵)을 겸임한다.

> '새보·부패·절월'
> - 새보 : 옥새와 옥보
> - 부패 : 병부, 순패, 마패를 통틀어 일컫는 말
>   - 병부 : 병사들의 명부
>   - 순패 : 순장이 밤에 다닐 때 차고 다니던 패
>   - 마패 : 역마를 징발하는 증표, 어사의 인장
> - 절월 : 관찰사, 유수, 병사, 수사, 대장, 통제사 등이 부임할 때 임금이 주는 생살권(도끼 등의 상징물)

> '예문관과 승문원'
>
> 고려   조선
> 한림원 ─────┬─ 예문관
>   └─ 승문원

4 지방 행정 조직(중앙 집권 + 향촌 자치)

✦ 지방 조직의 정비

─ 전국을 8도로 구분
─ 고을 크기를 기준으로 지방관 등급 조정
─ 전국에 330여 개 군현 설치

• 5부 : 경주, 전주, 의주, 평양, 함흥 cf) 5대 도호부 : 안동, 창원, 강릉, 영흥, 영변

'고려 수령 5사와 조선 수령 7사'

고려 수령 5사	조선 수령 7사 (수령 5사에 학교흥과 군정수 추가)
전야벽	농상성 : 농업·농지 관련
부역균	부역균 : 부역의 균등
호구증	호구증 : 호구의 증가
도적식	간활식 : 교활하고 간사한 버릇 근절
사송간	사송간 : 소송 관련
	학교흥 : 교육·학교 관련
	군정수 : 군사 훈련

8도

5부 > 5대 도호부 > 20목 > 82군 > 175현

부윤　　도호부사　　목사　　군수　　현령(감)

관찰사(종2품) = 감사(수령 X)　　(종2품)　(정3품)　(정3품)　(종4품)　(종5·6품)

─ 1년 임기제(약 360일) – 단임
─ 감찰·행정·사법·군사권　　　　　　　　　[수령]
─ 지방관 지휘·감독 + 병마(수군)절도사 겸직
─ 감영에 상주, 수령에 대한 인사고과

─ 수평적 병렬관계
─ 행정·징세·군사·사법권(국왕 대리인)
─ [5년 임기제], 관찰사의 지휘·감독을 받음
　　　↳ (약 1800일) – 중임 可
─ 모든 군현에 수령 파견(속현 소멸) : 중앙 집권 강화
　　→ 수령권 강화, 향리의 권한 약화(보수 X) ─────→
　　　(향리는 수령을 보좌하는 세습적 아전으로 격하)

촌 : 면 → 리 → 통(5가작통)
　　권농　　이정　　통수(주)
　　(면장, 풍헌)

4도

─ 특수 행정 구역(개성, 강화, 광주, 수원)　　↱인조　↱정조
─ 4도 유수 파견(국왕 직속의 경관(京官), 정2품)
─ 관찰사의 지휘·통제를 받지 않음
─ 수도 기능 강화, 군사 방어 체제 역할 → 왜란과 호란 이후 규모·역할 증대

'임기제와 상피제'
·지방관의 임기 설정
　(관찰사 1년, 수령 5년)
·자기 출신지 지방관 임명 배제
　(상피제)

'면리제'
·면리제의 정착으로 향·소·부곡의 완전 소멸
·사족 or 민서 출신의 향민 중에서 권농·이정·통주 선임
　↳ 수령의 명에 따라 인구 파악·부역 징발 담당(농민 통제 목적)

'오가작통제'
·5가(家)=1통(統)
·5통=1리(里) → 몇 개의 리=1면(面)

✦ 군현의 행정 운영

```
              ┌─ 수령 ─┐
              ↓        ↓
      유향소(사족) ←→ 6방(향리)
```

경재소(중앙 관리) ──→

고려의 사심관 제도 분화·발전
유향소와 연락 통제(좌수, 별감 임명)
유향소에 대한 연대 책임(중앙 집권 강화책)
1603년 혁파(→ 이후 수령이 좌수, 별감 임명)

─ 좌수·별감이 감독
─ 기능 ─ 수령 보좌·견제　　　─ 수령 보좌 + 행정 실무
　　　├─ 향리 규찰　　　　　　─ 조세 수취(인구 파악·부역 징발)
　　　└─ 유학 바탕 풍속 교정　　　　　　↱1488년
　　　　(이시애의 난으로 세조 때 폐지되었다가 성종 때 복설)
─ 구성 : 향회(회의), 향안(명부), 향규(규칙)
─ 변화 : 17C 경재소 혁파(1603) 이후 '향청'화(향회 소집)
　　　　→ 향촌 자치

경저리　(신라)　(고려)　(조선)
　　　　(상수리 → 기인 → 경저리)

─ 고려의 기인 제도 계승
─ 지방 향리를 서울로 파견·상주
─ 입역·공납 책임
─ 대납·방납의 폐해

영저리

─ 감영에 파견된 지방 향리
─ 군현과 감영 간의 연락 사무
─ 재지사족 견제

5 군역 제도와 군사 조직

✦ 군역 제도(원칙 – 양인 개병제)

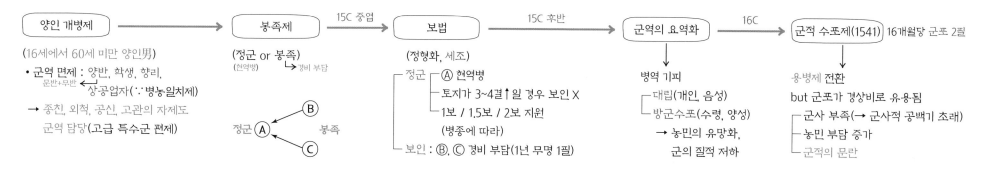

양인 개병제 → 봉족제 ──(15C 중엽)→ 보법 ──(15C 후반)→ 군역의 요역화 ──(16C)→ 군적 수포제(1541) 16개월당 군포 2필

양인 개병제
(16세에서 60세 미만 양인男)

• 군역 면제 : 양반, 학생, 향리,
　　　문반+무반 ← 상공업자(∵병농일치제)
→ 종친, 외척, 공신, 고관의 자제도
　군역 담당(고급 특수군 편제)

봉족제
(정군 or 봉족)
(현역병) ↘ 경비 부담

정군 Ⓐ ← Ⓑ
　　　 ← Ⓒ   봉족

보법
(정형화, 세조)

정군 ┬ Ⓐ 현역병
　　 ├ 토지가 3~4결↑일 경우 보인 X
　　 ├ 1보 / 1.5보 / 2보 지원
　　 │ (병종에 따라)
보인 : Ⓑ, Ⓒ 경비 부담(1년 무명 1필)

군역의 요역화

병역 기피
┬ 대립(개인, 음성)
└ 방군수포(수령, 양성)
　→ 농민의 유망화,
　　군의 질적 저하

군적 수포제(1541) 16개월당 군포 2필

용병제 전환
but 군포가 경상비로 유용됨
┬ 군사 부족(→ 군사적 공백기 초래)
├ 농민 부담 증가
└ 군적의 문란

✦ 방어 체제(원칙 - 농병일치제)

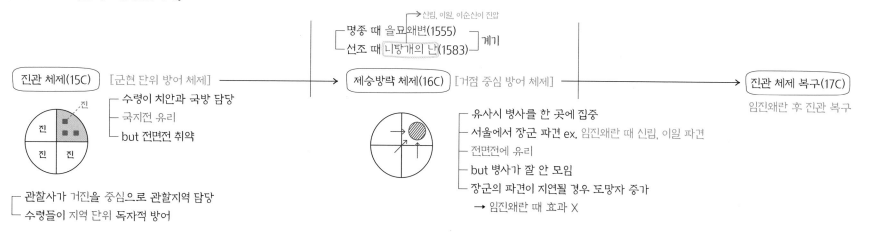

→ 신립, 이일, 이순신이 진압
┬ 명종 때 을묘왜변(1555) ┐
└ 선조 때 니탕개의 난(1583) ┘ 계기

진관 체제(15C) [군현 단위 방어 체제]
진
진 ■■
진 진
┬ 수령이 치안과 국방 담당
├ 국지전 유리
└ but 전면전 취약

┬ 관찰사가 거진을 중심으로 관할지역 담당
└ 수령들이 지역 단위 독자적 방어

제승방략 체제(16C) [거점 중심 방어 체제]
┬ 유사시 병사를 한 곳에 집중
├ 서울에서 장군 파견 ex. 임진왜란 때 신립, 이일 파견
├ 전면전에 유리
├ but 병사가 잘 안 모임
└ 장군의 파견이 지연될 경우 도망자 증가
　→ 임진왜란 때 효과 X

진관 체제 복구(17C)
임진왜란 후 진관 복구

✦ 군사 제도

중앙군 국왕 숙위, 수도 방어

3군 (태조) — 15C → **5위** (세조)

→ 본래는 무반직이지만
실제는 문반관리 임명

┌ 삼군도총제부(1391)
│   ↓
└ 의흥삼군부(1393)

┌ 5위도총부 관할(5위도총관 – 문반 관리)
├ 임진왜란 후 유명무실(국왕 숙위만 담당)
├ → 1882년(고종19) 혁파
└ 구성 : 의흥위, 용양위, 호분위, 충무위, 충좌위
             (중위)   (좌위)   (우위)   (후위)   (전위)

내삼청 내금위, 우림위, 겸사복(국왕 친위대)
┌ 병조 소속 직업 군인
└ 체아직 → 체아록 지급

'5위 구성'
┌ 직업 군인 : 갑사(급료O) – 취재 통해 선발(정식 무반)
│   왕궁과 서울의 수비 담당
│   지방에선 하급 지휘관   } 녹봉, 품계O
├ 특수병 : 고관·공신·종친·외척 자제
└ 정군(정병) : 번상 입역병(농민병)
              녹봉 X(복무 기간만큼 산계 수여)
* 가장 주력은 갑사지만 가장 많은 수를 차지한 것은 정군

지방군 ─ **영진군** 병농일치를 바탕으로 농민병(정병) 구성

┌ 병영(육군) : 병마절도사 지휘
├ 수영(수군) : 수군절도사 지휘
└ 진(진군) : 첨절제사 지휘

→ 중앙 관청의 실무 담당

잡색군 ─ ┌ 전직 관리·향리·교생·서리·잡학인·신량역천인·노비(일종의 예비군)
              └ 신분은 법제적으로 양인이지만 역할은 천민에 준하는 대우
            ├ 농민은 제외
            └ 진관 체제 성립 후 유명무실화

→ 진관 체제 후
유명무실

6 교통과 통신 중앙 집권 강화 목적

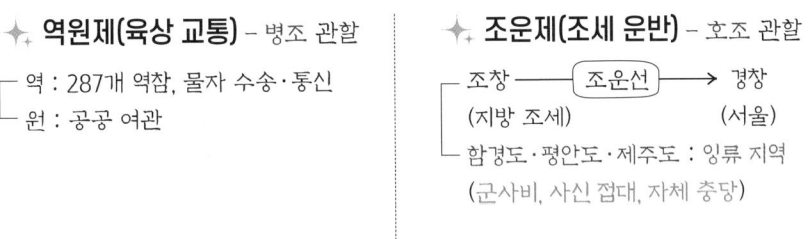

✦ 역원제(육상 교통) - 병조 관할

┌ 역 : 287개 역참, 물자 수송·통신
└ 원 : 공공 여관

✦ 조운제(조세 운반) - 호조 관할

┌ 조창 ── 조운선 → 경창
│   (지방 조세)   (서울)
└ 함경도·평안도·제주도 : 잉류 지역
    (군사비, 사신 접대, 자체 충당)

✦ 봉수제(봉화, 통신) - 병조 관할

┌ 전국 620여 개 봉수대
└ 낮 : 연기, 밤 : 횃불

✦ 파발제 - 병조

임란 후 역 기능 상실(17C 이후)
↓
명의 파발 참고 : 기발 / 보발 설치
┌ 기발 : 25리마다 1참
│   (경우에 따라 20리 / 30리)
└ 보발 : 30리마다 1참
          (경우에 따라 40리 / 50리)

7 교육 제도와 과거 제도

- 과거의 종류 : 문과 / 무과 / 잡과 / 승과
- 과거 응시 자격 : 법제적으로 양인 이상
- 문과 응시 금지 : 서얼, 재가녀의 아들과 손자, 탐관오리의 아들, 상공업자 (무과나 잡과는 제한 X)
  - 양반첩의 子

'과거 시험 실시 시기'
- 식년시 : 3년마다
- 증광시 : 국가의 특별 경사
- 별시 : 일반 경사
- 알성시 : 왕이 성균관 문묘 배알시

✦ 교육 기관과 문과(예조 관할)

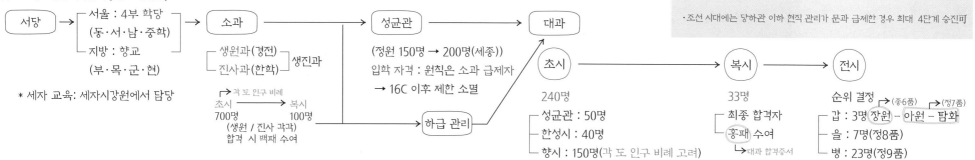

- 서당 → 서울 : 4부 학당 (동·서·남·중학) / 지방 : 향교 (부·목·군·현)
- 소과 → 생원과 (경전) / 진사과 (한학) = 생진과
  - 각 도 인구 비례
  - 초시 700명 → 복시 100명 (생원 / 진사 각과) 합격 시 백패 수여
- 성균관 (정원 150명 → 200명(세종)) 입학 자격 : 원칙은 소과 급제자 → 16C 이후 제한 소멸
- 하급 관리
- 대과
  - 초시 240명 / 성균관 : 50명 / 한성시 : 40명 / 향시 : 150명(각 도 인구 비례 고려)
  - 복시 33명 / 최종 합격자 홍패 수여 → 대과 합격증서
  - 전시 순위 결정 / 갑 : 3명 장원 – 아원 – 탑화 (종6품 → 정7품) / 을 : 7명(정8품) / 병 : 23명(정9품)

* 세자 교육: 세자시강원에서 담당

· 조선 시대에는 당하관 이하 현직 관리가 문과 급제한 경우 최대 4단계 승진可

✦ 무과(병조 관할)

- 응시자격 : 주로 서얼과 중간 계층
- 절차 : 소과 X (다른 절차는 문과와 동일) / 별도의 교육 기관 X
  - 초시 (활쏘기 – 무예) — 복시 (경국대전, 무경) — 전시 (기보격구)
  - 갑 : 3명(종7) – 장원 X / 을 : 5명(종8) / 병 : 20명(종9)
- 선발 인원 : 초시(190명), 복시(최종 합격자, 28명), 전시(순위 결정)
  - 홍패 수여

✦ 잡과 (교육은 해당 관청에서 실시) – 3년마다 실시

- 종류 : 역과, 율과, 의과, 음양과
- 해당 관청 : 사역원, 형조, 전의감, 관상감에서 선발
- 분야별 정원 : 총 46명
- 과정 : 초시 (해당 관청) → 복시 (예조) → 최종 합격자에게 백패 수여

✦ 문음(음서)

- 대상 : 2품 이상 고위 관리 후손(아들, 손자, 사위, 동생, 조카)
  - 3품은 아들과 손자만
- 무시험 관리 채용 but 취재를 거쳐야 함 → 낮은 벼슬, 승진 제한

✦ 취재와 이과(吏科)

- 산학·도교·회화·악학의 기술학은 취재로 선발
- 이과는 서리 선발 시험(시험 과목에 훈민정음 포함)
- 고관 진출은 사실상 불가능(하급 관리, 기술관 포함)

✦ 천거 – 대개 기존 관리를 대상으로 실시

- 문관은 3품 이상, 무관은 2품 이상
- 고관의 추천 ex. 조광조의 현량과

'조선의 승과 제도'
- 조선 초기에는 실시
- 조광조에 의해 폐지(중종)
- 문정왕후 때 잠시 부활(명종)
- but 이후 다시 폐지

'과거 응시 제한'
- 농민 : 법제적 제한 X / 실제 응시 어려움(문과)
- 서얼 : 문과 응시 제한(서얼차대법) / 무과와 잡과 응시 가능
- 향리 : 문과 응시 제한(향리 통제 강화책) / but 중인 기술관은 응시 가능
- 상인·수공업자 : 문과 응시 제한 / for 국역 의무(입역 동원) / 대신 군역에서 제외

✦ 합리적 인사 관리 제도

- 임기제 : 관찰사 약 360일, 수령 약 1800일
- 상피제 : 출신지 지방관으로 파견하지 않음, 4촌 이내 친인척이 같은 관청에 근무하지 못하게 함, 과거 고시관과 응시자가 친인척이 되지 못하게 함
- 서경제 : 5품 이하 관리 임명 시 사헌부와 사간원에서 경력, 배경 등을 조사하여 가부 동의
- 고과제(포폄제) : 고관이 6개월마다 하급 관리의 근무 성적 평가 → 승진, 좌천의 자료
- 한품서용제 : 신분에 따른 품계 제한(서얼 – 정3품 하직 이하 / 향리, 토관 – 정5품 이하 / 하급 기술관 및 서리 – 정7품 이하)

8 조선 초기의 대외 관계(사대교린)

✦ 명과의 관계

┌ 건국 초기 대명 관계
│　├ 태조 : 여진과의 관계 문제(명의 여진인 송환 요구)
│　│　　종계변무 문제 / 표전 문제 → 요동 정벌 추진
│　│　　　　　　　　└ 진법(서) : 정도전
│　│　　　→ 갈등 관계
│　├ 태종 : 친선 관계, 문화 교류 활발
│　├ 세종 : 금 세공 → 마필로 대체, 공녀 문제 해결
│　└ 세조 : '토목의 변(1449)' 계기로 요동 수복 운동 전개
│　　　└ 명나라 황제가 오이라트(몽골계)에 생포된 사건
│
├ 무역 관계 : 1년에 수차례 정기 또는 비정기 사절단(조천사) 파견
│　├ 정기 사절 : 하정사(정월), 성절사(황제 생일), 천추사(황후·
│　│　　　　　　태자 생일), 동지사(동지)
│　└ 비정기 사절 : 주청사(주청을 위한 사절), 사은사(황제에게 감사
│　　　　　　할 때), 진하사(황제 등극, 황태자 책봉), 진위사
│　　　　　　(황제·황후 상사)
│
├ 무역품
│　┌─────────────────────────────┐
│　│　회사품 : 서적, 약재, 문방구, 도자기, 고급 견직물　│
│　│　　　　　　　　　　↗　　　　　　　　　　│
│　│　명　　　　　사행 무역 = 공무역　　　　　조 선　│
│　│　　　　　　　　　　↘　　　　　　　　　　│
│　│　조공품 : 토산품(마필, 인삼, 화문석), 모피, 모시　│
│　└─────────────────────────────┘
│
└ • 대명 관계의 성격
　├ 원칙적 사대 관계 but 구체적 내정 간섭 X
　├ 자주적 실리 외교 : 왕권 안정 + 국제적 지위 확보
　└ 공무역 + 선진 문물 흡수의 문화 외교
　　　　　↓
└ 16C - 사림 집권 후 지나친 친명 정책(존화주의)으로 변질

✦ 여진과의 관계 : 회유와 토벌의 양면책

┌ 회유책
│　├ 귀순 장려 : 귀순 시 관직·토지·주택 제공
│　├ 한성에 북평관(사절단 유숙소) 설치
│　└ 태종 대 경성·경원에 무역소 설치(국경 무역 허가)

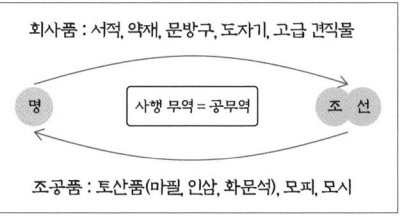

생활 필수품
(면·마·저포, 미두, 염장, 농기구, 종이)

조 선　─　국경 무역　─　여 진

마필, 해동청, 산삼 및 각종 모피

└ 토벌책
　├ 태종 : 모련위의 여진족 정벌　┐야연사준도 : 김종서의 6진 개척
　├ 세종 : 4군(최윤덕) 6진(김종서)　고사를 조선 후기에 그린 것
　│　　　개척(현재 국경선 확보)
　└ 성종 : 압록강·두만강 일대 여진족 토벌
　　　　　(신숙주, 윤필상)
　　　　　　　　↓
　북방 사민 정책(태종~중종) + 토관 제도 시행
　　　　↓　　　　　　　　　　↓
　┌ 1단계 : 함경·평안　　　(상피제와 배치)
　│　　↓　　　　　　　　└ 토착민을 토관으로 임명
　└ 2단계 : 삼남까지 확대

✦ 일본과의 관계

┌ 토벌책 : 이종무의 쓰시마섬 정벌(세종, 1419) → 왜구 근절
├ 회유책(교린 정책)
│　├ 삼포 개항(1426) : 부산포 / 염포 / 제포 → 왜관 설치
│　│　　　　　　　(동래)　(울산)　(진해)
│　├ 계해약조(1443) : 세견선 50척,　┐대마도주와 교역
│　│　　　　　　　　세사미두 200석　┘(막부 X)
│　└ 교역품
│　　┌──────────────────────┐
│　　│　쌀·인삼·무명·삼베·서적 등의 생필품　│
│　　│　　　　　　↗　　　　　　　　│
│　　│　조 선　─　조공 무역　─　일 본　│
│　　│　　　　　　↘　　　　　　　　│
│　　│　구리·황·향료·약재 등　　　　│
│　　└──────────────────────┘
│
└ 16C 대일 관계
　├ 삼포왜란(1510) : 비변사 설치(임시 기구)
　├ 임신약조(1512) : 제포 개항, 세견선 25척, 세사미두 100석
　├ 사량진왜변(1544) : 통영 습격, 교역 중단
　├ 정미약조(1547) : 세견선 25척, 일본인 철저 통제
　└ 을묘왜변(1555) : 국교 단절, 비변사 상설 기구화(1556)
　　* 조선과 일본과의 교역에서 직접적 대상은 대마도주

✦ 기타 국가와의 관계 : 류큐(오키나와), 시암(태국),
　　┌ 불경, 유교경전, 범종, 부채 전파 → 류큐 문화 발전에 기여
　　　　　　　　　　　　자와(인도네시아)와 교류

9 사림의 대두와 붕당 정치

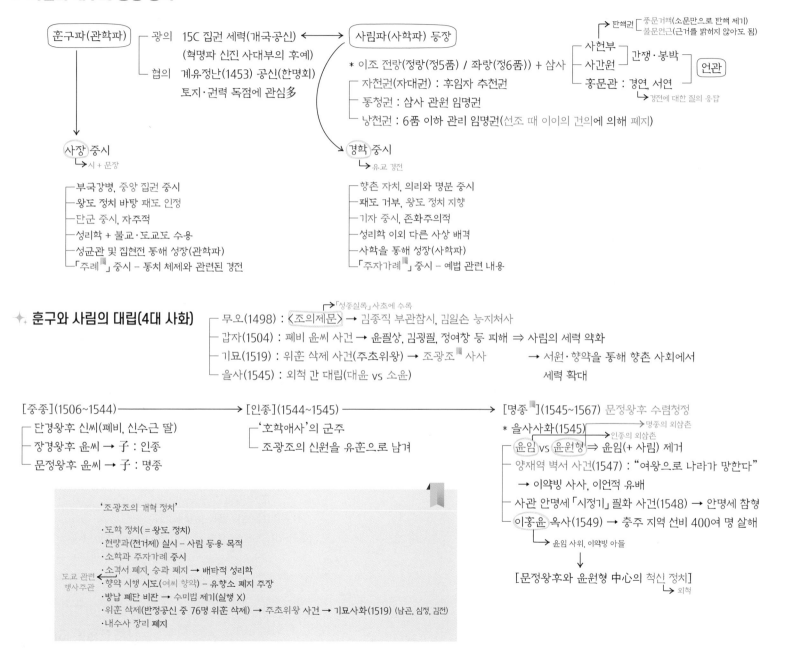

훈구파(관학파) ― 광의 ― 15C 집권 세력(개국공신) ←→ 사림파(사학파) 등장
(혁명파 신진 사대부의 후예)
― 협의 ― 계유정난(1453) 공신(한명회)
토지·권력 독점에 관심多

* 이조 전랑(정랑(정5품) / 좌랑(정6품)) + 삼사
― 자천권(자대권) : 후임자 추천권
― 통청권 : 삼사 관원 임명권
― 낭천권 : 6품 이하 관리 임명권(선조 때 이이의 건의에 의해 폐지)

탄핵권 ┌ 풍문거핵(소문만으로 탄핵 제기)
└ 불문언근(근거를 밝히지 않아도 됨)
사헌부
사간원 ― 간쟁·봉박 ┐ 언관
홍문관 : 경연, 서연 ┘
└→ 경전에 대한 질의 응답

'주례와 주자가례'
· 주례 : 주나라 통치 체제(경전)
· 주자가례 : 주자가 성리학적 예법 정리한 것

사장 중시
└→ 시 + 문장
― 부국강병, 중앙 집권 중시
― 왕도 정치 바탕 패도 인정
― 단군 중시, 자주적
― 성리학 + 불교·도교도 수용
― 성균관 및 집현전 통해 성장(관학파)
―「주례」중시 - 통치 체제와 관련된 경전

경학 중시
└→ 유교 경전
― 향촌 자치, 의리와 명분 중시
― 패도 거부, 왕도 정치 지향
― 기자 중시, 존화주의적
― 성리학 이외 다른 사상 배격
― 사학을 통해 성장(사학파)
―「주자가례」중시 - 예법 관련 내용

'연산군의 폭정'
· 신언패
· 원각사 → 기생양성소로 개편
· 성균관 → 연락(宴樂)장소(유흥장)
· 흥청망청(흥청이 나라를 망한다)
운평(기생) → 흥청(궁)

'점필재 김종직(1431~1492)'
· 세조 5년(1459) 식년 문과 급제
· 『동국여지승람』편찬에 관여
· 「조의제문」저술 → 무오사화 때 부관참시
· 김굉필, 정여창에 영향
· 밀양 예림서원, 선산 금오서원에 제향

✦ 훈구와 사림의 대립(4대 사화)

┌→ 「성종실록」사초에 수록
― 무오(1498) : <조의제문> → 김종직 부관참시, 김일손 능지처사
― 갑자(1504) : 폐비 윤씨 사건 → 윤필상, 김굉필, 정여창 등 피해 ⇒ 사림의 세력 약화
― 기묘(1519) : 위훈 삭제 사건(주초위왕) → 조광조 사사 ─→ 서원·향약을 통해 향촌 사회에서
― 을사(1545) : 외척 간 대립(대윤 vs 소윤) 세력 확대

[중종](1506~1544) ―――――――→ [인종](1544~1545) ――――――――――――――――――→ [명종](1545~1567) 문정왕후 수렴청정
― 단경왕후 신씨(폐비, 신수근 딸) ― '호학애사'의 군주
― 장경왕후 윤씨 → 子 : 인종 └ 조광조의 신원을 유훈으로 남겨
― 문정왕후 윤씨 → 子 : 명종

* 을사사화(1545)
┌→ 명종의 외삼촌
윤임 vs 윤원형 ⇒ 윤임(+ 사림) 제거
└→ 인종의 외삼촌
― 양재역 벽서 사건(1547): "여왕으로 나라가 망한다"
→ 이약빙 사사, 이언적 유배
― 사관 안명세「시정기」필화 사건(1548) → 안명세 참형
― 이홍윤 옥사(1549) → 충주 지역 선비 400여 명 살해
└→ 윤임 사위, 이약빙 아들

[문정왕후와 윤원형 中心의 척신 정치]
└→ 외척

'조광조의 개혁 정치'
· 도학 정치(= 왕도 정치)
· 현량과(천거제) 실시 - 사림 등용 목적
· 소학과 주자가례 중시
· 소격서 폐지, 승과 폐지 → 배타적 성리학
도교 관련
행사주관 · 향약 시행 시도(여씨 향약) - 유향소 폐지 주장
· 방납 폐단 비판 → 수미법 제기(실행 X)
· 위훈 삭제(반정공신 중 76명 위훈 삭제) → 주초위왕 사건 → 기묘사화(1519) (남곤, 심정, 김전)
· 내수사 장리 폐지

'명종 때의 역사적 사실'(16C)
· 제승방략 체제 확립
· 수취 체제의 문란(군포제의 문란, 방납 및 고리대) → 농민 유망(부역제 해이)
· 임꺽정의 난(경기도, 황해도)(1559, 백정출신)
· 직전법 폐지 → 지주전호제 일반화
· 「구황촬요」보급

✦ 붕당의 출현과 발전

붕당 정치의 성격

- 붕당 정치의 의미 : (초기) 군자소인론 → (16C 이후) 양시양비론 – 견제와 협력 원리
- 특징 ┬ 비변사(후기)를 중심으로 공론 수렴,
  │   3사·이조 전랑의 정치적 비중 증대(→ 18C 기능 변질 : 상대당에 대한 공격)
  └ 서원·향교 강화, 산림(재야의 사림 지도자)의 중시
- 한계 : 민의를 반영하지 못하고 지배층의 의견 수렴만

붕당 정치에 대한 바른 이해

일본 주장	우리의 비판
• 당쟁은 우리의 분파적 민족성이 구체화 → 당리당략만을 위한 정쟁 • 내적 발전 및 주체성 결여(왕조 교체의 악순환) • 정쟁은 민족성의 소산	• 당쟁은 동서고금 막론하고 존재 • 오히려 당쟁으로 부정부패 견제 • 세도 정치 시대 일당 전제로 견제받지 않는 가운데 부정부패 증가 • 권력 독점 방지, 공론에 입각한 상호 비판 지향한 세련된 정치 형태

[선조■](1567~1608) ┬ 의인왕후 박씨(후손 X) → 인목왕후(영창대군)
　　　　　　　　　├ 공빈 김씨(임해군·광해군)
　　　　　　　　　└ 인빈 김씨(의안군·신성군·정원군)

척신 정치 잔재 청산

┬ 신진 사림(적극적) : 김효원 ⇒ 동인 ─┬ 영남학파(주리론)
│　　⇅ [이조전랑직]　〈붕당의 시작〉　　├ 이황, 조식, 서경덕 계승
│　　　　　　　　　　　　　　　　　│ └ 자기 수양 중심 →전주에서 대동계 조직
│　　　　　　　　　　　　　　　　　├ 정여립 모반 사건(1589)
└ 기성 사림(소극적) : 심의겸 ⇒ 서인 └ 건저 문제(세자책봉)(1591)

→ ex. 정철, 윤두수, 김장생
┬ 기호학파(주기론)
├ 이이, 성혼 계승
└ 제도 개혁

임진왜란, 정유재란 ──→
(1592)　　(1597)
→ ex. 정인홍, 이이첨, 이산해
┬ 북인(조식계) : 강경파
└ 남인(이황계) : 온건파
　└ ex. 김성일, 유성룡

[광해군■](1608~1623)
→ 회퇴변척소(1611) : 정인홍이 이황, 이언적 문묘종사 반대 상소
┬ 북인 집권 : 임진왜란 때 의병장 배출
│　┬ 대북(이산해) → 광해군 지지
│　└ 소북(유영경) → 영창대군 옹립을 시도하다 제거
└ 광해군 대의 업적
　┬ 대동법(경기) 실시
　├ 양안·호적 작성, 양전 사업
　├ 파주 천도 시도
　├ 『동의보감』 편찬(허준)
　├ 『동국신속삼강행실도』 편찬(민심 안정과 교화 목적, 충신과 열녀 수록)
　├ 5대 사고 정비, 궁궐 증축 및 개축(부역 동원) →창덕궁, 경희궁, 인경궁
　└ 명의 원군 요청 → 강홍립 파병 → 중립(실리)외교 →후금에 패배(부차 전투)
　　but 세력 기반 미비 → 서인이 광해군의 대외 정책 비판

'동·서 분당'

김효원이 과거에 장원으로 급제하여 이조전랑의 물망에 올랐으나, 그가 윤원형의 문객이었다 하여 심의겸이 반대하였다. 그 후에 심충겸(심의겸의 동생)이 장원 급제를 하여 이조전랑에 천거되었으나, 외척이라 하여 김효원이 반대하였다.　　　　　　　－『연려실기술』 －

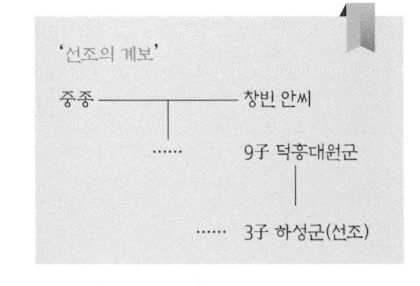

'선조의 계보'

중종 ┬──── 창빈 안씨
　　│
　　┄┄ 9子 덕흥대원군
　　│
　　┄┄ 3子 하성군(선조)

'광해군 때의 정치적 혼란'

·임해군 사사(1609)
·김직재의 옥(1612)
·칠서 사건(1613) → 영창대군 사사
·신경희의 옥(능창군 사사, 1615)
·인목대비 폐위(1618)

'칠서 사건'(1613 = 박응서의 옥사)

·영창대군·김제남 사사
·인목대비 폐서인(폐모론, 1618) ┐→ 인조 반정(1623) → 북인 정권 몰락
　└ 폐모에 반대하여 중북(정온, 유몽인 등) 등장

✦ 임진왜란과 정유재란

| 배경 | → | 왜란 발생(1592) | → | 왜란 극복 | → | 왜란의 영향 |

배경
- 조선 ┌ 국론 분열(조선 통신사의 입장 차이)
  └ 양인개병제 붕괴
    + 군적수포제 모순
    → 군사적 공백 상태
- 일본 : 전국 시대 통일(풍신수길)
  → 대륙 침략 계획
- 여진 : 니탕개의 난(1583)
  – 제승방략을 이용하여 격퇴
  (신립, 이일)
  * 이순신의 등장

왜란 발생(1592)
- 왜군 20만 부산포 침입
  → 부산진·동래성 함락(정발, 송상현)
- 명분 : '정명가도' 표방
  ⇒ 실제적으로는 내부적 불만을
  외부로 돌리기 위한 목적
- 왜군의 북상 : 이일(상주)과 신립(충주)의 패배, 광해군
  세자 책봉(4. 28), 선조의 피난(4. 30),
  한양 함락(5. 3), 광해군 분조 설치(6. 1,
  영변), 선조의 의주 피난(6. 22) / 임해군
  과 순화군의 근왕병 모집
- 이순신 활약 : 옥포·합포·사천·당포·당항포·
  (첫승리)← 한산도에서 왜군 섬멸 (거북선 최초 이용)
  ⇒ ┌ 남해안의 제해권 장악
    └ 왜군의 수륙 병진 작전 좌절
- 의병 항쟁 ┌ 의병장 : 유생 / 승려
  └ 의병 : 대부분이 일반 농민

왜란 극복
- 명의 원조 → 서양식 대포(불랑기포) 활용
  ┌ 이여송의 5만 군대 진입
  ├ 평양성 탈환(1593. 1), 경상도 남부까지 회복
  └ 선조 한양 환궁(1593. 10)
- 왜군 휴전 제의 : 3년간의 휴전 회담 → 결렬
  (풍신수길과 명의 문관 심유경)
- ∵ 휴전 회담 중 진주 혈전 발생(보복적 공격)
- 정유재란(1597)
  ┌ 육군 승리 : 직산 전투(1597, 조·명 연합군)
  └ 수군 승리 : 명량 해전·노량 해전(이순신)
    (1597)   (1598)

왜란의 영향
- 조선
  ┌ 비변사의 최고 기구화
  ├ 인구 감소, 양안(토지 대장)과 호적 소실
  │ → 국가 재정 궁핍
  ├ 담배, 고추, 호박, 토마토 전래
  ├ 납속책 / 공명첩 → 신분제 동요
  ├ 문화재 소실(궁궐, 서적, 3대 사고)
  ├ 숭명 사상 고조(동묘 설치, 재조지은)
  ├ 훈련도감 설치(1593), 속오군 편제(1594)
  └ 이몽학(왕실 서얼)의 난(1596, 충청도 홍산)
- 일본
  ┌ 중세 문화 발전 계기
  │ (다량의 문화재 및 기술자 약탈)
  ├ 일본 도자기 발달 계기(도자기 전쟁, 이삼평)
  └ 이황의 성리학 전래 → 일본 성리학 발전에 영향
    └→ 「주자서절요」 저술
- 중국
  ┌ 명의 국력 약화, 여진족 급성장
  └ 후금(청) 건국 → 명·청 교체

'임진왜란 전개 과정'
- 1592. 4. 왜란 발발
  - 4. 충주 탄금대 전투(신립)
  - 5. 옥포·합포 해전(5. 7, 이순신),
    사천 해전(5. 29, 이순신)
  - 6. 당포 해전·당항포 해전(이순신)
  - 7. 한산도 대첩(이순신) – 학익진
  - 10. 진주 대첩(김시민)
- 1593. 1. 평양성 탈환
  - 2. 행주 대첩(권율)
  - 6. 진주 혈전(논개)
- 1597. 7. 칠천량 전투(원균)
- 1597. 9. 직산 전투(9. 9), 명량 해전(9. 16,
  이순신)
- 1598. 11. 노량 해전 – 이순신 전사

'대표적 의병장'
- 곽재우 : 경상도 의령, 진주 대첩(홍의장군)
- 정인홍 : 경상도 합천, 성주에서 왜군 격퇴
- 김천일 : 전라도 나주, 진주 혈전
- 조 헌 : 충청도 옥천, 금산 전투(700의총)
- 고경명 : 전라도 장흥, 금산 전투
- 김덕령 : 전라도 전주, 남원에서 왜군 격퇴
- 정문부 : 함경부 경성·길주(북관대첩비) 일대 회복
- 임중량 : 평안도 중화, 안주·정주·평양 활약
- 사명대사(유정) : 금강산, 임란 후 포로 송환
- 서산대사(휴정) : 묘향산
- ∴ 의병은 향토 지리에 맞는 전술 구사
  → 전쟁이 장기화되면서 관군에 편입

'진주 대첩과 진주 혈전'
- 진주 대첩 ┌→ 성주, 진주대첩에서 전사
  (1592. 10) ├ 김시민, 곽재우 등이 지휘
  ├ 진주성에서 왜군 격퇴
  └ 임진왜란 3대 대첩
- 진주 혈전 ┌ 황진, 김천일 등이 지휘
  (1593. 6) ├ 2차 진주성 전투(왜군에 함락)
  └ 논개가 촉석루에서 왜장과 투신

'훈련도감(1593)'
- 척계광의 『기효신서』(절강병법) 바탕
- 기민 구제, 정병 양성 목적(유성룡의 건의)
- 포수 / 살수 / 사수 : 3수병 체제
- 장번급료병(직업 군인, 용병제)
- ⇒ 경비 충당 위해 광해군 대 1결당 2.2두
  삼수미세 부과

'임진왜란 이후 숭명 정책'
- 만동묘 설치(1703, 숙종 대)
  ┌ 화양서원 内 송시열 유언에 따라 건립
  │ (권상하 – 숙종)
  ├ 명나라 신종과 의종의 제사
  └ 노론의 근거지 → 흥선 대원군이 혁파
- 대보단(1704) : 창덕궁 내에 설치 /
  明 황실 제사 목적
  소중화 사상 ←

공론의 형성 ─ 상호비판적 공존 체제 → 붕당 정치 발달(견제와 균형의 원리)
산림의 강화

↳ 공론의 주재자 / 정신적 지주

┌ (상호비판적 공존체제) ┐

[인조](1623~1649) 인조 반정 : 서인 주도 ↔ 남인 견제 / 북인 축출

┌ 친명배금 정책

│ 이괄의 난(1624) → 인조의 공주 피난

│ ↳ 인조반정 후 논공행상에
│   대한 불만으로 야기

└ 모문룡의 가도(椵島) 주둔 사건(1622)

↳ 明 장수

\+

┌ 대동법 확대 실시(강원도, 1624)
└ 영정법 시행(1635) : 1결당 4두로 전세 고정

정묘호란(1627)

┌─ 원인 : 광해군에 대한 보복 명분
│
├─ 전개 ┌ 정봉수(철산 용골산성), 이립(의주)의 거병
│   │
│   └ 조정의 강화도 천도 + 소현세자의 분조 활동(전주)
│
├─ 결과 ┌ 형제 관계 체결
│   │
│   ├ 후금에 세폐 제공
│   │
│   └ 중강 및 회령의 공무역 개시 허용
│
→ 청의 군신 관계 요구(1636) ⇒

국론 분열 : 척화파와 주화파의 대립 ─┐ ┌ 국론 분열
                                    │ │   ↓
                                    └→ │ 주전론 우세

┌─ 척화파 : 김상헌, 홍익한, 윤집, 오달제
│   ↕   ↳ (3학사)
└─ 주화파 : 최명길(외교적 교섭 주장)

병자호란(1636)

┌─ 원인 ┌ 형제 관계 → 군신 관계 요구
│   │
│   ├ 세폐 증가
│   │
│   ├ 조선 왕자와 주전론자의 볼모 요구
│   │
│   └ 인조의 향명대의(후금과 화의 단절)
│
├─ 전개 : 청 태종의 공격 → 백마산성 전투(임경업) → 인조와 소현세자의 남한산성 피난 → 45일만에 항복
│
└─ 결과 : 삼전도의 굴욕(삼궤구고두례)

┌─ 청에게 복속 : 군신 관계
│   ↳ 김상헌, 3학사 등
├─ 소현세자와 세자빈 및 척화파 신료 볼모로 압송
│
├─ 삼전도비 건립(이경석)
│
└─ 다수의 부녀자들이 포로로 잡힘
       ↳ '환향녀' 문제 대두

'호란의 영향'

· 국토의 황폐화(서북 지역)
· 청에 대한 적개심·문화적 우월감
  (소중화 사상, 화이론, 숭정처사, 대명거사)
· 북벌론 제기(효종 대 절정)
  ↳ 明을 대신해서 복수하고
    청에게 당한 치욕을 씻자

'심양에서의 소현세자'

· 아담샬(선교사)과 교우 - 서구 문물 수용의 기회
· 심양관소에서 생활 : 외교적 기능 담당

'소현세자 죽음의 의문'

· 입국 두 달 후 학질에 걸림
· 의관 이형익의 침술 → 3일 뒤 죽음
· 인조의 이형익 처벌 금지
· 장례 절차 : 3년상 → 1년상
              → 12일(역월법) → 7일
· 관의 호칭 : '재궁' → '널'
· 세자빈 사약으로 처형
· 석철 / 석린 / 석견(소현세자의 아들들)
  제주도로 유배 ↳ 의문사

'충남 공주 지역의 역사적 사실'

공주 석장리 유적, 백제 웅진 천도, 김헌창의 난, 송산리 고분군(내부에 무령왕릉),
망이·망소이의 난, 이괄의 난 때 국왕 피난, 동학의 공주 우금치 전투

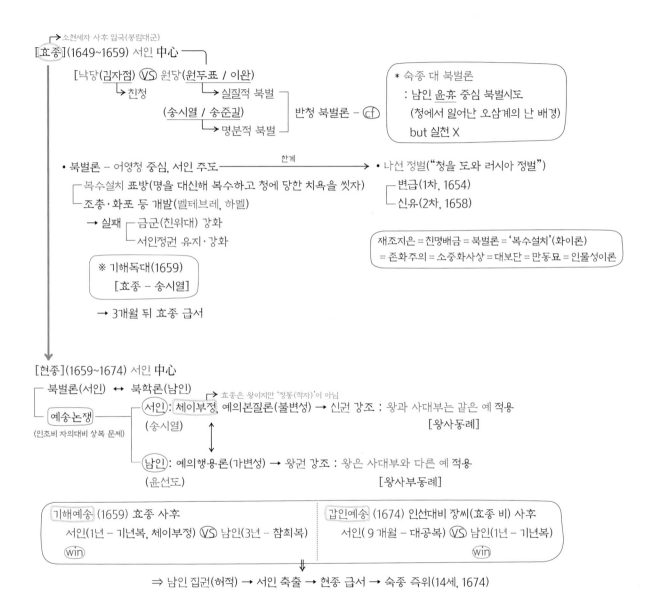

→ 소현세자 사후 입국(봉림대군)

[효종](1649~1659) 서인 中心

　　[낙당(김자점) ⓥⓢ 원당(원두표 / 이완)
　　　　↳ 친청
　　　　　　　　　↳ 실질적 북벌
　　　　(송시열 / 송준길)　　　　　　반청 북벌론 - cf
　　　　　　　　　↳ 명분적 북벌

* 숙종 대 북벌론
　: 남인 윤휴 중심 북벌시도
　(청에서 일어난 오삼계의 난 배경)
　but 실천 X

• 북벌론 - 어영청 중심, 서인 주도 ──── 한계 ──→ • 나선 정벌("청을 도와 러시아 정벌")
　　┌ 복수설치 표방(명을 대신해 복수하고 청에 당한 치욕을 씻자)　　┌ 변급(1차, 1654)
　　└ 조총·화포 등 개발(벨테브레, 하멜)　　　　　　　　　　　　└ 신유(2차, 1658)
　　→ 실패 ┌ 금군(친위대) 강화
　　　　　　└ 서인정권 유지·강화

재조지은 = 친명배금 = 북벌론 = '복수설치'(화이론)
　= 존화주의 = 소중화사상 = 대보단 = 만동묘 = 인물성이론

　※ 기해독대(1659)
　　[효종 - 송시열]

　→ 3개월 뒤 효종 급서

[현종](1659~1674) 서인 中心

┌ 북벌론(서인) ↔ 북학론(남인)
│　　　　　　　　　　　　↳ 효종은 왕이지만 '정통(적자)'이 아님
└ 예송논쟁 ──┬ 서인 : 체이부정, 예의본질론(불변성) → 신권 강조 : 왕과 사대부는 같은 예 적용
(인조비 자의대비 상복 문제)　(송시열)　　　　　　　　　　　　　　　　　　　　[왕사동례]
　　　　　　　　　　↕
　　　　　　└ 남인 : 예의행용론(가변성) → 왕권 강조 : 왕은 사대부와 다른 예 적용
　　　　　　　(윤선도)　　　　　　　　　　　　　　　　　　　　　[왕사부동례]

기해예송 (1659) 효종 사후
서인(1년 - 기년복, 체이부정) ⓥⓢ 남인(3년 - 참최복)
ⓦⓘⓝ

갑인예송 (1674) 인선대비 장씨(효종 비) 사후
서인(9개월 - 대공복) ⓥⓢ 남인(1년 - 기년복)
　　　　　　　　　　　　　ⓦⓘⓝ

⇒ 남인 집권(허적) → 서인 축출 → 현종 급서 → 숙종 즉위(14세, 1674)

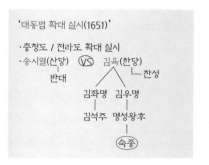

'대동법 확대 실시(1651)'

· 충청도 / 전라도 확대 실시
· 송시열(산당) ⓥⓢ 김육(한당)
　　반대　　　　　　┌ 찬성
　　　　김좌명 김우명
　　　　김석주 명성왕후
　　　　　　　ⓢⓤⓚⓙⓞⓝⓖ(숙종)

Chapter 02 조선 전기의 경제

1 근세의 경제 정책

✦ 토지 제도의 변화

┌─────────┐
│ 과전법 │ (1391, 공양왕)
└─────────┘
                → 최고 150결~최하 10결의 과전에 대한 수조권 지급
- 목적 : 국가 재정 확보 / 신진 사대부의 경제 기반 확보 목적 / 자영농의 경작권 보호
- 원칙 : 십일제(1/10) – 병작반수 금지 / 경기에 국한 / 전·현직 관리에게 토지 분급 / 세습 불가의 원칙(죽거나 반역 시 반납)
     – 예외적으로 수신전, 휼양전 지급(재야 세력 / 구 세력의 반발 무마 목적)
                           → 전직관리의 미망인에게 지급
- 한계 : 세습전 증가로 토지 부족 현상 발생

> • 경기 지방 수조지 부족 현상
> → 과전의 1/3을 삼남 지방 토지 분급(태종)
> → 다시 경기에 국한(세종)

┌─────────┐
│ 직전법 │ (1466, 세조)
└─────────┘
- 목적 : 수조지 부족 현상의 보완
                              ┌→ 전직 관리의 미망인에게 지급
- 원칙 : 현직 관리에게만 수조권 지급(전직 관리에게 지급한 토지 및 수신전·휼양전 폐지)
- 결과 : 관리들의 수조권 남용 → 훈구파 양반의 농장 확대(농민 몰락 심화)

┌───────────┐
│ 관수관급제 │ (1470, 성종)
└───────────┘
- 목적 : 수조권 남용의 근절
- 원칙 : 관청에서 관리의 수조권 행사 대행
- 결과 ┌ 국가의 토지 지배권 강화(양반들이 수조권을 빌미로 농민을 지배하는 방식 소멸)
       └ 법제적 : 수조권 지급 제도 존재
           but 실제적 : 조 능 세/ 공전 능 사전
              → 훈구파 양반의 농장 가속화(∵고리대) → 농민 몰락 더욱 심화

┌───────────┐
│ 직전법 폐지 │ (1556, 명종)
└───────────┘
- 원칙 : 수조권 지급 제도의 폐지 → 현물 녹봉만 지급
- 결과 : 전주전객제(수조권 지급 제도)의 소멸 / 지주전호제(소유권에 입각한 토지 지배 관계) 일반화
      → 양반 농장의 일반화(병작반수의 정착) : 대부분의 농민은 소작농으로 전락(소작농이 지주에게 1/2을 지대로 납부)
     * 전주전객제는 신라 녹읍, 관료전부터 고려 시대 전시과를 거쳐 조선으로 이어져 내려온 제도

> **'조선의 경제 정책'**
>
> ┌ 15세기 – 중농억상 정책
> │   : 중앙 집권적 산업 정책
> │   → 신진 사대부의 '공(公)' 개념 강화
> │ •양전 사업 실시(20년, 양안 작성)
> │ •검약적인 유교적 경제관 강조 : 소비 억제
> │ •화폐 유통의 부진(자급 자족적 농업 중심 경제)
> │ •교통 수단 미비 : 원거리 지역 간 물자 교류 불가능
> │ •대외 무역 부진(국가의 감시 및 통제)
> └ 16세기 : 국가 통제력의 상실
>   → 상공업 발달

> **'녹봉'**
>
> •미곡, 포, 저화로 지급
> •조선 초기에는 연 4회, 18세기에는 매월 지급

✦ 과전법 체제하에서 토지의 종류

- 공전(국가에서 수조권 행사 - 소유권을 기준으로 대개 민전)
- 사전(개인(관리)이 수조권 행사 - 국가에서 수조권을 지급한 토지)
  - 과전 : 일반 문·무 관리에게 수조권 지급(18품 과전 : 최고 150결~최하 10결 지급)
  - 수신전 : 사망 관리의 처에게 지급 / 휼양전 : 사망 관리의 자식에게 지급
  - 공신전 : 공신에게 지급된 토지(대대로 세습 가능) / 별사전 : 준공신에게 지급한 토지(3대까지 세습 가능)
  - 능침전 : 능의 관리를 위해 지급된 토지 / 창고(궁사)전 : 왕실의 사유 재산(5고 7궁)에 속하는 토지
  - 공해전 : 중앙·지방 관아에 지급된 토지 / 늠(급)전 : 지방 관아에 지급된 토지
  - 학전 : 성균관, 4학, 향교 등 각급 학교에 지급한 토지
  - 사원전 : 불교 사원에 지급된 토지
  - 군자전 : 군량 확보 위해 군자시에 소속된 토지(세조 대 소멸) / 군전(軍田) - 지방 관청의 한량에게 지급한 토지
  - ⓒ 조선 시대 중앙군에게는 녹봉과 품계만 지급되었을 뿐 군인전이 지급되지 않았음
    (군인전은 고려 시대에만 지급)

✦ 조세 제도

```
┌─────┐
│ 전세 │
└─────┘
```

- 십일제(1/10) + 답험손실법(재해 시 10등급으로 나누어 세금 감면 - 풍흉의 기준을 지방관 재량으로 결정)
- 비옥도 기준 3등전(상 / 중 / 하)
- (1결(結)의 면적 = 벼 300두(말)가 재배되는 면적)

15C초 ↓ → 18만 명을 대상으로 의견 수렴

```
┌──────┐
│ 공법제 │(세종, 1444)
└──────┘
```

- 연분 9등법(1436, 풍흉의 정도) - 공법상정소
- 전분 6등법(1444, 비옥도 기준) - 전제상정소(1443)
  - ⓒ ┌ 수등이척법(隨等異尺法) : 과전법 때부터 법제화, 토지 측량 시 비옥도에 따라 다른 자를 사용함
       └ 이적동세(異積同稅) : 면적은 달라도 풍흉의 정도가 같으면 같은 세금을 냄
- 16세기 이후 ┌ 공법 판정의 주관적 진행, 정확한 부세 기준 확보 어려움
              └ 전세는 1결당 하하년인 4두(또는 6두) 징수 고정화
                → 17세기 인조 대 영정법으로 풍흉에 관계없이 1결당 4두 고정

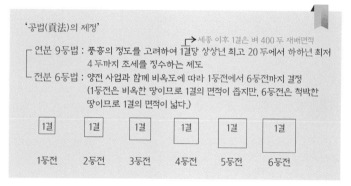

'전시과와 과전법의 비교'

- 공통점
  - 수조권 지급 / 공전과 사전의 구분(기준에 차이 有) / 세습 불가의 원칙
    (단, 전시과 체제에서는 죽거나 관직에서 물러나면 반납 /
         과전법 체제에서는 죽거나 반역 시 반납)
- 차이점

전시과	과전법
전국 토지 대상	경기 토지만을 대상
전지(농경지)+시지(임야) 지급	전지만
외역전(○) / 군인전(○) : 전정연립	외역전(X) / 군인전(X)
공음전, 공신전에서 1/2 수조	병작반수 금지 : 1/10 수조
농민 경작권 보장(X)	농민 경작권 보장(○)
관수관급의 수조방식	관리의 직접 수조

직역의 세습과 함께 토지도 세습

'공법(貢法)의 제정'
→ 세종 이후 1결은 벼 400두 재배면적

- 연분 9등법 : 풍흉의 정도를 고려하여 1결당 상상년 최고 20두에서 하하년 최저 4두까지 조세를 징수하는 제도
- 전분 6등법 : 양전 사업과 함께 비옥도에 따라 1등전에서 6등전까지 결정
  (1등전은 비옥한 땅이므로 1결의 면적이 좁지만, 6등전은 척박한 땅이므로 1결의 면적이 넓다.)

1결	1결	1결	1결	1결	1결
1등전	2등전	3등전	4등전	5등전	6등전

'1결당 전세액(연분 9등법)'

·상상년 : 20두(1/20)	·중상년 : 14두	·하상년 : 8두
·상중년 : 18두	·중중년 : 12두	·하중년 : 6두
·상하년 : 16두	·중하년 : 10두	·하하년 : 4두(1/100)

공납 (호세, 현물세) : 잉류 지역▪ 없이 지역별, 가호별 징수 / 양출산입(量出算入)에 따라 횡간을 작성하고 공안▪ 작성 → 농민 부담 가중

공납의 형태 ──────────────→ 공납의 폐단 ──────────────→ 수미법 주장 ──────────────→ 대동법(17세기)
└→ 1608년 광해군이
경기에서 시행

- 상공 : 정기적 징수
- 별공 : 관청에서 수시로 수취
- 진상(예헌) : 국가의 절일이나 경사 때

- 공물 납부의 어려움
- 방납의 폐해(by 경저리)
└→ 경저리와 하급 관청의 서리가 수령과 짜고 공납을
대신 납부한 후 10배 이상의 차익을 챙기는 폐단

- 공물을 쌀로 수취
- (조광조 → 이이 / 유성룡) ⇒

- 일부 지역에서만 실시
- 방납업자들의 방해로 실패
- 임진왜란 후 대동법으로 계승

역 (인두세) : 군역(양인개병제)/ 요역(노동력 제공) – 16세에서 59세까지 정남(丁男)에게 부과

군역 : 봉족제 ⇒ 보법(세조)   15C 후반   16C

- 정군(현역병)과 보인(경비 부담) ──────→ 군역의 요역화 ──────────────→ 군적수포제(1541)
- 양반·서리·향리·학생은 군역 면제

병역 기피(불법) ⇒ 농민 유망 심화
⇒ 대립, 방군수포   군대의 질적 저하
└→ 정군 대상자가 다른 사람을
대신 군대에 보냄

- 16개월에 군포 2필 징수
⇒ 용병제 전환
- 농민 부담 증가(∵ 군적의 문란)
- but 2필의 포를 경상비로 유용
→ 군사적 공백기 초래

- 요역 : 가호 기준, 성이나 저수지 등 축조에 정남의 노동력 징발
(토지 8결당 1인 동원 / 1년 중 6일 이내 – 성종 대)

잡세 어염세(어민), 광산세, 산세, 상세(상인), 공장세(수공업자) 등

조운제도 각 군현에서 거둔 조세를 강가·바닷가의 조창으로 운반 후 다시 경창(강창 – 군량미 사용, 광흥창 – 녹봉 지급)으로 운반하는 제도(호조 관할)

- 조창 : 주로 강 하구에 위치(해운 이용) – 영산창(나주), 법성포창(영광), 공진창(아산) / 내륙 수운 이용 – 가흥창(충주), 흥원창(원주),
소양강창(춘천) 등(서해안에 인접하지 않은 경상도 북부, 충청도, 강원도 내륙 조세는 수레와 내륙 수운(한강)을 이용해 운송)
- 잉류지역▪(조세를 자체적으로 소비) : 함경도, 평안도, 제주도
└→ 운반비 과다로 인해 자체 충당

16세기 이후 수취 체제의 문란

- 향리와 수령의 농간으로 전분과 연분이 제대로 이루어지지 않음
- 토지 제도 문란 : 16C 직전법 폐지(명종) 후 지주전호제 확산 → 농민 대부분이 소작농으로 전락
- 공납제의 폐단(15세기 후반 이후) : 방납의 폐단(경저리의 농간), 생산되지 않는 물건을 공납으로 부과 → 수미법 주장 제기(이이 / 유성룡)
- 군포제의 폐단 : 군적의 문란으로 인한 과도한 군포 부과, 백골징포, 황구첨정, 인징, 족징의 폐단
→ 양역변통론의 대두(17세기 유형원 : 농병일치제로의 환원 주장)
- 환곡제의 문란 : 고리대로 변질 → 19세기 이후 삼정(전정, 군정, 환곡)의 문란 중 폐단이 가장 큼

수취 체제 문란의 결과 농민 유망의 증가

→ 정부에서 호패법과 오가작통제를 통한 통제 / 양반들이 향약 실시 / 도적과 유민의 증가 / 임꺽정(백정 출신)의 난(1559년 명종 대, 경기도·황해도 일대)

'조선 시대 각종 장부'

- 공안 : 국가 재정 세입표
- 횡간 : 국가 재정 세출표
- 양안 : 토지장부(20년마다 작성)
- 청금록 : 서원 출입 장부
- 향안 : 지방 양반 장부
- 공장안 : 수공업자의 장부
- 호적 : 4조(부, 조부, 증조, 외조)의 성명,
본관, 자녀, 노비 기록(3년마다 작성)

'잉류 지역'

- 함경도와 평안도는 군사비와 사신 접대비로
인해 잉류지역으로 분류
- 제주도는 생산량에 비해 운반비가 많이 들
었으므로 자체적으로 충당

2 양반과 평민의 경제 활동

✦ 양반과 지주의 경제 생활

```
┌ 양반 경제 기반 : 과전, 녹봉, 자기 소유 토지, 노비, 외거 노비의 신공
└ 양반의 농장 경영과 관리 ┬ 노비를 시켜 직접 경작하거나 소작을 주어 병작반수제로 운영
                        └ 친척을 보내어 관리하는 가작 경영과 작개 농업▪ 성행
```

'작개 농업'

노비만 파견하여 농장을 관리하는 경우로 노비는 작개지와 사경지를 경작한
후 작개지 수입은 주인이, 사경지 수입은 노비의 생활에 충당

✦ 근세의 농업 발달

```
┌ 농서의 간행 ┬ 『농서집요』 - 『농상집요』에서 필요한 부분 선택·번역(태종)  →정부의 금지(남부 일부 지역 제한)
│            ├ 『농사직설』(정초) - 우리나라의 풍토에 맞는 씨앗의 저장법,
│            │                  모내기법 등 농민의 실제 경험을 종합하여 편찬(세종)
│            ├ 『양화소록』(강희안) - 최초의 원예 관련 서적(세조 때 저술, 성종 때 편찬)
│            ├ 『사시찬요』(강희맹) - 사계절 농법 소개(세조)
│            ├ 『금양잡록』(강희맹) - 경기도 시흥 지방 농사 경험 기록(성종)
│            └ 『구황촬요』 - 구황 방법 제시 : 잡곡·도토리·나무껍질 가공법(16세기 명종)
│
└ 농사 기술의 발달 ┬ 시비법의 발달 → 휴경지의 소멸 : 농경의 상경화
                  ├ 2년 3작의 돌려짓기(윤작법)의 일반화(밭농사)
                  ├ 이앙법▪의 보급(벼농사, 정부의 규제, 남부 지방에 국한) → 벼와 보리의 이모작 시작
                  ├ 목화 재배 확대 → 의생활 개선
                  ├ 가을갈이 농사법
                  ├ 삼, 모시, 약초와 과수 재배 확대
                  ├ 쟁기·낫·호미 등 농기구 개량
                  └ 수리 시설의 개선, 관개 기술 발달
```

'이앙법의 효과'

· 벼와 보리의 이모작 가능 → 생산력의 비약적 증대
· 김매기 노동력의 절감(1/2) → 광작 가능
※ 정부의 금지(가뭄 피해 우려)에도 불구하고 이앙법이 점차 확대된 이유
   : 보리가 전세 및 지대 납부 대상에서 제외되었기 때문

'조선 시대 벼 재배법'

· 건경법(건사리), 수경법(물사리)

✦ 근세의 수공업

```
┌ 관영 수공업 중심 ┬ 장인을 공장안에 등록, 관청 수요품 제작·공급 + 백성을 부역에 동원하여 보조  →공수업자를 등록한 장부
│                 │  (관영 수공업자들은 국가로부터 할당받은 물건을 제작하고 식비 정도만 받음, 녹봉 X)
│                 ├ 의류·활자·화약·무기·문방구·그릇 등
│                 ├ 입역 기간 이후나 할당 물건을 초과한 생산품은 개인적으로 장인세를 납부하고 판매 可
│                 └ 16C 이후 부역제 해이 + 상공업 발달로 점차 쇠퇴
│                        → 납포장(포를 납부하고 입역 면제, 민영수공업자) 증가
│
└ 민영 수공업 ┬ 민간 수공업 : 양반 사치품, 농민의 농기구 제작
             └ 가내 수공업 : 자급자족, 생활 필수품 제작(무명·명주·모시·삼베)
```

✦ 근세의 상업 - 침체(∵ 중농억상 정책, 자급자족적 농업 경제)

- 시전 상인의 독점 판매 ┌→ 평시서 허가
  - 종로에 시전 설치 : 장사 허용, 점포세(공랑세) 및 상세(商稅) 징수
  - 육의전 번성 : 명주·종이·어물·모시·삼베·무명
  - 독점 판매권 부여(17세기 숙종 대 이후 '금난전권') : 관허 상인으로 관청에 관수품 공급
    - → 자유 상업(난전) 부진의 원인
  - 경시서 설치 : 불법적 상행위 통제, 물가 조절(세조 때 평시서로 개편)
- 장시 발달
  - 15C 후반 : 서울 근교와 지방(나주 인근)에서 등장
  - 16C 중엽 : 전국적으로 확대(by 보부상█ 활동)
- 화폐 발행
  - 화폐 종류 : 저화 – 지폐(태종), 조선통보(세종), 팔방통보 – 유엽전(세조)
    (조선통보는 세종 대 '주전소'에서 해서체 조선통보로 발행되었으나 거의 유통되지 않았음)
  - 결과 : 상품 화폐 경제 미숙으로 유통 실패(『경국대전』에 포화를 국폐로 규정)

> **'보부상'**
> - 보상(귀족의 사치품 거래)과 부상(농민 생필품 유통)을 합쳐놓은 말
> - 전국을 무대로 활동
> - 임방(부상청)의 허가받고 활동

✦ 근세의 광업 - 철, 연철(납), 은 – 국가가 주도
(관채 – 대개 부역제)

- 철광업의 발달
  - 15세기 : 염철법(공철제) / 철장제(부역제)
  - 15세기 후반 : 철장도회제(농한기에만 부역 동원)
  - 15세기 말 : 각읍채납제(철을 보유한 마을에만 공철 부과)
- 금·은광업
  - 15세기 : 은 세공을 위한 광산 개발(부역제) → 세종 대 명에 대한 은세공 면제(1429)
  - 16세기 ┬ 국가 – 임시 관채제/ 춘추 관채제(봄·가을에 필요시에만 관채) ─→ 미필로 대체
          ├ 부상대고(富商大賈) – 민채 납곡제/ 민채 납세제
          │   : 군량 납부에 대한 반대급부로 민채 허용(예외적)
          │   └→ 부유한 상인과 유력한 관수품 납품업자
          └ 은 제련법의 발달: 단천연은법(회취법, 연은분리법, 1503)
                     └→ 조선 전기 제일의 은광

> **'채은경차관'**
> 잠채를 막기 위해 세(稅)로 납부하는 은(銀, 또는 진상은) 관련 업무를 관장하던 관리 (16세기)

Chapter 03 조선 전기의 사회

고려 사회에 비해 개방적 사회(과거 중시) but 16세기 이후 사민 체제 확립(여전히 신분제 사회)

1 신분 제도

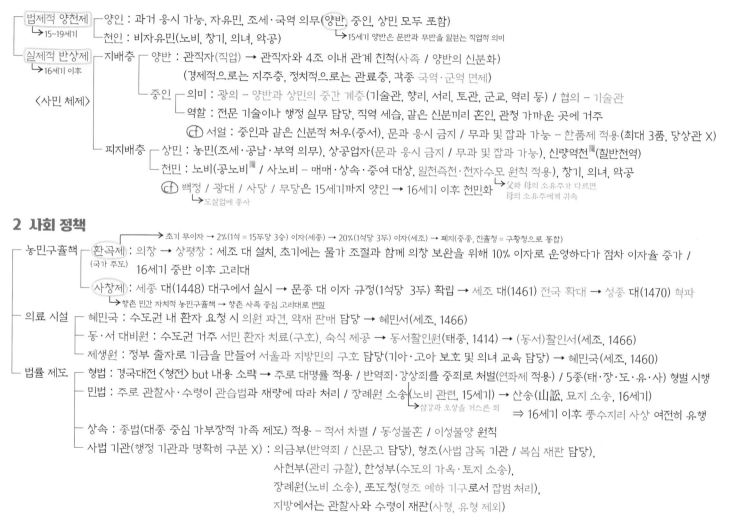

- 법제적 양천제
  - → 15~19세기
- 실제적 반상제
  - → 16세기 이후

〈사민 체제〉

- 양인 : 과거 응시 가능, 자유민, 조세·국역 의무(양반, 중인, 상민 모두 포함)
  - → 15세기 양반은 문반과 무반을 일컫는 직업적 의미
- 천인 : 비자유민(노비, 창기, 의녀, 악공)
- 지배층
  - 양반 : 관직자(직업) → 관직자와 4조 이내 관계 친척(사족 / 양반의 신분화)
    - (경제적으로는 지주층, 정치적으로는 관료층, 각종 국역·군역 면제)
  - 중인
    - 의미 : 광의 – 양반과 상민의 중간 계층(기술관, 향리, 서리, 토관, 군교, 역리 등) / 협의 – 기술관
    - 역할 : 전문 기술이나 행정 실무 담당, 직역 세습, 같은 신분끼리 혼인, 관청 가까운 곳에 거주
    - cf 서얼 : 중인과 같은 신분적 처우(중서), 문과 응시 금지 / 무과 및 잡과 가능 – 한품제 적용(최대 3품, 당상관 X)
- 피지배층
  - 상민 : 농민(조세·공납·부역 의무), 상공업자(문과 응시 금지 / 무과 및 잡과 가능), 신량역천(칠반천역)
  - 천민 : 노비(공노비 / 사노비 – 매매·상속·증여 대상, 일천즉천·천자수모 원칙 적용), 창기, 의녀, 악공
  - cf 백정 / 광대 / 사당 / 무당은 15세기까지 양인 → 16세기 이후 천민화 父와 母의 소유주가 다르면
    - → 도살업에 종사   母의 소유주에게 귀속

2 사회 정책

- 농민구휼책
  - 환곡제 : 의창 → 상평창 : 세조 대 설치, 초기에는 물가 조절과 함께 의창 보완을 위해 10% 이자로 운영하다가 점차 이자율 증가 /
    - → 초기 무이자 → 2%(1석 = 15두당 3승) 이자(세종) → 20%(1석당 3두) 이자(세조) → 폐지(중종, 진휼청 = 구황청으로 통합)
    - (국가 주도)   16세기 중반 이후 고리대
  - 사창제 : 세종 대(1448) 대구에서 실시 → 문종 대 이자 규정(1석당 3두) 확립 → 세조 대(1461) 전국 확대 → 성종 대(1470) 혁파
    - → 향촌 민간 자치적 농민구휼책 → 향촌 사족 중심 고리대로 변질
- 의료 시설
  - 혜민국 : 수도권 내 환자 요청 시 의원 파견, 약재 판매 담당 → 혜민서(세조, 1466)
  - 동·서 대비원 : 수도권 거주 서민 환자 치료(구호), 숙식 제공 → 동서활인원(태종, 1414) → (동서)활인서(세조, 1466)
  - 제생원 : 정부 출자로 기금을 만들어 서울과 지방민의 구호 담당(기아·고아 보호 및 의녀 교육 담당) → 혜민국(세조, 1460)
- 법률 제도
  - 형법 : 경국대전 〈형전〉 but 내용 소략 → 주로 대명률 적용 / 반역죄·강상죄를 중죄로 처벌(연좌제 적용) / 5종(태·장·도·유·사) 형벌 시행
  - 민법 : 주로 관찰사·수령이 관습법과 재량에 따라 처리 / 장례원 소송(노비 관련, 15세기) → 산송(山訟, 묘지 소송, 16세기)
    - → 삼강과 오상을 거스른 죄
    - ⇒ 16세기 이후 풍수지리 사상 여전히 유행
  - 상속 : 종법(대종 중심 가부장적 가족 제도) 적용 – 적서 차별 / 동성불혼 / 이성불양 원칙
  - 사법 기관(행정 기관과 명확히 구분 X) : 의금부(반역죄 / 신문고 담당), 형조(사법 감독 기관 / 복심 재판 담당),
    - 사헌부(관리 규찰), 한성부(수도의 가옥·토지 소송),
    - 장례원(노비 소송), 포도청(형조 예하 기구로서 잡범 처리),
    - 지방에서는 관찰사와 수령이 재판(사형, 유형 제외)

신영식 한국사 Ⅱ 5. 조선의 성립과 발전_ 91

'신량역천(칠반천역)'

수군, 조례(중앙 관청의 잡역), 나장(형사 업무), 일수(지방 고을 잡역), 봉수군(봉수), 역졸(역 잡역), 조졸(조운업무)

'조선 시대 공노비'

: 16세에서 59세까지 노비(60세 면천)
·신공(身貢) 납부
 원칙적으로 노(奴 : 남자 노비)는 면포 1필 +저화 20장, 비(婢 : 여자 노비)는 면포 1필 +저화 10장을 납부
 (* 납공 노비에게는 신공 이외에 각종 수요품 및 수전가(운송료)를 징발하기도 but 본래 신공의 2배가 되기도 했음)
·입역(서울) 및 선상(지방)
 중앙 / 지방 관청에 6개월씩 동원하여 노동력 제공 → 신공과 잡역 면제+봉족 노비 2 구 지급(노비 몰락 방지와 안정적 노동력 징발 목적 but 봉족 노비에게서 입역 기간 중 면포 1필과 정포 1필만 징수 可 : 생활비 부족 → ∴노비 몰락)

'삼법사와 재판 구제 수단'

·삼법사 : 형조, 사헌부, 한성부
·재판 구제 수단 : 재심 청구 가능(심급제) + 신문고 및 징을 쳐서(격쟁) 임금에게 호소

3 향촌 사회

- 향촌 : 향 – 군현 단위(지방관 O) / 촌 – 촌락 단위(지방관 X)
- 유향소(사족) ┬ 수령 보좌·향리 감찰·풍속 교정
  └ 향안(지방 사족 명단), 향회(좌수·별감 선출), 향규 제정
- 경재소 : 중앙과 유향소의 연락 기능(1603년 폐지) → 경재소 혁파 후 유향소는 향청(향소)으로 개편(기능 강화)
- ㈈ 사마소 : 16세기 초 사마시 출신 사족 기구(1603년 폐지)

4 예학과 보학의 보급 : 16세기 이후 소학의 보급, 가묘와 사당의 건립, 족보 편찬 → 성리학적 사회 질서 유지

┌→ 조상제사 지내는 곳

- 예학 : 종족 내부의 의례 규정(양반 중심의 신분 질서 유지 목적) – 장자 중심, 남존여비, 과부 개가 금지, 서얼차대 원칙 확립
  - → 17세기 : 예학의 시대
  - → 양반 사대부의 신분적 우월성 부각(문벌 형성) / 사림의 향촌 사회 지배력 강화 / 예송 논쟁의 근거(정쟁의 구실)
    └→ 17c 효종의 정통성을 두고 남인과 서인이 대립
    ex. 김장생 『가례집람』, 정구 『오선생예설분류』
- 보학 : 족보에 대한 연구(종족의 종적·횡적 내력과 관계 확립, 안으로 종족의 결속 + 밖으로 다른 집안이나 하급 신분에 대해 우월 의식을 가짐)
  - → 결혼 상대자를 구하거나 붕당을 구별하는 데 중요한 자료 / 양반 문벌 제도 강화에 기여

5 향약과 유교 윤리의 보급

┌→ 국가로부터 토지, 노비, 서적 지급받음, 면세·면역의 특권

- 서원 : 백운동 서원(1543, 중종 – 안향 제향) – 풍기군수 주세붕이 건립 → 소수 서원(최초의 사액(賜額) 서원) : 이황의 건의
  - ┬ 기능 : 서재(교육) + 사묘(선현 제사 – 공자 제사 X) → 유교 윤리 보급 + 향촌 사림의 결집·강화(학문의 정통성 확립 + 사림의 유지 및 재생산)
  - ├ 향음주례 : 가을(음력 10월)에 학식과 덕망을 갖춘 어진 선비를 손님으로 모시고 술을 마시며 덕담을 듣는 의례 – 향교에서도 시행
  - ├ 서원의 종류 : 옥산 서원(이언적), 도산 서원(이황), 병산 서원(유성룡), 자운 서원(이이), 대로사(송시열), 화양 서원(송시열), 무성 서원(최치원), 필암 서원(김인후),
  - │　　　　　　 남계 서원(정여창), 도동 서원(김굉필), 돈암 서원(김장생) 등
    └→ 만동묘 설치
  - └ 폐단 : 수령권 약화 / 각종 국역 면제로 인해 국가 재정 악화 초래 / 붕당의 근거지 → 당쟁 격화 원인
- 향약 : 향인 간 약속(전통적 계 조직의 미풍양속을 삼강오륜으로 재편 → 강제규정 포함) + 지방 공동체
  - ┬ 조직 : 유력한 사림이 맡은 (도)약정, 부약정, 직월, 유사를 대표로 하여 양반에서 천민까지 포함(여자, 어린이 포함)
  - ├ 시작과 보급 : 조광조가 시작(중종, 주자 여씨 향약) → 이황(예안 향약), 이이(서원 향약, 해주 향약) 이후 전국적으로 확산
  - ├ 덕목 : 덕업상권, 과실상규, 예속상교, 환난상휼
  - ├ 기능 : 사림 지위 강화 + 조선 사회의 풍속 교화(향촌 자치 기능) + 농민 유망 방지 + 질서 유지와 치안
  - └ 폐단 : 수령권 약화 / 지방 유력자가 백성을 수탈하는 수단으로 기능

6 촌락의 구성과 운영

┌→ 처족, 외족 포함

- 촌락의 구분 : 반촌(양반들 거주, 초기에는 동족촌 → 18세기 이후 동성촌) / 민촌(평민 + 천민) – 18세기 이후 다수가 신분상승
- 특수 마을 : 교통의 요지 – 역촌, 진촌, 원촌 / 어장(포구) – 어촌 / 수공업 생산지 – 점촌
- 촌락 조직 ┬ 양반 조직 – 동계·동약(초기에는 양반 조직 → 왜란 후 향도계 평민 참여 : 상하합계)
  └ 기타 조직 – 두레(노동 공동체), 향도(농민 부조 공동체) ⇒ '상두꾼'(상여를 메는 사람)이라는 말이 여기서 유래
- 촌락 풍습 : 석전(돌팔매 놀이), 향도계·동린계(일반 백성의 자생적 생활 문화 조직 + 마을 축제) – 15세기 양반이 '음사'라고 비판 → 17세기 임진왜란 후 동계와 결합(상하합계)

Chapter 04 조선 전기의 문화

1 한글 창제와 교육 기관

✦ **한글 창제** : 15C 관학파 지원(실천적 성리학의 시대) → 훈민정음 반포(1446, 정음청) ⇒ 최만리 등 양반들의 반발

```
┌ 한글 창제의 배경 : 양반 사회의 원활한 유지 목적
│                                    ┌→ 목조 – 익조 – 도조 – 환조 – 태조 – 태종의 공덕 찬양
├ 한글 서적 보급 : 『용비어천가』(태조의 왕실 조상의 덕을 찬양) / 『동국정운』(세종, 음운서), 『홍무정운역훈』(세종, 명의 음운서인 『홍무정운』 번역) /
│                 『석보상절』(수양대군, 석가의 전기 엮음) + 『월인천강지곡』(세종, 부처님의 덕을 기림) 간행
│          → 『월인석보』(세조 대 편찬) / 『사성통해』(최세진, 『사성통고』에 해석을 단 책), 『훈몽자회』(최세진, 한글 자음의 이름 최초 명기)
│                                          └→ 현존 X, 신숙주가 세종 대 저술
└ 행정 실무에 이용 : 서리 채용 시 훈민정음 시험
```

> **'조선 시대 외국어 학습 교재'**
>
> · 『번역노걸대』, 『번역박통사』(최세진) : 중국어 학습 교재
> · 『첩해신어』(강우성) : 일본어 학습 교재

✦ **교육기관**
```
┌ 국립 ┬ 성균관 (9년제 최고학부 / 원칙적으로 생원, 진사가 입학, 승보시나 문음을 통해 입학 가능 → 유학 교육, 성적 우수자 문과 초시 면제)
│      └ 중등교육기관 ┬ 중앙 : 4학 – 동·서·남·중학
│                    │                              ┌→ 군현의 인구비례로 정원 배정
│                    └ 지방 : 향교 – 대성전에서 공자를 비롯한 성현 제사, 지방민 교화, 전국 부·목·군·현에 각교 설치 → 중앙에서 교수(종6품) ·
│                             훈도(종9품) 파견 / 시험 성적 나쁜 경우 군역에 충당 / 성적 우수자에게는 소과 초시 면제, 복시 응시 특전 부여
│                                                                                        └→ 교생낙강정군법
└ 사립 ┬ 서원 – 선현 제사, 향음주례(음력 10월) · 향사례(3월, 9월) 지냄, 16세기 국가에서 설립 장려
       └ 서당 – 초등 교육, 교육 연령 8, 9세~15, 16세(강독, 제술, 습자의 교육 방법 / 교재 : 『천자문』, 『동몽선습』, 『통감』 중심)
                        └→ 어진 이에 대한 봉양                              └→ 박세무 저술
```

> **'성균관'**
>
> · 구조 : 문묘(공자와 제자 및 문묘 18현 제사)
>   + 명륜당(강당) + 동재와 서재(기숙사)
>   + 존경각(도서관) + 비천당(과거 시험의 실시 장소)
> · 성균관 유생들의 구성 : 상재생(소과 합격자)
>   + 하재생(승보시 출신)

2 역사서와 지리서

✦ **역사서**
```
┌ 건국 초기 ┬ 특징 : 왕조의 정통성에 대한 명분 밝힘, 성리학적 통치 규범 정착 목적
│          └ 역사서 ┬ 『고려국사』(정도전, 1395) : 고려 멸망의 당위성 + 조선 건국의 정당성 → 고려 시대 역사 정리
│                   │                (원 간섭 이후 역사 성향 계승)
│                   └ 『동국사략』(권근, 1402) : 삼국 시대 정리(태종 대) → 신라 고유의 왕호, 태자 칭호도 제후국에 맞게 격하
│
├ 15C 중엽 ┬ 특징 : 고려 시대 역사를 자주적 입장에서 재정리
│          └ 역사서 ┬ 『동국세년가』(권제) : 세종 대 편찬, 단군 ~ 고려까지의 역사를 노래 형식으로 편찬
│                   │                                       ┌→ 〈세가〉 〈지〉 등으로 편찬하는 방식
│                   ├ 『고려사』(김종서 · 정인지) : 세종~문종 대 완성 / 기전체 / 정도전의 『고려국사』를 바탕으로 편찬 /
│                   │   '종', '폐하', '태후' 등 칭호를 그대로 사용(자주적) / 본기가 없고 국왕의 역사를 세가에서 서술 +
│                   │   신우(우왕)와 신창(창왕)은 「세가」가 아닌 「열전」에 서술 / 군주의 절대적 영향력 반영
│                   ├ 『고려사절요』(김종서 · 정인지) : 문종 대 『고려사』를 편년체로 재서술
│                   │   → 내용이나 역사관은 같으나 대신의 역할 · 관료제도의 정비를 역사 발전의 핵심으로 간주
│                   ├ 『삼국사절요』(서거정, 노사신) : 성종 대 편년체로 완성 → 단군 조선에서 삼국 멸망까지 기록
│                   └ 『동국통감』(서거정, 이극돈) : 성종 대 편년체로 완성 / 〈외기〉 · 〈삼국기〉 · 〈신라기〉 · 〈고려기〉로 구성
│                       (단군 조선에서 고려 말까지 모두 기록 + 외기에서 고조선 건국내용 수록) / 사림의 성향 반영(∴사론 多)
│                       → 유교 문화의 군주 국가(사대교린을 성실히 수행하여 전쟁 X)를 이상으로 함
│                                                                        └→ 온건파 신진 사대부의 후예들, 16c 정계 장악
└ 16C 이후 ┬ 특징 : 존화주의 사관(명분론, 단군조선 부정 → 기자 중시)
           └ 역사서 : 『동국사략』(박상, 중종), 『기자실기』(이이, 선조) → 사림의 역사 의식 반영 / 『표제음주동국사략』(유희령) → 단군~고려까지 서술, 단군 조선 중시
                                                                      └→ 민족 흥망 > 유교적 성쇠, 대외항쟁 > 사대정책
```

> **'조선왕조실록'**
>   ┌→ 역사편찬 담당 관청
> · 춘추관 실록청에서 편년체로 편찬 / 태조~철종까지 서술(고종 · 순종실록은 이왕직에서 편찬)
> · 사초(국왕 앞에서 사관이 기록한 사론을 바탕으로 작성) + 춘추관 시정기(관청 업무 일지) + 승정원일기 + 비변사등록 + 일성록 + 조보 등 기초로 작성 → 3년마다 포쇄 (훼손 · 부패 방지)   국왕의 일기장
> · 국왕의 실록 열람 금지 → 역대 왕의 업적 중 선정을 발췌하여 『국조보감』 편찬
> · 사고 보관
>   건국 초기 양사고(춘추관 · 충주 사고)
>   → 세종 대 4대 사고(춘추관 · 충주 · 성주 · 전주 사고)
>   → 임란 때 전주 사고에 있던 실록만 남고 모두 소실
> · 광해군 대 5대 사고 완비(춘추관 · 오대산 · 태백산 · 묘향산 · 마니산 사고) → 인조 이후(오대산 · 태백산 · 적상산 · 정족산 사고의 4대 사고(이괄의 난 때 춘추관 소실))

✦ 지도·지리서

─ 제작 목적 : 중앙 집권과 국방의 강화

─ 지도 ─ 혼일강리역대국도지도(태종) : 이회, 이무가 국왕의 명을 받아 제작(현존 동양 최고(最古) 세계 지도, 일본에 현존) → 우리나라를 실제보다 크게 그림(자주성 표현)

　　　　　→ 원나라 세계지도(혼일강리도 + 성교광피도) + 한반도 지도 + 일본 지도

　　　　　→ 유럽·아프리카 대륙까지 표기(아메리카 대륙 X → ∵지리상 발견 이전에 제작)

　　　─ 팔도도(태종) : 조선 최초 전국지도(1402) → 현존 X(혼일강리역대국도지도의 조선 지도는 이 지도를 옮긴 것)

　　　　　→ 세종 대 이 지도를 보완·다시 간행(현존 X)

　　　─ 동국지도(세조) : 최초 실측도로 추정 → 현존 X(영조 대 동국지도와 구분) → 조선방역지도에 영향
　　　　└→정척, 양성지　　　　　　　　　　　　　　　　　　　　└→정상기

　　　└ 조선방역지도(명종) : 유일하게 현존하는 원본 지도 / 8도별 다른 색 표시 / 만주와 대마도 표기(이 시기 영토의식 반영)

─ 지리지 편찬 ─ 『신찬팔도지리지』(세종실록지리지) : 독도 관련 최초 기록("우산(독도)과 무릉(울릉도) 두 섬이 강원 울진현 동쪽에 있다.")

　　　　　→ 『팔도지리지』(성종) : 수로 + 봉화 + 역참 표기 / 현존 X

　　　　　└ 『동국여지승람』(성종) : 『팔도지리지』에 『동문선』의 시문 첨가(50권으로 편찬)

　　　　　　　　　　→ 군현의 연혁, 지세, 교통, 군사뿐 아니라 인물, 시문, 풍속까지 자세히 수록

　　　　　　→ 『신증동국여지승람』(중종) : 『동국여지승람』 수정·보완 / 최초로 울릉도·독도가 표기(위치는 반대)된 지도인 팔도총도 수록

─ 견문기 ─ 『해동제국기』(성종, 1471) – 신숙주가 세종 대 일본에 다녀온 후 성종 대 간행 / 조선 초기 일본에 대한 교빙·통상 정리

　　　　└ 『표해록』(성종) – 최부가 중국 해안에 표착한 후 조선으로 귀국하기까지의 과정 기록

─ 군현 읍지(16세기) : 향토 문화적 유산에 대한 관심 반영

---

3 윤리서 / 의례서 / 법전

✦ 윤리·의례서

─ 15세기 ─ 윤리서 : 『삼강행실도』·『효행록』(세종), 『오륜록』(세조)
　　　　└ 의례서 : 『오례의』 또는 『국조오례의』(성종)

└ 16세기 : 『소학』, 『주자가례』의 보급과 실천 주력 /
　　　　→ 『이륜행실도』(중종(1518), 김안국, 연장자와 연소자 사이, 친구 사이에 지켜야 할 윤리) / 『동몽수지』(중종, 1517) : 어린이가 지켜야 할 예절 기록
　　　　└→『여씨향약언해』 간행

✦ 법전의 편찬

─ 목적 : 유교적 통치 규범의 성문화 목적

└ 정비 과정 : 『조선경국전』(정도전, 6전 체제)·『경제문감』(정도전, 정치 체제 초안) → 『경제육전』(조준, 1388년~1397년까지 조례 정리 / 조종성헌)
　　　　　　　　　　　　　　　　　　　　　　　　　　　　　└→관찬 성문 법전(최초)　　　　└→ 태종 대(1413년)와 세종 대(1429년) 속육전 간행

　　　→ 『경국대전』(세조~성종, 1485) : 이·호·예·병·형·공전의 6전으로 구성 – 유교적 통치 질서의 완성

　　　→ 영조 대 『속대전』 → 정조 대 『대전통편』 → 고종 대 흥선 대원군의 법전 편찬 : 『대전회통』(조선 최후·최대의 법전)·『육전조례』(관청 행정 법규 추가)
　　　　　　　　　　　　　　└→『경국대전』 내용에 원, 『속대전』 내용에 속, 새롭게 추가된 내용에 증을 붙여 구분

'조선왕조의궤'

·왕실 행사의 과정, 동원 인원, 물자 및 비품 조달, 경비, 인물, 과정을 그림(반차도, 도설)과 함께 기록

·의궤청에서 5~8부 작성(1부 어람용 / 나머지는 관서 및 사고보관)

·조선 초기부터 간행 but 1601년 의인왕후 산릉도감 의궤가 현존 최고(最古)

·2007년 유네스코가 지정한 세계 기록 유산 **등재**

'삼강행실도(세종 16년, 1434)'

·충신 112명, 효자 110명, 열녀 94명의 행적을 그림과 함께 설명 → 성종 대 충신, 효자, 열녀 각각 35명씩 105명으로 줄여 한글로 다시 간행

'국조오례의(=오례의, 성종 5년, 1474)'

·신숙주, 정척 등이 길례(제사), 가례(관례와 혼례), 빈례(사신 접대), 군례(군사 의식), 흉례(상례 의식) / 세종 대 오례를 정리하기 시작하여 성종 대 『국조오례의』로 완성

4 성리학의 발달

✦ 성리학 정착(15C)

┌─ 관학파(훈구파) : 성리학 이외 다른 사상에 관대 / 『주례』의 중시(정도전) / 부국강병 중시
│   └→ 주나라 경전, 통치 체제의 기틀
└─ 사학파(사림파) : 『주자가례』 강조(고려 후기 신진 사대부가 수용, 16C 이후 향촌에 보급) / 형벌보다 교화에 의한 통치 중시 /
                    성리학 이외의 다른 사상 비판(불교, 도교 배척) / 훈구파에 대한 비판

✦ 성리학 융성(16C)

┌─ 배경 : 16C 사림의 도덕성과 수신 중시 / 인간 심성에 대한 깊은 관심
├─ 성리학의 선구자 ┬─ 화담 서경덕(주기론) : 불교·노장사상에 대한 개방적인 태도 → '이(理)'는 '기(氣)'가 작용하는 법칙일 뿐 / 우주의 본체를 '태허(太虛)'로 파악
│   ├─ 남명 조식 : 노장사상에 포용적 + 학문의 실천성 강조(절의와 기개 중시) → 의병장 배출 : 정인홍, 곽재우, 김면 등 / 칼과 방울(성성자) 착용 / 훈척 전횡 비판 / 서리 망국론 주장
│   └─ 회재 이언적(주리론) : 중종에게 '일강십목소' 바침 / 이황의 이기이원론에 영향("군주 스스로가 성학을 깨우쳐야~")
├─ 성리학의 체계 확립 : 4단 (인의예지, 仁義禮智) 7정 (희노애락애오욕, 喜怒哀樂愛惡慾) 논쟁(이황 VS 기대승) ┬→ 『주자문록』, 『고봉집』, 『이기왕복서』, 『논사록』 저술
└─ 이황과 이이의 성리학 ┬─ 퇴계 이황(동방의 주자) : 훈구파의 전횡과 양명학 및 불교가 확산되는 상황에서 도덕적 수신과 실천 중시(이언적 계승)
                        │   ┌─ 이(理) : 원리 → 순선, 존귀 ┐
                        │   ├─ 기(氣) : 실제 → 선 + 악, 비천 ┘─ 이귀기천론(이존기비론) : 이기이원론(주리론)
                        │   ├─ 이기호발설 : "이(理)가 작용하여 기(氣)가 이에 따르기도 하고(理發而氣隨之), 기(氣)가 작용하여 이(理)가 그 위에 타기도 한다(氣發而理乘之)."
                        │   │   이와 기는 상호간 → 이(理)의 능동성 강조 / 주리론을 바탕으로 훈구파 공격 → 경(敬)의 실천 중시
                        │   │   에 발한다.
                        │   ├─ 영남학파(김성일, 유성룡) 형성 → 동인(남인)으로 발전 / 도산 서원(안동) / 예안 향약
                        │   ├─ 일본 성리학에 영향(『주자서절요』 전래) / 개항기 위정척사 사상에 영향(이원론)
                        │   ├─ 저서 : 『주자서절요』 / 『성학십도』(국왕과 신하에게 다른 예 적용 → 군주 스스로가 성학을 따라야 함을 강조) /
                        │   │   『전습록변』(양명학을 이단으로 비판) / 『심경후론』, 『송계원명 이학통록』
                        │   └─ 한계 : 지나친 도덕주의 강조로 인해 현실 개혁에는 소극적 → 방납의 폐단이나 군포제 개혁에 소극적
                        └─ 율곡 이이(동방의 공자) : 강릉 오죽헌(母 신사임당 친정)에서 성장
                             → 13세 소과, 23세 대과 장원급제(9도 장원공) / 신사임당 사후 20세에 출가
                             • 주리론적 성리학의 한계 극복 → 사회 모순을 개혁하기 위한 대책 강구(현실적, 실천적 성격)
                             ┌─ 이(理) : "통한다"(공통성) ┐
                             ├─ 기(氣) : "국한된다"(차별성) ┘─ 이통기국론(理通氣局論) : 일원론적 이기이원론 = 이기일원론(주기론)
                             ├─ 이기겸발설 : 이(理)와 기(氣)는 둘이지만 분리될 수 없음 → 기(氣)가 작용하면 이(理)는 항상 내재
                             │   이와 기는 함께 "기(氣)가 발할 때 이(理)가 그 위를 타고 오른다.(氣發理乘一途說)"
                             │   발한다.
                             ├─ 사회경장론(개혁론) : 경험적 현실 세계 중시 → 통치 체제 정비와 수취 체제 개혁 방안 제시(수미법)
                             ├─ 기호학파(조헌, 김장생) 형성 → 서인(노론)으로 발전 / 문회 서원(황해도 배천), 자운 서원(파주) / 해주 향약, 서원 향약 / 북학파 실학과 개화 사상에 영향
                             └─ 저서 : 『성학집요』(국왕과 신하에게 같은 예 적용 → 현명한 신하가 국왕을 가르쳐 국왕의 기질을 변화시켜야 함을 강조)
                                      『동호문답』(왕도 정치의 구현을 문답 형식으로 서술, 수미법) / 『만언봉사』(시대와 상황에 맞는 법률과 제도 시행 강조, 십만양병설)
                                      『격몽요결』(『소학』 중시, 성리학 초심자를 가르치기 위한 목적) / 『기자실기』(존화주의적 기자 역사서) ──→ 선조에게 올린 만언 상소

┌──────────────────────────────┐
│ '사단칠정 논쟁'   │
│   │
│ • 발단 : 정지운의 『천명도』를   │
│   이황이 수정   │
│ • 이황 : 이기호발설 → '이'의   │
│   능동성(자발성) 강조(주자 성리   │
│   학을 조선 현실에 반영)   │
│ • 기대승 : 4단은 7정에 포함 →   │
│   '이'와 '기'는 구분 불가('이'의 │
│   자발성 부정 → 주자 이론 자체에 │
│   충실)   │
└──────────────────────────────┘

┌──────────────────────────────┐
│ '율곡학파의 계승(서인 ⇒ 노론)'   │
│   │
│ 이이 → 조헌 / 김장생 → 김집(북벌 │
│ 론) → 송시열 / 송준길(예송 논쟁) │
│ → 권상하(만동묘) → 한원진 / 이간 │
│ (인물성 동이논쟁)   │
└──────────────────────────────┘

5 불교와 민간 신앙

✦ 불교 정책

- 억불책 태조 : 도첩제 실시(승려 면허제, 국가 재정 확보책) → 태종 : 7 종의 불교와 전국 242개 사원만 인정, 나머지 사원의 토지와 노비 몰수
  - → 세종 : 선·교 양종 및 36개(교종 18개 + 선종 18개) 사원만 인정 → 성종 : 도첩제 폐지(산간불교화) / 간경도감 폐지
- 불교 명맥 유지 ┬ 태종 : 내원당(=내도량, 궁궐 내 불도 수행 장소) 설치
  - ├ 세종 : 내불당 건립(『월인천강지곡』,『석보상절』, 대장경 간행)
  - ├ 세조 : 간경도감(불경 국역) 설치 / 원각사 및 원각사 10층 석탑 건립 / 신미(혜각존자)와 수미(묘각대사)를 왕사에 임명
  - ├ 명종 : 문정왕후 지원 → 보우 중용 / 승과 부활
  - └ 16C 후반 이후 : 휴정(서산대사), 유정(사명대사) → 임진왜란 때 승병 활약 → 그럼에도 사회적 위상이 전반적으로는 위축
    └▶임진왜란 이후 조선인 포로 송환 인솔

✦ 도교 – 억제책(16세기 이후에는 이단으로 간주) + 명맥 유지(제천 행사를 통해 국가 권위와 민족의식 신장 + 양생술을 통한 의학 발달)

- 소격서 설치(일월성신에 대한 초제 주관) : 궁중과 마니산 초제(강화도) → 조광조 폐지
- 원구제 거행(고려 성종~조선 세조) : 제천 행사 → 아관 파천 이후 고종이 1897년 원구단 새롭게 설치 + 원구제 재개
  - → 1913년 일제가 원구단 철거(현재 조선호텔)

✦ 풍수지리설 – 한양 천도 반영 / 산송(山訟 = 양반들의 묘지 소송) 문제
고려 말~조선 초   16c 이후

✦ 민간 신앙 – 무격신앙, 삼신 숭배, 산신 신앙, 촌락제, 세시풍속 등 정착(유교 이념과 융합)

✦ 명당 선호 의식 확산 – 불교식 화장 → 묘지 쓰는 것으로 바뀜 : 명당 선호 경향이 두드러짐

6 과학 기술의 발달(15세기 훈구파의 기술학 중시) – (과학 기술 분야에서 별도로 표기된 내용이 없으면 세종 대 제작)

✦ 천문학

- 천체 관측 기구 : 혼의·간의 제작, 간의대(천문대) 설치(경복궁), 규표 설치(계절 변화, 1년의 길이 측정)
- 시간 측정 기구 : 자격루(물시계, 자동시보장치 탑재 – 노비 출신 장영실) / 앙부일구·현주일구·천평일구(해시계) 제작
- 강우량 측정 기구 : 수표(성종, 청계천 수위 측정) / 측우기(1441, 세계 최초, 궁궐(관상감), 지방 부·목·군·현에 설치)
- 토지 측량 기구 : 기리고차(북과 종을 설치한 거리 측량 수레, 세종) / 인지의·규형(세조)
- 천문도 제작 : 천상열차분야지도(태조, 고구려 평양성의 천문도 바탕) → 세종 때 여러 천문도가 제작되었으나 현존 X

소간의   조선 세종 – 앙부일구

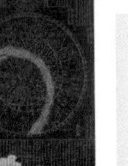

자격루   측우기   천상열차분야지도 각석

'조선 시대 종묘 제사'

- 정전 제사 : 5차례(매년 춘하추동과 섣달)
- 영녕전 제사 : 2차례(매년 춘추, 때로는 섣달 포함)

                    ┌▶기자 사당
'조선 시대 국가 제사'

- 단군사 동명왕사 건립(세종)
  단군, 주몽, 온조, 박혁거세 제사
  → 임진왜란 때 소실 → 광해군 대 중건
  → 영조 대 사액(1725) : '숭령전'
- 기자 제사 : 고려 숙종 → 충숙왕 때 기자사 건립(1325) → 광해군 때 숭인전으로 사액
- 단군 제사 : 평양 단군사당 + 황해도 구월산 삼성사
  └▶환인, 환웅, 단군 제사
- 숭의전 : 조선 시대에 고려의 태조 등을 제향 하던 사당

'15세기 자주적 활동'

- 『농사직설』 (현존 최고의 자주적 농서)
- 『칠정산』 내외편(최초로 한양 기준 역법)
- 『향약집성방』 (우리 약재를 이용한 자주적 처방)
- 『동문선』 (우리 시와 산문을 집대성)

'금화도감(1426)' – 세종 대

- 도성 내 화재 대비와 수습 위한 관청
- 1481년(성종 12) 수성금화사(修城禁火司) 의 설치로 이어짐

✦ **역법** – 칠정산(세종 대 한양을 기준으로 한 자주적 역법) ┬ 내편 : 원의 수시력 + 명의 대통력
 └ 외편 : 아라비아 회회력 참조

✦ **수학** – 『상명산법』, 『산학계몽』(양전사업과 조세 수입 계산 목적) – 아라비아 수학의 영향

✦ **의학**

┌ 『향약제생집성방』(태조) : 제생원에서 편찬(자주적) → 『향약집성방』에 영향
├ 『향약채취월령』(세종) : 약초의 월별 채취시기 정리 → 일본 본초학자에게도 영향
├ 『향약집성방』(세종) : 중국의 의서 참고 + 전통 의약법 종합 → 우리 풍토에 알맞은 약재와 치료 방법을 개발·정리
├ 『태산요록』(세종) : 출산과 영아의 질병 정리
├ 『의방유취』(세종 대 간행, 성종 대 편찬) : 의관 전순의가 저술하고 한계희 등이 정리하여 편찬·반포한 의학 백과사전(중국과 국내 의서 총망라)
└ *『신주무원록』 : 원나라 서적을 수용 → 영조 대 『증수무원록』
 ↳ 법의학서

✦ **농서**

┌ 『농서집요』(태종) : 『농상집요』에서 필요한 부분 선택·번역
├ 『농사직설』(세종) : 정초, 우리나라 최초의 독자적 농서 → 삼남지방 노농(老農)의 실제 경험을 바탕으로 우리 실정에 맞는 독자적 농법 정리
│ (씨앗의 저장법 / 시비법 / 모내기법 정리)
│   ↳ 정부에서는 부정적 입장
├ 『사시찬요』(세조) : 강희맹, 사계절 농사법 소개
├ 『양화소록』(성종) : 강희안, 원예 관련
│ ↳ 세조 대 저술, 성종 대 편찬 ↳ 강희맹의 형
└ 『금양잡록』(성종) : 강희맹, 경기 금양(시흥) 지방의 농법 소개(자신의 견문 토대)

✦ **활자 인쇄술**

┌ 태종 : 주자소 설치 → 계미자(구리) 주조
└ 세종 : 경자자(구리), 갑인자(구리), 병진자(납) → 세종 대에는 밀랍 대신 식자판을 조립하는 방식 → 인쇄 능률 향상

✦ **제지술** – 세종 대 조지서(태종 대 조지소가 개칭, 공조 속아문 – 종이 생산 관청) 설치
 ↳ 기록에 따라 세조 때로 보기도 함

✦ **병서 편찬** – 조선 초기 국방력 강화 목적에서 다수의 병서 편찬

┌ 병서 ┬ 『진법서(=진도)』(태조) : 정도전, 요동 정벌 위해 독특한 전술과 부대 편성 방법 정리
│   ├ 『총통등록』(세종) : 화포의 제작과 사용법 정리(그림 + 글)
│   ├ 『동국병감』(문종) : 고조선에서 고려 말까지 중국과의 전쟁사 체계적 정리
│   ├ 『병장도설』(문종) : 군사 훈련 지침 교본
│   └ 『역대병요』(단종) : 고조선~고려 말까지 전쟁 전략 정리
├ 무기 제조 – 최해산(최무선의 子) 활약(태종) : 특채 채용, 화약 무기 제조/ 화포(사정 거리 1000보)·화차(신기전(일종의 로켓) 100개 연속 발사)의 발달
└ 병선 제조 – 비거도선(날쌘 배), 거북선(태종 대 최초)

화차(신기전 발사)

거북선
 ↳ 세종 대 제작
 문종 대 배치

7 건축과 예술

✦ 건축

- 15세기 : 공공 건물(궁궐·관아·성곽·학교) 중심 → 건물은 신분에 따라 크기와 장식에 법적 제한(국왕의 권위 신장 목적)
  - 도성 및 궁궐 : 경복궁(조선의 법궁, 태조, 1395) / 창덕궁(조선 후기 주궁 기능, 태종, 1405) / 창경궁(성종, 1483)
  - 조선 전기 독창적 건축 : 창경궁 명정전 / 창덕궁 돈화문 / 숭례문
  - 고려 양식의 과도기적 계승 : 개성 남대문 / 평양 보통문
  - 사찰 및 탑 : 강진 무위사 극락전(검박하고 단정한 특징, 주심포 양식) / 합천 해인사 장경판전(팔만대장경 보관, 통풍을 위해 창의 크기를 다르게 제작, 세계 문화 유산) / 원각사지 10층 석탑(세조)
- 16세기 ┬ 서원 건축 중심(마을 한적한 곳) → 가람(사원) 배치 양식 + 주택 양식 결합 : 사당 + 장서각 + 강당 + 동재 / 서재(경주 옥산 서원, 안동 도산 서원, 파주 자운 서원)
  │   이언적 봉사   이황 봉사   이이 봉사
  └ 정원 건축 : 소쇄원, 식영정, 세연정 등

서울 숭례문
(국보 제1호)

창덕궁 돈화문
(보물 제383호)

강진 무위사 극락보전
(국보 제13호)

해인사 장경판전(국보 제52호)

원각사지 10층 석탑
(국보 제2호)

안동 도산 서원

'조선 시대 궁궐 주요 건물'

· 경복궁
근정전(정전 – 조하, 대례, 사신 접대) / 사정전(편전) / 수정전(고종 대 중건, 군국기무처 설치) / 경회루(외국 사신 접대 및 연회, 간의대(북쪽)와 보루각(남쪽) 설치) / 건청궁(고종과 명성황후의 거처, 을미사변, 1887년 전등 가설) / 강녕전(침전) → 임진왜란 때 임시 거처

· 덕수궁(순종 이전 경운궁) → 정릉동 행궁
중화전(정전 : 1904년 소실 후 1906년 재건) / 중명전(고종의 편전, 을사조약 및 헤이그 특사 파견), 석조전(국왕이 대신과 사신 접견, 제1차 미·소공위 개최) / 함녕전(고종의 침전)

· 창덕궁
인정전(정전–조하, 대례) / 선정전(편전) / 선원전(역대 임금 어진 봉안+제사) / 주합루(정조대 어제와 어필 보관 목적에서 건립, 2층 열람실이 규장) / 대조전(왕비 거처), 관물헌(갑신정변 발발)

· 창경궁
명정전(조하, 대례), 문정전(편전)

· 경희궁(경덕궁)
숭정전(정전) / 자정전(편전) / 융복전(침전)

✦ 분청사기·백자

- 분청사기(15세기) : 청자에 백토의 분을 바른 것 / 안정된 그릇 모양과 소박하고 천진스러운 무늬의 조화 /
  - → 중앙에서는 관수용으로 사용원에서, 지방에서는 전국의 자기소와 도기소에서 관수용이나 민간용으로 보급
- 백자(16세기) : 순백의 고상함 / 사대부 취향에 어울림 / 순백의 태토 + 투명한 유약
- 기타 공예 : 장롱, 문갑, 탁자, 화문석 등 제작 / 화각(쇠뿔)공예를 이용한 실패, 화장품 그릇 제작

분청사기 철화 어문병   조선 백자

✦ 그림과 글씨

- 15세기 : 화원화(도화서 소속)와 문인화 → 일본 무로마치 시대 미술에 영향
  - 몽유도원도(안견) : 안평대군이 꿈꾼 내용을 도화서 화원 안견이 그림
    - └→세종 대 제작 → 자연스러운 현실 세계와 환상적인 이상 세계를 능숙하게 처리(현재 일본 덴리 대학 소장)
  - 고사관수도(강희안) : 간결하고 과감한 필치로 인물의 내면 세계 표현(현재 국립 중앙 박물관 소장)
- 16세기 : 15세기 전통을 토대로 다양한 화풍이 발달, 산수화나 사군자 유행
  - 이상좌(노비 출신) : 송하보월도(바위 틈에 뿌리박고 모진 비바람을 이겨내는 늙은 소나무 → 강인한 정신과 굳센 기개 표현)
  - 3절 : 이정(대나무 – 묵죽도, 풍죽도) / 황집중(포도 – 묵포도도) / 어몽룡(매화 – 월매도)
  - 여성 화가 : 신사임당(풀과 벌레 – 초충도·수박도)

| 몽유도원도(안견) | 고사관수도 | 송하보월도 | 묵죽도 | 초충도(수박도) | 월매도 |
| 일본 덴리대학교 소장 | (강희안) | (이상좌) | (이정) | (신사임당) | (어몽룡) |

✦ 서예 - 안평대군(15세기, 송설체), 양사언(16세기, 왕희지체와 초서), 한호(16세기, 석봉체 + 외교 문서로 이름 알림)

여말 선초에 유행한
조맹부 서체

✦ 음악

- ┌ 15세기 ┬ 세종 ┬ 악기 제작(박연) / 여민락(악곡, 세종이 직접) 지음 / 정간보(악보, 소리의 장단과 높낮이 표시 가능) 제작
- │ │ └ 아악의 체계화 → 궁중 음악으로 발전(문묘 제례악)
- │ └ 성종 ┬ 『악학궤범』(성현) 편찬 → 음악의 원리와 역사, 악기, 무용, 의상, 소도구 정리(음악 백과사전) + 합자보(연주법 + 악곡) 제작
- │ └ 장악서 + 악학도감 → 장악원으로 개편(1470)
- └ 16세기 : 민간에서 당악과 향악을 속악으로 발달 → 가사, 시조, 가곡 등 우리말로 된 노래를 연주하는 음악, 민요에 활용

✦ 무용 - 나례춤(궁중에서 사신 접대 시) → 처용무(세계 무형 유산)가 대표적 / 민간에서는 농악(세계 무형 유산), 무당춤, 승무 등 발전 + 산대놀이(탈춤)와 꼭두각시 놀이도 유행

8 문학

✦ 한문학

- ┌ 15세기 ┬ 관학파 집권(역성 혁명 찬양) → 사장(시 + 부) 중시(격식 존중) → 문학 발달
- │ ├ 『동문선』(성종) : 서거정, 노사신 등 삼국 시대~조선 초기까지 역대 시와 산문을 모아 편찬
- │ └ ("우리나라의 글은 송이나 원의 글이 아니요, 한·당의 글도 아니며 곧 우리나라의 글이다." - 자주적)
- └ 16세기 : 사림파 집권 → 사장 경시, 한문학 저조 → 재야 사림이나 여류 문인들에 의한 창작(개인의 감정이나 심성 표현 → 가사와 시조)

✦ 설화문학 - 일정한 격식 없이 보고, 들은 이야기 기록 → 관리들의 기이한 행적과 서민들의 풍속·감정

- ┌ 15세기 ┬ 『금오신화』(세조 ?) : 김시습이 지은 우리나라 최초의 한문 소설 / 평양·개성·경주 등 옛 도읍지를 배경으로 남녀 간 사랑, 불의에 대한 비판 등 서술
- │ ├ 『필원잡기』(성종) : 서거정이 예로부터 전하는 이야기(조종조의 창업, 관리의 언행과 문장, 여항풍속의 세교에 대한 이야기)를 기록
- │ └ 『용재총화』(중종) : 성현의 수필집, 문담, 시화, 서화, 인물평, 역사 이야기 등을 서술
- └ 16세기 : 사장 경시 → 사림 문학 벗어난 문인도 있음 → 어숙권(서얼 출신) : 『패관잡기』 저술(문벌 제도와 적서 차별 비판) / 임제 : 풍자적이고 우의적 시

✦ 시조문학

- ┌ 15세기 ┬ 중앙 고관 : 김종서("삭풍은 나무 끝에 불고 명월은 눈 속에 찬데~") / 남이("백두산 돌은 칼 갈아 다하고~") ┌→이시애의 난 토벌, 세조의 총애
- │ └ 재야 인물 : 길재("오백년 도읍지를 필마로 돌아드니~") / 원천석("흥망이 유수하니 만월대도 추초로다~")
- └ 16세기 : 여성 문인 등장 : 황진이(남녀 간 애정과 이별의 정한) → 인간 본연의 감정 표현

✦ 악장과 가사문학

- ┌ 15세기 : 『용비어천가』(정인지) / 『월인천강지곡』(세종)
- └ 16세기 : 정철의 『사미인곡』, 『속미인곡』, 『관동별곡』 → 관동 지방의 아름다운 경치와 왕에 대한 충성 노래

✦ 여성 문인 활동 - 신사임당(시·서·화) / 허난설헌(한시) / 황진이(시조)

조선 후기 사회의 변화

Chapter 01 조선 후기의 정치 변화

1 근대 사회의 태동

✦ 근대 사회의 성격

- 정치 : 민주주의
- 경제 : 자본주의(활발한 산업 활동, 생산력 증대)
- 사회 : 평등주의(봉건적 신분제 붕괴)
- 문화 : 합리주의(과학적·논리적 사고, 사고의 다양성)
  └→ 이성

✦ 조선 후기 사회에서 나타난 근대 사회로의 움직임

→ 18C 일당전제화 → 19C 세도정치

- 정치 : 붕당 정치 변질(정치 기강과 수취 체제 문란) → 민란 발생 ⇒ 근대 지향적 움직임을 수용 X
- 경제 ┬ 농 업 ┬ 영농 기술 개발(이앙법, 견종법 등) – 노동력 절감 ⇒ 광작
  │   └ 상품 작물 재배(쌀·목화·채소·담배·약초 등) ⇒ 농업 생산력 증대
  └ 상공업 ┬ 장시의 발달 / 보부상의 활동
          │ 상품 화폐 경제의 발달 / 화폐의 유통(대동법 확대)
          │ 전문 상인 등장(사상, 공인 → 도고로 성장)
          │   └→ 독점적 도매상인
          └ 민영수공업 발달
- 사회 ┬ 신분 변동·분화(권반, 향반, 잔반 / 소수의 경영형 부농, 다수의 임노동자)
  └ 봉건적 신분제 퇴색 : 납속책·공명첩 / 서얼허통 / 불법적 신분 상승
- 문화 ┬ 실학의 연구, 서학과 동학의 확산
  └ 서민 문화 발달(판소리, 민화, 한글 소설, 탈춤 등)

> '조선 후기 사회 변화의 특징'
>
> 피지배층에 의한 자율적·주체적 변화
> (내재적 역량에 의한 변화)
> → 자본주의 맹아론/ 내재적 발전론

2 통치 체제의 개편

✦ 정치 구조 변화

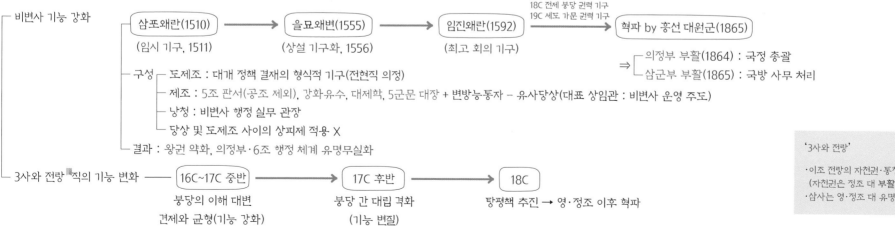

- 비변사 기능 강화

18C 전제 붕당 권력 기구
19C 세도 가문 권력 기구

삼포왜란(1510) → 을묘왜변(1555) → 임진왜란(1592) → 혁파 by 흥선 대원군(1865)
(임시 기구, 1511) (상설 기구화, 1556) (최고 회의 기구)

⇒ ┬ 의정부 부활(1864) : 국정 총괄
  └ 삼군부 부활(1865) : 국방 사무 처리

- 구성 ┬ 도제조 : 대개 정책 결재의 형식적 기구(전현직 의정)
  │ 제조 : 5조 판서(공조 제외), 강화유수, 대제학, 5군문 대장 + 변방능·통자 – 유사당상(대표 상임관 : 비변사 운영 주도)
  │ 낭청 : 비변사 행정 실무 관장
  └ 당상 및 도제조 사이의 상피제 적용 X
- 결과 : 왕권 약화, 의정부·6조 행정 체계 유명무실화

- 3사와 전랑직의 기능 변화 ── 16C~17C 중반 → 17C 후반 → 18C
  붕당의 이해 대변   붕당 간 대립 격화   탕평책 추진 → 영·정조 이후 혁파
  견제와 균형(기능 강화)   (기능 변질)

> '3사와 전랑'
>
> • 이조 전랑의 자천권·통청권 폐지 → 영조 대
>   (자천권은 정조 대 부활 후 다시 폐지)
> • 삼사는 영·정조 대 유명무실화 → 19C 폐지

✦ 군사 제도 변화

중앙군 : 5위 → 5군영 체제

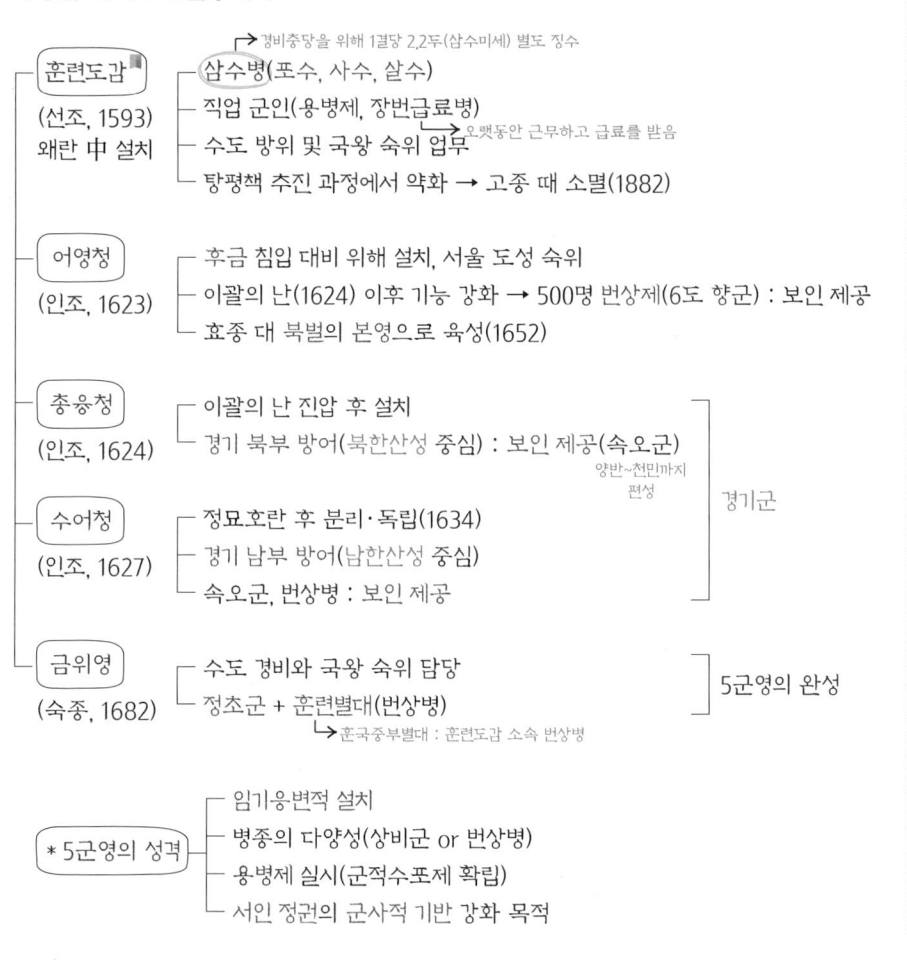

훈련도감 ──── → 경비충당을 위해 1결당 2.2두(삼수미세) 별도 징수
(선조, 1593) ── ⟨삼수병⟩(포수, 사수, 살수)
왜란 中 설치 ── 직업 군인(용병제, 장번급료병)
　　　　　── 수도 방위 및 국왕 숙위 업무 └→ 오랫동안 근무하고 급료를 받음
　　　　　── 탕평책 추진 과정에서 약화 → 고종 때 소멸(1882)

어영청 ── 후금 침입 대비 위해 설치, 서울 도성 숙위
(인조, 1623) ── 이괄의 난(1624) 이후 기능 강화 → 500명 번상제(6도 향군) : 보인 제공
　　　　── 효종 대 북벌의 본영으로 육성(1652)

총융청 ── 이괄의 난 진압 후 설치
(인조, 1624) ── 경기 북부 방어(북한산성 중심) : 보인 제공(속오군)
　　　　　　　　　　　　　　양반~천민까지
　　　　　　　　　　　　　　편성
수어청 ── 정묘호란 후 분리·독립(1634)
(인조, 1627) ── 경기 남부 방어(남한산성 중심)
　　　　── 속오군, 번상병 : 보인 제공
　　　　　　　　　　　　　　　　　　경기군

금위영 ── 수도 경비와 국왕 숙위 담당
(숙종, 1682) ── 정초군 + 훈련별대(번상병)　　　5군영의 완성
　　　　　　└→ 훈국중부별대 : 훈련도감 소속 번상병

* 5군영의 성격 ── 임기응변적 설치
　　　　　── 병종의 다양성(상비군 or 번상병)
　　　　　── 용병제 실시(군적수포제 확립)
　　　　　── 서인 정권의 군사적 기반 강화 목적

속오군과 영장제

속오군 체제 ──── →양천혼성군
(1594) ── ⟨양반~천민⟩까지 편제(실제는 상민과 노비만) → 양반의 이탈
　　　　── 평상시 생업 종사, 적 침투 시 전투 동원

영장제 시행 ── 속오군 조련 목적 영장 파견(인조/ 효종)
　　　　── 재정적 문제 + 민생 악화 + 관찰사·수령과의 갈등 → 혁파와 복설 반복

'훈련도감과 속오군'

명나라 척계광의 「기효신서」 참고

'수성윤음(1751)'

· 영조 대 반포
· 훈련도감 + 어영청 + 금위영
: 3개 부대가 도성을 나누어 방비

'왕권 수호 군영'

· 호위청(1623) : 인조반정 후 궁궐 숙위 기관
　으로 설치
· 용호영(1755) : 영조 대 조선 전기 내삼청을
　단일화하여 설치

3 정쟁의 격화와 탕평책

붕당 정치의 변질 (일당 전제화)
- 배경 : 지주제와 신분제 동요 → 붕당의 기반 붕괴 / 농업 생산량 증가 + 상품화폐경제의 발달 → 상업적 이익 독점 경향
- 정치적 쟁점의 변질 : 예법 문제 → 군영 장악(군사력·경제력 확보 목적)
- 변질의 결과 : 빈번한 사사 / 왕실 외척 및 종친의 정치적 비중 증대(∵국왕이 환국 주도) / 비변사 기능 강화 / → 조선 후기 최고기구
  3사 및 이조 전랑의 정치적 비중 감소 / 양반층의 분화(권반 / 향반 / 잔반) / 서원과 사우의 남설

[숙종] (1674~1720)
- 인경왕후 김씨 ┌ 공주만 3名
                └ 子 X
- 인현왕후 민씨 → 子 X
- 희빈 장씨 – 이윤(경종)
- 숙빈 최씨 – 연잉군(영조)

남인 집권 → 남인 분열
- 청남 (강) : 윤휴, 허목
- 탁남 (온) : 허적
→ 서인공격 : 송시열 유배(1674)
  → 1675. 1. 함경도 덕원 유배
     1679. 1. 거제 유배(73세)

⇓
- 〈도체찰사부〉 설치
- 남인의 군사적 기반
⇓
홍수(궁녀)의 변(1675)
김우명(숙종의 외조부) 자작극 :
"복창군, 복선군, 복평군이 궁녀와 간통했다."
(삼복)
자작극이 들통나면서 남인 반격
명성왕후 개입(김우명의 女)
삼복과 궁녀 유배
윤휴, 허목 등 삭탈관직(1680)
남인 견제의 필요성 대두

경신환국 (1680) : 기름 천막 유용 사건(허적) 계기
- 남인 제거 → 서인 실권 장악
- 일당 전제화(허견의 옥사 = 삼복의 변)
  → 붕당 정치 변질기(노론의 전제화)
→ 서인 분열

기사환국 (1689) : 장희빈 소생 원자 정호 문제 계기
- 송시열(원자 정호 반대) 제주도 유배 → 소환 → 사약
- 서인축출 → 남인 집권 / 인현왕후 폐비 + 희빈이 '중전'에 오름

갑술환국 (1694) : 인현왕후 복위 운동(노론 – 김춘택)
- 남인과 장희빈 실각 → 서인(소론) 집권(남구만, 박세채)
- 노론과 소론의 대립 심화 / 인현왕후 복위

무고의 옥 (신사환국, 1701) : 장희빈의 주술 행위
- 장희빈, 장희재 사사 → 남인 몰락 / 소론 몰락 ⇒ 병신처분(1716) : 숙종이 노론을 중용 ⇒ 정유독대(1717, 숙종 – 이이명)
  → 「가례원류」 관련 유상기 vs 윤증   → 경종의 대리청정 시작 계기   → 노론 영수
  ⇒ 노론의 일당전제화

재위 기간의 치적
- 대동법의 전국 시행(1708), 양전 사업의 완료
- 단종 복위, 소현세자빈 신원, 이순신에게 현충(顯忠) 시호 내림, 강감찬 사당 건립(의주)
- 국방력 강화 : 금위영 설치(1682), 양역이정청 설치(1703)
- 대외 정책 : 일부 폐사군 복설, 백두산정계비 건립(1712), 울릉도와 독도 영유권 확인(안용복의 활동)
※ 도적 장길산의 활동 : 숙종 대 황해도와 평안도 등지에서 활동

서인 분열
- 노론 ┌ → 이이 계승
  〈집권세력〉
  - 송시열 中心(강경파)
  - 대의명분, 민생 안정 강조
  - 성리학 절대화(다른 사상을 사문난적으로 배척)
- 소론 └ → 성혼 계승
  - 윤증 中心(온건파)
  - 실리, 북방 개척 강조
  - 성리학에 대한 이해의 탄력성(양명학, 노장 사상에 우호적) → 도교 관련 사상

회니시비 → 회덕의 송시열과 이성의 윤증 사이 논쟁
(윤증은 부친 윤선거 비문과 관련하여 송시열을 '의리쌍행'이라고 비판)

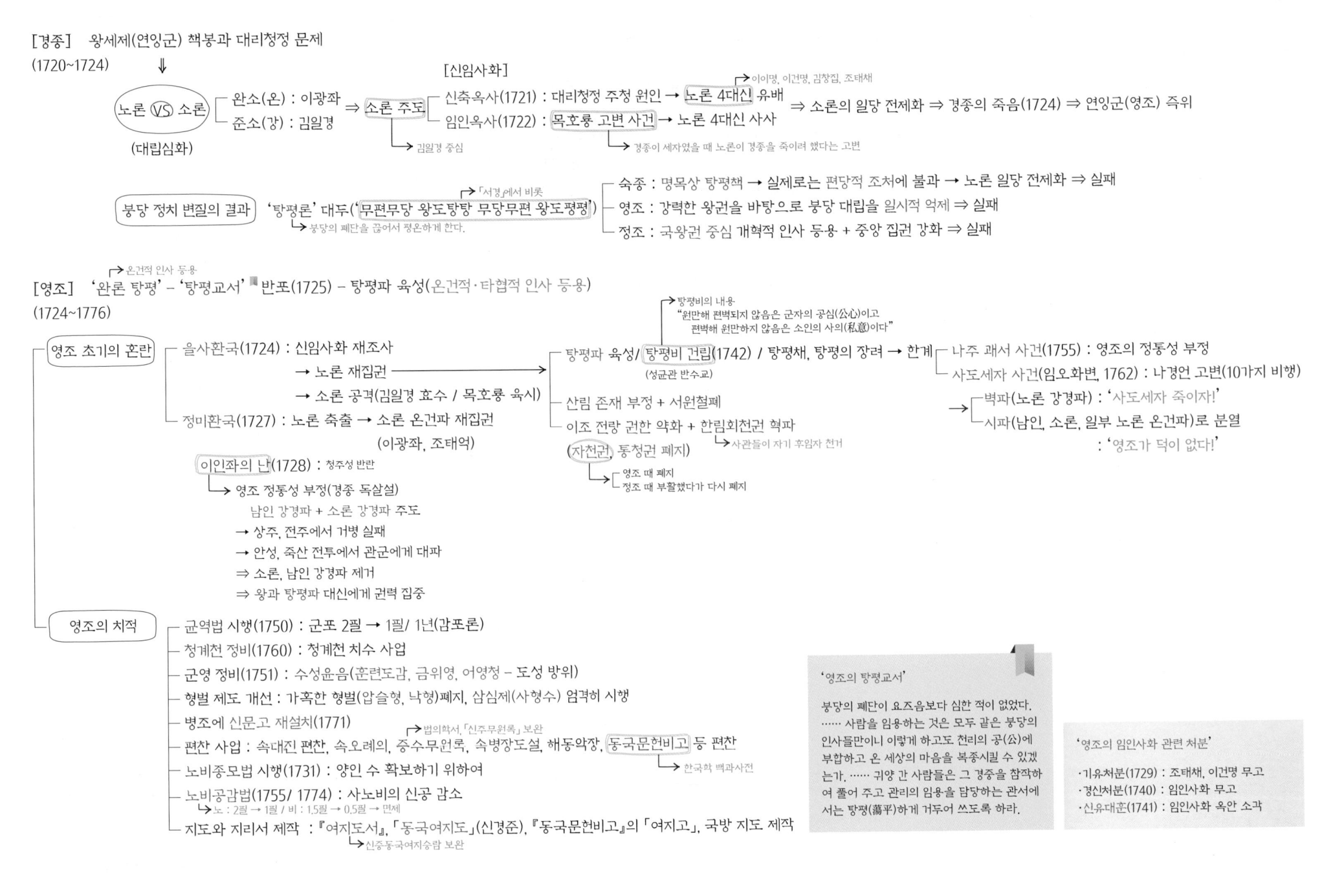

[경종] 왕세제(연잉군) 책봉과 대리청정 문제
(1720~1724)

노론 (VS) 소론 ┬ 완소(온) : 이광좌 ⇒ 소론 주도 ─ [신임사화] ┬ 신축옥사(1721) : 대리청정 주청 원인 → 노론 4대신 유배 ──→ 이이명, 이건명, 김창집, 조태채 ⇒ 소론의 일당 전제화 ⇒ 경종의 죽음(1724) ⇒ 연잉군(영조) 즉위
　　　　　　　└ 준소(강) : 김일경 　　　　　　└ 임인옥사(1722) : 목호룡 고변 사건 → 노론 4대신 사사
(대립심화)　　　　　　　　　　　└→ 김일경 중심　　　　　　　　　　　└→ 경종이 세자였을 때 노론이 경종을 죽이려 했다는 고변

붕당 정치 변질의 결과 ─ '탕평론' 대두('무편무당 왕도탕탕 무당무편 왕도평평') ──→ 「서경」에서 비롯
　　　　　　　　　　　　　└→ 붕당의 폐단을 끊어서 평온하게 한다.
　┬ 숙종 : 명목상 탕평책 → 실제로는 편당적 조처에 불과 → 노론 일당 전제화 ⇒ 실패
　├ 영조 : 강력한 왕권을 바탕으로 붕당 대립을 일시적 억제 ⇒ 실패
　└ 정조 : 국왕권 중심 개혁적 인사 등용 + 중앙 집권 강화 ⇒ 실패

[영조] '완론 탕평'-'탕평교서' 반포(1725) - 탕평파 육성(온건적·타협적 인사 등용)
(1724~1776)　　└→ 온건적 인사 등용

영조 초기의 혼란 ┬ 을사환국(1724) : 신임사화 재조사
　　　　　　　　│　　→ 노론 재집권
　　　　　　　　│　　→ 소론 공격(김일경 효수 / 목호룡 육시)
　　　　　　　　└ 정미환국(1727) : 노론 축출 → 소론 온건파 재집권
　　　　　　　　　　　　　　　　　　(이광좌, 조태억)
　　　　　　　　　　이인좌의 난(1728) : 청주성 반란
　　　　　　　　　　└→ 영조 정통성 부정(경종 독살설)
　　　　　　　　　　　　남인 강경파 + 소론 강경파 주도
　　　　　　　　　　　→ 상주, 전주에서 거병 실패
　　　　　　　　　　　→ 안성, 죽산 전투에서 관군에게 대파
　　　　　　　　　　　⇒ 소론, 남인 강경파 제거
　　　　　　　　　　　⇒ 왕과 탕평파 대신에게 권력 집중

탕평파 육성/ 탕평비 건립(1742) / 탕평채, 탕평의 장려 → 한계
　(성균관 반수교)
└ 산림 존재 부정 + 서원철폐
└ 이조 전랑 권한 약화 + 한림회천권 혁파
　　자천권, 통청권 폐지 ──→ 사관들이 자기 후임자 천거
　　└→ 영조 때 폐지
　　　　정조 때 부활했다가 다시 폐지

탕평비의 내용
"원만해 편벽되지 않음은 군자의 공심(公心)이고
편벽해 원만하지 않음은 소인의 사의(私意)이다"

┬ 나주 괘서 사건(1755) : 영조의 정통성 부정
└ 사도세자 사건(임오화변, 1762) : 나경언 고변(10가지 비행)
　└→ ┬ 벽파(노론 강경파) : '사도세자 죽이자!'
　　　└ 시파(남인, 소론, 일부 노론 온건파)로 분열
　　　　　　 : '영조가 덕이 없다!'

영조의 치적 ┬ 균역법 시행(1750) : 군포 2필 → 1필/ 1년(감포론)
　　　　　　├ 청계천 정비(1760) : 청계천 치수 사업
　　　　　　├ 군영 정비(1751) : 수성윤음(훈련도감, 금위영, 어영청 – 도성 방위)
　　　　　　├ 형벌 제도 개선 : 가혹한 형벌(압슬형, 낙형)폐지, 삼심제(사형수) 엄격히 시행
　　　　　　├ 병조에 신문고 재설치(1771)
　　　　　　├ 편찬 사업 : 속대전 편찬, 속오례의, 증수무원록, 속병장도설, 해동악장, 동국문헌비고 등 편찬
　　　　　　│　　　　　　　　　　　　　　　　└→ 법의학서, 「신주무원록」 보완　　　　　　　　　　　　└→ 한국학 백과사전
　　　　　　├ 노비종모법 시행(1731) : 양인 수 확보하기 위하여
　　　　　　├ 노비공감법(1755/ 1774) : 사노비의 신공 감소
　　　　　　│　└→ 노 : 2필 → 1필 / 비 : 1.5필 → 0.5필 → 면제
　　　　　　└ 지도와 지리서 제작 : 『여지도서』, 「동국여지도」(신경준), 『동국문헌비고』의 「여지고」, 국방 지도 제작
　　　　　　　　　　　　　　　　　└→ 신증동국여지승람 보완

'영조의 탕평교서'

붕당의 폐단이 요즈음보다 심한 적이 없었다.
…… 사람을 임용하는 것은 모두 같은 붕당의
인사들만이니 이렇게 하고도 천리의 공(公)에
부합하고 온 세상의 마음을 복종시킬 수 있겠
는가. …… 귀양 간 사람들은 그 경중을 참작하
여 풀어 주고 관리의 임용을 담당하는 관서에
서는 탕평(蕩平)하게 거두어 쓰도록 하라.

'영조의 임인사화 관련 처분'

·기유처분(1729) : 조태채, 이건명 무고
·경신처분(1740) : 임인사화 무고
·신유대훈(1741) : 임인사화 옥안 소각

* 3대 모역 사건 : 정후겸, 홍자해, 홍인한, 김귀주 ← 홍국영

[정조] 준론 탕평 ┌ 신분에 관계없이 개혁적 인사등용 (의리, 명분 중시)
                     ↳ 노론의 반대('삼불필지설')로 인해 우여곡절 끝 즉위
(1776~1800) └ 재상권 강화를 통한 관료정치 실현

┌ 벽파 배제, 시파 중용(채제공, 이가환, 정약용) → 침전에 '탕탕평평실'이란 편액을 달아둠
├ 장용영 설치(국왕 친위대), 5군영 축소(서인 군사 기반 약화)
├ 규장각 설치, 강화 – 초계문신제(통상 37세 이하 과거 급제자 대상) 시행 ⇒ 왕권 강화 (강화도에는 외규장각 신설)
│   (1776) 의정부에서 초선←┘   └국왕이 직접 재교육 → 등용   └병인양요 때 약탈되어 프랑스로 도서 반출
├ 문체반정(한·당의 고문으로 돌아가야 한다) ⓋⓈ 박지원 「열하일기」(문체 혁신)
│   └군사적 + 상업적
├ 수원 화성 축조(정약용) ┌ 대유둔 / 축만제둔(국영 시범 농장) 조성 → 사도세자의 무덤 이전(현륭원 → 융릉), 건릉(정조 무덤)
│ └세계 문화 유산 └거중기 사용 └ 만석거 / 축만제(저수지) 축조
├ 신해통공(1791) : 금난전권 철폐(육의전 제외) → 사상의 활동 허용
│   ㏄ 신해허통(철종, 1851) : 서얼허통
│   * 서류허통절목(1777, 정유절목) : 서얼 규장각 진출 허용(이덕무, 박제가, 유득공, 서이수)
├ 수령 권한 확대 – 수령이 향약 직접 주관
├ 장인 등록제(공장안) 폐지 : 관영 수공업 붕괴
└ 문풍 진작 ┌ 대전통편, 증보동국문헌비고, 동문휘고, 탁지지, 추관지, 규장전운, 무예도보통지, 홍재전서 편찬, 고금도서집성 수입(청에서 수입 → 주합루(규장각) 비치)
         (원 + 속 + 중)   (외교 문서) (조세) (형조)   (한자 운서)   (종합무예서)   (개인 문집)   (백과사전)
                └ 활자 주조 : 임진자, 정유자, 한구자, 생생자(목활자), 정리자(구리), 춘추관자(철)

4 정치 질서의 파탄

     ↳ 정조의 급서 후 11세에 즉위
[순조] (1800~1834)

┌ 정순왕후 수렴청정기(3년간)
│   → 노론 벽파 재집권 – 일당 전제화
│   ┌ 신유박해(1801)
│   │ – 정치적 박해(이가환, 정약용 등 피해)
│   └ 장용영 혁파, 5군영 부활
│   ┌ 이승훈(최초 영세), 주문모(청 신부), 정약종 순교
│   ├ 정약전(흑산도), 정약용(장기 → 강진 유배)
│   └ 황사영 백서 사건(군함요청)으로 황사영 육시(서소문 밖 형장)
└ 효명세자 대리청정기 : 개혁 정치 시도 → 갑작스런 죽음으로 인해 실패
     ↳익종 추존

〈세도 정치기〉(1803~1863) : 특정 붕당이 아닌 특정 가문이 권력 독점
                               (정치 참여 축소)

순조 (안동 김씨 : 김조순)   헌종 (풍양 조씨)   철종 (안동 김씨)

+ 반남 박씨, 남양 홍씨도 연합

'삼불필지설(홍인한)'
· 세손(후에 정조)은 남인·서인·소론·노론 알 필요 X
· 세손은 이조 판서·병조 판서를 알 필요 X
· 세손은 조정의 일에 대해서 알 필요 X

'정조의 만천명월주인용·자서'
· 창덕궁 존덕정 현판에 직필
· 강력한 왕권 천명(자신을 백성을 비추는 밝은 달에 비유)

"달은 하나이며 물은 수만(數萬)이다. 물이 달을 받으므로 앞 시내[川]에도 달이요, 뒷 시내에도 달이다. 달의 수는 시내의 수와 같은데 시내가 만 개에 이르더라도 그렇다. 그 이유는 하늘에 있는 달이 본디 하나이기 때문이다. 달은 본래 천연으로 밝은 빛을 발하며, 아래로 내려와서는 물을 만나 빛을 낸다. 물은 세상 사람이며, 비추어 드러나는 것은 사람들의 상(象)이다. 달은 태극(太極)이며, 태극은 바로 나다."

'진산사건(1791)'
윤지충, 권상연의 신주소각사건 → 처형(신해박해)
(정조가 천주교에 관대)

세도 정치의 결과
┌ 붕당 간 대립 구도는 사라지고 소수 가문이 독점
├ 정2품 이상 고위직만 정치적 기능(종2품 이하는 행정 실무만)
├ 비변사(세도 가문 장악) 권력 집중 → 왕권 약화, 의정부 / 6조 체제 유명무실
├ 매관매직 성행 → 탐관오리·가렴주구
├ 삼정 문란 심화(전정, 군정, 환곡) – 수령·아전들의 수탈
└ 민란 발생 ┌ 홍경래의 난(1811)
             │   ↳ 19C 최초 반 세도 정치 민란
             └ 임술농민 봉기(1862) → 흥선 대원군의 삼정 개혁(1864~)
                      ↳ 최대 규모(전국적) 민란

5 대외 관계의 변화

청과의 관계

17C

┌ 표면적 친선 사대 → 연행사 파견
└ 북벌 운동 추진

  (서인 정권 유지 수단)

18C

활발한 교류
북학론 대두(서울 지역 노론) - 박지원 등 ┌→낙론
만주 지방 성역화(청) → 국경 분쟁/ 산삼 채취,
                                  사냥 등의 분쟁
⇒ 백두산 정계비 건립(숙종, 1712)
┌(서위압록 동위토문 고어분수령 상)
└→ 조선과 청의 대표가   → 해석 문제 발생 ⟨두만강(청)
   직접 답사   VS
                                      토문강(조선)

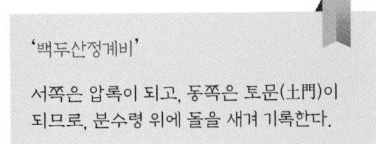

'백두산정계비'

서쪽은 압록이 되고, 동쪽은 토문(土門)이
되므로, 분수령 위에 돌을 새겨 기록한다.

일본과의 관계

┌ 국교 재개(기유약조, 1609) - 도쿠가와 막부 요구 ┌ 경제적 어려움 해결
│   └ 선진 문물 수용
│ : 부산에 왜관 설치, 제한된 범위 내 교섭 허용(서계 지참)
│   세견선 20척, 세사미두 100석   └→국왕외교문서
│
└ 통신사 파견(1607~1811) ┌ 막부 정권 정통성 강화 ┌ 비정기사절단
                        └ 선진 문물 전파(→ 일본) └ (막부 요청시 파견)

  : 총 12회 파견(조선 → 일본) but 최초 파견은 세종 대 박서생
    이동 경로 : 부산 ~ 오사카(해로) / 오사카 ~ 도쿄(육로)

  → 18C 일본 내 국학(國學) 운동이 일어나는 계기
  → 19C 이후 통신사 ┌ 파견 중단
                    └→『일본서기』를 연구하려는 움직임

'통신사 관련 기록'

『동사일록』(김지남), 『동사록』(홍우재) → 유네스코 세계 기록 유산

19C 후반 간도 귀속 문제 - '토문강' 해석 문제

┌ 서북경략사(어윤중, 1883) : 간도 지역 관리
│ 토문감계사(이중하, 1885) : 국경 확정 회담 → 우리 영토 주장(1887)
│ 간도 시찰원(이범윤, 1902) : 간도를 함경도로 편입(1903, 간도 관리사)
│ 통감부 간도 파출소(출장소) 설치(1907)
│ 간도 협약(1909) : 외교권 상실 상태에서 청·일 간 체결
│ - 간도를 청의 영토로 인정해 준 대가로 일본이 청으로부터
↓   안봉선 철도 부설권과 푸순 탄광 채굴권을 받음

'울릉도와 독도'

·삼국시대 이래 우리 영토 → 안용복 활약(숙종, 1693, 1696 → 일본) → 일제의 독도 강탈
  VS 일본 어민 침범   : 울릉도·독도가 조선 영토임을 확인   ┌ 한·일 의정서(1904. 2. 23)
                     ┌→『통항일람』: 19c 중반 일본역사서   │ : 울릉도와 독도 불법 점령
                     │ '울릉도 및 독도가 조선 영토'   └ 시마네현 고시 제40호(1905. 2. 22)
                     └『죽도기사』: 울릉도 및 독도의 조선 귀속   : 불법 편입
                        과 일본 어민 출어 금지에 대한 조·일 정부
                        간 왕복 문서

  * 일본은 독도가 1849년 프랑스 포경선 constantine호에 의해 처음 발견된 섬이라고 주장(Liancourt Rocks)
·개척령(1882) 반포 : 김옥균을 '동남 제도 개척사' 임명
·1900년 칙령 제41호 반포 : 울릉도를 울도군으로 개편
                        └→초대 군수 : 배계주

'독도는 우리땅(근거)'

·『삼국사기』 신라본기, 이사부 열전
·『고려사』 동계 울진현 조 - 우산국의 토산물 납부
·『세종실록지리지』, 『신증동국여지승람』 강원도 울진현 조에 기록
·『팔도총도』(신증동국여지승람 첫머리 지도)에 표기
·『은주시청합기』(일본 관리 사이토 호센이 기록, 1667)
·일본여지노정전도(1779)
·삼국접양지도(1785) - 삼국을 다른 색으로 표기
·『신찬지지』(일본 지리 교과서) - 조선의 해역에 울릉도와 독도 표기
·태정관 문서(조선국교제시말내탐서, 1870)
·기죽도약도(1877)
·『일청한 군용정도』(군사용 지도) - 한국 국경선 내에 울릉도와 독도 포함
·연합군 최고 사령부 지령 제677호(2차 대전 후)

Chapter 02 조선 후기의 경제

1 수취 체제의 개편

✦ **영정법(인조, 1635)** 대부분 농민 혜택 X
→ 반정 통해 집권

┌ 풍흉 관계 X
├ 1결당 4두(전세 인하) - 전세의 정액화
│   but 지주에게 부과된 부가세 → 소작농 전가 ⇒ 농민 부담 증가
│   └→ (운송비, 결손분)
└ ※ 양척동일법(효종, 1653) : 측량하는 자를 동일하게 1등급 자로 사용

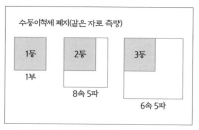

수등이척제 폐지(같은 자로 측량)

1등	2등	3등
1부		
	8속 5파	
		6속 5파

: 면적은 같고 세금은 차등 부과

✦ **대동법(1608~, 광해군)** - 공납의 전세화 : 선혜청 설치 - 대동법 관할

┌ 배경 : 방납의 폐단
├ 내용 : 현물 대신 1결당 12두 미곡, 포, 전화(동전)로 납부
│   └→「동국지리지」저술
├ 확대 : 경기도(1608, 선조 / 광해군) - 이원익·한백겸 주도 ──→ 강원도(1623, 인조) - 조익(「포저집」)
│   ──→ 충청·전라도(1651·1658, 효종) - 김육(VS 송시열) ──→ 경상·황해도(1708, 숙종) - 박세채, 허적
│   * 전국적 시행에 100년 걸림(∵ 양반 지주들의 반대)
│   ⇒ 함경도 / 평안도를 제외한 전국적 실시(* 함경도와 평안도는 토지 척박으로 생산량이 적어 자체적으로 시행)
├ 운영 : 어용상인(국가가 관리하는 상인)으로서 공인이 국가로부터 공가(대동세)를 미리 받아 관수품 조달 → 장시의 발달
└ (한계) ┬ 상납미 증가 / 유치미 감소 → 국가 재정 확보 but 지방 재정 악화 → 농민 수탈 증대
         ├ 상공에만 적용, 별공, 진상 여전히 잔존(대동법 실시 이후에도 현물 납부 관행은 여전히 존재)
         └ 지주가 대동세를 소작농에게 전가

──→ 대동법 시행 결과
                    ┌→ 1결당 쌀 12두   ┌→ 동전으로 납부
┌ 공납의 전세화, 조세의 금납화
├ 농민 부담↓, 지주 부담↑(∵ 공납의 전세화) → 지주 반발 심화
├ 교역 활발 - 장시와 상공업 발달(∵ 공인 활동)
├ 상품 화폐 경제 발달
├ 선대제 수공업(민영 수공업) 발달 - 물주나 상인이 원료값을 미리 지급
├ 도고 상업 발달 - 양인층 계층 분화
└ 자본주의 맹아, 봉건적 신분 제도 붕괴
      └→ 독점적 도매 상인

✦ **균역법(영조, 1750)**

· 배경 : 군역 제도의 모순 심화   ⇒   · 대책 : 양역 변통론의 대두

┌ 군포 유용 : 군포 수입 대개 경상비
├ 군포의 중복 징수, 군포액 증가
│   └→ 어린이를 군정에 포함
├ 지방관의 농간 : 백골징포, 황구첨정, 강년채, 인징, 족징 등
└ 농민의 신분 이동 및 유망 심화   └→ 이웃에게 부과하는 폐단

                                                    ┌→ 신분 차등 전제로 한 균전
┌ 농병일치제 환원(17C 유형원) : "균전론" 제시 → 양반 지주 반대 ⇒ 실패
└ 호포론 대두(18C 영조) : 양반에게도 군포 부과 → 양반 반대 ⇒ 실패

                                            ┌→ 미곡 6두
┌ 절충안 : 균역법(감필론 = 감포론) - [2필 → 1필] : 농민 부담↓
│   ┌ 지주 : 결작(포) 부과(결미 / 결전) - 1결당 2두 : 지주 부담↑
│   군포 부족분 보충 ─┼ 선무군관포 : 지방 상류층(1 필 / 1년)
│   │   ┌→ 선혜청으로 통합(1753)
│   └ 궁방·아문에서 관할하던 선세 / 어염세(어량세 + 염세) → 균역청에 이관(어염세 감면)
└ (한계) ┬ 지주가 결작(미)을 소작농에게 → 소작농 부담↑
         └ 군적 문란 여전 → 19세기 군정 문란 심화

2 서민 경제의 발전

✦ 농민 경제의 변화

- 밭농사 : 시비법 발달 / 농종법 + 견종법 → 토지 생산성 급증
- 이앙법 (전국적) 확대 → 노동력 절감 → (광작) 확대
  - → 농민층 계층 분화 ─ 소수 경영형 부농 → 다수가 신분 상승
    - ─ 다수 임노동자 수↑ (도시, 광산, 포구로 이동하여 품팔이)
    - ─ 자작농수↓
    - ─ 소작농수↓ (∵ 조선 후기에는 소작지를 얻기 어려워짐)

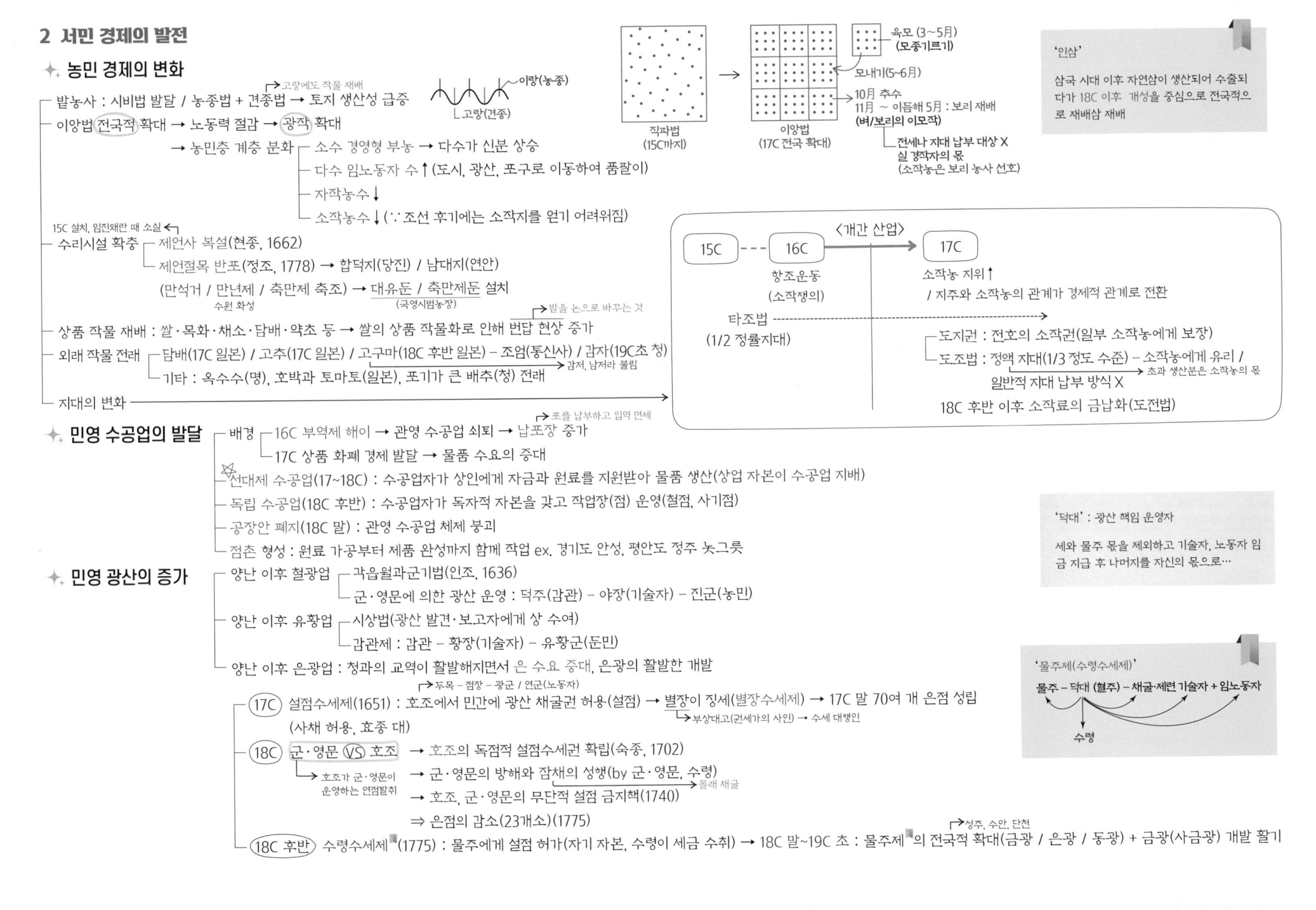

ㅣ고랑에도 작물 재배

이랑(농종)

└고랑(견종)

직파법
(15C까지)

이앙법
(17C 전국 확대)

육모 (3~5月)
(모종기르기)

모내기 (5~6月)

10月 추수
11月 ~ 이듬해 5月 : 보리 재배
(벼/보리의 이모작)
→ 전세나 지대 납부 대상 X
실 경작자의 몫
(소작농은 보리 농사 선호)

'인삼'

삼국 시대 이후 자연삼이 생산되어 수출되다가 18C 이후 개성을 중심으로 전국적으로 재배삼 재배

- 15C 설치, 임진왜란 때 소실 ←┐
- 수리시설 확충 ┌ 제언사 복설(현종, 1662)
  └ 제언절목 반포(정조, 1778) → 합덕지(당진) / 남대지(연안)
  (만석거 / 만년제 / 축만제 축조) → 대유둔 / 축만제둔 설치
  수원 화성   (국영시범농장)
- 상품 작물 재배 : 쌀·목화·채소·담배·약초 등 → 쌀의 상품 작물화로 인해 번답 현상 증가
                          └ 밭을 논으로 바꾸는 것
- 외래 작물 전래 ┌ 담배(17C 일본) / 고추(17C 일본) / 고구마(18C 후반 일본) – 조엄(통신사) / 감자(19C초 청)
  └ 기타 : 옥수수(명), 호박과 토마토(일본), 포기가 큰 배추(청) 전래   └ 감저, 남저라 불림
- 지대의 변화

〈개간 산업〉

| 15C | ---- | 16C | → | 17C |

항조운동
(소작쟁의)

소작농 지위↑
/ 지주와 소작농의 관계가 경제적 관계로 전환

타조법 -----------------------------
(1/2 정률지대)

┌ 도지권 : 전호의 소작권(일부 소작농에게 보장)
└ 도조법 : 정액 지대(1/3 정도 수준) – 소작농에게 유리 /
          초과 생산분은 소작농의 몫
          일반적 지대 납부 방식 X

18C 후반 이후 소작료의 금납화(도전법)

✦ 민영 수공업의 발달

- 배경 ┌ 16C 부역제 해이 → 관영 수공업 쇠퇴 → 납포장 증가
       │   └ 포를 납부하고 입역 면제
       └ 17C 상품 화폐 경제 발달 → 물품 수요의 증대
- ※ 선대제 수공업(17~18C) : 수공업자가 상인에게 자금과 원료를 지원받아 물품 생산(상업 자본이 수공업 지배)
- 독립 수공업(18C 후반) : 수공업자가 독자적 자본을 갖고 작업장(점) 운영(철점, 사기점)
- 공장안 폐지(18C 말) : 관영 수공업 체제 붕괴
- 점촌 형성 : 원료 가공부터 제품 완성까지 함께 작업 ex. 경기도 안성, 평안도 정주 놋그릇

'덕대' : 광산 책임 운영자

세와 물주 몫을 제외하고 기술자, 노동자 임금 지급 후 나머지를 자신의 몫으로…

✦ 민영 광산의 증가

- 양난 이후 철광업 ┌ 각읍월과군기법(인조, 1636)
                   └ 군·영문에 의한 광산 운영 : 덕주(감관) – 야장(기술자) – 진군(농민)
- 양난 이후 유황업 ┌ 시상법(광산 발견·보고자에게 상 수여)
                   └ 감관제 : 감관 – 황장(기술자) – 유황군(둔민)
- 양난 이후 은광업 : 청과의 교역이 활발해지면서 은 수요 증대, 은광의 활발한 개발
                    └ 두목 - 점장 - 광군 / 연군(노동자)

- (17C) 설점수세제(1651) : 호조에서 민간에 광산 채굴권 허용(설점) → 별장이 징세(별장수세제) → 17C 말 70여 개 은점 성립
         (사채 허용, 효종 대)   └ 부상대고(권세가의 사인) → 수세 대행인

- (18C) 군·영문 (VS) 호조 → 호조의 독점적 설점수세권 확립(숙종, 1702)
         └ 호조가 군·영문이 → 군·영문의 방해와 잠채의 성행(by 군·영문, 수령)
           운영하는 연점탈취   └ 몰래 채굴
                        → 호조, 군·영문의 무단적 설점 금지책(1740)
                        ⇒ 은점의 감소(23개소)(1775)
                                          ┌ 성주, 수안, 단천
- (18C 후반) 수령수세제(1775) : 물주에게 설점 허가(자기 자본, 수령이 세금 수취) → 18C 말~19C 초 : 물주제의 전국적 확대(금광 / 은광 / 동광) + 금광(사금광) 개발 활기

'물주제(수령수세제)'

물주 – 덕대 (혈주) – 채굴·제련 기술자 + 임노동자

수령

3 상품 화폐 경제의 발달

✦ 사상의 대두

```
┌ 대동법 실시 ────────┐
├ 상품 유통 활발       │
├ 소작료의 금납화       ├─→ 상품 화폐 경제 촉진 → 공인의 활동 + 사상의 활동 ⇒ 도고(독점적 도매 상인)로 성장
└ 인구 증가 및 도시 유입 ┘                                              └→ 대표적 ex. 허생
─ 사상의 상업 활동
```

```
┌ 사상의 성장 과정
│    : 초기에는 중도아(시전에서 물건을 떼어다 판매)로 성장 → 시전 상인들의 통제(금난전권, 17C 후반) → 사상의 위축
│                                                    └→ 난전을 금지하는 권리
│    → 난전 확대 : 이현 / 칠패 / 용산 / 마포 / 송파 등 4대문 밖에서 금난전권 비대상 품목 판매 → 물가 상승(4대문 안)
│              (동대문)  (남대문)
│    → 신해통공(정조, 1791) : 서울 지역 물가 안정 목적, 금난전권 철폐(육의전 제외) → 사상의 자유 상업 보장
├ 사상의 종류
│    ┌ 송상(개성 상인) : 인삼 재배·판매 / 대외 무역 관여 / 송방(전국적 유통망) / '송도사개부기법' 창안
│    ├ 경상(한강 상인) : 미곡·소금·어물 등의 운송과 판매(선상) / 선박 건조 / 포구 상업 / 쌀폭동(1833) ┐
│    ├ 만상(의주 상인) : 대 중국 무역(대청 후시)                                               ├ 중계 무역
│    ├ 내상(동래 상인) : 대 일본 무역(대일 후시)                                               ┘
│    └ 유상(평양 상인)
└    ※ 거간 : 소비자와 상인 연결 업무 담당(중개 상인)
```

✦ 장시의 발달

```
┌ 15C 말 남부 지방 개설 시작 → 16C 중엽 전국적 확대 → 18C 중엽 전국에 1000여 개소 개설
├ 보통 5일장(일부 상설 시장), 인근 장시와 연계(지역적 시장권 형성)
└ (보부상) 활동 : 장시를 하나의 유통망으로 연계, 보부상단 형성) ⇒ 18C 말 각 지역에 상업 중심지 형성
   └→ 부상청(임방)의 허가를 받고 활동
                                                   (ex. 광주 송파장, 은진 강경장, 덕원 원산장, 창원 마산포장)
```

✦ 포구에서의 상업 활동

```
┌ 포구의 역할 변화 : 세곡·소작료 운송 기지 → 18C 상업 중심지로 성장(강경포, 원산포)
└ 포구의 상업 활동 ┬ 선상·객주·여각 등의 활발한 상행위
                  ├ 선상 활동 : 선박 이용-(ex. 경강 상인) – 포구에서 미곡, 소금, 어물 거래
                  └ 객주나 여각 : 상품의 매매 중개 / 운송 / 보관 / 숙박 / [금융 영업]
                                                                      └→ 주로 환전
```

✦ 대외 무역의 발달

```
┌ 대청 무역(17C 중엽 이후 활발) – 만상(의주 상인)
│    ┌ 공무역(경원 개시, 회령 개시, 중강 개시)
│    ├ 사무역(중강 후시, 책문 후시)  ┐         └→ 임진왜란 중 유성룡의 건의
│    │                              └→ 팔포무역
│    └ 수입품 : 비단, 약재, 문방구 / 수출품 : 은, 종이, 무명, 인삼 등
├ 대일 무역(1609 기유약조 이후 국교 정상화) – 내상(동래 상인)
│    ┌ 왜관 개시·후시
│    ├ 수입품 : 은, 구리, 황, 후추 등 / 수출품 : 인삼, 쌀, 무명 등
│    └ 청의 물품들을 넘겨주는 중계 무역이 성행
└ 중계 무역 : 개성 송상은 양자의 중계 무역
            └→ 만상과 내상 연결
```

✦ 화폐 유통

```
┌ 상평통보 주조(인조)·유통(숙종) → 조세 및 소작료 금납화 → 전국적 유통
│    → 상품 화폐 경제 발달 촉진(호조, 상평청, 진휼청, 정초청, 사복시, 어영청,
│      훈련도감 및 군영에서 주조·유통 / 각 지방 관청도 주조, 유통
│    (cf) 인조 대 상평청에서 팔분 (서)체 조선통보를 다시 발행(1633)
│        효종 대 십전통보 주조
├ 전황 발생 : 지주나 대상인들이 고리대나 재산 축적 수단으로 이용
│    → 동전 부족 현상(화폐 자체가 투기의 대상) → 화폐가치↑ 물가↓
│    ⇒ 조세 및 소작료의 금납화를 배경으로 농민생활 악화(∵돈을 구하기 위해)
│    ⇒ 개혁안 제시 ┬ 이익 : 폐전론 – "화폐 없애자!"
│                  └ 박지원 : 용전론 – "화폐 더 쓰자!"
└ 환·어음 등의 신용 화폐 보급 : 상업 자본의 성장(18C)
```

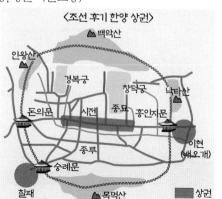

〈조선 후기 한양 상권〉

백악산 / 안왕산 / 경복궁 / 창덕궁 / 낙타산 / 돈의문 / 시전 / 종묘 / 흥인지문 / 종루 / 이현(배오개) / 숭례문 / 칠패 / 목멱산 / ▢ 상권

'훈련도감의 난전 가담'(17C 이후)

정부에서 훈련도감 군인들에게 충분한 급료 제공 X
→ 훈련도감이 난전에 가담 : 면포 및 수공 제작품 판매
  (전안에 오르지 X, 지역(관수품 납부) X)

'부상청과 관허 상인'

·부상청(임방) : 보부상단의 본부 / 보부상 활동 허가
·관허 상인 : 시전 상인 / 공인 / 보부상

Chapter 03 조선 후기의 사회

1 사회 구조의 변동

- 신분제 동요 ─ 붕당 정치 변질 → 양반 계층 분화 : 권반(소수 집권 관료층), 향반(토반, 지방으로 낙향한 양반), 잔반(몰락 양반)
  - 부농층의 신분 상승 – 군역 면제 목적(by 납속 / 공명첩 / 족보 및 홍패 위조 / 환부역조 / 모칭유학)
    - → 양반 수↑, 상민 수↓, 노비 수↓
- 신분 상승 운동 ──────────────────────────→ 임진왜란 이후 재정 보충을 위해 발행
  - 서얼 ─ 임진왜란 이후 차별 완화 → 관직 진출(by 납속책·공명첩)
    - 서얼 통청 운동 : 영·정조 대 적극적 신분 상승 운동 전개(집단 상소) → 동반·청요직 진출 요구
    - 정조 대 서얼의 등용 → 규장각 검서관 등용(이덕무, 박제가, 유득공, 서이수) – 서류허통절목(정유절목) 반포(1777)
    - 신해허통(1851, 철종) : 서얼의 청요직 진출 허용(완전한 허통 X)
  - 중인 ─ 주로 기술직에 종사 / 축적한 재산·탄탄한 실무 경험 바탕으로 신분 상승 추구 → 서얼허통에 자극 → 대규모 소청 운동 전개
    - 중인 소청 운동 실패 but 전문적인 직업적 특수성 부각 → 역관은 외래 문화 수용의 선구적 역할 / 향리의 강화
- 노비 해방
  - 노비 시책 : 합법적·불법적 신분 상승 / 입역 노비를 납공노비 전환 → 노비의 도주 증가 → 신공 증가 → 노비 추쇄(1655) → 성과 미비
  - 노비종모법(1731, 영조) : 모(母) 기준으로 노비 or not 결정
  - 노비공감법(1755, 영조) : 증가하는 사노비의 신공을 감경(노(奴) : 1.5필 → 1필 / 비(婢) : 1필 → 반필)
    - → 1774년에는 비(婢)의 신공 면제 : 사노비 생계 안정 목적
    - (Cf. 공노비의 신공 : 노(奴) – 포 1필, 저화 20장 / 비(婢) – 포 1필, 저화 10장)
  - 공노비 해방(1801, 순조) : 각 사(司) 노비 제외 중앙 관서 내수사, 궁방 소속 노비 6만 6000여 명 해방 – 국방상, 재정상 목적(공노비 전체 해방 X)
    - → 노비 세습제 폐지(1886) → 공·사노비 해방(1894, 갑오개혁) : 노비제 법제적 폐지
- 가족 제도 : 적장자 단독 및 자녀 차등 상속 / 여성의 재가 금지(재가녀 자손 문과 금지)
  - 친영 제도 정착(법적 혼인 가능 : 연령 남자 15세, 여자 14세) / 적장자 봉사 (4대 봉사 확대) ───→ 부, 조부, 증조부, 고조부
  - 호적에 자녀순 기재(선남후녀 방식) / 여성 호주 금지 / 일부일처제 원칙 but 축첩 허용 → 양자 입적 성행(이성불양 : 異姓不養)

2 향촌 질서의 변화(18C)

- 양반의 향촌 지배 약화(∵ 부농층의 성장 / 몰락 양반의 증가)
  - → 향촌 양반의 대책 : 족적 결합 강화 / 동약 실시 / 청금록(양반 유생들의 서원·향교 출입 명부) 중시 / 향안(향청 및 향회 명부) 작성 /
    동족촌(동성촌) 형성 / 문중 중심의 서원·사우(사당) 건립
- 부농층의 도전 : 향촌에서 성장한 부농층의 성장 → 매향(賣鄕)을 통해 향회의 향임직(좌수, 별감 등) 차지(신향으로 성장) / 향회 참여
  - → 총액제(비총 / 군총 / 환총 – 마을 공동납제) 수취권에 대한 향촌 지배권을 두고 구향(사족)과의 마찰(향전, 鄕戰)
- 향전의 결과 : 신향이 향회 장악 / 구향은 군현 단위 지배권 상실(→ 촌 단위로 동약 실시)
  - → 사족의 약화 + 수령권(관권) 강화 + 향리의 권한 강화 → 향회의 기능 변화 : 수령의 세금 부과 시 자문 기구화 → 농민에 대한 수탈 증대(18C 말)

'노비 추쇄 사업'

: 도망 및 불법 종량 노비 색출 목적
- 태조(1395)·태종(1414)
  - 노비 변정도감 설치
- 세종(1439)·세조(1461)·성종(1479)
  - 노비 추쇄 사업 실시
- 중종(1514)·명종(1556)
  - 노비 추쇄 도감 설치
- 효종 대 노비 추쇄 도감 설치(1655)
  - 성과 미비
- 효종 이후 공노비 해방(1801)까지 식년 추쇄(3년마다)를 제외하고 전국적 추쇄 없음
※『경국대전』: 3년마다 공노비 추쇄 → 속안(續案) 작성, 20년마다 정안(正案) 작성(노비안 작성)
  → 본읍, 본도, 사섬시, 장례원, 형조, 의정부 비치

'봉사제'

『경국대전』에 참상관 이상은 3대까지, 참하관은 2대까지, 일반 평민은 1대까지 제사 규정 but 조선 후기에는 『문공가례』 정신에 따라 4대 봉사제 강화
  부, 조부, 증조부, 고조부 ←

'향전'

- 근래 사족들이 향교에 모여 의논하여 수령을 쫓아내는 것이 고질적인 폐단입니다. 〈영조 23년〉
- 영덕의 구향(舊鄕)은 사족이며, 소위 신향(新鄕)은 모두 향리와 서리의 자식입니다. 근래 신향들이 향교를 주관하면서 구향들과 서로 마찰을 빚고 있습니다. 〈영조 39년〉

3 사회 변혁의 움직임

─ 사회 불안 심화 : 신분제 동요 / 농민 생활 파탄(∵탐학 / 가렴주구 + 재난과 질병) ┌→ 1820년 전국적 수해 / 1821년 콜레라

           삼정의 문란 / 이양선 출몰(최초 영국 상선 로드 암허스트호, 1832)

           → 비기·도참의 유행 / 수적·화적(명화적 : 서강단(서울 중심) / 폐사군단(평양 중심) /

             채단(재인이나 화척) / 유단(떠돌이 거지) 등)

─ 예언 사상의 대두 : 『정감록』 유행 → 홍경래의 난 등 민중 항쟁에 영향 / 무격신앙과 미륵신앙 유행

─ 천주교의 전래 : 17세기 중국에 다녀온 북인 사신들에 의해 '서학'으로 소개

   (서학)   (이수광『지봉유설』: 마테오 리치『천주실의』 최초 소개)

          ┌ 근기 남인(이익의 문인들 – 이벽, 이승훈, 정약종)에 의해 신앙으로 수용(1784, 정조)

          │ – 남인 중에는 안정복과 같이 천주교에 비판적 인물도 다수(『천학문답』(1785))

          ├ 추조(형조) 적발 사건(1785, 정조) : '사교'로 규정, 천주교 서적 수입 금지

          └ 반회사건(1787, 정조) : 천주교 서적 소각

            → 신해박해(1791, 정조) : 진산사건(윤지충·권상연의 신주 소각 사건) 계기

            → 〈척사학교〉 발표(1795, 정조)

─ 천주교 박해의 확대

      ┌ 신유박해(1801, 순조) ┌ 노론 벽파가 남인 시파 축출(이승훈, 정약종, 이가환, 주문모(청나라 신부) 처형) ┌→ 1784년 최초로 영세

      │   └ 정약전(흑산도), 정약용-(강진) 유배 / 황사영 백서(대박청래 사건) ■ ──→ 1795년 입국

      ├ 기해박해(1839, 헌종) ┌ 오가작통법 이용

      │   │ ┌『상재상서』– 노론 우의정 이지연에게 천주교도가 제사를 지내지 않는 것이 무군무부가 아니라고 설명

      │   ├ 정하상·프랑스 선교사 처형(모방, 샤스탕, 앵배르)

      │   └ 척사윤음 발표 ⇒ 병오박해(1846, 헌종) : 김대건(최초 신부) 순교

      └ 병인박해(1866, 고종) : 최대 규모의 박해, 프랑스 신부 9명 처형→ 병인양요의 발단 ┌→ 1845년 충남 당진 솔뫼 근거로 활동

        * 천주교는 박해에도 불구하고 평등사상·내세사상으로 인해 더욱 확산(일반 백성 공감대)

          – 안동 김씨 세도 정치기의 탄압 완화 → 조선대목구 설정(1831)

─ 동학 ┬ 창시 : 1860년 경주 출신 최제우 창시(전라도 창시 X)

       ├ 성격 ┬ 유·불·선(도) + 천주교 교리 + 민간 신앙(주문 / 부적)

       │   └ 반봉건(신분제 부정) + 반외세(일체의 서양 배척)

       ├ 사상 ┬ 시천주(侍天主), 인내천(人乃天), 사인여천(事人如天) 사상 – 사해평등주의(여성·어린이 인격 존중)

       │   ├ 후천개벽(조선 왕조 부정)

       │   └ 보국안민·제폭구민(폭정을 제거하고 백성을 구한다)

       ├ 정부의 탄압 : 동학을 사교로 규정(1863), 최제우 처형(1864) – "혹세무민"(세상을 어지럽히고 백성을 현혹한다)

       └ 교세 확산 ┬ 교단 조직 – 포접제 : 북접(충청도) + 남접(전라도), 법소(중앙) + 도소(지방) + 포(하부)

               └ 제2대 교주 최시형(최제우 조카)

                 → 교리 정리 :『동경대전』(한자 경전 : 포덕문 / 논학문 / 수덕문 / 불연기연)

                    +『용담유사』(한글 가사집 : 용담가 / 안심가 / 권학가 / 몽중노소문답가)

'황사영 백서'

황사영이 북경 구베아 주교에게 쓴 서한으로 명주천에 13,311자로 쓰여졌다. 주문모의 활동과 처형 사실, 신유박해의 일을 소개하고 서양 군함을 보내줄 것을 요청하는 내용이 함께 기록되었다. 황사영은 백서가 관아에 압수됨으로써 서소문 밖 형장에서 능지처사되었다. (1801)

삼정 문란(조선 후기 총액제를 원인으로 심화)

　전정의 문란(전세 제도의 문란 ← 비총제) ─ 백지징세(공지 대상 징세)

　　　　　　　　　　　　　　　　　　　 ├ 도결(군역, 환곡, 잡역을 토지 결수 기준으로 화폐로 부과)

　　　　　　　　　　　　　　　　　　　 ├ 진결(황무지에 징세)

　　　　　　　　　　　　　　　　　　　 └ 은결(토지 장부 미기록 토지에 징세)

　군정의 문란(군포제의 문란 ← 군총제) ─ 백골징포(죽은 할아버지에 징포)

　　　　　　　　　　　　　　　　　　　 ├ 황구첨정(어린아이에게 군포 징포)

　　　　　　　　　　　　　　　　　　　 ├ 강년채(노인의 나이를 줄여 징포)

　　　　　　　　　　　　　　　　　　　 ├ 마감채(면역 군포를 일시불로 징포)

　　　　　　　　　　　　　　　　　　　 └ 인징(이웃에게 징포) / 족징(친척에게 징포)

　환정(환곡)의 문란 ■(고리대의 폐단) – 가장 극심 ← 환총제 또는 이환제

농민 항거

　배경 : 19세기 세도 정치기 – 매관매직 / 가렴주구(탐관오리의 횡포) / 삼정(전정·군정·환곡 ■)의 문란

　농민의 항거 : 벽서·괘서·격쟁(소극적) → 민란(적극적)

　민란의 발생

　　홍경래의 난(1811, 순조)　　　　　　　 →정조~철종기 최다 과거합격자

　　　원인 : 19세기 최초 반(反) 세도정치 민란 + 지역(평안도) 차별 원인

　　　주도층 : 몰락 양반 + 중소 상인 + 광산업자 + 영세 농민 가세 → 정감록의 영향

　　　지역 : 평안도 지방을 5개월간 장악(가산 → 선천·정주) → 전국 확대 X

　　임술 농민 봉기(1862, 철종)

　　　원인 : 삼정의 문란 + 경상·우병사 백낙신의 가렴(수탈)

　　　확대 : 단성·진주·개령 민란 → 전국적 확대(함흥~제주) → 최대 규모 민란

　　　(진주 민란 때 군민들은 스스로 '초군'이라 자처 + 유계춘이 지었다는 노래를 부름

　　　→ 박규수가 진압)　　　　　　 →삼정의 개혁 담당

　　　정부 대책 : 암행어사 파견 / 삼정이정청 설치, 삼정이정절목 반포(1862)

　　　　　　　　 삼정 개혁 시도 / 안핵사·선무사의 파견

　　　⇒ 실패 → 이필제의 난(1871, 동학교도 주도), 명화적의 활동,

　　　　　　　 광양 민란(1차 1869, 민회행이 전국적 거사의도 /

　　　　　　　　　　 2차 1889, 백지홍의 공금 횡령 → 공당 파괴 + 공금 탈취)

'환곡의 문란'

· 늑대(강제 대여+고리대)
· 증고(백성에게는 다 받고 나라에는 일정량만 납부)
· 이무(시세 차익을 이용해 사익을 취함)
· 반백 또는 분석(쌀에 겨를 섞어 대여)
· 반작(허위 장부 작성 → 대여량↓ 회수량↑)
· 허류(창고에 없는 것을 있는 것으로 허위 작성)
· 가분(비상 곡식 불법 대출)
· 백징(서리들의 문서 조작으로 실제 대출이 없는데 이자 징수)

'조선 후기 평안도'

· 대청 무역으로 상업, 광공업, 수공업 발달 → 거상 성장 + 신향층
　등장 but 관권의 수탈 대상
· 높은 과거 급제율 but 취직률은 가장 낮음
· 서울 특권 상인의 이권을 위해 평안도민의 상공업 억제
· 중앙 관서에서 잉류 지역 조세 사용 → 평안도민에게 부족분 전가

1 성리학의 변화

✦ **성리학 절대화(교조화)** - 서인(→ 노론 : 송시열) → 주자 성리학에 대한 비판적 사상을 사문난적으로 비판

　　　　　　　　　　↳노론의 영수 '송자'라 불림

✦ **성리학 상대화 시도** – 성리학을 상대화하고 6경과 제자백가 등에서 모순 해결의 사상적 기반을 찾으려는 경향(17C 후반)

┌ 한백겸 : 6경을 주자와 다르게 독창적으로 해석(『동국지리지』→ 최초로 부여 – 고구려로 이어지는 북방계 정통론 제시)
├ 조익 : 성혼의 문묘종사 건의 / 대동법 충청도 확대 실시 주장 / 주자와 다른 독창적 해석(『중용주해』저술)
├ 윤휴(남인) : 서경덕의 영향 /『대학』·『중용』·『주례』·『효경』에 대한 독자적 해석(『중용주해』저술) → 송시열과 논쟁에서 패배(사문난적) → 경신환국 때 사사(1680)
└ 박세당(소론) : 양명학과 노장사상의 영향을 받아 주자의 학설 비판(『사변록』저술) → 사문난적으로 몰려 삭탈관직

✦ **성리학의 심화** - 이기논쟁(16세기) → 북벌논쟁(17세기) → 호락논쟁(18세기)

　✧ 호락논쟁(18세기) : 노론 내부의 심성론 논쟁 → 권상하(송시열의 제자)의 문인이었던 한원진과 이간 사이의 논쟁(인물성 동이 논쟁)

호락논쟁	호론(충청도 지방 노론)	낙론(서울 지방 노론)
성향	인물성(人物性) 이론(異論) 노론 주기파(기의 차별성 중시)	인물성(人物性) 동론(同論) 노론 주리파(이의 공통성 중시)
주장	청을 배척(17세기 북벌론과 상통) 신분제와 지주전호제 옹호	청을 수용(북학론) 중국 중심의 화이관 비판
인물	권상하, 한원진	이간, 김창협
계승	위정척사 사상으로 계승	개화 사상으로 계승

2 양명학의 수용

✦ **양명학의 시작** – 명나라 왕수인(양명)이 성리학에 대한 비판에서 시작 →『전습록』(왕양명 어록) 저술

✦ **조선에서 수용** - 16세기 전반 중종 때 전래 → 화담 서경덕과 종친들 중심(16세기 중반) ↔ 이황이『전습록변』을 통해 비판(이단으로 간주)

✦ **조선식 양명학(17세기)** – 남언경, 이항복, 최명길 중심 → 중앙에서 도태된 소론 중심 본격화

✦ **강화학파 형성(18세기)**

┌ 정제두 중심(『하곡집』,『존언』,『변퇴계전습록변』(이황 비판),『만물일체설』 저술)
├ 소론 + 불우한 종친(가학(家學)의 형태)
├ 이광사(원교체 = 동국진체), 이긍익(『연려실기술』) 등 역사학, 서화, 문학 등에서 새로운 경지 개척
└ 한말 국학으로 계승 : 박은식(유교구신론,『왕양명실기』), 정인보(『양명학연론』저술)

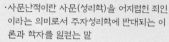

'사문난적'

· 사문난적이란 사문(성리학)을 어지럽힌 죄인이라는 의미로서 주자성리학에 반대되는 이론과 학자를 일컫는 말
· 윤휴는 "어찌하여 주자만 옳단 말인가? 공자가 다시 태어나면 내가 옳다고 할 것이다." 라고 주장

'성리학과 양명학 비교'

성리학	양명학
성즉리설(性卽理說) → 이(理)는 본성에 따라 결정	심즉리설(心卽理說) → 이(理)는 마음에 따라 결정
격물치지(格物致知) → 학문 수양(궁리) 강조	치양지설(致良知說) → 선험적인 지(知 : 양지)를 강조
선지후행(先知後行)	지행합일(知行合一)
신민설(新民說) → 백성은 교화의 대상	친민설(親民說) → 백성이 도덕 실천 의 주체

3 실학의 발달

✦ 실학의 등장

┌ 배경 : 사회 모순 개혁 요구 / 서양의 과학 지식과 청나라 고증학의 영향
└ 실학의 선구자

┌ 이수광 : 『지봉유설』(1614) – 최초의 백과사전 / 마테오 리치의 『천주실의』 소개 / 여러 문명권(불교, 회교 등) 소개 → **문화 인식의 폭 확대** /
│　　　　 한반도 여러 지명이 실상 과거 만주 지명임을 고증
├ 한백겸 : 『동국지리지』(1615년경) – 우리 역사 지리를 치밀하게 고증, 고대 지명의 새로운 고증
│　　　　 → 고구려 발상지가 평안도 성천이 아니라 만주 지방임을 최초로 고증(북방계 정통론)
└ 유몽인(16~17세기 초) : 유통 경제 활성화를 통한 부국강병 시도 → 은광의 개발 / 화폐 유통 / 선박과 수레의 이용 / 상점과 여관을 합한 노포의 설치 주장
　　　　　　　　　 → 북학론의 효시

✦ 중농학파(경세치용 학파 - 경기 남인 중심) - 토지 제도 개혁(토지의 편중 해소) → 자연농 육성 목적

　　　　　　　　　　　　　　　　　　　　　　　　　　　　　　　　　　┌ 호(戶) 별로 양반에게도 군포 부과

┌ 허목(17세기) : 붕당 정치 비판(『기언』 저술) / 사상(私商) 통제·상공업 억제를 통한 중농 정책 주장 / 호포제·서얼허통 반대(봉건적 양반제 틀 극복 X)
├ 유형원(1622~1673) : 『반계수록』, 『동국여지지』 저술 / 균전론(均田論, 공전제) – 국가가 신분의 차등을 전제로 토지 재분배(농민에게 1경씩 + 양반에게는 2경~12경)
│　　　 → 농병일치제 실현(토지에 역(役) 부과) / 사농일치 교육제도 /
│　　　 경무법(1경 – 밭의 면적 + 1무 – 밭이랑 기준 징세) 실시 주장 / 노비 고공제(급료 지급) 실시 주장
│　　　 → 양반 문벌 제도·과거 제도·노비 신분 세습의 모순 비판
│　　　　 but 사농공상 직업적 우열·적서 차별·군대 편성에서 양천의 구별·노비 제도 자체는 인정(유교적 한계 완전 탈피 X)
├ 이익(1681~1763) ── 성호학파 형성 → 우파 : 신경준(『훈민정음운해』), 정상기(『동국지도』), 신후담(수학), 안정복(『동사강목』)
│ └→ 경기도 광주　　　　　　　 + 좌파 : 이벽, 이승훈, 정약전, 정약용(성호학파 집대성)
│ 　 첨성촌에 은거　　├ 『성호사설』 : 천지·만물·경사·인사·시문(5개 부문)으로 구분하여 조선과 중국 문화 소개(백과사전)
│　　　　　　　　├ 『곽우록』 : 한전론(限田論) 제시 → 영업전(永業田 : 생계 유지 위한 최소한의 토지) 매매, 겸병 금지
│　　　　　　　　│　　 but 그 외 토지 자유 매매 허용 → 처분을 금지하는 최소한 토지 제한
│　　　　　　　　├ 나라의 6좀 규정(노비 제도·과거 제도·양반 문벌 제도·사치와 미신 숭배·승려·게으름) /
│　　　　　　　　│ 노비의 관직 참여 허용 but 호포제 반대 / 사창제 실시 주장(환곡제 폐단 개혁 목적) /
│　　　　　　　　│ 폐전론 주장(화폐 경제에 부정적) / 중농정책 표방(유통 경제 발달 우려) /
│　　　　　　　　│ 양반 수와 특권 제한 주장 → 과거 시험 주기를 3년에서 5년으로 늘릴 것 주장(붕당론) / 이조 전랑 후임자 천거권 폐지 주장
│　　　　　　　　└ 우리 역사의 독자적 체계화 주장 → 안정복으로 계승
└ 정약용(1762~1836) : 18년간 장기와 강진 유배 → 500여 권 책 저술(실학 집대성) / 과학 기술과 상공업 발전에도 관심 /
　　　　　　　　 무경작자의 토지 소유 반대(경자 유전) / 화성 축조(거중기 이용)
　　　　　　　　 여전론(閭田論) : 마을 단위 공동 농장 제도(1여 = 30가구) → 여장의 통제 아래 노동에 따른 차등 분배
　　　　　　　　　　　 (『전론』, 1798) → 향촌 단위 방위 체제(병농일치제)
　　　　　　　　 ⇒ 정전론(井田論) 현실적 실시 주장(『경세유표』, 1817) : 토지 국유화 + 정전 편성
　　　　　　　　　　 → 1 /9을 공전(농민의 공동 노동)으로 만들어 징세

→ 1표 2서 : 경세유표, 목민심서, 흠흠신서

'정약용의 저술'

『여유당전서』(1934년 조선학 운동, 정인보 간행)
1) 『목민심서』 : 지방 행정 제도의 개혁 / 지방관의 치민의 도리
2) 『경세유표』 : 중앙 행정과 정치 제도 개혁 / 정전제의 현실적 실시 / 서양 과학 기술 수용 위한 이용감 설치 주장
3) 『흠흠신서』 : 형옥 관련 법률 지침서 / 영·정조 대 판례 비평
4) 『기예론』 : 인간이 짐승과 다른 점은 기술이라는 점 강조
　　 ※ 『기기도설』은 네덜란드 선교사의 저서 → 배다리, 거중기 제작
5) 『탕론』 : 은의 탕왕이 하의 걸왕을 무찌른 고사를 바탕으로 민(民)이 정치의 근본임 강조
6) 『원목』 : 국왕의 권력은 백성으로부터 위임받은 것임 강조(통치자는 백성 위해 존재)
7) 『전론』 : 여전론 제시
8) 『마과회통』 : 에드워드 제너의 종두법 최초 소개
9) 『아방강역고』 : 백제의 도읍지가 서울이고 발해의 중심지가 백두산 동쪽임을 고증

'서유구의 둔전론'

· 경영형 부농층을 기반으로 한 국영 농장제
· 부농층이 무전(無田) 농민 고용하여 집단 농장 형성

✦ 중상학파(이용후생 학파 / 북학파)

서울 지역 노론 중심 / 농업 생산력 증대 + 상공업 육성 강조(유교적 이상 국가를 탈피하려는 적극적 개혁 사상 → 개화 사상에 영향)

```
┌ 유수원(1694~1755) : 중상학파의 선구자 / 상공업 진흥과 기술 혁신 강조 / 사농공상의 직업적 평등화와 전문화 주장 / 『우서』 저술 /
│            대상인의 특권(금난전권) 허용 + 상인이 생산자를 고용·물품 생산 강조
│            → 대규모 상인 자본 육성(대상인의 지역 사회 발전 유도)
│
├ 홍대용(1731~1783) ┌ 기술 혁신과 문벌 제도 철폐 + 성리학의 극복 → 부국강병의 근본 / 중국 중심의 세계관 비판 / 『담헌서』 저술(『임하경륜』, 『의산문답』, 『주해수용』)
│            ├ 균전론(『임하경륜』) – 성인 男에게 토지 2결씩 지급할 것 제시 / 유식양반의 생산 활동 참여 주장
│            └ 지전설(『의산문답』) – 의무려산에서 허자와 실옹의 문답을 통해 성리학적 고정관념을 상대주의적 시각에서 비판(화이관 비판) / 혼천의 제작
│
├ 박지원(1737~1805) : 토지 개혁에 관심 → 한전론 주장(『과농소초』, 한민명전의) : 토지 소유 상한선 제한 /
│            영농 방법의 혁신·상업적 농업의 장려·수리 시설 확충을 통한 농업 생산력 증대 강조 /
│            상공업 진흥 강조(『열하일기』) / 수레·선박의 이용 / 용전론(화폐 유통의 필요성) 주장 /
│            양반 문벌 제도의 비생산성 비판(『양반전』, 『호질』, 『허생전』) ← 한문 소설
│
└ 박제가(1750~1805) : 서얼 출신으로 규장각 검서관 등용 / 『북학의』(1778) 저술 / 양반의 상업 종사 강조("상(商)은 사민(四民)이 일(一)이며,
             사·농·공 3자의 모든 유무를 상통해야~") / 절약보다 소비 강조(생산과 소비를 우물에 비유) /
             청과 통상 강화(무역선 파견) + 상공업의 발달 + 수레와 선박의 이용 주장 + 서양과학기술 도입 + 서양 선교사 초빙 주장 / 정약용과 함께 종두법 연구(『종두방서』)
```

✦ 실학사상의 의의와 한계

```
┌ 의의 : 근대 지향적 성격 + 실증적 성격(문헌 고증적) + 민족주의적 성격(주체적·독자적) + 민중적 성격(피지배층의 처지 옹호)
└ 한계 : 당시 실제 정책에 미반영
```

4 국학 연구의 확대

✦ 17세기 역사학 – 강목체 유행 / 붕당에 따른 다른 역사관(＊ 대개 남인은 붕당 정치 현실 비판)

```
┌ 강목체 ┌ 휘찬여사(1639) : 남인 홍여하가 고려사 재정리 / 기자 – 마한 – 신라(기자·마한 정통론)
│        ├ 여사제강(1667) : 서인 유계가 고려 시대 역사 재정리 / 서인 북벌운동 고취 목적
│        └ 동국통감제강(1672) : 남인 홍여하가 기자 조선~삼국 시대까지 정리 / 기자 – 마한 – 신라(기자·마한 정통론)
│
└ 기전체 ┌ 동사찬요(1609) : 북인 오운이 신라~고려 시대까지 요약 / 절의 지킨 인물 수록(광해군 대 역사 인식 반영) / 기자조선 중시 / 『퇴계문집』, 『남명유고』 등
         │            사림 학자들의 문집을 많이 이용
         └ 동사(東事, 1667) : 남인 허목이 단군 조선~삼국시대까지 서술 / 단군(고조선) – 해부루(북부여) – 금와(동부여) – 주몽(고구려) – 온조(백제)로 이어지는 계보 제시
                          → 고구려가 단군 조선 계승 강조
```

✦ 18세기 이후 역사학 - 현실성이 보다 중시 / 북벌론 → 북학론 / 단군 - 고구려 - 발해 정통론 제시(북방계 정통론)

┌ 18세기 ┬ 동국역대총목(1705) : 소론 홍만종이 단군 조선~조선 현종 대까지 강목법을 가미한 편년체로 서술(왕실 중심) /

　　　　　　　　　　　　단기정통론(단군에서 정통이 시작되어 기자로 이어짐) - 국립 중앙 도서관 소장

　　　　├ 동사회강(1711) : 임상덕이 이전의 국내외 역사서를 참고하여 삼국 시대(무통)와 고려 시대(발해사 기록 X) 역사를

　　　　　　　　　　　　강목법을 가미한 편년체로 서술(『여사제강』계승)

　　　　├ 이익의 역사 연구 : 도덕 사관 비판 → 역사를 움직이는 힘을 '시세(時勢)', '행운·불행', '시비' 순으로 파악(실증적·비판적 역사 서술)

　　　　　　　　　　　　우리 역사의 독자적 체계화 시도(우리 역사와 중국 역사를 대등하게 파악) → 중국 중심의 역사관 탈피

　　　　　　　　　　　　이익의 정통론 : 단군 - 기자 - 삼한 - 삼국(무통 : 정통이 없음 → 신라 중심『삼국사기』비판) - 통일 신라 - 고려

　　　　　　　　　　　　→ but 기자정통론·마한정통론을 탈피하지 못했다는 한계

　　　　├ 동사강목(1778) : 안정복이 이익의 역사관을 계승하여 강목법을 가미한 편년체로 저술 /

　　　　　　　　　　　　단군 조선 - 기자 조선 - 마한 - 삼국(무통) - 통일 신라 - 고려(통일 이후)까지 서술(기자·마한정통론) /

　　　　　　　　　　　　문헌 고증 사학의 토대 / 유교적 명분론을 탈피 X(성리학적 유교사관) / 우리 역사의 독자적 체계화 시도 /

　　　　　　　　　　　　발해 기술 but 말갈의 역사로 간주(* 안정복은 서학(천주교)에 대해 부정적 입장 →『천학문답』,『천학고』저술)

　　　　└ 열조통기(정조 이후) : 안정복이 태조에서 영조 대까지의(영조 장례식까지) 왕조 중심 역사를 편년체로 서술 /

　　　　　　　　　　　　『국조보감』등 여러 사서를 참조하여 사론 없이 사실만 기록

└ 18세기 후반~19세기 ┬ 발해고(1784) : 유득공이 17종의 중국 사서와 한국 사서, 일본 사서 등 22종 참조 서술(군고(왕) + 신고(신하) + 지리고 + 물산고 + 의장고…) /

　　　　　　　　　　　　고려가 발해사 편찬하지 않음을 지적

　　　　　　　　　　　　최초 '남북국 시대' 용어 사용 / 고대사 연구의 시야를 만주 지방까지 확대(한반도 중심 사관 극복)

　　　　├ 동사(東史, 1803) : 소론 이종휘가 고조선~고려까지 역사를 기전체로 서술(미완성) /

　　　　　　　　　　　　단군, 기자, 삼한은 본기에서 서술 + 삼국 관련 기록은 본기·세가에서 누락 + 열전은 주로 고구려 관련(을지문덕 열전)

　　　　　　　　　　　　→ 단군 - 부여 - 고구려 - 발해 정통론(북방계 정통론) 제시 : 이원적 정통론(북방계 정통 + 남방계 정통)

　　　　　　　　　　　　→ 고대사 연구 시야를 만주 지방까지 확대(한반도 중심 사관 극복) / 고구려 = 단군의 혈통 + 기자의 문화 계승 /

　　　　　　　　　　　　발해 = 고구려 계승국 → 세가에서 서술 / 한사군 삭제 / 기자불신설("기자가 주나라 무왕에게 신하를 칭하지 않았다.")

　　　　　　　　　　　　→ 중국과 우리나라가 대등한 문화

　　　　├ 연려실기술(1806) : 이긍익이 조선 시대의 정치와 문화를 실증적·객관적으로 정리한 야사 /

　　　　　　　　　　　　기사본말체 + 기전체적 요소 가미

　　　　　　　　　　　　국왕은 본기에 수록 / 태조~현종까지 서술(283년간)

　　　　├ 해동역사(1823) : 한치윤이 기전체(세기·지·고로 구성 - 열전 X)로 간행 → 단군 조선~고려까지를 세기(世紀)에서 서술

　　　　　　　　　　　　(발해를 세기에 포함) / 545종의 중국 및 일본 자료 참고 → 민족사 인식의 폭 확대

　　　　　　　　　　　　but 외국 자료 참조 과정에서 사료 비판이 없어서 다수 오류 포함

　　　　└ 금석과안록(1852) : 김정희가 금석문을 분석·검토·해설을 붙여 고증 / 북한산비·황초령비가 진흥왕 순수비임을 고증

'안정복의『동사강목』'

"삼국사에서 신라를 으뜸으로 한 것은 신라가 가장 먼저 건국하였고, 뒤에 고구려와 백제를 통합하였으며, 또 고려는 신라를 계승하였으므로 편찬한 것이 모두 신라의 남은 문적(文籍)을 근거로 했기 때문이다. …… 고구려의 강대하고 현저함은 백제에 비할 바가 아니며, 신라가 차지한 땅은 남쪽의 일부에 불과할 뿐이다. 그러므로 김씨는 신라사에 쓰여진 고구려 땅을 근거로 했을 뿐이다."

'유득공의『발해고』'

"부여씨와 고씨가 망한 다음에 김씨의 신라가 남에 있고 대씨의 발해가 북에 있으니 이것이 남북국이다. 여기에는 마땅히 남북국의 역사가 있어야 할 터인데 고려가 편찬하지 않은 것은 잘못이다."

'중인의 역사'

• 『연조귀감』 : 정조 대 이진흥이 지은 향리들의 역사서
• 『규사』 : 철종 대 대구 달서정사에서 이진택 등이 편찬한 서얼들의 역사서
• 『이향견문록』 : 철종 대 중인 유재건이 중인층 이하 인물의 행적 기록
• 『호산외기』 : 헌종 대 조희룡이 불우한 위항인(몰락 양반, 중인)의 행적 기록

5 지리서와 지도 연구 / 국어 연구 / 백과사전

✦ 지리서

- 역사 지리서
  - 『동국지리지』(1615) : 한백겸이 북방계 정통론 제시 / 고대 지명 새롭게 고증 → 고구려 발상지가 만주 지방임을 고증
  - 『아방강역고』(1811) : 정약용이 백제의 도읍지가 한성, 발해의 중심지가 백두산 동쪽임을 고증
  - 『강계고』(1756) : 신경준이 고조선부터 조선까지의 강계와 국도 설명
- 인문 지리서
  - 『동국여지지』(1656) : 유형원이 지역 특산물, 마을 형세, 사찰, 하천 및 농지 조사 → 국가 재정 수취의 보조 자료로 활용
  - 『택리지』(1751) : 영조 대 남인 이중환이 일명 8역지로서 실용적 목적에서 서술(사찬) /

    총론, 팔도총론, 복거총론("사람이 살 만한 곳" 제시 : 지리 + 산수 + 인심 + 생리), 사민총론으로 구성
  - 『여지도서』(1765) : 『신증동국여지승람』 보완점 수정, 조세 수취와 연관된 전결, 부세 등의 항목 추가, 채색지도와 대축척지도 추가
  - 『대동지지』(1863) : 김정호가 인물이나 시문을 제외하고 각 관읍의 자료만을 철저하게 파악하여 기록

    (총괄 + 팔도지지 + 산수고 + 변방고 + 정리고 + 역대지로 구성) – 자국 역사 인식 철저

    ↳ 〈방여총지〉라고도 하며 우리 역사와 관련된 정보 수록 / 단군 조선에서 후삼국 시대까지 수록

✦ 지도

- 요계관방지도(1706, 숙종) : 이이명이 왕명 받아 제작. 북경, 요동, 만주 지역의 군사적 요충지 등 표기
- 동국지도(1757, 영조) : 정상기가 최초로 100리 척 사용 → 정확하고 과학적 지도 제작에 공헌
- 해동지도(영조, 관찬 군현지도집)
- 청구도(1834, 순조) : 김정호가 관찬 지도를 보고 집대성(by 신헌, 최한기의 도움)
- 대동여지도(1861, 철종) : 김정호가 청구도를 보완 / 10리마다 눈금 표시(거리 파악 가능) / 분첩절첩식(22첩) → 휴대 용이 /

    범례 사용(산맥, 하천, 포구, 도로망의 표시 정밀) / 목판 인쇄 / 1 : 162,000 축척 / 현재 국립 중앙 박물관에 15매, 숭실대에 2매 보관

✦ 국어 연구

- 훈민정음(음운학) 연구 : 『경세정운』(최석정, 1678), 『훈민정음운해』(신경준, 1750) / 『언문지』(유희, 1824) / 『자모변』(황윤석, 1829)
- 어휘 수집 : 『대동운부군옥』(권문해, 1589) – 지리, 역사, 인물을 총망라하여 백과사전식으로 정리 / 『고금석림』(이의봉, 1789) – 우리의 방언과 해외 언어 정리 /

    『재물보』(이성지, 1798) – 어휘집 / 『아언각비』(정약용, 1819) – 한국어의 속어 중 와전되거나 사용처가 모호한 것 고증 / 『물명고』(유희, 1820년대) – 7,000여 항의 물명 소개

✦ 백과사전(유서)의 편찬

- 『지봉유설』(1614) : 이수광이 편찬한 최초의 백과사전 / 마테오 리치의 『천주실의』 소개 / 문화 영역(천문·지리·군사 등)을 25개 부문으로 구분 기술
- 『성호사설』(1763) : 이익이 천지, 만물, 경사, 인사, 시문 등 5개 부문으로 구분하여 백과사전식으로 기술
- 『동국문헌비고』(1770) : 영조의 명으로 홍봉한이 우리나라 각 영역을 체계적으로 정리한 한국학 백과사전

    cf) 『증보동국문헌비고』(정조) → 『증보문헌비고』(순종)
- 『청장관전서』(18세기경) : 이덕무의 저술을 아들 이광규가 편집 / 이덕무의 시문과 중국의 역사와 풍속 및 제도 등 소개
- 『임원경제지』(19세기 전반 순조 or 헌종) : 서유구가 19세기 농업 정책서이자 농촌 생활 백과사전으로 정리
- 『오주연문장전산고』(19세기경) : 이덕무의 손자 이규경이 중국과 우리나라 고금의 사물 1,417항을 고증적 방법(변증설)으로 설명

'산경표'

신경준이 풍수지리에 입각하여 조선의 산맥 체계를 도표로 정리

'방안지도'

일정 크기 사각형 방안 위에 지도 표기 → 위치, 거리, 방향의 정확성 증대

'만기요람(1808)'

·순조의 왕명을 받아 서영보, 심상규가 저술
·조선 후기 재정 및 군정과 관련 내용 서술

6 과학 기술의 발달

✦ 서양 문물 수용

- 17세기 청을 왕래하던 사신들이 전래 : 세계 지도(선조, 이광정), 화포·천리경·자명종(인조, 정두원) → 이익과 제자들(경기 남인) + 북학파 실학자(서울 노론)들이 수용
- 서양인의 표류 : 벨테브레(＝박연) → 훈련도감에 소속되어 서양식 대포 제조법·조종법 교육 / 하멜 → 효종 대 15년간 억류되었다가 석방되어 『하멜표류기』 지음
  └→ 인조 대 제주도에 표착

✦ 천문학

- 지전설 : 이익(서양 천문학에 큰 관심) → 김석문(지전설 최초 주장, 『역학도해』) → 홍대용(지전설 발전 → 무한우주론, 『담헌서』, 혼천의 제작)
  → 최한기(19세기 서양 과학 기술 도입의 선구적 역할, 코페르니쿠스의 지구 자전설·공전설 소개) ⇒ 성리학적 세계관 비판
  (『명남루총서』 : 최한기의 과학총서 － 『기측체의』, 『지구전요』 수록 → 뉴턴의 만유인력설(근대적 물리학) 등 서양 과학 이론 소개 / '기' 철학 및 경험 철학 강조)
- 역법 : 시헌력(청나라 선교사 아담 샬 / 태음력에 태양력 가미) → 김육과 김상범의 노력으로 효종 대 채택(이후 현종, 숙종 대 보완을 거쳐 영조 대 완성)

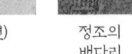

홍대용이 만든 혼천의

✦ 지도 - 곤여만국전도(과학적으로 정밀한 세계 지도) 전래(최초 : 이광정) → 세계관 확대에 기여

✦ 수학 - 『기하원본』(마테오 리치가 유클리드의 「기하학서」 일부 번역) 도입 / 『구수략』(최석정, 대수와 기하 이론 정리) /
『이수신편』(황윤석, 전통 수학 집대성) / 『주해수용』(홍대용, 우리나라·중국·서양 수학 연구 성과 정리)

곤여만국전도

✦ 의학

- 17세기 : 『동의보감』(1610, 광해군 대) : 허준이 한자와 한글을 사용하여 전통 한의학 체계적 정리(우리나라뿐 아니라 중국과 일본에서도 간행) → 세계 기록 유산
  『침구경험방』(1644, 인조 대) : 허임이 침구술 집대성
  『벽온신방』(1653, 효종 대) : 안경창이 전염병을 치료하고자 저술
- 18세기 : 『마과회통』(1798) : 정약용이 마진(홍역) 연구 → 치료법을 상세히 기술(제너의 종두법 최초 소개) ⇒ 「종두방서」(정약용 + 박제가) : 부록에 해당하는 실험서
- 19세기 : 『방약합편』(1884) : 황도연의 의서를 아들 황필수가 정리 / 『동의수세보원』(1894) : 이제마가 사상의학(태양·태음·소양·소음) 체계 확립

✦ 농서 편찬
→ 과수, 축산, 기후 등
→ 강희맹이 경기도 시흥지방 농법 정리
- 『농가집성』(1655) : 신속이 효종의 명을 받아 간행한 농서 / 『농사직설』, 『금양잡록』, 『구황촬요』 등 조선 전기 농서 집대성 → 이앙법, 견종법 등 새로운 농법 보급에 기여
- 기타 농서 ┬ 『색경』(박세당, 1676) / 『산림경제』(홍만선) → 영조 대 유중림이 증보 / 『해동농서』(서호수) : 우리 토양과 기후에 맞는 농법 개량 강조
  └ 『임원경제지』(＝임원경제십육지, 서유구) : 한국과 중국의 서적 900여 권 참조(농촌 경제 정책서)
    └→ 정조의 왕명

✦ 기술 개발 ┬ 『기예론』(정약용 : "인간이 짐승과 다른 점은 기술이 있다는 점" 강조) → 거중기 제작(요하네스 테렌츠의 『기기도설』 참조) / 화성 축조 / 배다리(주교) 설계
  ├ 『자산어보』(정약전) : 155종 물고기 생태 조사
  └ 18세기 후반 냉장선 등장

거중기(도면)   정조의 배다리

7 문화의 새 경향

✦ 서민 문화 발달

- 배경 : 상공업 발달, 농업 생산력 증대, 서당 교육 보급(서민 의식 성장), 서민의 경제적·신분적 지위 향상
- 특징 : 중인층과 서민층의 참여 활발 → 양반 사회 모순에 대한 신랄한 비판 + 인간 감정 적나라하게 표현
- 판소리 유행 : 신재효가 광대소리를 판소리 6마당으로 정리(1884) → 현재는 5마당만 전함(세계 무형 유산)
- 가면극 유행 : 탈놀이(마을 굿의 일부) / 산대놀이(산대(무대)에서 공연되던 가면극 → 민중 오락으로 정착, 도시 상인·중간층의 지원으로 성행)
  - 호민 혁명 ← ─ 주로 양반 사회의 허구성과 승려의 위선 풍자
- 한글 소설 :『홍길동전』(허균, 최초의 한글 소설, 적서차별 비판) /『춘향전』(신분 차별 비판) /『토끼전』(집권층의 수탈 비판) /『장화·홍련전』(불합리한 가족제도 비판) /
  김만중의『구운몽』·『사씨남정기』(17세기 말)
- 사설시조 : 서민 중심 / 형식에서 자유로움 / 남녀 간 애정이나 감정을 구체적으로 표현 → 풍자 시인의 등장(김삿갓, 정수동)
- 사사(詩社)의 조직 : 중인층 중심 시(詩) 모임 → 위항(이항)문학 발달
  ex. 직하시사(최경흠), 옥계시사(천수경)

✦ 회화와 서예

- 회화(그림) : 절강화풍의 영향(17세기) → 진경산수화 등장(주체적 화법) + 풍속화와 민화의 확산(18세기 이후)
  - 절강화풍의 영향(17세기 초) : 이징(선승과 신선을 주제), 김명국(달마도, 설중귀려도, 관폭도)
  - 청의 남종화 영향(17세기 말) : 윤두서(자화상, 백마도, 노승도)
    → 정약용의 외증조부
  - 진경산수화(18세기 전반) : 겸재 정선이 중국의 남종(묵법)과 북종 화법(선묘)을 고루 수용하여 우리의 고유한 자연과 풍속에 맞춘
    새로운 화법으로 창안(바위산은 선으로 묘사, 흙산은 묵으로 묘사)
    → 인왕제색도, 금강전도, 압구정도 : 실제 풍경을 그린 그림이 아니라 주관적 흥취와 상상을 가미하여 그림(사실적 화법 O)
  - 풍속화(18세기 후반) ┬ 김홍도 : 농민들의 특징을 소탈하고 익살스러운 필치로 묘사 → 서당도, 씨름도, 무동, 경작도, 자리짜기, 담배썰기 등 /
    │   실경산수화(소림명월도), 기록화, 신선도(군선도 병풍) 등에도 능함 / 정조의 어진화사 + 정조 화성원행 병풍, 의궤 등 기록화
    ├ 신윤복 : 도시 양반 및 부녀자의 생활과 유흥·남녀 간 애정 등을 감각적·해학적으로 묘사
    │   → 단오풍정, 달밤의 여인, 주막도, 월하정인 미인도(초상기법)
    └ 김득신 : 동생 김석신과 함께 궁정화가 / 김홍도와 유사한 화풍의 풍속화 → 파적도, 야공도, 대장간도

인왕제색도
(정선, 국보 제216호)

금강전도
(정선, 국보 제217호)

서당도(김홍도)

씨름도(김홍도)

월하정인(신윤복)

단오풍정(신윤복)

'한문학의 변화'
·정형적 시조나 유배문학(17세기)
 → 사회 부조리·불합리한 현실 비판
   (18세기 이후)
·유몽인의『어우야담』(최초의 야담계 소설,
 17세기 초) / 조성기의『창선감의록』(17세기
 말) / 박지원의『민옹전』,『허생전』,『호질』,
 『양반전』(18세기 말) / 정약용의『애절양』
 『충식송』『하일대주』(19세기 초 → 삼정 문란
 폭로)

'허균의 문학과 사상'
·『홍길동전』을 통해 유교적 신분제의 불평등
 비판 → 부당한 신분제와 서얼 차별 비판
·호민론, 유재론, 관론, 정론, 병론, 학론 등의
 논설을 통해 사회 비판
 → 호민혁명 주장

'18세기 화가와 그림'
·심사정 : 강상야박도, 하경산수도
·변상벽 : 추자도, 묘작도, 군학도
·최북 : 누각산수도, 한강조어도
·김두량 : 월야산수도, 목우도, 맹견도

├─ 서양 화법의 도입(18세기 말) : 강세황의 『영통골 입구도』(서양화의 수채화 기법 및 원근법 도입)

└→ 동궐도는 창경궁과 창덕궁을, 서궐도는 경희궁과 경운궁을 그린 그림/ 부감법 + 평행 사선 기법

├─ 문인화와 기록화의 등장(19세기) : 세도 정치기 이후 복고적 문인화(김정희의 세한도, 묵란도 / 흥선 대원군의 묵란도 / 신위의 경수당전고)와 기록화(동궐도 / 서궐도 / 경기감영도) 유행

　　　→ 진경산수화 및 풍속화 침체 → 화원화 : 장승업의 홍백매도, 군마도(19세기 말, 강렬한 필법과 채색법), 삼인문년도

└─ 민화 : 대개 작자미상·연대미상 / 민중의 기복적 염원(용, 호랑이, 십장생 등)과 미적 감각 표현

└ 서예 ┬─이광사의 원교체(동국진체) – 일반 민중에게 큰 영향

　　　 └─김정희의 추사체 – 고금 필법을 두루 연구하여 굳센 기운과 다양한 조형성 가진 서체 창안

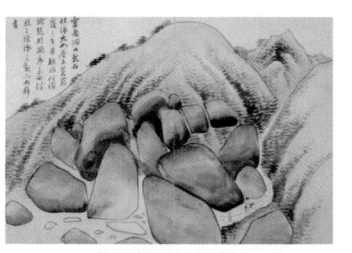
영통골 입구도(강세황)

세한도(김정희, 헌종 10(1844), 국보 제180호)

동궐도(고려대학교 소장본, 국보 제249-1호)

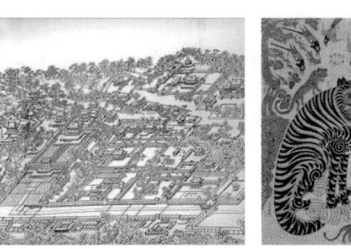
서궐도

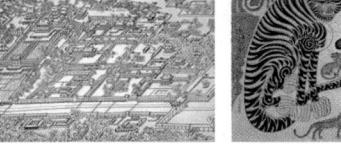
민화(까치와 호랑이)

8 건축의 변화

- **17세기**
  - 건축물 : 금산사 미륵전 / 화엄사 각황전 / 법주사 팔상전
  - 특징 : 17세기 양반·지주층의 지원에 의해 건립 / 큰 규모의 다층 건물 + 내부가 하나로 통하는 구조
- **18세기**
  - 건축물 : 논산 쌍계사 / 부안 개암사 / 안성 석남사
  - 특징 : 18세기 성장한 부농과 상인들의 지원 / 장식성이 강한 사원
  - 18세기 기타 건축물 : 수원 화성 (서양식 축성법 가미 + 공격과 방어가 동시 가능) / 불국사 대웅전 / 평양 대동문
- **19세기** : 경복궁 근정전과 경회루 → 흥선 대원군이 국왕의 권위 과시 목적으로 재건

김제 금산사 미륵전
(국보 제62호)

구례 화엄사 각황전
(국보 제67호)

보은 법주사 팔상전
(국보 제55호)

논산 쌍계사 대웅전
(보물 제408호)

부안 개암사 대웅보전
(보물 제292호)

안성 석남사 대웅전

수원 화성 팔달문
(보물 제402호)

경복궁 근정전
(국보 제223호)

경복궁 경회루
(국보 제224호)

9 백자와 생활 공예·음악

- **공예**
  - 자기 공예 : 백자가 민간에까지 널리 사용 + 청화백자 유행 but 서민들은 여전히 옹기를 많이 사용
    - → 백자 표면에 푸른 무늬 / 순백의 고상함 + 실용성
  - 기타 공예 : 목공예 ex. 장롱, 책상, 문갑, 소반, 의자, 필통 등 + 화각공예
- **음악** : 향유층 다양화 → 양반층 (가곡), 서민층 (민요), 광대·기생 (판소리)·산조·잡가
  - → 세계무형유산
  - → 세계무형유산 / 신재효가 19C 5마당으로 정리

백자 청화운룡문 병
(보물 제785호)

백자 청화죽문 각병
(국보 제258호)

백자 달항아리
(국보 제310호)

유네스코가 지정한 세계 유산

세계 유산(문화 유산) [13개]

① 석굴암과 불국사
② 해인사 장경판전 ──→ 춘·하·추·동·섣달에 제례
  └→ 춘추섣달
③ 종묘(정전과 영녕전)
④ 창덕궁과 비원 ──→ 정조 무덤
  정약용 축조 ←┘
⑤ 수원 화성(건릉 / 융릉) ──→ 사도세자 무덤
⑥ 경주 역사 유적 지구(석굴암과 불국사 제외)
  ┌─ 남산 지구 – 포석정, 나정, 배동(배리) 석불 입상, 칠
  │   불암 마애석불 └→ 신라 대표 불상
  ├─ 월성 지구 – 월성(신라 왕궁), 첨성대, 계림, 임해전지
  ├─ 대릉원 지구 – 황남리 고분군, 미추왕릉, 노동리 고
  │   분군, 노서리 고분군
  ├─ 황룡사 지구 – 분황사, 황룡사지
  └─ 산성 지구 – 명활산성
⑦ 고인돌(강화 / 화순 / 고창)
⑧ 조선 왕릉 40기(총 44기 中 연산군 묘와 광해군 묘
  및 제릉과 후릉 제외) ──→ 신의왕후 한씨 묘
  └→ 정종과 정안왕후릉
⑨ 양동마을(월성)과 하회마을(안동)
⑩ 남한산성 : 7세기(주장성)에서 17C까지 축성 기술의
  발달 단계 확인 / 병자호란 때 임시 수도
⑪ 백제 역사 유적 지구(익산, 공주, 부여)
⑫ 산사, 한국의 산지 승원
  (양산 통도사, 보은 법주사, 영주 부석사, 안동 봉정사,
  공주 마곡사, 해남 대흥사, 순천 선암사)
⑬ 한국의 서원(소수 서원, 도산 서원, 병산 서원, 옥산 서원,
  도동 서원, 남계 서원, 필암 서원, 무성 서원, 돈암 서원)

자연 유산 [1개]

① 제주특별자치도 화산섬과 용암동굴

세계 기록 유산 [16개]

① 조선왕조실록
② 훈민정음 해례본(간송미술관)
③ 직지심체요절(현재 프랑스 국립 도서관 소장,
  1377년 청주 흥덕사)
④ 승정원일기(조선 최대 기록물)
⑤ 해인사 대장경판 및 제경판
⑥ 조선왕조의궤(화성성역의궤 포함,
  조선 후기 것 현존)
⑦ 동의보감
⑧ 일성록(영조 대 이산의 존현각 일기 이후
  1910년까지 왕의 일기)
⑨ 5·18 민주화 운동 기록물
⑩ 난중일기 ── 이순신 임진왜란 일기
⑪ 새마을 운동 기록물
⑫ 한국의 유교책판
⑬ KBS 특별 생방송 '이산가족을 찾습니다' 기록물
⑭ 조선 왕실 어보와 어책
⑮ 조선 통신사에 관한 기록(17~19c 한·일간 평화 구축과
  문화 교류에 관한 역사)
⑯ 국채 보상 운동 기록물(1907~1910)

세계 무형 유산 [21개]

① 종묘제례 및 종묘제례악
② 판소리
③ 강릉 단오제
④ 남사당놀이
⑤ 영산재
⑥ 강강술래
⑦ 제주 칠머리당 영등굿
⑧ 처용무
⑨ 조선 가곡
⑩ 대목장
⑪ 매사냥
⑫ 줄타기
⑬ 택견
⑭ 한산 모시짜기
⑮ 아리랑
⑯ 김장 문화
⑰ 농악
⑱ 줄다리기
⑲ 제주 해녀
⑳ 씨름
㉑ 연등회

'북한 세계 문화 유산'

· 평양·남포 고구려 고분군
· 개성 역사 유적 지구

PART 03

신영직 한국사 Ⅲ

Chapter 01 외세의 침략적 접근과 개항

1 19c 후반의 세계

✦ **서양** 독점 자본주의
→ 제국주의 열강의 침략
→ 열강의 식민지 쟁탈
→ 1차 세계대전(1914~1918)

✦ **중국**
┌ 반식민지화 : ┌ 제1차 아편 전쟁(1840) 패배(→ 난징 조약, 1842)
│   └ 제2차 아편 전쟁(1856~1860) → 베이징 조약(1860)
│   └ 러시아의 연해주 획득
├ 양무 운동(1861~1894) : 리홍장·중국번
│   – 중체서용 : 점진적(개량적)
│   ┌ 청·프 전쟁(1884) ┐ 패배 → 양무 운동
│   └ 청·일 전쟁(1894) ┘ 무용론 대두
├ 변법자강 운동(1898) : 캉유웨이
│   – 급진적(변법적) : 종교, 사상, 제도의 변화 → 서태후 등 보수파 반발로 실패
└ ※ 의화단 운동(1900) – 부청멸양

✦ **일본**
┌ 미국의 포함 외교
│   ← 미·일 화친 조약(1854)
│   ↓ 미·일 수호 통상 조약(1858)
├ 메이지 유신(1868)
│   – 봉건 제도 타파, 입헌 군주제, 문호 개방
│   → 근대화 추진(문명 개화론 바탕)
└ 서계 문제로 인해 정한론 대두
    └ "한국은 정벌되어야 한다."

2 통치 체제의 재정비 노력과 열강의 침입

✦ **흥선 대원군의 개혁 정치(1863~1873)**

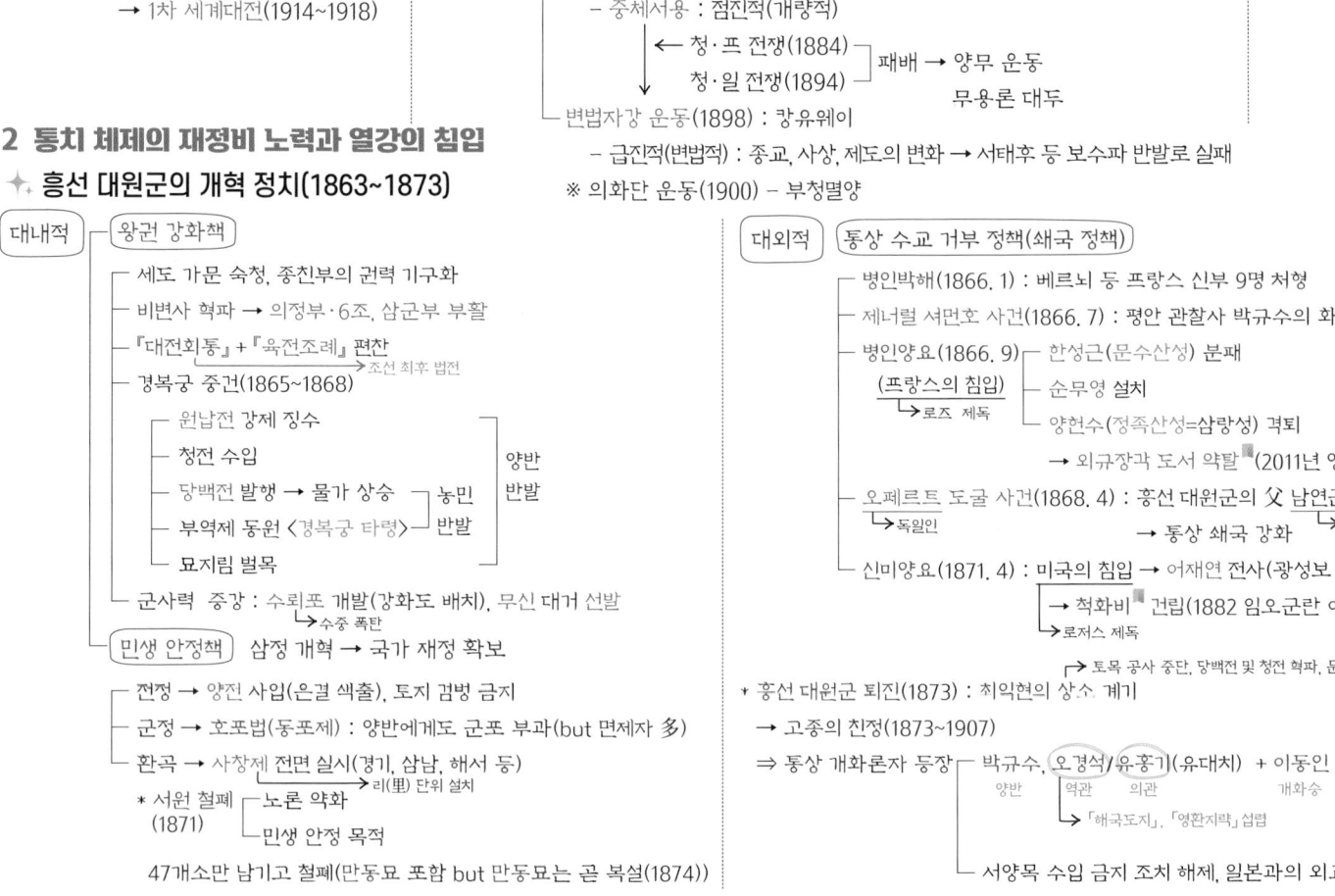

[대내적] ─ [왕권 강화책]
├ 세도 가문 숙청, 종친부의 권력 기구화
├ 비변사 혁파 → 의정부·6조, 삼군부 부활
├ 『대전회통』+『육전조례』 편찬
│   └ 조선 최후 법전
├ 경복궁 중건(1865~1868)
│   ┌ 원납전 강제 징수
│   ├ 청전 수입   ┐
│   ├ 당백전 발행 → 물가 상승   │ 양반
│   ├ 부역제 동원〈경복궁 타령〉   ┤ 농민 반발
│   └ 묘지림 벌목   ┘
├ 군사력 증강 : 수뢰포 개발(강화도 배치), 무신 대거 선발
│   └ 수중 폭탄
└ [민생 안정책] 삼정 개혁 → 국가 재정 확보
    ├ 전정 → 양전 사업(은결 색출), 토지 검병 금지
    ├ 군정 → 호포법(동포제) : 양반에게도 군포 부과(but 면제자 多)
    ├ 환곡 → 사창제 전면 실시(경기, 삼남, 해서 등)
    │   └ 리(里) 단위 설치
    * 서원 철폐 ┌ 노론 약화
    (1871)   └ 민생 안정 목적
    47개소만 남기고 철폐(만동묘 포함 but 만동묘는 곧 복설(1874))

[대외적] ─ [통상 수교 거부 정책(쇄국 정책)]
├ 병인박해(1866. 1) : 베르뇌 등 프랑스 신부 9명 처형
├ 제너럴 셔먼호 사건(1866. 7) : 평안 관찰사 박규수의 화공 작전
├ 병인양요(1866. 9) ┌ 한성근(문수산성) 분패
│ (프랑스의 침입)   ├ 순무영 설치
│   └ 로즈 제독   ├ 양헌수(정족산성=삼랑성) 격퇴
│   └ → 외규장각 도서 약탈 (2011년 영구 임대 형식 반환)
├ 오페르트 도굴 사건(1868. 4) : 흥선 대원군의 父 남연군 묘 도굴 사건
│   └ 독일인   → 통상 쇄국 강화   └ 충남 덕산
└ 신미양요(1871. 4) : 미국의 침입 → 어재연 전사(광성보 함락, 수(帥)자기 약탈)
         → 척화비 건립(1882 임오군란 이후 철거)
         └ 로저스 제독

* 흥선 대원군 퇴진(1873) : 최익현의 상소 계기
    └→ 토목 공사 중단, 당백전 및 청전 혁파, 문세(門稅) 금지, 고종 친정 주장
    → 고종의 친정(1873~1907)
    ⇒ 통상 개화론자 등장 ┌ 박규수, 오경석/유홍기(유대치) + 이동인
                           │   양반   역관 의관   개화승
                           │   └→「해국도지」,「영환지략」섭렵
                           └ 서양목 수입 금지 조치 해제, 일본과의 외교 분쟁 수습(박정양)

3 개항과 불평등 조약 체결

- 강화도 조약의 배경 : 흥선 대원군 퇴진(1873) / 통상 개화론 대두(오경석(역관) / 유홍기(의관)) / 서계 문제와 정한론의 대두
- 일본과의 조약 : 운요호 사건(1875) 계기(영종진, 초지진 무력 시위) → 최익현의 지부상소(도끼 상소) → 흑산도 유배 → 신헌을 대표자로 일본과 조약 체결(문호 개방)

↳ 외국과 맺은 최초의 근대적 조약(구로다-신헌)

✦ 강화도 조약(조·일 수호 조규, 1876. 2)
: 불평등 조약(7관 + 10관)

- 청의 종주권 부인(1관)
- 외교관 파견과 공관 설치(2관)
- 부산·원산·인천 개항 요구(4·5관)
- 연안 측량권, 해도 작성권(7관)
- 영사 재판권(치외법권)(10관)
- 조약 유효기간 無

'개항 순서'

부산(1876), 원산(1880), 인천(1883)
↓경제적   ↓군사적   ↓정치적

✦ 조·일 수호 조규 부록(1876. 7)

- 외교관 내지 여행 자유
- 거류지 설정(10리) → 거류지 무역
- 일본 화폐 사용

↳ 최초 조·일 통상 장정

✦ 조·일 무역 규칙(1876. 7)

- 양곡 무제한 유출 허용
- 한·일 수출입 상품에 대한 무관세(항구세 X)

'기타 국가와의 수교'

· 조·영 조약(1882. 4 → 1883. 10 다시 체결 → 1884. 4 비준) : 최혜국 대우, 내지 통상권
· 조·러 조약(1884. 5) : 최혜국 대우, 치외법권
　ⓗ 조·러 육로 통상 장정(1888) : 러시아 상인 특권 강화, 경흥 개방
· 조·프 조약(1886. 6) : 천주교 인정 문제로 지연

↳ 제물포 조약과 함께 체결

✦ 조·일 수호 조규 속약(1882. 7)

- 간행이정 확대(10리 → 50리)
- 2년 후 100리
- 일본 외교관, 수행원, 가족의 여행 자유

✦ 조·일 통상 장정(1883. 6)

- 방곡령 근거 규정(37관)
- 관세 조항 삽입(40관)
- 최혜국 대우(42관)
  ↳ Most favored nation treatment

'조·일 통상 장정의 방곡령 근거(37관)(1883. 6)'

"만약 조선국에 가뭄, 수해, 병란 등이 있어 … 조선 정부가 잠정적으로 쌀의 수출을 금지하고자 할 때에는 반드시 1개월 전에 지방관이 일본 영사관에 통고해야 한다"

Chapter 02 개화 운동과 근대적 개혁 요구

1 개화 세력의 대두와 반발

✦ 수신사 파견

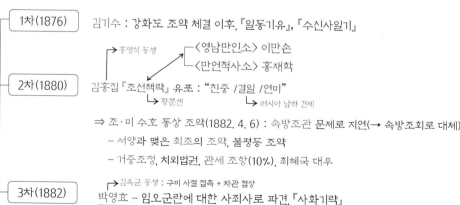

| 1차(1876) | 김기수 : 강화도 조약 체결 이후, 『일동기유』, 『수신사일기』 |

↳홍영식 동행   →〈영남만인소〉이만손
　　　　　　　　　　→〈만언척사소〉홍재학

2차(1880) 김홍집 『조선책략』 유포 : "친중 /결일 /연미"
　　　　　　　　↳황쭌셴　　　　↳러시아 남하 견제

⇒ 조·미 수호 통상 조약(1882. 4. 6) : 속방조관 문제로 지연(→ 속방조회로 대체)
　　　- 서양과 맺은 최초의 조약, 불평등 조약
　　　- 거중조정, 치외법권, 관세 조항(10%), 최혜국 대우

↳김옥균 동행 : 구미 사절 접촉 + 차관 협상

3차(1882) 박영효 – 임오군란에 대한 사죄사로 파견, 『사화기략』
　　　　　　　↳ 태극기 게양

✦ 개화 정책의 추진

- 통리기무아문 설치(1880. 12) : 개화 전담 기구
  - 예하 12사 → 7사
    ⇒ 기무처(임오군란 후) ┬ 통리외교아문(1882. 11) → 통리교섭통상사무아문(1882. 12)
　　　　　　　　　　　　　└ 통리내무아문(1882. 11) → 통리군국사무아문(1882. 12)
- 구식 군대 축소(무위영, 장어영), 별기군 창설(1881. 4), 해군통어영 설치(1893. 1), 해군 무관학교 설립(1893. 2)
- 시찰단 파견 : 조사 시찰단(1881. 4, 일본), 영선사(1881. 9, 청), 보빙사(1883. 6, 미국)
　↳ 유길준, 박정양, 어윤중, 홍영식 파견　↳김윤식 + 유학생　↳민영익, 홍영식, 유길준, 서광범 동행
　　⇒ 일본 정세 파악, 근대 산업 시찰　　⇒ 기기창 설치(1883)　→ 우정국, 농무 목축 시험장 설치(1884),
　　　　　　　　　　　　　　　　　　　　　　　　　　　　　　　　육영공원 설립(1886)

✦ 위정척사 사상과 개화 사상

〈위정척사〉	시기	〈개화 자강〉
척화주전론(흥선 대원군 지지) (이항로·기정진)	1860년대 흥선 대원군 집권기	주화론(북학파 계승)
┌개항불가론 └왜양일체론 →왜놈과 양놈은 하나다 (최익현)	1870년대	통상 개화론
→조선책략 유포에 반발 개화반대론 (이만손, 홍재학)	1880년대	개화론┌온건 : 김홍집, 김윤식, 어윤중 └급진 : 박영효, 김옥균, 홍영식
항일 의병 운동 (유인석, 허위, 기우만)	1890년대 이후	독립 협회, 애국 계몽 운동

'개화 자강 사상'

개화 자강 : 사회진화론의 영향
↳ 교육·산업 진흥
→ 친일화 경향, 강대국의 지배 체제
정당화

✦ 임오군란(1882. 6) : 구식 군인과 도시 하층민이 주도

→도시 하층민의 군란 가담 배경   →무위영, 장어영
┌ 원인 : 곡물 부족 + 난전 단속(군인의 생활 기반 약화) + 구식 군대 차별 대우 + 13개월 만에 돌이 섞인 급료 지급
├ 경과 : 개화파·일본 공사관 습격 → 개화 세력 축출 → 대원군 재집권 → 청 군대 파견 → 대원군 압송(7. 14) → 진압(7. 16)
│   ↳통리기무아문·별기군 폐지, 5군영 복구, 명성황후   ↳1885년 귀국
│   ↳국장 선포, 쌀값 폭등 시킨 시전 상인 처형
└ 결과
    ┌ 청의 내정 간섭 강화 : 청군 주둔, 고문 파견(마젠창/묄렌도르프), 청 상인의 거류지 설정
    │   ↳독일인
    ├ 민씨 정권 재집권(친청 정권 수립)
    ├ 조약 체결┌제물포 조약(조·일 : 1882. 7), 조·일 수호 조규 속약
    │   │ ┌ 주모자 처벌, 손배 청구
    │   │ └ 일본군 경비병 주둔
    │   └ 조·청 상민 수륙 무역 장정(1882. 8)
    │   ┌ '속방조관' 삽입
    │   ├ 청 상인 특권 : 호조(여행 허가증)를 발급 받은 경우 양화진에서 100리까지 활동 범위 확대
    │   ├ 영사 재판권(치외법권)
    │   └ 저율 관세(홍삼 세칙은 15%)
    ├ 척화비 철거(1882. 8)
    └ 개화파의 분열 : 급진 개화파 Ⓥ⑤ 온건 개화파
                      (독립당, 개화당)   (친청 사대당)

'임오군란 이후 군사 제도 개편'

·친군 4영 체제 확립(1884. 8)
┌위안스카이 주도
└좌영·우영·전영·후영 편성
·기연해방영 설치(1883. 12)
┌김윤식 주도
└강화도 해군 체제 정비

〈개화파의 분화〉

	온건 개화파	급진 개화파
인물	김홍집, 김윤식, 어윤중	김옥균, 박영효, 홍영식, 서광범
성향	친청	친일(반청)
모델	양무 운동	메이지 유신
방향	동도서기론	변법개화론

'조·청 상민 수륙 무역 장정'

·이 장정은 중국이 속방(屬邦)을 우대하는
뜻에서 상정한 것이고, 각 대등한 국가 간의
일체 균점하는 예와는 다르다.
·북경과 한성·양화진에서 청과 조선 양국 상
인의 무역을 허용한다. 지방관이 발행한 여
행 허가증이 있으면 내지 행상도 할 수 있다.

2 개화당의 근대화 운동

✦ 갑신정변(1884. 10)

```
┌ 개화 정책 추진 – 개화당의 활동      ┌→순한문 신문
│   ┌ 박문국 설치(1883. 7) : 한성순보 간행(급진 개화파 주도)
│   ├ 치도 사업 전개 : 치도국 설치 → 도로와 도로변 가옥 정비 → 한성부민의 반발 → 개화에 대한 부정적 여론
│   ├ 농무 목축 시험장 설치(1884) : 최경석
│   ├ 농서 간행 :「잠상촬요」(1884, 이우규),「농정신편」(1885, 안종수),「농정촬요」(1886, 정병하)
│   └ 우정국 설치(1884. 3) : 근대적 우편사업 시도
├ 갑신정변의 배경
│   ┌ 차관 도입 실패 + 민씨 정권의 개화당 탄압
│   ├ 청·프 전쟁으로 인한 청군 철수
│   └ 일본 공사의 지원 약속
│            └→다케조에 신이치로
│                   ┌→전의감 건물 개수                         ┌→일본군과 교전 → 청군의 승리 / 일본 공사관 소실
├ 갑신정변의 전개 과정 : 우정총국 개국 축하연 계기(1884. 10. 17), 개화당 정부 수립, 14개조 개혁 정강 발표 → 청군의 개입 → 3日 천하 → 개화파 일본 망명
├ 갑신정변 결과                                                              └→김옥균, 박영효 등
│   ┌ 청의 내정 간섭 강화 ↔ 집권 사대당 : '인아거청' 대두 → 러시아 접근 : 조·러 밀약(1885) → 거문도 사건(1885. 3 ~ 1887. 2) for 러시아 견제(영국)
│   │            └→내무부 중심 개화 정책 추진
│   ├ 조약 체결
│   │   ┌ 한성 조약(조·일 : 1884. 11) : 손배 청구, 공사관 신축비 부담
│   │   └ 텐진 조약(청·일 : 1885. 3) : 청·일 양군의 철수
│   │       ┌ 조선 파병 시 미리 알릴 것
│   │       └ 청·일의 조선에 대한 군대 파병권(대등)
│   └ 개화 운동의 단절
→  ┌ 갑신정변의 의의 : 입헌 군주제를 바탕으로 근대 국가 수립 지향한 최초의 정치 개혁 운동 + 신분 철폐 지향
   └ 갑신정변의 한계 ┌ 민중과 유리 – 토지 제도 개혁 無
                     └ 일본 의존성 – 군사 개혁 소홀
```

✦ 갑신정변 이후의 상황

```
┌ 청의 내정 간섭 심화(위안 스카이)
├ 한반도 중립화론 대두(1885, 부들러, 유길준)
├ 러시아 세력 확대 – 조·러 밀약(1885) : 러시아의 남하 정책, 청 간섭 벗어나기 위한 조선의 의도
├ 거문도 사건(1885. 3~1887. 2, 영국)
├ 농촌 경제 파탄(조세 제도 폐단)
├ 곡물 유출 증가 → 방곡령 선포(1889, 황해도 / 함경도)
└ 조선 국내 수공업의 몰락
```

'14개조 개혁 정강'

제1조 대원군을 조속히 귀국케 하고 청에 대한 조공의 허례를 폐지할 것.

제2조 문벌을 폐지하고 인민평등권을 제정하고 재능에 의해 인재를 등용할 것.

제3조 지조법을 개혁하여 간악한 아전을 근절하고 백성을 구제하며 국가재정을 충실히 할 것.

제4조 내시부를 혁파하고, 그 가운데 우수한 재능이 있는 자는 등용할 것.

제6조 각 도의 환상미(還上米)는 영구히 면제할 것.

제7조 규장각을 폐지할 것.

제8조 급히 순사(巡査)를 두어 도둑을 막을 것.

제9조 혜상공국을 혁파할 것.

제11조 4영을 합하여 1영으로 하고 영 가운데서 장정을 뽑아 근위대를 급히 설치할 것.

제12조 국가 재정은 모두 호조가 관할하고, 그 외의 모든 재정 관청은 폐지할 것.

제13조 대신과 참찬은 날을 정하여 의정소에서 회의하고 정령을 의정·집행할 것.

제14조 의정부와 6조 외에 불필요한 관청을 폐지하고 대신과 참찬으로 하여금 이것을 심의 처리하도록 할 것.

'갑신정변 이후 정부의 개화 정책'

· 공사관 설치 : 미국과 일본 등 / 주미 공사관은 서양에 설치된 최초의 상주 공사관

· 부국강병책 : 전보국(1885) 설치, 박문국 재건 → 한성주보 복간(1886), 육영공원(1886), 연무공원(1888) 설치

3 동학 농민 운동

└ 동학 농민 운동의 배경 : 농민 불만 고조 / 동학의 확산 → 최제우 처형(1864) : '혹세무민'
　　　　　　　　　　　　　　　　　　　　　┌→ 경상도 → 전국으로 확대
　　　　　　　　　　　　　　　　　　　　　└→ 동학을 사교로 규정(1863)
├ 농촌 사회의 동요 : 지배층의 부정 부패, 개화 정책·배상금 지불 등의 부담, 외국 상인의 내지 진출, 소규모 농민 봉기
├ 교단의 정비와 경전의 편찬 : 법소(중앙 기관), 도소(각지), 포접제 정비 『동경대전』, 『용담유사』 편찬(최시형)
├ 교조 신원 운동 : 공주 집회(1892. 10), 삼례 집회(1892. 11) / 서울 복합 상소(1893. 2) → 최제우 명예 회복·동학의 포교 자유 요구
├ 정치운동화 : 보은 집회(1893. 3) – 탐관오리 처단과 왜양축출 요구 / 금구집회(1893. 3) – '보국안민', '척왜양창의' 주장
├ 동학 농민 전쟁의 전개
　　　　　　　　　　　　　　　　　　　└→ 동학 교단

'사발통문'
· 주모자가 누군지 알 수 없게 하기 위해 사발 모양으로 둥글게 서명
· 고부 민란이 사전에 계획하여 일어났음을 보여줌

'장태'
· 농민군이 개발한 무기, 황룡촌 전투에 사용
· 장태 안에 짚을 넣어 불을 붙인 뒤 관군 쪽으로 굴림

[1기]───────────────[2기] 반봉건 – 남접(전라도)───────[3기] 폐정개혁안 실천기(1894. 5~9)───────[4기] 반봉건 + 반외세 / 남접 + 북접
　　　　　　　　　┌→ 전봉준, 손화중, 김개남　　　　　　　　　　　　　　　　　　　　　　　┌→ 전라도(전봉준)
　　└→ 충청도(손병희)

├ 고부 민란(1894) : 고부 군수　　　〈제1차 농민 전쟁〉(1894. 3~4)　　　※ 집강소 설치 : 전라도 군현(53개)　　　〈제2차 농민 전쟁〉(1894. 9~12)
│　조병갑의 횡포에 반발　　　├ '제폭구민', '보국안민' 주장의 '창의문' 발표　├ 치안 + 행정　　　├ 원인 : 정부의 약속 불이행 / 일본의 경복궁 점령 /
└ 안핵사 이용태 파견 → 농민 탄압　│　(3. 20, 무장 봉기)　　　　　　├ 개혁 업무　　　│　　　일본의 내정 간섭 강화
　　　　└→ 만석보 축조　　　　├ 백산 봉기(3. 26, 4대 강령), 황토현 싸움(4. 7)　└ 농민 자치 기구(군사 기구 X, 정부 설치 X)　├ 전개 : 최시형의 기포령 → 전국적 봉기
　　　　　　　　　　　　├ 황룡촌 전투(4. 23) → 전주성 점령 → 완산 전투　　　　　　　　　　└ 결과 : 우금치(11. 11), 논산, 금구, 태인 전투 패배
　　　　　　　　　　　　　　　(4. 27)　　　　　　　　　　　　　　　　　　　　　　　　　청주성 함락 실패 → 김개남, 전봉준 체포·처형
　　　　　　　　　　　　　└→ 호남창의대장소 설치　　　　　　　┌→ 1900.4. 대한사민논설 발표

├ 동학 농민 전쟁의 의의 : 신분제 철폐 등 갑오개혁에 영향, 농민군 잔여 세력이 을미의병에 가담하고, 영학당, 남학당, 활빈당 참여
└ 동학 농민 전쟁의 한계 : 무력적 열세, 근대적 방안 미비, 농민층 외 지지 기반 미약 → 양반, 부호, 이서층은 민보군을 조직하여 동학 탄압

〈1894년〉
　　　└→ 민영준의 요청
├ 5. 5 청군 파병 → 5. 7 일본군 1차 파병(∵ 텐진 조약)
├ 5. 8 전주 화약 – 폐정개혁안(27안 → 12안)
├ 5. 9 일본군 본진 파병 → 조선에 대해 내정 개혁 요구 → 3차 노인정 회담
├ 6. 11 교정청 설치 → 자주적 개혁안 제시
├ 6. 21 경복궁 점령 → 흥선 대원군 섭정 제1차 김홍집 내각(민씨 정권 축출)
├ 6. 23 청·일 전쟁(~1895. 1)
└ 6. 25 군국기무처 설치 – 제1차 갑오개혁(1894. 6 ~ 1894. 11) 시작

'전봉준의 호남 창의문'
"우리가 의를 들어 여기에 이르렀음은 그 본뜻이 다른 데 있지 않고 창생(蒼生)을 도탄(塗炭) 중에서 건지고 국가를 반석(磐石) 위에 두고자 함이라. 안으로는 탐학한 관리의 머리를 베고, 밖으로는 횡포한 왜적의 무리를 내몰고자 함이라."

'농민군 4대 강령'
1. 사람을 죽이지 말고 물건을 해치지 말라.
2. 충효를 다하며 세상을 구하고 백성을 편안케 하라.
3. 일본 오랑캐를 쫓아 버리고 왕의 정치를 깨끗이 하라.
4. 군대를 몰고 서울로 들어가 권세가와 귀족을 없애라.

'폐정개혁안 12개조'
2. 탐관오리 엄징 ┐
3. 횡포한 부호 엄징 ├ 반봉건
4. 불량양반 징벌 ┘
5. 노비문서 소각 ┐
6. 7종 천민차별 개선 ├ 신분제 철폐
7. 과부 개가 허용 ┘
8. 무명잡세 폐지
10. 왜와 통하는 자 엄징 → 반일
11. 공사채 무효 → 빚의 탕감
12. 토지 평균분작 → 토지개혁

4 근대적 개혁의 추진과 열강의 침탈

✦ 갑오개혁과 을미개혁

→ 초법적 기구 → 총재 : 김홍집, 부총재 : 박정양

- 제1차 김홍집 내각(친일) ─ 군국기무처(1894. 6. 25) 설치
  - → 제1차 갑오개혁(1894. 6 ~ 1894. 11)
  - → 흥선 대원군 퇴진(1894. 9)

- 제2차 김홍집 · 박영효 연립 내각(친일) → 제2차 갑오개혁 : 박영효 · 서광범 참여
  (1894. 11~1895. 3)
  - *독립서고문, 홍범 14조 반포(1894. 12)
  → 일본의 내정 간섭, 보호국화 정책, 차관 도입

- (1895. 3~7) 친일 ⓥⓢ 친러
  - → 박영효 국모 시해 음모 혐의로 실각(1895. 5) ←

청 · 일 전쟁 → 시모노세키 조약(1895. 3)
  - 조선 – 자주국(청의 종주권 배제)
  - 다롄, 타이완, 펑후섬 할양
  - 전쟁 배상금
  - → 삼국 간섭(1895. 3) : 러 · 독 · 프 → 친러파(정동파) 대두
    → 다롄 반환으로 인한 일본의 충격
    → 군비 확장, 대국화 노선

- 제3차 김홍집 내각(친러) – 친일 ⓥⓢ 친러 ─ 을미사변(1895. 8)
  (1895. 7)   → 이범진, 이완용
                                         └ 춘생문 사건(1895. 10)
                              → 친러 · 친미파 붕괴

                    → 명성황후 폐비 조칙 등
- 제4차 김홍집 내각(친일) → 을미개혁 : 단발령 → 을미의병(양) 1896. 1
  (1895. 11~양 1896. 2) → 아관 파천

- 아관 파천 ─ 친일 개화파 정권 붕괴(김홍집, 어윤중 피살 → 친러 · 친미 내각 수립 → 갑오 · 을미개혁 중단
  (1896. 2. 11) ─ 러시아의 이권 요구 + 최혜국 대우 규정 → 이권 침탈 본격화(철도 부설권, 광산 채굴권, 삼림 벌채권 등)
              ─ 아관 파천기 개혁 : 단발령 철회, 의병 해산 지시, 내각제 폐지, 의정부 제도 복구, 지방 제도 13도로 재개칭,
                              호구조사 규칙 반포, 경운궁 중축

- 갑오 · 을미개혁의 의의와 한계 ─ 의의 : 개화당 및 동학 농민군 의지 반영(신분제 철폐)
                         ─ 한계 : 타율적 개혁 → 군사 제도 개혁 소홀
                               민중과 유리 → 토지 제도 개혁 X

'홍범 14조'(1894. 12. 12)

1. 청에 의존하는 생각을 버리고 자주독립 기초…
2. 왕실전범의 제정
3. 임금은 각 대신과 의논 … 종친 · 외척의 내정간섭 용납 X ─ 입헌 군주제
4. 왕실 사무와 국정 사무 분리
6. 납세는 법으로 정하고 함부로 세금을 거두지 않음 – 조세 법률주의
7. 조세 징수와 경비 지출은 탁지아문 관할 → 재정일원화
10. 지방 제도 개정 및 지방관 직권 제한 → 지방관 권한 축소
12. 장교 교육 및 징병제 실시 → 군사 제도 개혁(실현 X)
14. 문벌을 가리지 않고 인재등 · 용의 길을 넓힘 → 신분 철폐 / 과거제 폐지

'아관 파천 이후 러 · 일 협정'

· 베베르 · 고무라 각서(1896. 5. 14)
일본이 아관 파천의 적법성, 을미사변에 있어서 일본의 책임 인정, 주한 일본군 철수 및 감축 약속
→ 실제로는 동수의 일본군과 러시아군이 조선에 주둔
· 로마노프 · 야마가타 협정(1896. 5. 28)
러시아 황제 니콜라이 2세 대관식에서 필요한 경우 조선 문제에 대한 양국 공동 간섭 합의, 러일 양군의 완충지대 설정에 합의
· 로젠 · 니시 협정(1898. 4. 25)
러시아와 일본이 조선에서 갖고 있는 이권을 상호 승인하는 것 합의, 정치적으로는 한반도에서 러시아와 일본이 대등 but 실제적으로는 일본이 우월

갑오개혁과 을미개혁의 내용

→ 개국 503년
[1차 갑오개혁] '개국'(연호), 1894. 6~11.
- 궁내부와 의정부 분할 : 입헌 군주제적 요소, 왕실 사무와 일반 행정 분리
- 과거제 폐지 → 새로운 관리 임명 제도 정비
- 관제 정비 : 6조 → 8아문 / 개국 기원 사용(개국 503년)
                → 사헌부, 사간원 등 삼사 언론기관 폐지
- 경무청 설치 / 중추원 설치, 도찰원 개편, 선전관청 폐지(국왕 군사권 약화)
                                    → 은본위 화폐 제도
- 재정 일원화(탁지아문 관할) / 신식 화폐 발행 장정 제정
- 조세 금납제, 도량형 통일(척관법), 외국 화폐 조세 납부 허용
- 예산 제도 수립, 조세 항목을 지세와 호세로 통합
- 신분제 철폐, 과부 개가 허용, 조혼 금지, 고문과 연좌제 폐지

[2차 갑오개혁]
- 관제 정비 : 의정부 – 8아문 → 내각 – 7부
- 중추원 강화(국군기무처 흡수) → 자문기구화
- 지방 체제 정비 : 8도 → 23부 337군
- 사법권 독립(재판소 설치)
- 경무청 관제 반포 → 경찰권 일원화, 즉결 처분권 부여
- 지방관 권한 약화(사환조례 제정) / 징세 기관 일원화
- 육의전 폐지, 상리국 폐지, 관세사와 징세서 설치
- 교육입국 조서, 한성 사범학교 설립(1895. 5), 외국어 학교 관제 마련
  → "교육이 나라를 세운다."(1895. 2. 2)

[을미개혁] '건양'(연호), 1895. 8. 24(음)~1896. 2. 11(양)
- 태양력(1895. 11. 17 → 양 1896. 1. 1)
- 단발령 시행, 양복 착용
- 종두법 시행
- 친위대(중앙) – 진위대(지방)
- 소학교 설치(소학교령 1895. 9.)
- 우편 사무 재개(우체사 설립)

✦ 구국 운동과 대한 제국

독립 협회(이권 수호 운동)

→ 갑오개혁 때의 형식적 기구

─ 독립 협회의 설립 : 독립신문 창간(1896. 4. 7) – 서재필(1895. 12. (중추원)고문 자격으로 귀국) 중심 / 정부 지원받아 설립(최초 민간 신문, 최초 순한글 신문)

　　　　→ 독립 협회 설립(1896. 7. 2) : 급진 개화파(서재필) + 온건 개화파((윤치호), 이상재) + 진보적 유생(남궁억, 정교) + 정부 관료((안경수), (이완용))
　　　　　　　　　　　　　　　　　　　　　　└→ 3대 회장　　　　　　　　　　　　　　　　　　　　　└→ 초대 회장　└→ 2대 회장

─ 독립 협회의 구성 : 관료 주도기(초기) → 관료 + 민중 합심기(중기) → 민중 중심기(후기) : 학생, 노동자, 부녀자, 천민까지 포함

─ 독립 협회의 3대 사상 : 자주 국권·자유 민권·자강 개혁

─ 독립 협회의 활동 ┬ 자주 국권 운동 : 이권 수호 운동

　　　　　　　　　　　　　 – 러시아 절영도 조차 요구(저탄소 설치) 저지 / 러시아의 목포·증남포 연안 도서 매도 요구 저지 /

　　　　　　　　　　　　　 한러은행 폐쇄 / 러시아 재정 고문 철수 / 프랑스 광산 채굴권 요구 저지 / 독일 이권 요구 저지

　　　　　　　　　　　　　 (한계 : 주로 러·독·프 대상)

　　　　　　　　　├ 자유 민권 운동 : 기본권 운동(언론·출판·집회·결사의 자유, 이용익 고등재판소 고발, 노륙법과 연좌법 부활 반대)

　　　　　　　　　　　　 → 국민 참정권 운동(의회 설립 운동) → 실제 의회 설립 X

　　　　　　　　　　　　 * 독립 협회의 경제 정책 : 자유 상업 권장(반봉건적 지주제 근간의 자본주의)

　　　　　　　　　└ 자강 개혁 운동 : 민중 계몽 운동(강연회 + 토론회) / 독립신문·〈(대조선)독립 협회 회보〉 간행 / 독립문 건립(영은문 자리)·독립관 개수(모화관 개수)

　　　　　　　　　　　　 / 국기 게양 및 애국가 제정 보급 노력

─ 만민 공동회(1898. 3, 종로) : 러시아의 이권 저지 운동(서재필 주도) + 수구파 관료 비난 → 서재필 미국 추방(1898. 5)

─ 개혁적 박정양 내각 수립(1898. 9) : 민중 지지 바탕 → 관민 공동회 개최(1898. 10, 종로) : 윤치호·박정양 주도 / 헌의 6조 결의 / 백정 박성춘 연설("관민이 합심해야 …")

　　　　→ 고종 황제에게 건의 → 중추원 관제 반포(1898. 11) : 의회 설립 시도(민선 25 + 관선 25)

　　　　→ 독립 협회 해산(1898. 12)(∵"독립 협회가 공화정을 추구한다." → 익명서 사건)

　　　　→ 복설 시도(만민 공동회, 1899. 3) → 황국협회와 군대 이용 해산(1899. 3, by 보수 세력)
　　　　　　　　　　　　　　　　　　　　　　　└→ 보부상 조직

─ 독립 협회의 의의 : 민중을 바탕으로 국권 수호와 민권 신장에 기여한 자주적 근대화 운동 + 4천여 명 회원(대구, 평양 등 지회 설립) / 헌정 연구회, 대한 자강회로 이념 계승

─ 독립 협회의 한계 : 국권 수호 운동을 주로 러·독·프 대상 → 상대적으로 친일·친미·친영적 성격 내포

'서재필(1864~1951)'

· 1882년 과거 급제
· 1883년 일본 유학
· 1884년 갑신정변 참여 → 일본 망명
· 1890년 미국 시민권 획득
· 1895년 귀국 후 중추원 고문 임명
· 1896년 독립신문 발간, 독립 협회 창립
· 1898년 미국으로 출국
· 1947년 귀국 후 미군정 고문으로 활동

'정동구락부'

1895년경 서울 정동(貞洞)에서 개화파 정치인들과 서구 외교관들이 사교와 친목 도모를 내우며 만든 모임 → 친러파 내지 민씨 척족이었던 이완용, 이범진, 민영환, 민상호 등이 친미파와 협력하여 일본의 영향력을 약화시키고자 정동파에 가담 독립 협회(1896~1898) 창설 주도

'헌의 6조(1898. 10)'

1. 외국인에게 의지하지 말고 관민이 합심하여 전제 황권 공고히 할 것
2. 외국과의 이권에 관한 조약은 각 대신과 중추원 의장이 합동 날인하여 시행
3. 재정은 탁지부에서 전담, 예산과 결산을 국민에게 공포
4. 중대 범죄 공판하되 피고의 인권을 존중
5. 칙임관 임명 시 정부에 물어 과반수가 동의하면 임명
6. 정해진 규정을 실천

'중추원'

· 갑오개혁 이전 유명무실한 자문기구 성격
· 제2차 갑오개혁기 내각 회의에서 결의한 법률 자문 역할
· 대한제국기에 입법권, 조약 비준권, 정부 정책 심사권과 건의권 지님 → 1898년 중추원 관제 반포
· 일제 강점 이후 친일 협력자로 구성된 조선 총독의 자문 기구화, 식민 통치 위한 구관습(舊慣習) 및 제도 조사 역할 추가됨

'대한 제국과 독립 협회의 관계'

· 대한 제국 성립 직후 우호적 관계 형성('청으로부터의 독립')
· 1898년 러시아와의 동맹을 추진하던 대한 제국과 독립 협회의 마찰과 대립 심화
· 전제 군주제(대한 제국) vs '중추원 관제'를 통한 입헌군주제와 의회 설립 시도(독립 협회)

'황국 중앙 총상회와 황국 협회'

· 황국 중앙 총상회(1898)
　시전 상인으로 구성 / 독립 협회의 연좌제·노륙법 반대 운동에 참여
· 황국 협회(1898)
　보부상으로 구성 / 독립 협회 해산에 참여

대한 제국과 광무 개혁 | 고종 1년 만에 환궁(1897. 2, 경운궁(러시아 및 미국 공사관 인근) → 순종 즉위 후 덕수궁)

┌→ 아관 파천기 증축

→ 교전소(1897. 3, 신구 법제 절충 ⇒ 1899년 독립 협회 해산 후 (법전)교정소로 개편 : 황제 직속 입법기구)·사례소(1897. 6, 선왕 업적 정리) 설치

→ 독자적 연호 : 광무(1897. 8) / 황제 즉위(원구단), 대한 제국 선포(1897. 10) : 칭제건원

cf) 순종 연호 : 융희

광무 개혁의 내용 : 구본신참(舊本新參) → 점진적·복고적 개혁(윤용선, 민영환, 이용익 주도 보수 내각)

정치 : 전제 군주제(통수권·입법권·행정권·사법권·외교권이 황제에 집중) → 독립 협회(입헌 군주제) 탄압 → 대한국 국제 반포(1899. 8)

군사 : 군 통수권 일원화 / 시위대(서울) 다시 창설(1897. 3) + 진위대(지방) 수 대폭 증강 → 무관학교 설립(1898. 7)

→ 원수부 설치(1899. 6) + 육군 헌병대 설치 → 징병제 실시 조칙 반포(1903. 3) / 경위원(황궁 경비, 사찰, 정보 수집) 설치(1901)
┌→ 군권이 집중

경제 ┌ 양전사업 실시(1899~1904 : 양지아문) → 지계(근대적 토지 소유 문권) 발급(1901~1904 : 지계아문) : 모든 산림·토지·전답·가옥이 발급 대상 포함

조세 수입 증가, 개항장 이외 지역 외국인 토지 소유 금지 → 양지아문이 지계아문에 통합(1902) → 러·일 전쟁으로 중단

상무회의소 → 상무사로 개편(1899. 5) : 상업사무 관장(∵상무소(보부상)와 황국 중앙 총상회(시전 상인) 통제 목적)

평식원(상행위 통제 + 도량형 통일) 설치(1902) / 목포(1897), 군산·마산·성진(1899) 개항

홍삼·광산·철도·수리사업 → 내장원 관할 : 황실 재정 강화(이용익을 내장원경에 임명) / 조선은행 설립(1896, 관료 자본)

황실 직속 공장 설립(방직·제지, 무기 및 유리 제조·금은 세공 공장) + 근대적 공장과 민간 상회사 설립 지원

사회 : 실업학교(기예학교, 의학교, 상공학교, 외국어 학교, 광무학교, 우편학당, 전무학당)·기술학교 설립 + 유학생 파견 + 근대적 시설 확충(교통, 통신, 의료),

잠업 시험장(1900)·양잠전습소(1901) 설치, 도시 정비 계획 수립(도로 + 근대식 건물 등)

외교 ┌ 한·청 통상 조약(1899) → 청과 법제적으로 대등 → 청상 활동 제약, 전권 대사 교환, 총영사관 설치 / 울도군 설치(1900) + 독도 관할(∵칙령 제41호(1900))
┌→ 군수 배계주 파견

간도 시찰원 파견(1902, 이범윤), 간도를 함경도에 편입(1902) → 간도 관리사로 고쳐 임명(1903)

블라디보스토크에 통상사무관 파견(1900) / 만국 박람회 대표 파견(1900, 파리), 만국 우편 연합 가입(1900) /

국제 적십자 활동 참여(1903) / 한반도 영세 중립화 선언(1904. 1)

행정 : 내각제 폐지 → 의정부 부활 / 궁내부·내장원 확대 → 황실 재정 강화 /

지방 23부 337군 → 13도 1목 332군(1896. 8, 아관 파천 기간) / 평양을 서경으로 격상(풍경궁 건설)

광무개혁의 한계 : 입헌 군주제를 주장하던 독립 협회 탄압·해산 / 민의(民意) 폭넓게 반영 X / 집권층의 보수적 성향과 외세 의존적 태도, 열강의 간섭

갑신정변(14개조 개혁 정령)	동학 농민 운동(폐정개혁 12안)	갑오개혁(홍범 14조)	독립 협회(헌의 6조)
신분제 폐지(문벌 폐지)	신분제 폐지(노비문서 소각) 청상과부 개가 허용	신분제 폐지(노비제도 폐지) 조혼 금지 /과부 개가 허용	사회적 평등까지 지향
지조법 개혁	무명 잡세 일체 폐지	조세 법정주의	
재정의 일원화(호조)		재정의 일원화(탁지아문)	재정의 일원화(탁지부)
경찰제 실시(순사 파견)		경무청 설치 + 경찰제 일원화	
입헌 군주제(의정소 의결)	근대적 정치 개혁안 미비	의정부(국정 사무)와 궁내부(왕실 사무) 분리	칙임관 임명 시 정부에 뜻을 물어 과반수가 동의하면 임명
– 환상미 영구 면제 – 내시부 혁파 – 규장각 폐지 – 흥선 대원군 송환	– 왜와 통하는 자 엄징 – 토지 평균 분작 – 공사채의 무효 – 탐관오리 처벌	– 청에 의존하지 말 것 – 지방관의 직권 제한(사환조례) – 외척의 내정 간섭 배제	– 이권 수호(자주국권) – 예산과 결산의 투명성 – 피고의 인권 존중 – 기본권 확대 + 참정권

'대한국 국제(1899. 8)'

1. 대한국은 자주독립 제국
2. 대한국의 정치는 전제 정치
3. 대한국 대황제는 무한한 군권
5. 황제는 육·해군을 통솔 + 계엄과 해엄의 권한
6. 황제는 법률을 제정하고 반포와 집행
9. 황제는 각 조약국에 사신을 파견 + 선전·강화 및 제반조약 체결

'개항기 군사 조직 개편'

·1881년 5군영 → 장어영·무위영(2영) / 별기군 창설
·1882년 5군영 일시적 부활
→ 친군 4영 체제
·1894년 훈련대, 시위대 설치
·1895년 훈련대 폐지
→ 친위대(중앙)+진위대(지방)
·1897년 시위대 다시 창설+진위대 증강
·1898년 육군 무관학교 설립
·1899년 원수부 설치+육군헌병대 설치
·1903년 징병제 실시에 대한 조칙
·1907년 군대 해산

'탑골 공원'

·1897년 원각사 터에 세운 근대식 공원 / 도시 개조 사업의 일환 / 영국인 고문 J.M 브라운 설계
·원각사 10층 석탑과 원각사비
·팔각정(독립 선언문 낭독), 독립만세 부조판, 손병희 동상 등

항일 의병 전쟁

- 을미의병(1896. 1) : 을미사변과 단발령 계기
  - 봉건적 유생 출신 의병장 중심 : 유인석(제천), 이소응(춘천), 허위(선산), 기우만(장성), 김복한(홍주), 김도화(안동) 등 의병장 + 동학 잔여 세력 가담
  - 전국적 확대 → 아관 파천 후 고종 해산 권고 조칙 + 단발령 철회 → 자진 해산
  - 동학 세력은 남학당(제주) / 영학당(전라도) / 동학당(황해도) 조직 → 활빈당(1900~1905)으로 계승 : 대한사민논설 ┌→ 1900. 4. 발표
  - (* 윤희순 : 을미의병과 정미의병 때 춘천 일대에서 의병가 작사, 군자금 모금 활동, 의병 활동 지원)
- 을사의병(1905. 11)·병오의병(1906) : 을사조약과 외교권 박탈 계기
  - 의병장의 다양화 : 최익현(유생 출신 : 태인에서 봉기 → 순창에서 체포 → 대마도에서 순국) + 민종식(관료 : 홍성 점령)
  - + 신돌석(평민 : 평해·울진 – 일월산, 백암산, 대둔산) → 최초의 평민 의병장 등장
- 정미의병 : 고종의 강제 퇴위(1907. 7. 19) → 정미 7조약(한·일신협약, 1907. 7. 24) → 군대 해산(1907. 7. 31)
  - 군대 해산 후 서울 시위대장 박승환 자결 → 서울 시위대 봉기 + 원주·홍천·충주·강화 진위대(이동휘 중심) 봉기
  - 본격적 전쟁 양상 → 의병 전쟁 확산 : 전직 관리, 유생, 군인, 농민, 소상인, 승려, 화적 등 참여
  - 평민 의병장 수(김수민, 홍범도 등) > 유생 의병장 수 → 제천 의병 대학살(1907. 8) ──→ 산포수 모아 의병 구성, 함경도 삼수·갑산 등지에서 활동
  - 13도 창의군 조직(1907. 12, 양주에 집결 : 총대장 이인영 / 군사장 허위)
    - → 서울 주재 각국 영사관에 국제법상 교전 단체로 승인해 줄 것 요청(독립군 자처)
    - → 서울 진공 작전 전개(1908. 1) → 실패
- 호남 의병 전쟁(1908~1909) : 유격전 양상(안규홍, 전해산, 기삼연, 심남일) → 남한 대토벌 작전(1909. 9~11) : 삼광 작전 → 초토화
  - → 독립군 근거지가 만주와 연해주로 이동 / 만주의 홍범도와 연해주 이범윤이 국내 진입 시도
- 마지막 의병 활동 : 채응언 – 경기도, 강원도, 황해도, 평안도, 함경도 일대에서 활약 / 황해도 일대에서 헌병 파견소 공격(1913) → 1915년 체포되어 처형
- 의사와 열사들의 투쟁
  - 5적 암살단(기산도 등 결사대 조직 / 나철, 오기호 등의 을사오적 처단 시도)
  - 장인환·전명운의 스티븐스 사살(1908. 3. 23, 샌프란시스코) → 장인환 10년 복역 / 전명운 가석방
  - 안중근(의병 참모중장)의 이토 히로부미 사살(1909. 10. 26, 하얼빈 역) → 뤼순 감옥
  - 동의단지회(단지 동맹) 결성(1909) ←┐
    - → 『동양평화론』 저술(1910) : 한·중·일 공동 군대와 공동 통화 제시 → 사형(1910. 3. 26)
  - 이재명 의거(1909. 12. 22) : 명동성당에서 이완용 저격 시도 → 실패 후 체포되어 사형(1910. 9)

'의병 전쟁의 한계(성리학적 한계)'

- 을미의병 시 해산 권고 조칙으로 자진 해산
- 포수 출신 의병장이 양반 의병장에게 예를 갖추지 않았다고 하여 공개적 참수
- 최익현이 순창에서 '왕이 보낸 군대와 싸울 수 없다'고 자진 체포
- 신돌석, 김수민 등 평민의병장을 13도 창의군에서 배제
- 서울 진공 작전을 앞두고 총대장 이인영이 부친상을 이유로 전열에서 이탈

'대한사민논설(1900. 4)'

1. 요순의 법을 행할 것
3. 상하가 원망 없는 정법을 행할 것
4. 나라의 흥인(興仁)을 꾀할 것
5. 방곡을 실시하여 구민법을 채용할 것
6. 시장에 외국 상인의 출입을 엄금할 것
7. 행상에 징세하는 폐해를 제거할 것
8. 금광의 채굴을 엄금할 것
9. 사전을 혁파하고 균전법을 시행할 것
10. 곡가를 낮추어 안정시킬 것
11. 악형의 제 법을 혁파할 것
13. 철도 부설권을 허락하지 말 것

'을사조약(제2차 한·일 협약, 1905. 11)
: 덕수궁 중명전'

·내용
  외교권 박탈, 통감부 설치
·저항
  조병세, 이상설, 안병찬, 이근명 상소 /
  민영환, 조병세 자결 / 5적 암살단 조직
  (나철) / 시일야방성대곡(장지연 – 황성신
  문) / 고종의 무효 선언(대한매일신보) /
  미국에 헐버트 파견 → 미국 외면 /
  서울 주재 각국 공사관에 부당성 호소 →
  성과 X
·헤이그 특사 파견(1907. 6)
  이준, 이위종(이범진 子), 이상설 → 실패
  → 고종 강제 퇴위(1907. 7) → 한·일 신협
  약(차관 정치) + 군사권 박탈

'최익현(1833~1906)'

·1847년 이항로의 문인
·1871년 흥선 대원군의 서원 철폐령 비판
·1873년 상소를 올려 고종 친정에 기여
·1876년 지부복궐척화의 소(강화도 조약 반
  대 상소)
·1895년 단발령에 반발
·1905년 『청토오적소』(을사 5적 처단 주장)
·1906년 임병찬과 함께 거병 → 대마도에서
  순국

애국 계몽 운동　사회진화론(英, 스펜서) 바탕 → 교육·산업·문화 운동(의병 투쟁에 비판적) : 독립 운동 위한 장기적 기반 구축

　　　　　　　　　→ 일제 강점기 실력 양성 운동으로 계승

　　　　　　　　　(* 사회진화론의 한계 : 약육강식, 적자생존을 바탕으로 개화 자강 운동에 기여하였으나, 강자의 약자 지배를 정당화 → 일제의 지배 인정)

├ 보안회(1904. 7) : 원세성, 송수만, 심상진 중심 / 일제의 황무지 개간권 요구 저지(규탄 민중 대회 개최) → 협동회 발전(회장 : 이상설) → 강제 해산

│　　　　　　(* 일부 민간 기업인과 관리 중심으로 농광회사 설립 주장)

├ 국민 교육회(1904. 8) : 이준, 전덕기 중심 / 보광학교·한남학교 설립 / 교과서 발간 :『초등소학』,『대동역사략』/

│　　　　　　　　일본인 교사 배치에 반발 / 일본 교과서 사용 계획 저지 → 강제 해산

├ 공진회(1904. 12) : 독립 협회 인사 + 반일적 보부상 → 황실 지원을 받아 조직 / "전 국민의 문명화에의 동참 + 법치국가 실현" 목적

│　　　　　　 – 계몽 활동 전개·시정개선 요구 → 해산

├ 헌정 연구회(1905. 5) : 공진회 해산 후 보부상을 제외한 독립 협회 인사들이 조직 → 입헌 군주제 지향 /

│　　　　　　　민권 의식 + 독립 정신 고취 → 일진회 비판 → 강제 해산(∵ 을사조약)

│　　　　　　　(* 일진회(1904~1910) : 송병준, 이용구가 만든 어용 친일 단체 / 표면적으로 계몽 활동을 표방하면서 동학 흡수 시도 / 국권 피탈 후 해산)

├ 대한 자강회(1906. 4) : 윤효정, 장지연 주도 / 헌정 연구회 계승 but 교육과 산업의 진흥(실력 양성) 표방 → 25개 지회 /

│　　　　　　대한 자강회 월보 간행 + 강연회 / 일진회 규탄 → 고종 퇴위 반대 운동(1907. 7) → 해산(1907. 8, by 보안법) → 대한 협회로 계승

├ 대한 협회(1907. 11) : 남궁억, 오세창, 장지연 주도 / 대한 자강회 계승 → 교육과 산업 운동(계몽 운동), 정당 정치론 주장 / 일진회와 타협 → 국권 피탈 후 해산

└ 신민회(1907~1911)

　　├ 설립(1907) : 안창호가 L. A 남쪽 리버사이드에서 신민회 창립에 합의 → 국내에 들어와 양기탁과 함께 설립 / 평안도 기독교 계열 인사 참여, 서울의

　　│　　　　　 상동 청년회가 조직 거점

　　├ 성격 : 계몽 단체(표면적) + 비밀 결사(실제적) / 조직 구성 : 총본부 – 감독부 – 총감소 – 군감소

　　├ 구성원 : 안창호, 양기탁, 신채호, 박은식, 이동녕, 이동휘 등 다양한 인물(독립 협회 계열 인사들 다수 참여)

　　├ 목표 : 국권 회복과 독립 자주 국가 건설 → 공화정체 지향

　　├ 이념 : '선실력 후기회론' → 문화적·경제적 실력 양성 운동(표면적) + 국외 독립군 기지 건설 운동(내면적)
　　│　　　　　　　　　　　　　　　　입헌 군주제와는 달리 군주를 인정하지 않는 국민국가 지향

　　├ 활동 ┬ 실력 양성 활동 :〈대한매일신보〉가 기관지 역할,〈소년〉간행 / 서적 출판 및 보급 – 태극서관(서울·평양·대구), 면학서포(안악) /
　　│　　　│　　　　베델이 설립
　　│　　　│　　　학교 설립 – 대성학교(평양)·오산학교(정주)·양산학교(안악) / 상회사 설립(평양 자기 제조 주식회사 + 협성동사 + 상무동사) /
　　│　　　│
　　│　　　│　　　소방직공장·소연초공장 건립 / 사리원 모범농촌 건설
　　│　　　│
　　│　　　│　　　청년 학우회 조직(1909) : 윤치호, 최남선 중심 → 1913년 이후 흥사단으로 계승(샌프란시스코) /
　　│　　　│
　　│　　　│　　　조선 광문회 조직(1910, 민족의 고전 정리) – 박은식, 최남선
　　│　　　│
　　│　　　└ 군사적 실력 양성 운동 : 서간도 독립군 기지 건설 운동(양기탁, 이승훈, 김구 중심) → 실패
　　│　　　　　　　　　　　　　　　　　　　　　　　　　　　　　　　　　┌ 민단 → 부민단이 계승
　　│　　　　　　　→ 신민회 해산(1911) 후 삼원보(남만주)에 신한민촌 건설(1911, 이동녕, 이회영) + 경학사·신흥 강습소 설립
　　│
　　├ 해체 : 안악 사건(안명근 사건, 1910. 12) → 데라우치 총독 암살 음모 사건(1911. 1) → 105인 사건(1911. 1) → 신민회 해산
　　│
　　└ 의의 : 애국 계몽 운동과 항일 의병 운동이 연대하는 계기

'대한 자강회 취지문'

무릇 우리나라의 독립은 자강에 있음이라. 오늘날 우리 한국은 3천 리 강토와 2천만 동포가 있으니 힘써 자강하여 단체가 합하면 앞으로 부강한 전도를 바랄 수 있고 국권을 능히 회복할 수 있을 것이다. …… 자강의 방법으로는 교육을 진작하고 산업을 일으켜 흥하게 하면 되는 것이다.

'신민회 취지문'

무릇 우리 대한인은 내외를 막론하고 통일 연합으로써 그 진로를 정하고 독립 자유로써 그 목적을 세움이니, 이것이 신민회가 원하는 바이며 신민회가 품어 생각하는 까닭이니, 간단히 말하면 오직 신 정신을 불러 깨우쳐서 신 단체를 조직한 후에 신국(新國)을 건설할 뿐이다. ……

'안창호'

· 독립 협회 참여
· 점진학교 설립
· 공립 협회 설립
· 신민회 조직(1907)
· 대성학교 설립 참여(1908)
· 흥사단 결성(1913)
· 상해 임시 정부 내무총장(1919)
· 한국 독립 유일당 북경 촉성회(1926)
· 흥커우 공원 의거 계기로 구속1932)
· 수양 동우회 사건으로 구속(1937)

'애국 계몽 운동의 한계'

· 활동상 제약(일제에 예속된 상황)
· 제국주의 열강 침략 긍정 → 일본의 한국 지배 용인 결과 초래
· 의병 운동에 부정적 → 신민회가 극복

Chapter 03 개항 이후 경제와 사회

1 열강의 경제 침탈

✦ 청과 일본 상인의 침투

(조·일 수호 조규 부록) (조·일 무역 규칙)

┌ 일본 상인의 무역 독점 : 조·일 수호 조규(1876) 이후 일본 상인 특권 → 치외법권 / 일본 화폐 사용권 / 무관세 / 양곡 무제한 유출

│　　　　　　　　but 거류지 무역(10리 이내) → 개항장 객주·여각이 막대한 이익 → 1880년대 중반 이후 활동 범위 : 100리까지 확대 → 객주·여각 몰락

└ 청과 일본의 상권 침탈 경쟁 : 임오군란(1882) 이후 청 상인의 특권 강화(∵ 조·청 상민 수륙 무역 장정)

　　　　　　　　　　→ 청·일 간 상권 침탈 경쟁 심화 → 청·일 전쟁(1894)

　┌ 1880년대 전반 경제 정책 ┬ 보부상 보호 정책 : 도임방(1881) → 혜상공국(1883) → 상리국(1885)

　│　　　　　　　　　　　└→ 1898년 모든 보부상 조직은 황국 협회에 흡수

　│　　　　　　　　　　　└ 전환국 설치(1883, 묄렌도르프) : 당오전 주조 → 남발로 물가 폭등 초래(＊ 1882년 대동폐(대동·은전) 발행)

　└ 1880년대 경제 정책의 결과 ┬ 조선 미곡의 막대한 유출(조선 내 미곡가 폭등) → 방곡령 선포 ─→ 일본으로의 곡물유출 금지

　　　　　　　　　　　　　　│ (cf 방곡령은 1883년~1904년까지 공식적으로만 75회 but 대개 수험에서는 1889년 함경·황해도 방곡령)

　　　　　　　　　　　　　　└ 금의 해외 유출 : 일본의 금본위제 시행 배경

✦ 제국주의 열강의 경제적 침탈

┌→ 1882. 4 조·미 수호 통상 조약 이후 법제화

┌ 이권 침탈 : 아관 파천(1896. 2) 계기 본격화(∵ 러시아 이권 + 최혜국 대우)

│　┌ 러시아 : 압록강·두만강·울릉도 삼림 벌채권(1896) / 경성·종성 광산 채굴권(1896) / 마산만 조차(1900)

│　├ 미국 : 경인선 부설권(1896) → 일본에 양도(1897) / 갑산(함경도)·운산(평안도) 금광 채굴권(1896) / 전등·전화·수도·전차·전기 부설권

│　├ 일본 : 해저 전신선 가설(1884), 경인선 부설권을 미국으로부터 양수(1897) → 완공(1899) / 경부선 부설권(1898) → 완공(1904) / 경의선 부설권(1903) → 완공(1906) /

│　│　　　└→ 부산~나가사키
│　│　　경원선 부설권(1904) → 완공(1914) / 직산(충청도) 금광 채굴권(1900)　　　　※ 열강이 금광에 주목한 이유 : 무역 대금 결제 수단과 화폐 발행 준비금으로 금 이용

│　│　　　　　　　　　　　　　　　　　　　　　　　　　　　　　　　　　└→ 경부 철도 합동 조약

│　├ 영국 : 은산(평안도) 금광 채굴권(1900)

│　├ 독일 : 당현(강원도) 금광 채굴권(1897)

│　├ 프랑스 : 경의선 부설권(1896) → 대한 제국에 환수(1900) → 일본에 양도(1903) → 일본이 완공(1906)

│　└ 청 : 전신선 가설(1885) ─→ 한성~의주

└ 토지 약탈 : 러·일 전쟁 이후 본격화(∵ 한·일의정서 → 대한 제국의 군용지·철도부지 마음대로 사용 : 국유지 무상 몰수) /

　　　　　　황무지 개간권 요구 → 보안회가 저지(1904) → 국유 미간지 이용법(1907) → 황무지 약탈 / 조·일 통어 장정(1889), 어업법(1908) / 광업법(1906)

　　　　　(＊ 동양 척식 주식회사 설립(1908) : 일제가 약탈한 토지의 관리와 일본인의 이주를 장려하기 위해 서울에 설립)

└─ 일본의 재정 장악과 금융
　　├─ 일본 은행 설립 ─┬─ 제일은행 설립(1878, 부산 지점 최초) → 은행 업무 이외 세관·화폐 정리 업무 담당 / 군자금 관리(청·일 전쟁, 러·일 전쟁)
　　│　　　　　　　　　└─ 농·공은행 설립 : 한성 농·공은행 최초(1906) → 11개 도시에 설립 / 농업과 공업 자금 지원 목적 → but 실제로는 상업자금 및 조선 이주 및 농토 구입 자금 대부
　　│　　　　　　　　　　　　　→ 토지 조사 사업(1912) 이후 조선 식산은행에 통합(1918)
　　└─ 메가타의 경제 정책 ─┬─ 재정 정리 사업 → 식민 시설 유지 목적
　　　　↳제1차 한·일 협약 이후　　├─ 화폐 정리 사업█(1905) → 일본 제일은행권의 본위 화폐화(금 본위 화폐 제도) → 국내 중소 상인에게 큰 타격
　　　　　재정 고문으로 파견　　　├─ 차관 제공 : 일제의 대한 제국에 대한 경제적 예속화 정책(시설 개선 명목) → 국채 보상 운동 전개(1907)
　　　　　　　　　　　　　　　└─ 대한 제국 재정 통합 : 재무서와 재무 감독국 설치, 역둔토 소작료와 홍삼 전매수입의 정부 재정화
　　　　　　　　　　　　　　　　　↳영국의 이집트 식민지화를 모델로 삼음　　　↳황실 재정

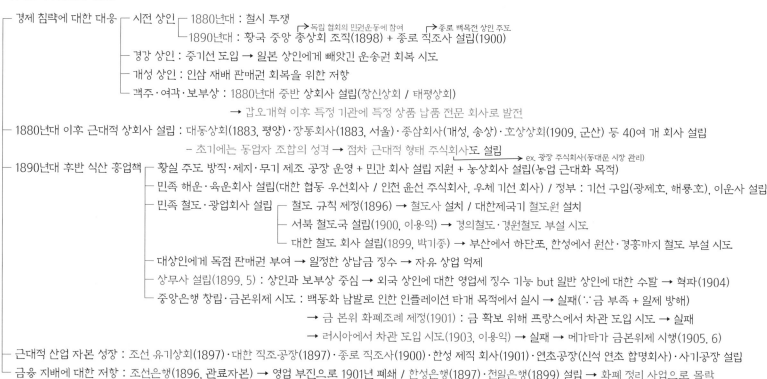

2 경제적 구국 운동의 전개

✦ 민족 자본의 성장

├─ 경제 침략에 대한 대응 ─┬─ 시전 상인 ─┬─ 1880년대 : 철시 투쟁
│　　　　　　　　　　　　　│　　　　　　│　　　　　　　↳독립 협회의 민권운동에 참여　↳종로 백목전 상인 주도
│　　　　　　　　　　　　　│　　　　　　└─ 1890년대 : 황국 중앙 총상회 조직(1898) + 종로 직조사 설립(1900)
│　　　　　　　　　　　　　├─ 경강 상인 : 증기선 도입 → 일본 상인에게 빼앗긴 운송권 회복 시도
│　　　　　　　　　　　　　├─ 개성 상인 : 인삼 재배 판매권 회복을 위한 저항
│　　　　　　　　　　　　　└─ 객주·여각·보부상 : 1880년대 중반 상회사 설립(창신상회 / 태평상회)
│　　　　　　　　　　　　　　　　　　　　　　→ 갑오개혁 이후 특정 기관에 특정 상품 납품 전문 회사로 발전
├─ 1880년대 이후 근대적 상회사 설립 : 대동상회(1883, 평양)·장통회사(1883, 서울)·종삼회사(개성, 송상)·호상상회(1909, 군산) 등 40여 개 회사 설립
│　　　　　　　　　　　　　　– 초기에는 동업자 조합의 성격 → 점차 근대적 형태 주식회사도 설립　　→ ex. 광장 주식회사(동대문 시장 관리)
├─ 1890년대 후반 식산 흥업책 ─┬─ 황실 주도 방직·제지·무기 제조 공장 운영 + 민간 회사 설립 지원 + 농상회사 설립(농업 근대화 목적)
│　　　　　　　　　　　　　　　├─ 민족 해운·육운회사 설립(대한 협동 우선회사 / 인천 윤선 주식회사, 우체 기선 회사) / 정부 : 기선 구입(광제호, 해룡호), 이운사 설립
│　　　　　　　　　　　　　　　├─ 민족 철도·광업회사 설립 ─┬─ 철도 규칙 제정(1896) → 철도사 설치 / 대한제국기 철도원 설치
│　　　　　　　　　　　　　　　│　　　　　　　　　　　　　├─ 서북 철도국 설립(1900, 이용익) → 경의철도·경원철도 부설 시도
│　　　　　　　　　　　　　　　│　　　　　　　　　　　　　└─ 대한 철도 회사 설립(1899, 박기종) → 부산에서 하단포, 한성에서 원산·경흥까지 철도 부설 시도
│　　　　　　　　　　　　　　　├─ 대상인에게 독점 판매권 부여 → 일정한 상납금 징수 → 자유 상업 억제
│　　　　　　　　　　　　　　　├─ 상무사 설립(1899. 5) : 상인과 보부상 중심 → 외국 상인에 대한 영업세 징수 기능 but 일반 상인에 대한 수탈 → 혁파(1904)
│　　　　　　　　　　　　　　　└─ 중앙은행 창립·금본위제 시도 : 백동화 남발로 인한 인플레이션 타개 목적에서 실시 → 실패(∵금 부족 + 일제 방해)
│　　　　　　　　　　　　　　　　　　　　　　→ 금 본위 화폐조례 제정(1901) : 금 확보 위해 프랑스에서 차관 도입 시도 → 실패
│　　　　　　　　　　　　　　　　　　　　　　→ 러시아에서 차관 도입 시도(1903, 이용익) → 실패 → 메가타가 금본위제 시행(1905. 6)
├─ 근대적 산업 자본 성장 : 조선 유기상회(1897)·대한 직조공장(1897)·종로 직조사(1900)·한성 제직 회사(1901)·연초공장(신석 연초 합명회사)·사기공장 설립
└─ 금융 지배에 대한 저항 : 조선은행(1896, 관료자본) → 영업 부진으로 1901년 폐쇄 / 한성은행(1897)·천일은행(1899) 설립 → 화폐 정리 사업으로 몰락

✦ 경제적 구국 운동의 전개

송수만, 심상진 등 결성

─ 방곡령 시행(1889) : 함경도(조병식)·황해도(조병철) → 방곡령 철회 + 배상금 지불(∵1개월 전에 통보하지 않았다는 이유)
─ 서울 상인의 상권 수호 운동 : 철시투쟁 → 황국 중앙 총상회 조직(1898)
─ 독립 협회의 이권 수호 운동 : 아관 파천 이후 러시아·독일·프랑스를 대상으로 전개
─ 황무지 개간권 요구 철회 운동(1904. 7) : 보안회의 활동, 농광회사 설립 주장
─ 국채 보상 운동(1907. 2) : 일제의 차관 제공에 대한 저항 → 금주·금연 + 모금 활동 전개 →부녀자·하층민 계몽 목적 순한글 신문

　　　　　대구에서 시작(서상돈, 양기탁, 김광제 주도) → 국채 보상 기성회 설립(서울)

　　　　　→ 계몽 단체 + 언론사(대한매일신보 / 만세보 / 황성신문 / 제국신문) 지원 : 전국적 확대(독립신문 X)

　　　　　→ 통감부와 일진회(총독부 X)의 간교한 탄압 : 양기탁 구속(∵국채 보상금 횡령 혐의) → 실패

　　　　　(* 한계 : 국채 보상 운동을 통해 한때 690만 원까지 모금하였으나, 상층민·부호를 제외한 일반 민(民)들만 참여)
　　　　　　　　　　　　　→천도교 기관지

3 사회 구조와 의식의 변화

✦ 평등 사회로의 이행

천주교의 확산(평등 사상) + 동학의 확산(인내천) + 개신교의 영향(평등 사상 보급)

✦ 신분 질서의 붕괴

─ 공노비 해방(1801, 순조) : 내수사·궁방 노비 6만 6천여 명 해방 → 신해허통(1851, 철종) : 서얼 관직 진출 제한 철폐
　　→ 서얼·중인 계층의 관직 진출 차별 철폐(1882) → 개화당 정부 문벌 폐지 요구(1884, 갑신정변) → 노비 세습제 폐지(1886, 고종)
　　→ 노비 문서 소각 / 청상과부 개가 허용 요구(1894, 동학) → 신분제 법제적 완전 철폐 : 공사 노비법 완전 혁파(1894, 갑오개혁)
　　→ 호적에 신분 대신 직업 기재(1896, 독립 협회) →헌정 연구회의 입헌 정치, 대한 협회의 정당 정치론
─ 민권 의식의 성장 : 독립 협회의 기본권 운동, 의회 설립 시도
─ 여성의 지위 상승과 사회 진출 : 순성회, 여자 교육회, 진명 부인회, 양규의숙, 진명 여학교 설립, 고등여학교령(1908)
　　　　　　ex. 박 에스더(최초 여의사), 윤희순(의병가 작사, 군자금 모금)

✦ 생활 모습의 변화

─ 의생활의 변화 ┬ 남성 복장 : 단발과 양복 허용, 두루마기 착용, 서구식 제복 착용
　　　　　　　└ 여성 복장 : 개량 한복 등장, 장옷 사라짐
─ 음식 문화의 변화 ┬ 커피, 홍차 등의 서양 음식 소개
　　　　　　　　└ 중국 음식 : 만두, 찐빵 / 일본 음식 : 초밥, 우동, 어묵 등
─ 주택 문화의 변화 : 서양식·일본식 주택 등장

✦ 국외 이주 동포의 증가

─ 간도·연해주 : 19세기 후반 함경도·평안도 주민이 이주(∵기아 + 수탈)→ 을사조약(1905)·국권 피탈(1910) 후
　　　　　　　　정치적 망명 증가
─ 미국 : 하와이 사탕수수 노동자 이민(1902) → 최초 공식적 노동 이민 → 자치 단체·학교·교회 건립
─ 멕시코 : 생계고로 인한 이주 多 → 열악한 환경과 혹독한 노동 조건에서 혹사(에네켄(애니깽) 농장)
　　　　　　　　→ 이민 담당 기관으로 수민원 설치

Chapter 04 근대 문물의 수용과 근대 문화의 형성

1 근대 문물의 수용

✦ 근대 시설의 수용 - 문제점 : 외세의 침탈, 침략 목적에 이용

- 출판 ┬ 박문국(1883) : 근대적 인쇄술 도입 → 한성순보 발간(개화 지지 여론 확산 목적, 순한문)
  └ 광인사(1884) : 최초의 민간 출판사
- 화폐 주조 - 전환국(1883) : 묄렌도르프의 건의로 당오전 유통(1883. 3. 5) → 1883년 10월부터 전환국에서 발행
- 무기 제조 - 기기창(1883) : 근대적 무기 제조 공장(영선사 파견 계기로 설립)
- 전기 - 전등(1887) : 경복궁에 처음으로 전등 점등 → 종로 가로등 설치(1900) → 궁궐·상가 등 가설(1901)
- 통신 ┬ 전신(1885) : 서울~의주 간 전신선 가설 → 1896년 전보사 설치 ⓒ 일본~부산(1884), 서울~부산(1888)
  ├ 우편(1895) : 갑신정변으로 중단, 을미개혁 때 재개, 만국 우편 연합 가입(1900)
  └ 전화(1898) : 궁중(경운궁)에 가설 → 서울 민가에도 가설(1902)
- 의료시설 ┬ 광혜원(1885) : 알렌과 정부의 공동 출자(최초의 근대식 병원) → 제중원 개칭(1885)
  ├ 위생국(1895) : 전염병 예방 규칙 제정(1899)
  ├ 광제원(1900) : 정부 출자 의료 기관 → 대한의원으로 개편(1907)
  ├ 세브란스 병원(1904) : 에비슨 설립, 의료 요원 양성
  ├ 적십자 병원(1905) : 대한 적십자사 운영 → 대한 의원에 통합(1907)
  └ 자혜의원(1909) : 진주, 청주, 함흥 등 전국 10여 곳에 설립된 도립 병원
- 교통 ┬ 해운 - 전운국(1884) : 화륜선(기선) 구입, 기선회사 설립
  └ 철도 ┬ 경인선(1899) : 미국이 착공, 일본이 완성
    ├ 경부선(1904) : 일본이 완성(상업적 개통은 1905년)
    ├ 경의선(1906) : 프랑스의 부설권(1896) → 대한 제국이 환수(1900) → 일본이 양도(러·일 전쟁 중)받아 완성
    └ 전차(1899) : 미국(콜브란) + 황실 공동 → 한성전기회사 설립(1898), 서대문~청량리 전차 운행(1899)
- 건축 - 독립문(1896) : 프랑스 개선문 모방 / 명동 성당(1898) : 고딕 양식의 건축물 / 덕수궁 석조전(1910) : 르네상스 양식의 건축물
  ↓
  1897 완공

'근대 시설의 수용'

- 17C : 청나라 사신, 실학자 통해 서양 과학 기술 유입
- 개항 이전 : 청나라 사신 통해 서양무기 제조에 주력 → "동쪽의 도를 바탕으로 서양의 기기를 수용한다"
- 개항 이후 : 동도서기론 → 개량적 개화론, 점진적 문물 유입
  ┌ 1880년대 : 변법적 개화론
  └ 1890년대 : 서양 과학 기술과 제도 도입

'지석영의 『우두신설』(1885)'

- 제2차 수신사 수행후 지방에 우두국 설치
- 『우두신설』: 영국의사 E. 제너의 종두법 소개

'국외 발간 신문'

- 하와이 : 한인합성신보(1907), 신한국보(1909)
- 미주 본토 : 공립신보(1905), 신한민보 (1909)
- 연해주 : 해조신문(1908), 대동·공보(1908)

언론 기관의 발달 ─ 한성순보(1883~1884) : 순한문, 박문국에서 발간, 정부 개화 정책 지지 목적, 급진 개화파(박영효) 주도,

　　　　　　　　　　　　　　10일에 한 번 발간, 관보 성격, 갑신정변 때 폐간 → 한성주보(1886) : 최초의 상업 광고 게재(국한문 혼용)
　　　　　　　　　　　　　　　　　　　　　　　　　　　　　　　　　　　└→내용에 따라 한글, 한문 사용

　　　　　　　 ─ 독립신문(1896~1899) : 순한글·영문판, 최초의 근대적 일간지, 정부의 지원 받아 창간, 민간 신문,

　　　　　　　　　　　　　　대중 계몽과 근대화 실현 목적(→ 개화 자강 필요성, 서양 문물·제도 소개), 독립 협회 해산 후 폐간(1899)

　　　　　　　 ─ 황성신문(1898~1910) : 국·한문 혼용, 남궁억 중심, 유림층 대상, 구본신참 표방(점진적 개혁), 장지연의 '시일야방성대곡' 게재 + 오건조약청체전말 기사 게재
　　　　　　　　　　　　　　　　　　　　　　　　　　　　　　　　　　　　└→을사조약 규탄　　　　　└→을사조약 체결 과정 서술

　　　　　　　 ─ 제국신문(1898~1910) : 이종일 중심, 순한글, 부녀자·하층민 대상 / 신교육, 국민 계몽 강조

　　　　　　　 ─ 매일신문(1898~1899) : 협성회에서 발간 : 협성회 회보(주간) → 매일신문(일간), 재정 문제로 1년 3개월만에 폐간

　　　　　　　 ─ 대한매일신보(1904~1910) : 영문, 순한글, 국·한문 / 베델(영국)이 창립 / 신민회 기관지 / 을사조약 무효를 주장하는 고종의 친서 게재

　　　　　　　　　　　　　　국채 보상 운동 주도 → 베델 추방, 양기탁 구속 → 신문지법 제정(1907)으로 위축

　　　　　　　 ─ 만세보(1906~1907) : 국한문 혼용 / 손병희·오세창·이인직 중심 / 천도교 기관지, 일진회 공격 ⇒ 재정난으로 인해 대한신문으로 개칭(1907, 이인직) → 친일 내각 기관지

　　　　　　　 ─ 경향신문(1906~1910) : 순한글, 프랑스 드망즈(F. Demange) 신부, 국민 계몽, 천주교 권익 보호, 교회의 기관지적 성격 / 현실 정치에 소극적, 일본의 한국 지배를 인정하는 자세

　　　　　　　 ─ 대한민보(1909~1910) : 순한글, 오세창 중심, 대한협회의 기관지 → 국민신보에 대항

　　　　　　　 ─ 경남일보(1909~1914) : 순한글, 최초의 지방 신문

2 근대 교육과 국학 연구

✦ 교육 운동

근대 교육 ─ 기관의 설립 　→함경도 덕원상인+개화파 관리(합자)
　　　　　 ─ 원산학사(1883. 봄) : 최초 근대 사립학교, 근대학문 + 무술　cf 경당, 화랑도
　　　　　　　　　　　　　　→임오군란 이후 청나라 고문으로 파견
　　　　　 ─ 동문학(1883. 3) : 묄렌도르프, 관영 외국어 교육기관(통역관 양성) / 묄렌도르프 사비 + 정부 지원
　　　　　　　　　　　　　　　　　　　　　　　　　　　　　　　　　　　→현직 관리
　　　　　 ─ 육영공원(1886) : 정부 설립 관립 학교, 헐버트·벙커·길모어 등 외국인 교사 초빙, 상류층 자제들 대상, 좌원·우원으로 구분, 영어·수학·지리학 등 근대 학문 교육
　　　　　　　　　　　　　　　　　　　　└→을사조약의 부당성을 알리러 미국에 특사로 파견　　　　　└→상류층 자제 대상

근대적 교육 제도와 학교의 건립
　　　　　 ─ 학무아문 설치(1894, 1차 갑오개혁) : 교과서 편찬(『국민 소학 독본』, 『초등 본국 역사』)
　　　　　 ─ 교육입국 조서 반포(1895. 2. 2, 2차 갑오개혁) ─ 한성 사범학교 관제 반포(1895. 4. 16) / 한성 사범학교 개교(1895. 5. 1), 한성 사범학교 규칙 반포(1895. 7. 23)
　　　　　　　　　　　　　　　　　　　　　　　　　　　 / 소학교령 공포(→ 소학교 설치, 1895. 9)
　　　　　　　　　　　　　　　　　　　　　　　　　　　 ─ 한성 중학교(1899) 등 소학교·중학교·사범학교·외국어 학교 설립, 흥화학교 설립(1898. 11) /
　　→민영환
　　　　　　　　　　　　　　　　　　　　　　　　　　　 ─ 경성의학교(1899), 상공학교(1899), 광무학교(1900) 등

사립학교 ─ 개신교 중심 선교 목적의 사립학교 설립 : 배재학당(아펜젤러, 1885), 이화학당(스크랜턴, 1886), 경신학당(언더우드, 1886), 정신여학교(앨러스, 1887),
　　　　　　　　　　잡지 『Korean Repository』 간행
　　　　　　　　　　숭실학교(베어드, 1897) 등　→최초 대학교육 + 지방 사립학교(평양)
　　　　　 ─ 애국 계몽 운동기(을사조약 이후) 민족 운동가들의 사립학교 ─ 보성학교(1905, 이용익), 양정의숙(1905, 엄주익), 휘문의숙(1906, 민영휘),
　　　　　　　　　　　　　　　　　　　　　　　　　　　　　　　　　　 ─ 진명여학교(1906, 엄준원), 숙명여학교(1906, 엄귀비)
　　　　　　　　　　　　　　　　　　　　　　　　　　　　　　　　　　 ─ 서전서숙(1906, 북간도) : 이상설, 국외 항일 교육기관
　　　　　　　　　　　　　　　　　　　　　　　　　　　　　　　　　　 ─ 중동학교(1906) : 관립 외국어 교육기관
　　　　　　　　　　　　　　　　　　　　　　　　　　　　　　　　　　 ─ 오산학교(1907, 정주) : 이승훈 / 대성학교(1908, 평양) : 안창호
　　　　　　　　　　　　　　　　　　　　　　　　　　　　　　　　　　　　　└→신민회와 관련(+ 신흥강습소(1911), 서간도, 이시영)
　　→초등 교육 수업 연한 4년 단축　　→『유년필독』(현채) 금서 지정　　　　　　　　　　　　　　　　　└→신흥 무관 학교로 발전
근대 교육의 시련 ─ 보통학교령 공포(1906) / 교과서 검정 제도 실시 / 사립학교령(1908)으로 일제의 통제 강화

✦ 국사와 국어 연구

- 국사 연구 ─ 영웅 전기 편찬 : 신채호 –『을지문덕전』,『이순신전』,「최도통전」 등 / 박은식 –『이순신전』,『연개소문전』,『안중근전』 등
  - 외국 역사서 번역 :『미국 독립사』(현은),『월남 망국사』(현채),『이태리 건국 삼걸전』(신채호) 등
  - 일제의 침략 비판 : 황현『매천야록』(1910), 정교『대한계년사』(1910) → 1864년~1910년 간 일제의 국권 침탈 과정 비판
  - 민족주의 사학 ─ 신채호, 박은식, 정인보, 문일평, 최남선 등
    - 신채호의『독사신론』(1908) : 역사 서술 주체를 민족으로 설정, 화이론적 사관과 일본의 식민 사관 비판, 검정 교과서의 친일성 비판
      └→〈대한매일신보〉에 연재
    - 조선 광문회(1910) : 최남선과 박은식(민족 고전 정리)
- 국어 연구 ─ 국·한문 혼용체 보급 : 황성신문, 유길준의『서유견문』(1889 저술 → 1895 간행)
  - 한글 전용 확대 : 독립신문, 제국신문, 대한매일신보 등
  - 국문 동식회(1896) : 주시경이 독립신문사에 조직한 국문 연구 단체
  - 국문 연구소 설치(1907) : 주시경·지석영 중심, 학부 내부 기구 → 국어학 연구소(1908)
  - 문법서 편찬 : 유길준의『조선문전』(1895) →『대한문전』(1909) / 주시경의『대한국어문법(1906)』,『국어문전(1908)』,『말의 소리(1914)』 / 이봉운의『국문정리』 / 지석영의『신정국문』(1905)
    └→ 의학서『우두신설』저술(1885)   └→「국어문법(1910)」에 포함

'황현의 절명시' → 국권 피탈 후 자결

"난리가 물밀듯 거듭 몰아닥쳐 머리는 세고
나이는 늙어 버렸네.
몇 번이나 죽으려 했건만 아직도 그 뜻을 이
루지 못하였는데
어떻게도 돌이킬 수 없는 오늘
가물거리는 촛불만이 푸른 하늘을 비추네.
…(후략)…"

'대한 제국 시기 역사 교과서'
·『역사집략』(김택영),『조선역사』(학부)
·왕조 정통론 중심, 독립과 자주의식 강조

3 문예와 종교의 새 경향

✦ 문학

- 신소설 : 언문일치, 봉건 윤리 배격, 문명 개화에 치중 / 이인직『혈의누』(1906), 안국선『금수회의록』(1908), 이해조『자유종』(1910)·『화의혈』(1911) 등
  →12마리 짐승에 비유하여 기회주의 비판
- 신체시 : 최남선〈해에게서 소년에게〉(1908)(『소년』창간호)
- 외국 문학 번역 :『천로역정』,『이솝 이야기』,『빌헬름 텔』,『로빈슨 표류기』 등

✦ 예술

- 음악 : 서양 음악의 도입, 창가의 유행(〈독립가〉,〈권학가〉,〈애국가〉 등)
- 연극 : 협률사 건립(1902, 관립극장) – 판소리 창극화/ 원각사 건립(1908, 최초 서양식 극장) –〈은세계〉,〈치악산〉 공연(신극 운동)(1908)
  └→1909 폐쇄, 1914 소실   └→문명 개화를 바탕으로 한 친일적 성격
- 미술 : 서양식 유화 등장, 김정희 계통 문인 화가 활약 등

✦ 건축 : 관문각(1888), 약현성당(1892), 정동(제일)교회(1897), 명동성당(1898), 정관헌(1900), 덕수궁 석조전(1910)
  └→건청궁 안 서재

✦ 종교

- 천주교 : 조·프 수호 통상 조약(1886)으로 선교의 자유 획득, 약현학교 설립,〈경향〉신문 간행
  →영적 쇄신 운동 → 민족 운동과 괴리
- 개신교 : 한글 보급, 미신 타파, 근대 문명의 소개, 남녀평등 사상의 보급, 대부흥 운동의 전개
  →성리학 중심의 유학 비판,
  실천적인 양명학 + 사회 진화론의 진보 원리
- 유교 : 친일적 대동학회 조직(1907), 이후 공자교로 개창 / 박은식『유교구신론』대두(1909) → 대동사상 주창 → 대동교 창설
- 천도교 : 동학 신파 → 일진회 / 구파 → 천도교(1905, 손병희) :〈만세보〉 발간, 보성사 경영 / 일진회 비판 / 보성학교 인수, 동덕여학교 설립(1911)
- 대종교 : 5적 암살단 결성(1905)/ 나철, 오기호, 이기 등, 단군 신앙 기반으로 단군교 창시(1909) → 대종교 개칭(1910)
  →신기선, 조중응   →출판 활동과 언론 활동

일제의 침략과 민족의 독립 운동

Chapter 01 일제의 국권 침탈과 식민 지배

1 20세기 초반 정세

제1차 세계 대전(1914~1918) / 소련의 등장(1917, 10월 혁명) / 파리 강화 회의(1919) – 민족 자결주의(승전국 식민지에 적용 X)

2 일제의 침략과 국권 피탈

- 1895. 4 시모노세키 조약 : 청의 조선 종주권 포기
- 1902. 1 제1차 영·일 동맹 : 영국의 청에서 이권 인정 + 일본의 한반도 지배 인정
- 1904. 1 대한 제국의 영세 중립 선언(1904. 1. 21)
- 1904. 2 러·일 전쟁 발발(2. 10) → 한·일 의정서(1904. 2. 23) ┌ 토지 약탈 본격화 / 주요 군사 요지 점령(독도 불법 점령) / 대한 제국의 영토 보존과 황실의 안녕 명분
  - └ 배경 : 용암포 사건(1903) 계기 └ 일본의 동의 없이 제3국과 의정서에 반하는 조약을 맺을 수 없음 / 시정 개선 충고 수용
- 1904. 5 대한 시설 강령 : 철도·통신·재정 장악 목적 → 조선의 주요 시설 장악 본격화 / 러·일 전쟁(日) 승세
- 1904. 8 제1차 한·일 협약(8. 22, 한·일 협정서) : 고문 정치 ┌ 외교 : 스티븐스(1908. 3. 샌프란시스코에서 전명운·장인환이 사살)
  - └ 재정 : 메가타(1905. 6. 화폐 정리 사업 → 민족 자본 몰락)
- 1905. 7 가쓰라·태프트 밀약(미 – 일) : 일본의 한반도 지배 인정 / 미국의 필리핀 지배 인정
- 1905. 8 제2차 영·일 동맹 : 영국의 인도 지배 인정 / 일본의 한반도 지배 인정
- 1905. 9 포츠머스 강화 조약 : 러시아의 패배 인정 / 일본의 한반도 지배 인정(러시아 만주 철수, 랴오둥 반도 조차권, 남만주 철도 등 지배권 양도, 사할린 할양)
  - ┌→ 덕수궁 중명전에서 체결 ┌→ 초대 통감 : 이토 히로부미 ┌→ 위임, 조인 비준의 절차 X
- 1905. 11 제2차 한·일 협약(을사늑약) : 통감 정치 – 외교권 박탈 → 무효 주장 → 국제 사회 외면
  - ┌ 장지연 '시일야방성대곡'(황성신문) / 이상설·조병세 조약 파기 상소 / 민영환·홍만식·조병세 자결
  - └ 고종의 무효 선언(대한매일신보) / 헐버트 특사 파견(1905. 12) – 근거 : 거중조정(조·미 수호 통상 조약)
- 1907. 6 헤이그 특사 파견(이준 + 이위종 + 이상설) → 만국 평화 회의(점령군 지위 협약) → 실패(∵ 국제 사회 외면)
  - └ 러시아 황제로부터 제2회 만국 평화 회의 참석 초청장 받음(1906. 6) ┌→ 통감의 권한 확대
  - ┌ 헤이그 특사 사건 구실
- 1907. 7 고종 강제 퇴위(7. 19) → 한·일 신협약(7. 24, 정미7조약) : 차관 정치 → 행정권 박탈 + 비밀 각서 → 군사권 박탈(군대 해산, 7. 31)
  - 신문지법(7. 24)과 보안법(7. 27) 제정
  - └ 고종 퇴위 반대 운동 탄압, 대한자강회 강제 해산
- 1909. 7 기유각서(7. 12) : 사법 / 감옥사무 이관(사법권 피탈)
- 1909. 9 간도 협약(9. 4) : 일본이 간도를 청의 영토로 인정(안봉선 철도 부설권, 푸순 탄광 채굴권 획득)
- 1910. 6 헌병 경찰 파견(경찰권 박탈)
- 1910. 8 한·일 병합 조약(경술국치, 8. 29) : 총독 정치 – 국권 피탈 → 초대 총독 : 데라우치 마사다케
  - └ 데라우치 통감과 총리대신 이완용이 체결

'일제의 침략과 국권 피탈'

· 한·일 의정서(1904. 2)
한·일 양국 간에 오래도록 변하지 않는 친교를 유지하고 동양 평화를 확립하기 위하여, 대한 제국 정부는 대일본 제국 정부를 확신하여 시정 개선에 관한 충고를 받아들인다.
… 대일본제국 정부는 전항의 목적을 성취하기 위하여 군사 전략상 필요한 지점을 상황에 따라 차지하여 이용할 수 있다.

· 제1차 한·일 협약(1904. 8)
대한 제국 정부는 대일본 제국 정부가 추천하는 일본인 1명을 재정 고문으로 삼아 재무에 관한 사항은 모두 그의 의견을 따른다.

· 제2차 한·일 협약(1905. 11)
한국 황제 밑에 1명의 통감을 두되 통감은 오로지 외교에 관한 사항을 관리하기 위해 경성에 주재하고 친히 한국 황제 폐하를 만날 수 있는 권리를 가진다.

· 한·일 신협약(1907. 7)
제2조 한국 정부의 법령 제정 및 중요한 행정상의 처분은 미리 통감의 승인을 거칠 것.
제4조 한국 고등 관리의 임면은 통감의 동의로써 이를 행할 것.

· 한·일 병합 조약(1910)
한국 황제 폐하는 한국 전체에 관한 통치권을 완전 또는 영구히 일본 황제 폐하에게 양여한다.

'토지 가옥 증명 규칙(1906)'

· 일본인의 조선 진출을 위한 목적
· 국내에서 외국인의 토지·가옥 소유 보장받게 됨

'국권 피탈과 한국인 지위'

· 한국 내에서 일본 헌법을 적용하지 않고 조선 총독에게 독자적 입법권 부여
· 헌법 대신 일왕의 명령인 '칙령'으로 대체 → 총독 명령인 '제령'을 통해 조선 통치
· 고종 황제를 '이태왕', 순종 황제를 '태왕'으로 황실 호칭 격하

3 식민 통치 체제의 변화

✦ 헌병 경찰 통치(무단 통치, 1910~1919)

— 조선 총독 : 일본 육군이나 해군 현역(or 예비역) 대장 중에서 임명
　　　　　　　　　　　　　　　　　└▸정책 심의·의결 기능 X
　　└▸국왕 직속, 의회 통제 X(무소불위), 입법·사법·행정
— 중추원 : 총독의 자문 기구(정무총감 + 80명 전원 친일파), 조선인에 대한 일종의 회유책, 3·1 운동(1919) 이전까지 소집 X(1919년 이후 매년 1회 소집)
　　　　　　　　　　　└▸일본인　　└▸이완용, 송병준, 김윤식 등
— 헌병 경찰 제도 : 치안 + 행정 + 민사조정 + 징세 + 즉결처분권(1910)
　　　　└ 조선 태형령 (1912), 경찰범 처벌 규칙(1912)
　　　　　　　　　　　　　　　　└▸조선인만 적용(갑오개혁 때 폐지된 것 부활)
— 언론·출판·집회·결사 자유 박탈, 관리·교원도 칼과 제복 착용
— 제1차 조선 교육령(1911) : 보통학교 4년, 우민화 교육
— 105인 사건 – 신민회 해체(1911)
— 지방 행정 조직 개편 : 13도 12부 220군(군 아래 면 설치)

✦ 민족 분열 통치(이른바 '문화 통치', 1919~1931)

— 3. 1 운동과 악화된 국제 여론으로 식민 통치의 방식 변화
— 목적 : 민족 운동 분열·약화, 친일파 양성(이광수 등 자치 운동 전개)
— 총독 임명 규정 개정 : 문관 총독 임명 규정 but 실제로 임명된 적 X
— 헌병 → 보통 경찰제 시행 but 경찰 수와 관서의 수 ↑ (1군 1경찰서, 1면 1주재소)
　　(+ 고등경찰제)
　　　　　　　　　　└▸(조선일보, 동아일보 창간)
— 언론·출판·집회·결사의 자유 보장 but 사전 검열·정간·삭제
— 제2차 조선 교육령(1922) 발표 but 초급 교육과 기술 교육만 실시
— 경성 제국 대학 설립(1924) → 친일파 육성
　　　　　　　　　　　　　　　　└▸명목상 사회주의자 색출과 처벌 목적
— 치안 유지법 공포(1925) : 민족 독립운동가와 단체 탄압, 해외 활동 독립운동가에게도 적용
— 도 평의회, 부·면협의회 설립 → 선거권은 극부층, 친일파
　　└▸명목상 지방 자치 허용

✦ 민족 말살 통치(전시 체제, 1931~1945)

　　　　　　　　　　　　　┌▸세계대공황 이후 만주 공습
— 전시 체제의 돌입 – 병참 기지화 정책(만주 사변(1931), 중·일 전쟁(1937), 태평양 전쟁(1941))
　　　　　　　　　　　　　　　　　　　　　　　┌▸일본식 성과 이름 사용
— 황국 신민화 정책 – 내선일체, 일선동조론, 동조동근론 / 황국 신민 서사 암송 강요, 궁성요배, 창씨개명(1940), 신사 참배
— 국가 총동원법 (1938. 4) 제정　"일본과 조선은 같은 조상"
— 인적·물적 자원 수탈 : 강제 징용, 징병, 정신대, 국방헌금, 공출제
　　　　　　　　　　　　　　　　　　　　┌▸최하부조직 : 애국반(10호를 1개의 조직으로 만들어 감시·통제)
— 국민 총력 운동(1940. 10) : 국민정신 총동원 조선연맹의 발전적 해체 → 국민 총력 조선연맹 조직, 황국신민정신의 고양, 징병과 학병 독려
— 사상범 감시 : 조선 사상범 보호 관찰령(1936), 시국 대응 전선 사상 보국 연맹(1940 / 1941년 대화숙으로 개편), 조선 사상범 예방 구금령(1941)
— 지방 제도 개정(1930. 12) : 표면적 지방 분권 실현 but 총독부 지방 통제 강화
　　　　　　　　　　　　　　　　　　　　　└▸사상범들에게 궁성요배 국가제창 강요

'총독부 산하기구'

정무총감(행정 사무 총괄), 경무총감(경찰 사무),
행정 기관, 재판소, 조선은행, 철도국, 전매국(담배,
인삼, 소금), 임시 토지 조사국(토지 조사령)

'조선 태형령(1912)'

·제11조 태형은 감옥 또는 즉결 관서에서 비밀히집
　행한다.
·제13조 본령은 조선인에 한해 적용한다.

'사이토 총독의 〈친일 세력 양성책〉'

·친일 분자를 귀족·양반·유생·부호·실업가·교육
　가·종교가 등에 침투시켜 그 계급과 사정에 따라
　각종 친일 단체를 조직게 할 것
·친일적인 민간 유지자(有志者)에게 편의와 원조를
　제공하고, 수재 교육의 이름 아래 조선 청년을 친
　일 분자의 인재로 양성할 것
·조선인 부호·자본가에 대해 일·선(日·鮮) 자본가
　의 연계를 추진할 것

'황국 신민 서사'

1. 우리는 황국 신민이다. 충성으로써 군국(君國)에
　보답하련다.
2. 우리 황국 신민은 신애협력(信愛協力)하여 단결
　을 굳게 하련다.
3. 우리 황국 신민은 인고단련(忍苦鍛鍊) 힘을 길러
　황도(皇道)를 선양(宣揚)하련다.

'일제 강점기 소방기구의 변천'

·1915년 조선 총독부 소방조 규칙 제정
·1925년 경성 소방서 설립
·1935년 소방조 산하 수방단(수난 구조) 결성
·1937년 중·일 전쟁 후 소방조가 경방단 소방부로
　개편

'국가 총동원법(1938)'

제1조 국가 총동원이란 전시(전시에 준할 경우도 포
　　　함)에 국방 목적을 달성하기 위해 국가의 전력
　　　을 가장 유효하게 발휘하도록 인적 및 물적 자
　　　원을 운용하는 것을 말한다.
제4조 정부는 전시에 국가 총동원상 필요할 때에는
　　　칙령이 정하는 바에 따라 제국 신민을 징용하
　　　여 총동원 임무에 종사하게 할 수 있다.

4 경제 수탈과 민중의 생활

✦ 1910년대 경제 수탈

토지 조사 사업(1912~1918)
- ·임시 토지 조사국 설치(1910), 토지 조사령(1912) 공포
  - ┌ 표면적 목적 : 지세의 공정성 확보, 근대적 토지 소유 제도 확립
  - └ 실제 목적 : 지세의 안정성 확보(식민 통치 경비 마련), 한국인의 토지 약탈, 토지의 자유로운 매매와 저당(일본인 토지 투자 유도), 지주층 회유
- ·기한부 신고제 : 미신고 토지, 동·중과 문중의 토지, 궁방전, 역둔토, 공공기관 소유지는 총독부가 몰수
  - → 농토 40% 잠탈 → 동양 척식 주식회사 → 일본인에게 불하(일본인 농업 이민, 일본인 지주 증가)
- ·신고 기회 놓친 사람 多, 소유권만 인정, 입회권과 도지권 인정 X
  - └→ 영구 경작권
  - → 지주층에게 유리, 농민 경제의 파탄
  - → 자영농 수↓, 기한부 소작농 수↑, 임노동자 수↑, 지주 수↑(식민 지주, 친일 지주, 식민 지주제 확립)
    - └→ 민족 기업 설립, 민족 자본 성장 억제

산업 침탈
- ┌ 삼림령(1911) - 임야 약탈 / 임야 조사령(1918) - 전국 산림의 50% 이상 약탈 / 회사령(1910) - 허가제(총독부 허가 필요)
  - └→ 1918년 지가의 1000분의 13 납부토록 개정
- ├ 어업령(1911) / 은행령(1912) / 지세령(1914) / 광업령(1915)
  - └→ 허가제
- └ 산업 박람회 : 조선 물산 공진회(1915), 조선 부품 공진회(1917) / 수리 조합령(1917)
  - └→ 수리 조합 확충과 관련된 법령

산업 시설 국유화
- ┌ 철도, 항만, 통신, 도로 독점 경영
- ├ 인삼·소금·담배 전매제
- └ 농공은행(1906) → 조선 식산은행(1918) / 각종 금융 조합 등 설립

철도와 도로망 확충
- └→ 서울~원산간 철도
- ┌ 호남선(1914), 경원선(1914) → 'X'자 간선 철도망 완성, 2,700km의 도로망 건설 / 항만 시설의 확충(부산, 인천, 진남포 등)
- └ 일제 식민지 수탈, 대륙 침략에 이용 → 일본 자본주의 수탈 체제 편입

✦ 1920년대 경제 수탈

산미 증식 계획(1920~1933)
- └→ 다수확 품종의 종자 개량, 비료 사용 등
- ┌ 배경 : 일본 산업의 공업화, 일본 국내 쌀값 폭등(→ 쌀 폭동 발생)
- ├ 미곡 생산량 증대시켜 일본 국내 미곡 수요 충당 목적(조선의 식량 공급지화) / 수리 조합 조직, 수리 시설 확보, 화학 비료 보급, 토지 개량(실제 경작하는 소작농에게 비용 부담 전가)
- ├ 증산 목표 달성 X, 일제의 쌀 수탈 그대로 시행
- ├ 한국인의 1인당 연간 쌀 소비량 감소 → 만주로부터 조·수수·콩 등의 잡곡 수입 증가 / 벼농사 중심의 단작형 농업 구조 변화
- ├ 지주에게 유리, 소작농 피해 막심 → 식민 지주제 강화
- ├ 농촌 경제 파탄
  - └→ 고율 소작료 부담, 수리 조합비 부담
- └ 일본 지주의 반대, 농업 공황으로 중단
  - └→ 1933, 국제 농산물 가격 하락

회사령 철폐(1920) : 허가제 → 신고제, 민족 자본 성장(경성 방직 주식회사, 평양 메리야스 공장)
- └→ 일본 자본의 조선 진출 유도

연초전매령(1921) : 연초 재배·제조·판매의 모든 부문 통제

관세 철폐(1923) : 물산 장려 운동 유발(1922)

신은행령(1928) : 중소 규모 은행 통합

'토지 조사령'

토지 소유자는 조선 총독이 정하는 기간 내에 주소·씨명, 명칭 및 소유지의 소재, 지목, 자번호(字番號), 사표(四標), 등급, 지적, 결수(結數)를 임시 토지 조사 국장에게 신고하여야 한다. 단, 국유지는 보관 관청이 임시 토지 국장에게 통지해야 한다.

'동양 척식 주식회사'

1. 1908년 일제가 한국의 농촌 경제를 수탈할 목적으로 세운 국책회사(약탈토지관리)
2. 조선 총독부로부터 넘겨받은 10만여 정보의 토지를 일본인들에게 헐값에 불하
3. 고율의 소작료와 고리대로 소작 쟁의의 원인 제공

'입회권, 도지권'

·입회권 : 마을 공유지(초지, 황무지 등)에 대한 마을 주민들의 공동이용권
·도지권 : 지주의 땅을 소작농이 개간할 경우 소작농이 가지는 경작권

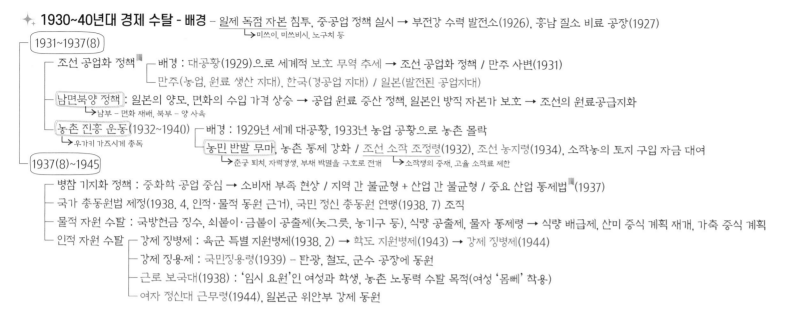

1930~40년대 경제 수탈 - 배경 – 일제 독점 자본 침투, 중공업 정책 실시 → 부전강 수력 발전소(1926), 흥남 질소 비료 공장(1927)
┗━ 미쓰이, 미쓰비시, 노구치 등

1931~1937(8)
- 조선 공업화 정책
  - 배경 : 대공황(1929)으로 세계적 보호 무역 추세 → 조선 공업화 정책 / 만주 사변(1931)
  - 만주(농업, 원료 생산 지대), 한국(경공업 지대) / 일본(발전된 공업지대)
- **남면북양 정책** : 일본의 양모, 면화의 수입 가격 상승 → 공업 원료 증산 정책, 일본인 방직 자본가 보호 → 조선의 원료공급지화
  ┗━ 남부 - 면화 재배, 북부 - 양 사육
- **농촌 진흥 운동**(1932~1940) ┳ 배경 : 1929년 세계 대공황, 1933년 농업 공황으로 농촌 몰락
  ┗━ 우가키 가즈시게 총독 ┃
  ┗ **농민 반발 무마**, 농촌 통제 강화 / 조선 소작 조정령(1932), 조선 농지령(1934), 소작농의 토지 구입 자금 대여
  ┗━ 춘궁 퇴치, 자력갱생, 부채 박멸을 구호로 전개 ┗━소작쟁의 중재, 고율 소작료 제한

1937(8)~1945
- 병참 기지화 정책 : 중화학 공업 중심 → 소비재 부족 현상 / 지역 간 불균형 + 산업 간 불균형 / 중요 산업 통제법(1937)
- 국가 총동원법 제정(1938. 4, 인적·물적 동원 근거), 국민 정신 총동원 연맹(1938. 7) 조직
- 물적 자원 수탈 : 국방헌금 징수, 쇠붙이·금붙이 공출제(놋그릇, 농기구 등), 식량 공출제, 물자 통제령 → 식량 배급제, 산미 증식 계획 재개, 가축 증식 계획
- 인적 자원 수탈 ┳ 강제 징병제 : 육군 특별 지원병제(1938. 2) → 학도 지원병제(1943) → 강제 징병제(1944)
  ┣ 강제 징용제 : 국민징용령(1939) - 탄광, 철도, 군수 공장에 동원
  ┣ 근로 보국대(1938) : '임시 요원'인 여성과 학생, 농촌 노동력 수탈 목적(여성 '몸뻬' 착용)
  ┗ 여자 정신대 근무령(1944), 일본군 위안부 강제 동원

Chapter 02 3·1 운동과 대한민국 임시 정부

1 1910년대 민족 운동

국내 - 비밀결사

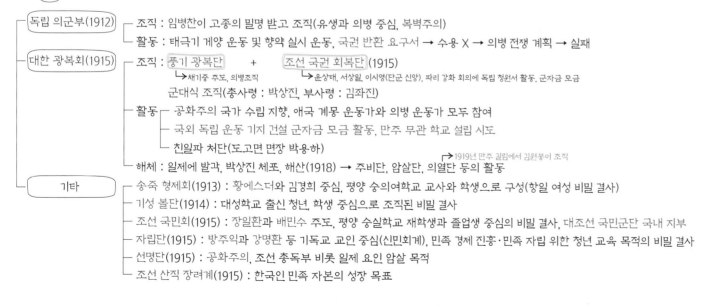

독립 의군부(1912) ┳ 조직 : 임병찬이 고종의 밀명 받고 조직(유생과 의병 중심, 복벽주의)
  ┗ 활동 : 태극기 게양 운동 및 향약 실시 운동, 국권 반환 요구서 → 수용 X → 의병 전쟁 계획 → 실패

대한 광복회(1915) ┳ 조직 : **풍기 광복단**   +   **조선 국권 회복단**(1915)
  ┃   ┗━채기중 주도, 의병조직   ┗━윤상태, 서상일, 이시영(단군 신앙), 파리 강화 회의에 독립 청원서 활동, 군자금 모금
  ┃ 군대식 조직(총사령 : 박상진, 부사령 : 김좌진)
  ┣ 활동 ┳ 공화주의 국가 수립 지향, 애국 계몽 운동가와 의병 운동가 모두 참여
  ┃   ┣ 국외 독립 운동 기지 건설 군자금 모금 활동, 만주 무관 학교 설립 시도
  ┃   ┗ 친일파 처단(도고면 면장 박용하)   ┏━1919년 만주 길림에서 김원봉이 조직
  ┗ 해체 : 일제에 발각, 박상진 체포, 해산(1918) → 주비단, 암살단, 의열단 등의 활동

기타
- 송죽 형제회(1913) : 황에스더와 김경희 중심, 평양 숭의여학교 교사와 학생으로 구성(항일 여성 비밀 결사)
- 기성 볼단(1914) : 대성학교 출신 청년, 학생 중심으로 조직된 비밀 결사
- 조선 국민회(1915) : 장일환과 배민수 주도, 평양 숭실학교 재학생과 졸업생 중심의 비밀 결사, 대조선 국민군단 국내 지부
- 자립단(1915) : 방주익과 강명화 등 기독교 교인 중심(신민회계), 민족 경제 진흥·민족 자립 위한 청년 교육 목적의 비밀 결사
- 선명단(1915) : 공화주의, 조선 총독부 비롯 일제 요인 암살 목적
- 조선 산직 장려계(1915) : 한국인 민족 자본의 성장 목표

'1930년대 조선 공업화 정책'

· 공장법과 중요 산업 통제법의 유보 정책
  → 자원과 노동력의 원활한 이용
· 중화학 공업 육성 정책 → 은행 대부, 보조금 지급 등
· 함경남도와 평안남도 등 북부 지방 중심 전개
· 조선인 자본의 공장 설립 : 경성방직, 충남 제사 회사 등의 확장 but 대부분 중소 규모 이하

'공장법과 중요 산업 통제법'

· 공장법 : 근로 기준법과 유사
· 중요 산업 통제법 : 기업 신설과 생산 설비 확장의 허가제 / 1931년 일본 실시 → 1937년 조선 실시

'국가 총동원법 후속 법령'

국민 징용령(1939), 가격 통제령(1939), 물자 통제령(1941), 금속류 회수령(1941), 조선 식량 관리령(1943)

✦ 해외 - 독립군 기지 건설 운동

- **북만주** 밀산부 한흥동(1909) - 최초의 독립 운동 기지(이상설, 이승희)

- **남만주(서간도)** 이회영(신민회), 삼원보 중심, 신한민촌 건설(1911)
  - ┌ 경학사(1911) → 부민단(1912) → 백서농장(1914) → 서로 군정서 / 한족회(1919)
  - └ 신흥 강습소(1911) → 신흥 중학(1913) → 신흥 무관 학교(1919)

- **북간도** 서전서숙(이상설, 1906), 명동학교(김약연, 1908) / 한인 최대 규모 독립군 기지
  - 중광단(서일, 1911) → 대한 정의단(1919) → 군정부(1919) → 북로 군정서(1919, 김좌진) → 청산리 대첩(1920. 10)
  - 간민회(김약연, 1913) → 국민회(이동휘, 김약연) → 대한 국민회(국민회군, 안무)
  - 대한 독립 선언 발표(1919. 2) : 만주·연해주 일대의 유력 독립 운동가 39인, '독립 전쟁을 통하여 민족의 독립을 쟁취'

- **연해주** 신한촌(블라디보스토크) 형성
  - 한민회(1905), 해조신문 발행(1908)
  - 13도 의군(1910. 6) : 한말 의병장 중심(유인석, 이범윤, 홍범도, 이상설 등), 국내 침투 작전, 망명 정부 수립 시도
  - 성명회(1910. 8) : 유인석·이상설, 항일 의병 운동 계열 + 애국 계몽 운동 계열 / 한·일 병합 무효 선언, '광복의 그 날까지 피의 투쟁을 결행하겠다.'
  - 권업회(1911) : 이범윤, 최재형, 이동휘, 이상설 중심, 한인 사회 자치 조직, 러시아 당국이 최초로 공식적 인가, 러시아 총독과 교섭하여 광복군 군영지 확보
  - 대한 광복군 정부(1914) : 이상설(정통령), 이동휘(부통령) / 정부의 명칭을 띤 최초의 독립 운동 단체
  - 고려족 중앙 총회(1917. 6) : 원호인 중심, 러시아 내 한인 권익 목적(반볼셰비키) ┐
  - 한족 중앙 총회(1918. 1) : 여호인 중심, 독립 운동의 수단(친볼셰비키) ┘ → 전로 한족 중앙 총회(1918. 1) ('여호와 원호의 통합')
  - 한인 사회당(1918) : 이동휘 등 한족 중앙 총회 인물 중심(하바로프스크) → 1921년 고려 공산당으로 개칭
  - 대한 국민 의회(1919. 3) → 이동휘, 이동녕, 문창범 중심, 상해 대한민국 임시 정부로 통합(1919. 9)
  - 중앙아시아 강제 이주(1937)

- **중국 관내 지역(상해 중심)**
  - 동제사(1912) : 한인 유학생 중심, 반일 비밀 결사 조직 → 신아 동제사 - 박달학원(신규식, 박은식, 정인보, 신채호, 조소앙 등)
  - 대동 보국단(1915) : 신규식, 박은식, 『진단』 발행
  - 신한 혁명당(1915) : 초기에는 복벽주의, 망명 정부(입헌 군주제) 수립 목표(이상설, 박은식, 신규식 중심) / 인성학교 설립(1917) : 여운형 중심
  - 대동 단결 선언(1917) : 대종교 + 동제사 + 신한 혁명당 인사 중심, 황제권(복벽주의) 포기, 국민 주권주의 + 공화주의의 임시 정부 수립 추구
  - 신한 청년당(1918) : 여운형, 김철, 김규식 / 독립 청원서 작성(1918. 11) → 김규식을 통해 파리 강화회의에 제출(1919. 3)

- **미주 지역**
  - 한인 합성 협회(1907) : 하와이 한인 사회의 구심체
  - 친목회(1903) : 샌프란시스코 지역(안창호) → 공립 협회(1905) : 항일 운동 목적, 미국 내 한인 대표 기관 / 신민회 창립 합의(1906, LA남쪽)
  - 대동 보국회(1907) : 캘리포니아 지역(장경)(← 대동교육회(1905))
  - 대한인 국민회(1910) : 국민회(공립 협회 + 한인 합성 협회) + 대동 보국회 / 〈신한민보〉 발행 / 만주·연해주에 지부 설치, 군자금 조달
  - 대조선 국민군단(1914) : 박용만이 하와이에서 조직, 독립 전쟁 위한 군인 양성(1917 해산)
  - 기타 : 흥사단(안창호, 샌프란시스코, 1913), 구미위원부(1919, 워싱턴), 숭무학교(멕시코), 재미 한족 연합 위원회(1941)

- **일본** ┌ 조선 청년 독립단(이광수, 최팔용)의 2·8 독립 선언(1919)
  - └ 조선인 노동 동맹회(1922), 북성회(1923), 일월회(1925), 조선 여자 삼월회(1925)

〈국외 독립 운동 기지의 건설〉

'이상설의 활동'
- 서전서숙(1906)
- 헤이그 특사(1907)
- 권업회(1911)
- 대한 광복군 정부(1914)
- 신한 혁명당(1915)

'이동휘'
- 강화도 진위대장
- 강화에 보창학교 설립
- 신민회 참여
- 대한 광복군 정부 수립(1914)
- 한인 사회당 결성(하바로프스크)

'대동 단결 선언(1917)'

융희 황제가 삼보(三寶 : 토지·인민·정치)를 포기한 8월 29일은, 즉 우리 동지가 삼보를 계승한 8월 29일이니, 그 동안에 한 순간도 숨을 멈춘 적이 없음이라. 우리 동지는 완전한 상속자니 저 황제권 소멸의 때가 즉 민권 발생의 때요, 구한국 최후의 날은 즉 신한국 최초의 날이니 ……

'관동 대지진'(1923)

대지진으로 인하여 일본 사회가 불안해지자 일제는 주민들의 비난을 피하기 위하여 유언비어를 퍼뜨림. 이 결과 수많은 무고한 조선인이 일본인에게 학살당함

2 3·1운동

✦ 배경
→ "민족의 문제는 민족의 운명을 결정할 스스로가 결정한다."

- 러시아 혁명(1917) : 레닌의 반제국주의·반자본주의적 정책(식민지 국가 지원 선언)
- 민족 자결주의(1918) : 미 대통령 윌슨, 제1차 세계대전 이후 파리 강화회의 개최 but 패전국에만 해당
- 신한 청년당이 김규식을 파리 강화 회의에 대표로 파견 → 독립 청원서 제출(실패)
- 고종의 독살설 유포 – 거족적 민족 운동 분위기 조성
- 국외 활발한 독립 운동 ┬ 대한 독립 선언서(1919. 2) : 조소앙 집필, 무장 투쟁을 통한 완전 독립, 대종교 인사 중심
                        └ 2·8 독립 선언서(1919) : 조선 청년 독립단(이광수 등 일본 유학생) 조직, 선언서와 결의문 발표

✦ 전개

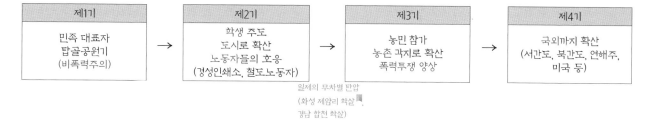

제1기	제2기	제3기	제4기
민족 대표자 탑골공원기 (비폭력주의)	학생 주도 도시로 확산 노동자들의 호응 (경성인쇄소, 철도노동자)	농민 참가 농촌 각지로 확산 폭력투쟁 양상	국외까지 확산 (서간도, 북간도, 연해주, 미국 등)

일제의 무차별 탄압
(화성 제암리 학살,
경남 합천 학살)

✦ 의의와 한계

- 의의 ┬ 민족 역량 통합(애국 계몽 운동 + 의병 운동 / 복벽주의 + 공화주의) → 독립 운동 기반 마련
      ├ 일제의 통치 방식 변화 : 헌병 경찰 통치(무단 통치) → 이른바 문화 통치로 전환
      ├ 대한민국 임시 정부 수립 : 상해 임시 정부로 통합(1919. 9)
      ├ 중국 5·4 운동, 인도 비폭력·불복종 운동 등에 영향
      └ 독립 운동 활성화 : 만주, 연해주 등지 무장 투쟁
- 한계 ─ 일제의 탄압 + 민족 대표의 소극적 자세 + 비자주적 독립 염원(민족 자결주의에 대한 맹신) → 실패

'3·1 운동 이전 국내 민족 운동 움직임'

· 기독교계, 불교계, 천도교계, 학생층의 연계
· 독립 만세 운동 전개 원칙 : 대중화, 일원화, 비폭력 운동
· 독립 만세 운동의 방향 : 국내외를 향한 독립 선언, 파리 강화
  회의·일본·미국에 대한 독립 청원, 평화적 만세 시위

'독립 선언'

1. 대한 독립 선언(1919) – 조소앙
2. 2·8 독립 선언(1919) – 이광수
3. 기미 독립 선언(1919) – 최남선 〈공약 3장–한용운〉
4. 자주 독립 선언(1922) – 천도교

'기미 독립 선언'

· 기미 독립 선언문(최남선)
오등(吾等)은 이에 아(我) 조선의 자주독립국임과 조선인의
자주민임을 선언하노라. 이로써 자손 만대에 고하여 민족자
존(自存)의 정권(正權)을 영유(永有)하게 하노라. …… 반만년
역사의 권위를 장(丈)하여 이를 선언함이며, 2천만 민중의 충
성을 합하여 이를 포명함이며, 민족의 항구여일(恒久如一)한
자유 발전을 위하여 이를 주장함이며, ……

· 공약삼장(公約三章, 한용운)
 – 금일 오인의 차거(此擧)는 정의·인도·생존·존영을 위하
   는 민족적 요구이니, 오직 자유적 정신을 발휘할 것이오, 결
   코 배타적 감정으로 일주(逸走)하지 말라.
 – 최후의 일인까지, 최후의 일각까지 민족의 정당한 의사를
   쾌히 발표하라.
 – 일체의 행동은 가장 질서를 존중하여, 오인의 주장과 태
   도로 하여금 어디까지든지 광명정대(光明正大)하게 하라.

'화성 제암리 학살'(1919)

1919년 4월 15일제는 화성 제암리에 거주하는 기독교인 30
여 명을 교회 안에 가두어 두고 밖에서 무차별 사격을 가하고,
생존자까지 살해

3 대한민국 임시 정부

임시 정부 설립 위한 논의 진행(의장 이동녕)
대한민국 국호 결정, 정부 구성 / 대한민국 임시 헌장 █ 공포

(수립) ┌ 대한 국민 의회(연해주, 1919. 3) ─ 의장 문창범, 부의장 김철훈
　　　 ├ 상해 임시 정부(1919. 4) ◄─── ─ 대통령(X), 국무총리 이승만, 의정원 의장 이동녕
　　　 ├ 신한민국 정부(철산, 의주, 1919. 4) ─ 집정관 이동휘, 국무총리 이승만
　　　 └ 한성 정부(국내 1919. 4) ─ 집정관 총재 이승만, 국무총리 총재 이동휘

→ 한성 정부의 법통 계승(상해 → 외교 활동 유리)

대한민국 임시 정부로 통합(1919. 9)

(최초의 민주 공화제 정부, 삼권 분립 ─ 임시 의정원 + 국무원 + 법원)
　　　　　　　　　　　　　　　　　　　　(입법부)　　(행정부)　　(사법부)

대통령 이승만, 국무총리 이동휘
　　↓ 외교론자　　　　↓ 무장 투쟁론자

'대한민국 임시 헌장(1919. 4)'

'신인일치(神人一致)로 중외협응(中外協應)하야 한성(漢城)에서 의(義)를 일으킨 이래 30여 일간에 평화적 독립을 3백여주에 광복하고, …… 항구히 자주독립의 복리로 아(我) 자손여민(子孫黎民)에게 세전(世傳)하기 위해 임시 의정원의 결의로 임시 헌장을 선포하노라.'

✦ 군자금 모금, 첩보 활동

─ 연통제(1919. 7) : 독판, 군감, 부장, 면감 / 국내외 연결 비밀 행정 통치 제도 → 연통제 붕괴(1920)
─ 교통국(1919. 5) : 비밀 통신망 – 독립 운동을 위한 군자금 모금과 정보 수집(만주 단둥에 지부 설치, 각 지역 교통국, 교통소 설치)
─ 이륭양행(만주, 아일랜드인 쇼), 백산상회(부산) → 정보 전달, 독립 공채 발행, 독립 의연금 전달 목적
　　└ 설립시기 : 1914 or 1916

'임정 직할 부대'

·광복군 사령부(1920. 2)
·광복군 총영(1920. 7)
·육군 주만 참의부(1923)
·한국광복군(1940)

✦ 외교 활동(이승만의 외교 활동은 별 효과 X)

─ 김규식 외무총장 임명(1919. 4) : 신한 청년당 소속 김규식을 외무총장 겸 주 파리위원으로 임명
─ 사료 편찬소 설치 : 『한·일 관계 사료집』, 「독립신문」 – 임시 정부 기관지
　　　　　　　　　　└ 박은식 『한국독립운동지혈사』 저술(1920)
─ 구미위원부 설치 : 이승만, 한국의 독립문제 국제 여론화
─ 극동 인민 대표 대회 참가(1922) : 이동휘·김규식 등 레닌과 면담
─ 외교 활동의 결과 : 중국 정부 승인·소련의 독립운동 자금 지원, 조선 독립의 열망을 국제사회가 외면 → 독립 운동의 방향 전환 → 1923년 국민대표 회의 개최

'국민대표 회의'

·창조파 : 임정 해체, 신채호(무장투쟁론), 박용만
·개조파 : 조직만 개편, 여운형, 안창호
·정부 옹호파 : 윤기섭, 김구

✦ 군사 활동 █

─ 군무부 설치 운영 : 군사 관련 업무, 만주 독립군과 연결
─ 만주 지역 무장 단체 포섭(1920) : 북로 군정서, 서로 군정서, 대한 독립군 임정 지지 선언
─ 광복군 총영의 결성(1920. 7) : 한족회, 서로 군정서를 산하로 통합 실패한 임정은 서간도의 청년단과 독립단 연합 → 직할 부대 광복군 총영 편성
─ 기타 : 육군 무관학교, 비행사 양성소, 간호학교 등 설립
─ 한계 : 만주 무장 독립군에 대한 실질적 지도 불가능 → 일원적 무장 독립 전쟁 수행 불가

'헌정 지도 체제의 변천'

1차 개헌 : 대통령 지도 체제(1919, 이승만·박은식)
　↓
2차 개헌 : 국무령 중심의 내각 책임제(1925, 이상룡, 홍진, 김구)
　　　└ 법원 조항 삭제
　↓
3차 개헌 : 국무위원 중심 집단 지도 체제(1927, 국무위원 10여 명)
　　　└ '이당치국'의 방침
　↓
4차 개헌 : 주석 중심의 강력한 지도 체제(1940, 김구)
　↓
5차 개헌 : 주석·부주석제 채택(1944, 김구·김규식, 사법권 관련 조항 부활)

✦ 국민대표 회의 █ (1923. 1. 3)

┌ 배경 ┌ 연통제, 교통국의 와해(자금난, 인력난 가중)
│　　　├ 외교 활동 성과 X
│　　　├ 독립운동 노선 갈등(외교론 대 무장투쟁론)
│　　　├ 이승만의 독선, 이승만의 위임 통치안 제출(1919. 2)
│　　　└ 임정의 무력함 비판 대두(1921~)
└ 전개 : 북경 군사 통일 회의(신채호, 박용만) → 국민대표 회의(1923. 1~6) → 결렬(1923. 6) → 이승만 탄핵(1925. 3)
　　　　 → 박은식 2대 임시 대통령 취임(곧 병사, 1925. 3~7) → 국무령 중심 내각 책임제 개헌 ⇒ 임정 유명무실

* 국민대표 회의 이후 임시 정부 : 한인 애국단 조직(1931) → 중·일 전쟁(1937) 이후 충칭에 한국광복군 조직(1940)

'재미 한족 연합 위원회'

·미주 지역 한인 단체 중심 결성(1941)
·대한민국 임시 정부 자금 지원, 한인 국방 경비대 조직(1942)
·대한민국 임시 정부 승인 위한 외교 활동

1 3·1운동 이후의 항일 운동

✦ 1920년대 국내 항일 민족 운동

──국내 무장 항일 투쟁
- 천마산대(1919) : 최시흥이 구한말 군인들을 중심으로 조직, 평북 의주 천마산 일대 활동 / 유격전 전개 → 대한 통의부 편입
- 보합단(1920) : 신흥 무관 학교 출신 김동식 조직(1920), 평북 의주 동암산 중심 활동 / 군자금 모집, 친일파 숙청 → 대한 독립단 흡수
- 구월산대(1920) : 이명서 중심으로 황해도 구월산 중심 활동, 친일파와 일본 경찰 처단 활동

──6·10 만세 운동(1926)
                               → 권오설, 강달영   → 조선 공학회, 조선 학생 과학 연구회, 서울 학생 구락부 등
- 배경 : 일제의 수탈 정책과 식민지 교육 반발, 조선 학생회(1923) 조직, 사회주의 사상 확산
- 전개 : 순종의 인산일 계기, 사회주의자 + 학생 각각 주도, 천도교 측에서 격문 인쇄 담당
                                          →조선 학생 과학 연구회
        동맹 휴학 + 시위 확산 → 일제의 무차별 살상, 투옥 → 실패
- 영향 : 독서회(비밀 결사) 조직 계기 → 광주 학생 항일 운동에 영향
각급 학교에 조직←
        민족 유일당 운동(신간회)의 계기
                →일제 치하 최대 규모 합법 항일단체

──광주 학생 항일 운동(1929)
- 배경 : 식민지 노예 교육, 신간회 활동, 독서회 조직, 성진회의 활동
                                           →광주 학생 항일 운동의 전국화 위한 지원
- 전개 : 한·일 학생 사이의 우발적 충돌 → 경찰의 편파 수사 → 신간회의 조사단 파견
        동맹 휴학, 적극적 가두시위, 식민지 교육제도 철폐와 조선인 본위의 교육 제도 확립 주장
- 일제 강점기 최대 규모의 항일 학생 운동(전국적 확대)

'6·10 만세 운동 격문'

조선 민중아! / 우리의 철천지 원수는 자본·제국주의 일본이다.
이천만 동포야! 죽음을 각오하고 싸우자! / 만세! 만세! 조선 독립 만세! ……
일본인 지주에게 소작료를 바치지 말자! / 언론·집회·출판의 자유를!
조선인 교육은 조선인 본위로! / 보통학교 용어를 조선어로!
8시간 노동제를 실시하라! / 동일 노동 동일 임금! / 소작권을 이동하지
못한다! 일본인 지주의 소작료는 주지 말자!

'광주 학생 항일 운동 격문'

학생 대중들이여 궐기하라! / 검거된 학생은 우리 손으로 탈환하자.
언론·결사·집회·출판의 자유를 획득하라, / 식민지 교육 제도를 철폐하라.
조선 본위의 교육 제도를 확립하라! / 민족 문화와 사회과학 연구의 자유
를 획득하자! 전국 학생 대표자 회의를 개최하라!

✦ 애국지사들의 항일 의거

- 의열단 (1919. 11, 만주 길림에서 조직, 김원봉·윤세주 등 조직)
  - 활동 : 식민 지배 기관 파괴, 친일 인사 처단, 상해 폭탄 제조소 설치
  - 조선 혁명 선언(1923. 1, 신채호)▪ : ┌ 의열단 목적이 민중 직접 혁명을 통한 일제 타도에 있음을 천명
    └ 무장 독립 투쟁의 필요성 / 자치 운동론, 문화론, 외교론, 실력 양성론 비판
    → 이광수   → 이승만
  - 활동 변화 : 김원봉 ─ 1926년 계급 타파, 토지 평균의 내용을 이념으로 하는 20개조 강령 발표
    → '혁명 정당'과 '민족 협동 전선 운동'의 방향 정립
    ├ 조직적 무장 투쟁 준비 → 황포 군관 학교 입학(1926), 조선 혁명 군사 정치 간부 학교 설립(1932)
    └ 조선 민족 혁명당(1935, 중국 내 민족 유일당) 결성 주도

- 한인 애국단 (1931. 10, 김구)
  - 배경 : 국민대표 회의 결렬로 임정 침체, 만보산 사건, 만주 사변(1931. 9)
    → 육군 열병식 행사
  - 활동 ┌ 이봉창(1932. 1. 8) : 동경에서 일왕 히로히토에게 수류탄 투척(→ 상해 사변(1932) 계기)
    └ 윤봉길(1932. 4. 29) : 상해 전승 축하식(홍커우 공원), 수통 폭탄 투척
  - 영향 ┌ 중국 국민당의 임시 정부 지원 / 중국 영토내 무장 독립 투쟁 승인
    └ 중국 중앙 육군 군관 학교 낙양 분교 한인 특별반 설치(지청천 교관 초빙)
    → 1940년 한국 광복군 총사령

'신채호의 조선 혁명 선언'

우리는 일본 강도 정치 곧 이족(異族) 통치가 우리 조선 민족 생존의 적(敵)임을 선언하는 동시에, 우리는 혁명 선언으로 우리 생존의 적인 강도 일본을 살벌(殺伐)함이 곧 우리의 정당한 수단임을 선언하노라.

'항일 의사'

·국내	강우규	1919 사이토 마코토 신임 총독 폭살 미수	노인 동맹단
	박재혁	1920 부산 경찰서 투탄	의열단
	최수봉	1920 밀양 경찰서 투탄	의열단
	김익상	1921 조선 총독부 투탄 후 무사귀환	의열단
	김상옥	1923 종로 경찰서 투탄 후 자결	의열단
	나석주	1926 동양 척식 주식 회사 경성지점	의열단
		조선 식산 은행에 투탄, 日人 7명 사살 후 자결	
·국외	오성륜, 김익상, 이종암 1922 상해 황포탄에서 일본 육군 대장		의열단
		다나카 기이치 저격	
	김지섭	1924 제국의회 폭파 목적, but 의회 무기한 휴회로	의열단
		동경 궁성 니주바시(이중교)에 3개 투탄	
	박열	1923 일본 왕실 결혼식에서 일왕 부자 암살 기도	단 독
	조명하	1928 타이중에서 구니노미야(일왕 장인) 처단	단 독
	이봉창	1932 일왕 폭살미수	한인 애국단
	윤봉길	1932 상해 홍커우 공원 수통 폭탄 투탄	한인 애국단
	손기업	1932 주만 일본 전권 대사 무토 대장 암살 시도	한국 혁명당 총동맹
	백정기, 이강훈, 원심창 1933 상해 육삼정에서 일본 공사		
		아리요시 암살 시도	흑색 공포단

'부민관 의거(1945. 7. 24)'

대한 애국 청년단 조문기, 강윤국, 유만수가 '아시아 민족분격대회'가 열리는 서울 부민관에서 투탄

'의열단과 임시 정부 제휴'

·김원봉과 임시 정부 이시영의 독립 자금 징수 위한 폭탄 거사 단행(김상옥)
·나석주의 의거(김창숙과 김구의 도움)

2 3·1 운동 이후 무장 독립 전쟁의 전개

✦ 1920년대 만주 지역 독립군의 활동

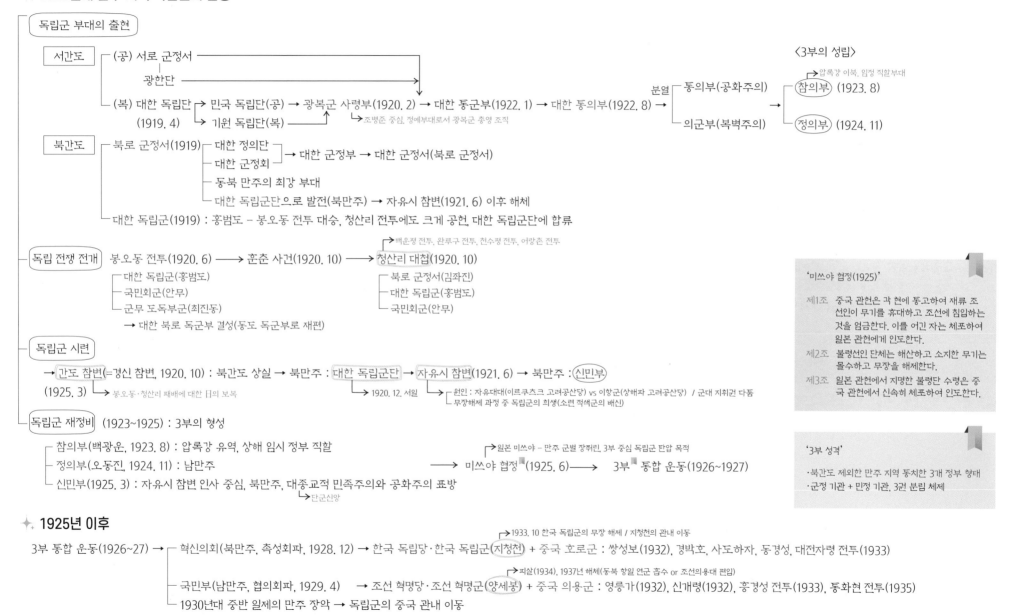

독립군 부대의 출현

서간도
- (공) 서로 군정서 ─────────────────┐
- 광한단 ──────────────────────────┤
- (복) 대한 독립단 → 민국 독립단(공) → 광복군 사령부(1920. 2) → 대한 통군부(1922. 1) → 대한 통의부(1922. 8) → 분열
  - (1919. 4) → 기원 독립단(복) ──┘
  - └→ 조병준 중심, 정예부대로서 광복군 총영 조직

〈3부의 성립〉
- 통의부(공화주의) → ┌→ 압록강 이북, 임정 직할부대 → 참의부 (1923. 8)
- 의군부(복벽주의) → 정의부 (1924. 11)

북간도
- 북로 군정서(1919)
  - 대한 정의단 → 대한 군정부 → 대한 군정서(북로 군정서)
  - 대한 군정회
  - 동북 만주의 최강 부대
  - 대한 독립군단으로 발전(북만주) → 자유시 참변(1921. 6) 이후 해체
- 대한 독립군(1919) : 홍범도 – 봉오동 전투 대승, 청산리 전투에도 크게 공헌, 대한 독립군단에 합류

독립 전쟁 전개
- 봉오동 전투(1920. 6) ──→ 훈춘 사건(1920. 10) ──→ 청산리 대첩(1920. 10)
  - └→ 백운평 전투, 완루구 전투, 천수평 전투, 어랑촌 전투
  - 대한 독립군(홍범도)
  - 국민회군(안무)
  - 군무 도독부군(최진동)
  - → 대한 북로 독군부 결성(동도 독군부로 재편)
  - 북로 군정서(김좌진)
  - 대한 독립군(홍범도)
  - 국민회군(안무)

독립군 시련
- → 간도 참변(=경신 참변, 1920. 10) : 북간도 상실 → 북만주 : 대한 독립군단 → 자유시 참변(1921. 6) → 북만주 : 신민부
  - (1925. 3) └→ 봉오동·청산리 패배에 대한 日의 보복
  - 1920. 12. 서일
  - └→ 원인 : 자유대대(이르쿠츠크 고려공산당) vs 이항군(상해파 고려공산당) / 군대 지휘권 다툼
    - 무장해제 과정 중 독립군의 희생(소련 적색군의 배신)

독립군 재정비 (1923~1925) : 3부의 형성
- 참의부(백광운, 1923. 8) : 압록강 유역, 상해 임시 정부 직할
- 정의부(오동진, 1924. 11) : 남만주
- 신민부(1925. 3) : 자유시 참변 인사 중심, 북만주, 대종교적 민족주의와 공화주의 표방
  - └→ 단군신앙
- ┌→ 일본 미쓰야 – 만주 군벌 장쭤린 3부 중심 독립군 탄압 목적
- 미쓰야 협정(1925. 6) ──→ 3부 통합 운동(1926~1927)

'미쓰야 협정(1925)'
- 제1조 중국 관헌은 각 현에 통고하여 재류 조선인이 무기를 휴대하고 조선에 침입하는 것을 엄금한다. 이를 어긴 자는 체포하여 일본 관헌에게 인도한다.
- 제2조 불령선인 단체는 해산하고 소지한 무기는 몰수하고 무장을 해제한다.
- 제3조 일본 관헌에서 지명한 불령선인 수령은 중국 관헌에서 신속히 체포하여 인도한다.

'3부 성격'
- 북간도 제외한 만주 지역 통치한 3개 정부 형태
- 군정 기관 + 민정 기관, 3권 분립 체제

✦ 1925년 이후

3부 통합 운동(1926~27) →
- 혁신의회(북만주, 측성회파, 1928. 12) → 한국 독립당·한국 독립군(지청천) + 중국 호로군 : 쌍성보(1932), 경박호, 사도하자, 동경성, 대전자령 전투(1933)
  - ┌→ 1933. 10 한국 독립군의 무장 해제 / 지청천의 관내 이동
- 국민부(남만주, 협의회파, 1929. 4) → 조선 혁명당·조선 혁명군(양세봉) + 중국 의용군 : 영릉가(1932), 신개령(1932), 흥경성 전투(1933), 통화현 전투(1935)
  - ┌→ 피살(1934), 1937년 해체(동북 항일 연군 흡수 or 조선의용대 편입)
- 1930년대 중반 일제의 만주 장악 → 독립군의 중국 관내 이동

✦ 1930~1940년대

중국 관내

조선 의용대(1938, 한커우) : 중국 국민당 정부 지원, 소극적 활동
↳포로 심문, 정보 수집, 후방 교란 등

조선 민족 혁명당(1935. 7) --------→ 조선 민족 전선 연맹(민족전선, 1937. 12)
↳중국 관내 민족 유일당(민족주의계 + 사회주의계)
의열단(김원봉), 조선 혁명당(최동오), 한국 독립당(조
소앙), 신한 독립당(지청천), 대한 독립당(김규식)
5개 단체 연합(임정 계열 제외) / 중국 국민당 후원

↳조선민족혁명당
조선 민족해방 동맹
조선 혁명자 연맹 등

↓ 내부 갈등 : 조소앙, 지청천 등 탈퇴

|분열
↓
조선 의용대 화북 지대(1941)(+ 중국 홍군, 호가장 전투(1941), 반소탕전(1942)) ---→ 조선 독립 동맹에 편입(조선 의용군, 1942)
조선 의용대 충칭 본대(김원봉 중심) ------------------→ 한국 광복군에 편입(1942)

전국 연합 진선 협회(1939. 9)
외형적 통합(7당통일회의) → 와해

한국 국민당(1935. 11) 김구 중심 ----------→ 한국 광복 운동 단체 연합회(광복진선, 1937. 8) ------→ 한국 독립당 : 임시 정부
↳한인 애국단(김구, 이동녕) + 임정 고수파   ↳·우파 중심 결집(지청천, 조소앙, 김구 등)   (1940. 5)
삼균주의 강령   ·항일 공작, 선전활동, 청년 공작대 편성

'(한국) 대일 전선 통일 동맹'
·1932년 11월 결성(상해)
·의열단, 한국 독립당, 조선 혁명당 등 참여
·1935년 7월 조선 민족혁명당으로 발전(난징)

화북 조선 독립 동맹
옌안
충칭(1940) 대한민국 임시 정부 전장(1935)
치장(1939)   상하이(1919)
창사(1937) 항저우(1932)
류저우(1938)
광저우(1938) 타이완
■ 항일 단체
→ 임시 정부 이동로
(숫자) 임시 정부 이동 연도
〈광복 직전 국내외 항일 단체와 임시 정부의 이동〉

한국 국민당, (재건)한국 독립당, 조선 혁명당 통합 개편
한국 독립당 = 임시 정부 여당 = 실질적 임시 정부
한국 광복군 창설(1940. 9)
총사령 지청천, 참모장 이범석 → 1942년 조선 의용대 충칭 본대 합류후 병력 증강
↳김원봉 한국 광복군 제1대장
대독, 대일 선전 포고(1941. 12)
초기 중국 군사 위원회의 간섭(한국 광복군 행동 준승 9개항)
연합군 일원(영국 – 인도·미얀마, 미국 – OSS 활동)
국내 정진군 편성, 실행 X ↳정치, 경제, 교육의 평등
건국 강령 반포(1941. 11) – 삼균주의(조소앙) 수용
조선 민족 혁명당 흡수(1942. 10) : 사회주의계 일부 인사 참여
좌우 연합 정부 구성(1944. 4) : 주석 김구, 부주석 김규식, 군무부장 김원봉

공산주의계 무장 투쟁의 전개

- 1931 춘황, 추수 투쟁 – 소규모 유격대 중심
- 1933 동북 인민 혁명군(공산당)
- 1936 동북 항일 연군 → 조국 광복회(조선人)
- 1937 보천보 전투(김일성)
- 1941 화북 조선 청년 연합회(타이항 산 팔로군 근거지에서 조직, 최창익·허정숙 중심)
- 1942 조선 독립 동맹(김두봉) ─ 건국 강령 : 일제의 전복과 보통 선거에 의한 민주 공화국의 수립,
친일파 재산 몰수, 8시간 노동제 등(반제·반봉건 혁명)
─ 조선 의용군 조직 : 조선 의용대 화북 지대 개편, 박효삼 사령, 타이항 산 일대에서 중국 팔로군과 연합 작전 전개 /
해방 후 국공 내전 참여 / 북한 인민군에 편입(1949)

'조소앙'
1917년 대동 단결 선언 발표
1919년 대한 독립 선언 발표, 임시 정부 임시헌장 기초
1930년 한국 독립당 창당
1941년 삼균주의에 의거, 대한민국 건국 강령 기초
1943년 한국 독립당 집행위원장
1945년 충칭 임시 정부 외무부장
1946년 비상 국민회의 의장
1948년 남북 협상 참여, 한국 독립당 탈당, 사회당 결성
1950년 5·30 총선에서 국회의원 당선, 6·25 전쟁 당시 납북

'삼균주의'
·조소앙이 독립 운동의 방략 및 독립국가 건설의 지침으로 만든 이론(쑨
원의 삼민주의 + 사회주의 영향)
·삼균 : 개인과 개인(정치·경제·교육), 민족과 민족(민족자결), 국가와
국가 사이의 균등(식민정책과 제국주의 배격)
·이른바 보통 선거 제도를 실시하여 정권(政權)을 균히 하고 국유 제도
를 채용하여 이권(利權)을 균등하게 하고 공비교육으로써 학권(學權)
을 균히 하며, 국내외에 대하여 민족자결의 권리를 보장하여서 민족과
국가의 불평등을 고쳐버릴 것이니 ……

'중국 지역 제(諸) 정당'
·조선 혁명당(1929. 12) : 국민부 결성, 산하에 무장 조직으로 조선 혁명군 편성 → 조선 민족 혁명당 참가(1935) → 해체
·한국 독립당(1930. 7, 북만주) : 혁신의회 기반, 지청천, 홍진 참여, 예하에 한국 독립군 편성 → 신한 독립당으로 발전
·한국 혁명당(1929. 7) : 임시 정부 비류 세력, 난징
·신한 독립당(1934. 2) : 한국 독립당과 한국 혁명당이 당대당 통합
·한국 독립당(1930. 1, 상해) : 북만주의 한국 독립당과 다름. 이동녕, 김구, 안창호, 조소앙 등 참여,
상해 임시 정부 그 자체, 한인 애국단 조직

'한국 혁명 운동 통일 7단체(1939)'
·광복진선계 3당 : 한국 국민당, 재건 한국 독립
당, 조선 혁명당
·민족전선계 4당 : 조선 민족 혁명당, 조선 민족
해방 동맹, 조선 혁명자 연맹, 조선 청년전위 동맹

Chapter 04 사회·경제적 민족 운동

1 민족 실력 양성 운동 [정치 : 자치 운동], [경제 : 물산 장려 운동], [사회 : 민립 대학 설립 운동, 문맹 퇴치 운동]

민족 기업 설립 – 회사령 철폐(1920) : 경성 방직 주식회사(김성수), 평양 메리야스·고무신 공장

경제적 ✦ **물산 장려 운동** – 국산품 애용 운동('내 살림 내 것으로')

┌ 배경 : 1920년 회사령 철폐, 한·일 간 관세 철폐 추진 움직임에 대응(1923년 철폐)
├ 조선 물산 장려회(평양, 조만식, 1922) → 전국 확대(자작회, 조선 물산 장려회(서울, 1923), 토산 애용 부인회, 토산 장려회, 물산 장려회)
│   └→ 간부 : 지역 유지 → 전국적 조직화 실패
├ 자본가, 지주층 주도
├ 총독부는 방조, 사회주의계는 비판 – '부르주아 운동이다!'
└ 결과 : 국산품 가격 상승 ┬ 1923. 9 와해
         자본가 이익   └ ~1940 조선 물산 장려회 해체
         └→ 일본에서 원료 수입

사회적 ✦ **민립 대학 설립 운동** – '한민족 1천만이 한 사람이 1원씩'(전국적 모금 형태)

┌ 배경 : 제1차 조선 교육령(1911. 8) – 우민화 교육 정책 → 조선 교육회 창설(1920. 6, 한규설·이상재), 조선 교육 개선회(1921. 4)
│   제2차 조선 교육령(1922. 2) – 동등 교육 but 초급·기술 교육만
├ 민립 대학 기성 준비회(1922. 11) 조직(이상재, 한용운, 이승훈 등) → 민립 대학 기성회(1923) 조직
└ 결과 : 일제의 탄압, 관동 대지진, 대홍수로 모금 활동 중단, 좌절 → 일제의 경성 제국 대학 설립(1924)
                                                              └→ 친일 고급 지도층 양성

✦ **문맹 퇴치 운동** – 1920년대 야학 중심 / 1930년 전후 문자 보급 운동
  └→ 신간회 본부 역할, 주요 인물(이상재, 안재홍)들이 신간회 참여
┌ 조선일보 : 문자 보급 운동(1929, '아는 것이 힘, 배워야 산다') → 『한글원본』 제작(1930)
├ 동아일보 : 브나로드 운동(1931, '민중 속으로') – 문맹 퇴치, 구습·미신 타파, 생활 개선 목적 → 야학, 강습소 설치 / 위인 기념 사업, 고적 보존 운동
└ 조선어 학회 : 한글 교재 제작 보급, 조선어 강습회(1932) → 1935년 일제의 문자 보급 운동 금지

정치적 ✦ **자치 운동론(1924)** – 타협적 민족주의

┌ 배경 : 물산 장려 운동·민립 대학 설립 운동 실패 → 일제의 통치를 인정한 상태에서 조선의 자치를 획득하자는 논리 제기
├ 활동 방향 : 정치적 실력 양성론 성격 ┬ 준비론 : 독립의 기회에 대비한 준비 필요, 〈동아일보〉 계열
│   └ 단계적 운동론 : 자치권 획득 주장(안창호)
├ 전개 : 자치 운동에 대한 일제의 방조, 이광수 : 「민족적 경륜(1924)」 – 일제 허락 한도 내에서 정치 운동 주장
│   └→ 동아일보에 발표, 동아일보 불매 운동 전개
├ 결과 : 대중의 격렬한 반발 → 자치 운동 좌절
└ 한계 : 타협적 성격, 민족 운동 분열의 계기

    → 비타협적 민족주의 + 사회주의 → 신간회 결성(민족 유일당 형성, 1927)

'물산 장려 운동'

우리에게 먹을 것이 없고 의지하여 살 것이 없으면 우리의 생활은 파괴될 것이다. …… 우리는 이와 같은 견지에 서서 우리 조선 사람의 물산을 장려하기 위하여 조선 사람은 조선 사람이 지은 것을 사 쓰고, 둘째 조선 사람은 단결하여 그 쓰는 물건을 스스로 제작하여 공급하기를 목적하노라.

'민립 대학 설립 운동'

유감스러운 것은 우리에게 아직도 대학이 없는 일이라 물론 관립 대학도 조만간 개교될 터지만 …… 우리 학문의 장래는 결코 일개 대학으로 만족할 수 없다. 그처럼 중대한 사업을 우리 민중이 직접 영위하는 것은 오히려 우리의 의무이다.

'자치론'

·1928년 〈경성일보〉 사장 소에지마 미치마사의 논설 : '조선 영구적 지배 위해 자치권 허용' 제기
·1929년 사이토 마코토 총독 재부임 → 일본 의회에 자치 법안 상정

2 민족 협동 전선 운동

✦ 사회주의 운동의 대두

조선 공산당 : 3·1 운동 이후 서울 청년회(1921), 무산자 동지회(1922), 신사상 연구회(1923), 화요회(1924), 북풍회(1924) 등
사회주의 단체들이 조직·활동 / ⓒ 고려 공산 청년회(박헌영 중심, 1925)

- 1차 조선 공산당(1925. 4) : 김재봉(1925. 11 해체)
- 2차 조선 공산당(1925. 12) : 강달영 – 6·10 만세 운동 주도 → 탄로·해체
- 3차 조선 공산당(1926. 9) : 정우회 – 신간회 결성에 영향(1928. 2 해체)
- 4차 조선 공산당(1928. 3) : 반제국주의 혁명 노선을 선명히 함, 12월 테제로 해체
  └→민족 유일당

✦ 민족 유일당 운동

[배경]
- 자치 운동론 대두(1923) – 비타협적 민족주의계의 반발
- 중국의 제1차 국·공 합작(1924) – 항일 통일 전선 형성의 가능성 제시
- 6·10 만세 운동(1926) – 사회주의계 주축 + 민족주의계 참여
- 조선 민흥회 조직(1926. 7) – 서울 청년회(사회주의계) + 조선 물산 장려회(민족주의계) 제휴(한정된 규모의 민족 협동 전선)
- 정우회 선언(1926. 11, 사회주의 단체) – 분파 투쟁 청산, 사상 단체의 통일, 실제 투쟁을 통한 대중화, 경제 투쟁에서 정치 투쟁으로 전환,
  비타협적 민족주의계와 제휴 모색

⇒ 신간회 결성(1927. 2)

[신간회]
                                  →민족주의자, 천도교 구파, 불교, 사회주의자 등 참여
- 창립 : 이상재, 안재홍 중심 / '비타협적 민족전선의 수립' / 단체 가입제 대신 개인 가맹제의 형태(사회주의 세력은 단체 가입제 주장)
- 자치 운동 배경 ─ 중앙회 : 비타협적 민족주의
               └ 지회 : 140개 이상, 사회주의(노동자, 농민)
- 일제 치하 최대의 합법적 항일 단체, 해외에도 지회 설립
                                      →근우회 결성 영향
- 강령 : 정치적·경제적 각성 촉진, 민족의 단결, 기회주의 부인
                                      →이학찬 등 백정 주도
- 활동 : 민중 대회와 연설회 개최, 노동·농민 운동 지원, 여성·형평 운동과도 연계
  광주 학생 항일 운동 지원 : 조사단 파견, 민중대회 개최 시도, 일제에 의해 좌절 ⇒ 허헌 등 지도부 구금 → 조직의 우경화
  조선인 본위 교육, 여성 차별 철폐, 동양 척식 주식회사 폐지, 일본인 이민 반대 주장
  갑산 화전민 학살 사건 진상 규명 운동(1929), 원산 총파업(1929) 지원, 단천 삼림 조합 사건 지원 운동(1930)
- 해체(1931) : 조직의 우경화(자치 운동 전개 움직임), 중국에서 국·공 합작 붕괴, 코민테른의 노선 변화 → 1931. 5 전체 대회 : 신간회 해소 결의
  └→ 민족 협동 전선 해체 지시
- 의의 : 민족주의와 사회주의가 연합 전선 구축

'1930년대 이후 국내 사회주의 계열 활동'

- 조선 공산당 재건 운동과 관련
- 1933년 경성 트로이카(이재유) 조직
- 1939년 경성 콤 그룹(박헌영) 결성

'정우회 선언(1926)'

민족주의적 세력에 대하여는 그 부르주아 민주주의적 성질을 분명히 인식함과 동시에 과정상의 동맹자적 성질도 충분하게 승인하여, 그것이 타락되지 않는 한 적극적으로 제휴하여 대중의 이익을 위해서도 종래의 소극적인 태도를 버리고 싸워야 할 것이다.

'12월 테제와 9월 테제'

- 12월 테제(1928. 12)
  "공산당 조직의 어려움은 일제의 탄압에 의한 객관적 조건에 의해서만이 아니라 고질적인 당내 분파 투쟁에서 초래되고 있다."
  → 노동자·농민 중심의 당 재건 명령
- 9월 테제(1930. 9)
  프로핀테른, 신간회를 '소부르주아적 정당 조직'으로 간주 → 신간회 해소·소시민적 노동 운동을 혁명적 노동 운동으로 전환할 것을 지령

3 사회적 민족 운동의 전개

✦ 청년 운동

┌ 조선 청년 연합회 결성(1920)
└ 조선 청년 총동맹 결성(1924) - 청년계의 민족 유일당

✦ 소년 운동

천도교■ 소년회(1921) - 방정환, 어린이날(1922. 5. 1) 제정, 『어린이』 간행 → 조선 소년 연합회 조직(1927)
　　　　　　└→색동회 창립(1923)

✦ 여성 운동

분열

┌ 1920년대 초반 : 계몽적(전통적 인습·가부장제 타파) ────────────────
├ 1920년대 중반 이후 : 조선 여성 동우회(1924)와 중앙 여자 청년 동맹 조직 / 여성 해방을 계급 해방으로 간주(사회주의 운동과 결합)
└ 여성계의 민족 유일당인 근우회(1927. 5) 조직(여성의 지위 향상과 생활 개선을 강령으로)

✦ 형평 운동

　　　　　　　　　┌→백정의 다른 명칭
┌ 배경 : 백정에 대한 사회적 차별(호적에 '도한', 붉은 점)
└ 조선 형평사의 조직 ┬ 창립(1923. 4. 25) : 진주 / 이학찬 등 백정들 중심(강상호 등 지역 유지들도 참여) / 일본의 수평 운동 영향 받음
　　　　　　　　　　├ 목적 : 사회적 차별 철폐 → 저울처럼 평등한 사회의 구현 목적
　　　　　　　　　　├ 확대 : 조선 형평사 혁신 동맹 창립 총회(1924. 3), 서울로 본부 이전, 「형평」 잡지 발간, 피혁공장 설립
　　　　　　　　　　├ 활동 : 전조선 형평사 대회 개최(1925. 4) → 신분 해방, 인권 운동, 민족 해방 운동 /
　　　　　　　　　　│　　　　1930년대 초 백정 호칭 공식 폐지, 백정 자녀의 학교 입학 허용
　　　　　　　　　　├ 분열 : 1920년대 신파(사회주의와 타협 주장) VS 구파(복지 단계의 전통적 운동 주장) → 형평 운동 분열
　　　　　　　　　　└ 해체 : 1930년대 초 일제의 탄압, 대동사로 이름 바꿈(1935)
　　　　　　　　　　　　→ 사실상 기능 상실 : 회원들의 순수한 경제적 이익 향상 운동으로 변모

'천도교의 활동'

· 1906 〈만세보〉, 보성사(1910)
· 1921 천도교 소년회, 어린이날(1922)
· 1922 자주독립 선언문(제2 3·1 운동 시도)
　구파(비타협)와 신파(타협)의 분열

'여성 운동가'

· 남자현 : 의병 전쟁과 3·1 운동 참여, 서로 군정서에서 활동, 1932년 '한국독립원
　　　　(韓國獨立願)'이라는 혈서 작성, 일본 만주국 대사 암살 시도
· 김미리사 : 1920년 조선 여자 교육회 창립, 근우회 참여, 근화여학교 설립
　　　　　(덕성여대 전신) → 1940년대 이후 차미리사로 활동
· 김마리아 : 2·8 독립 운동 참여, 대한 애국부인회·근화회 활동, 임시 정부 최초
　　　　　여성 대의원 선출
· 박자혜 : 신채호 부인, 간우회(간호사 독립 운동 단체) 활동
· 박차정 : 김원봉 부인, 조선 의용대 부녀 복무단장으로 무장 투쟁 전개
· 권기옥 : 송죽회 활동, 한국 최초의 여성 비행사, 충칭 임시 정부 산하 한국 애국
　　　　　부인회 조직
· 최은희 : 조선일보사 기자로 활동, 6·10 만세 운동 특종 기사 보도, 근우회 창립
　　　　　참여, 1940년 여권 실천 운동자 클럽 회장 역임
· 안경신 : 대한 애국 부인회 활동(1919), 평남도청·평양경찰서 등지에 투탄활동
· 오광심 : 조선 혁명당 활동, 한국 광복군 총사령부 여군 참여
· 지복영 : 지청천의 딸, 임시 정부 선전 방송 담당

4 경제적 민족 운동의 전개

농민 운동(소작쟁의)		노동 운동(노동쟁의)
소작인 조합 - 소작료 인하, 소작권 보장 * 암태도 소작 쟁의(1923), 동양 척식 주식회사 농장 소작 쟁의 　(1924)	1920년대 초반 (생존권 투쟁)	노동 시간 단축, 노동 환경 개선, 임금 인상 등 * 부산 부두 노동자 파업(1921), 경성 고무 여공 파업(1923) 등
소작인 + 자영농 조합 조선 농민 총동맹(1927)	1920년대 후반 (사회주의 사상 영향, 본격화)	단체 교섭권, 8시간 노동제 조선노동 총동맹(1927) * 영흥 노동자 총파업(1928), 원산 노동자 총파업(1929) : 외국인 노동자의 　　　　　　　　　　　　　　　　　　　　　　　　　　　지지
혁명적 농민 운동(비합법)	1930년대 전반 (반제국주의적 항일 민족 운동)	혁명적 노동 운동(비합법적)
일제의 농민 운동 탄압	1930년대 이후 (감소 및 소멸)	병참 기지화 정책과 전시 동원 정책으로 노동 조건 더욱 악화

※ 조선 노동 공제회(1920, 최초의 노동 단체)
※ 아사동맹(단식 투쟁) : 경성 고무 공장 여성 노동자 파업(1923) 때 처음 등장 → 암태도 소작쟁의·원산 총파업·평양 <u>고무공장 파업(1931)</u> 때에도 결성됨
　　　　　　　　　　　　　　　　　　　　　　　　　　　　　　　　　└→강주룡의 을밀대 고공농성

5 생활모습의 변화

　┌ 남촌과 북촌의 형성
　│　　: 일제의 시구 개정 사업 → 서울 중심부의 도로가 남북 도로축 중심으로 변함
　│　　　　　　　　　　청계천 경계로 남쪽(일본인의 남촌), 북쪽(한국인의 북촌)
　│　　※ 도로취체규칙(1921) : 도로의 좌측통행 실시
　│　　　　┌ 1920년대 : '모던 걸'과 '모던 보이'의 등장 →서민 주택난 해결 목적
　├ 의생활 ┤
　│　　　　└ 1940년대 : 전시 체제 영향, 남성은 국방색 국민복과 전투모, 여성은 몸뻬(농촌 여성의 작업복)
　├ 식생활 : 빵, 케이크, 카스텔라, 아이스크림, 탄산 음료, 식용유, 일본 조미료, 통조림 등의 소개
　├ 주택 : 개량한옥(1920년대), 문화주택(1930년대), 영단주택(1940년대), 토막촌(서울 변두리, 빈민들)
　├ 전통 사회 구조의 변화 ┬ 평등 의식 확산 : 형평 운동, 중인 출신 성장 등
　│　　　　　　　　　　　└ 일제의 일상생활 통제 : 호주제(호주 자격 남성 제한), 호적과 토지 대장 작성, 공동묘지, 담배전매제 등
　│　　　　　　2층 양옥의 상류층 주택 ←┘
　└ 사회 구조 계층의 변화 : 농민층의 분화 현상(자작농과 자소작농 감소, 소작농 크게 증가,
　　　　　　　　　　　　　화전민, 농업 노동자 증가), 미숙련 노동자(막노동자, 지게꾼, 수레꾼 등)의 도시 빈민층화
　　※ 색복 장려회(1930년대) : '흰 옷에 염색', 염색법 → 총독부의 검은색 옷 강요

'협동 조합 운동'

·1920년대~1930년대 천도교, 기독교 등 종교 단체, 신간회 등을 중심으로 농민 운동과 연계하여 전개
·일제의 농촌 진흥 운동과 조선 농지령의 공포 등으로 소멸

1 일제의 식민지 교육·문화 정책

✦ 식민지 교육 정책

- 제1차 조선 교육령 (1911. 8 ~ 1922. 2) – 저급한 수준의 실업 교육
  - 수업 연한 단축 : 보통학교 6년 → 4년, 고등 보통학교 5년 → 4년(여자 3년)
  - 한성 사범학교 폐지, 외국어학교와 성균관 폐지
  - 실업 교육과 전문학교 교육 – 한국인을 하급 관리로 이용하려는 식민지 정책
  - 대학 미설치
  - 서당규칙(1918) : 서당 설립 신고제
  - ∴ 사립학교 교육 통제 : 사립학교령(1908) → 사립학교 규칙(1911) → 개정 사립학교 규칙(1915)

- 제2차 조선 교육령 (1922. 2 ~ 1938. 3) – 조선인과 일본인의 동등한 교육(실제로는 초급·기술 교육만 강행)
  - 수업 연한 연장 : 보통학교 4년 → 6년, 고등 보통학교 3~4년 → 5년
  - 조선어의 필수 과목 지정 but 일본어 시간은 국어 시간의 2~3배
  - 대학의 설치(대학에 관한 규정) → 경성 제국 대학 설치(1924)
  - 복선제 도입 : 한국인과 일본인의 교육 제도 별도 도입
    ↳ 국어를 상용하는 자와 상용하지 않는 자

- 제3차 조선 교육령 (1938. 3 ~ 1943. 3) – 황국 신민화 교육
  - 보통학교 → 심상소학교, 고등 보통학교 → 중학교, 여자 고등 보통학교 → 고등여학교 / 1941년 심상 소학교 → 국민학교(국민학교령)
  - 조선어와 조선 역사 과목을 수의(선택) 과목으로 변경 → 사실상 폐지 의미
  - 3대 교육 방침 : 국체명징·내선일체·인고단련

- 제4차 조선 교육령 (1943. 3 ~ 1945. 5) – 교육에 관한 전시 비상 조치령
  - 교육의 군사 체제화 : 교육을 전쟁 수행의 도구로 이용(학도 근로령, 학도 동원 본부의 설치 등)
  - 수업 연한 축소 : 중학교와 고등 여학교 수업 연한 4년으로 축소
  - 조선어·조선 역사 과목 완전 폐지, 일본어 교육 강화

- 제5차 조선 교육령 (1945. 5 ~ 1945. 8) – 〈전시교육령〉 공포 : 결전 태세 확립, '학도대' 결성 → 학생들의 군대 조직화
    ↳ 학생조직의 군대화

'조선 교육령'

· 제2차 조선 교육령(1922~1938)
  - 국어를 상용하는 자의 보통 교육은 소학교령, 중학교령 및 고등여학교령에 의함.
  - 국어를 상용치 아니하는 자의 보통 교육을 하는 학교는 보통학교, 고등보통학교 및 여자 고등보통학교로 함.
  - 보통학교의 수업 연한은 6년으로 함. 보통학교에 입학하는 자는 연령 6년 이상의 자로 함.

· 제3차 조선 교육령(1938~1943)
  - 소학교는 국민 도덕의 함양과 보통의 지능을 갖게 함으로써 충량한 황국 신민을 육성하는 데 있다.
  - 심상 소학교의 교과목은 수신·국어(일어)·산술·국사·지리·이과·직업·도화이다. 조선어는 수의(隨意 : 선택) 과목으로 한다.

'일제의 식민지 학교 부설 정책'

· 1923년 : 3면 1교주의에 입각한 초등 교육 실시
· 1929년~1936년 : 1면 1교주의 본격적 시작
· 1937년 이후 : 일부 지역에서는 1면 2교주의 적용

✦ 식민지 문화 정책

한국사 왜곡

┌ 조선 반도사 편찬 위원회(1916) → 조선사 편찬 위원회(1922) → 조선사 편수회(1925) :『조선사』(1938) 편찬
└ 청구학회(1930) 조직 : 일제 식민 사관 보급 주력

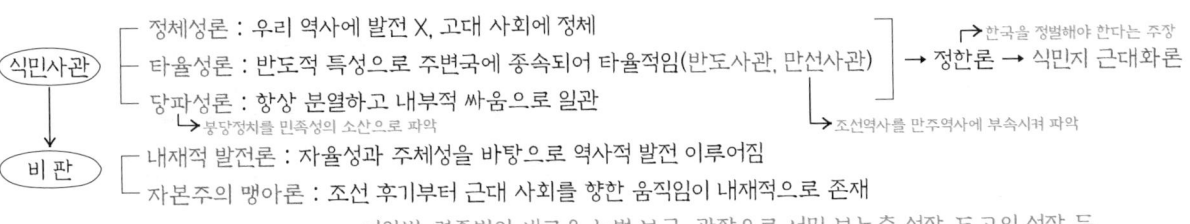

식민사관
┌ 정체성론 : 우리 역사에 발전 X, 고대 사회에 정체
├ 타율성론 : 반도적 특성으로 주변국에 종속되어 타율적임(반도사관, 만선사관) → 정한론 → 식민지 근대화론
└ 당파성론 : 항상 분열하고 내부적 싸움으로 일관
  ↳붕당정치를 민족성의 소산으로 파악
  ↳한국을 정벌해야 한다는 주장
  ↳조선역사를 만주역사에 부속시켜 파악

비판
┌ 내재적 발전론 : 자율성과 주체성을 바탕으로 역사적 발전 이루어짐
└ 자본주의 맹아론 : 조선 후기부터 근대 사회를 향한 움직임이 내재적으로 존재
  ex. 이앙법·견종법의 새로운 농법 보급, 광작으로 서민 부농층 성장, 도고의 성장 등

2 국학 운동의 전개

✦ 한글 연구

조선어 연구회(1921)
┌ 이윤재, 최현배 - 국문 연구소의 전통 계승
└ 한글 연구, 강습회, 강연회, 한글 보급 운동, '가갸날'(1926. 9. 29) 제정,『한글』잡지 간행(1927)

조선어 학회(1931)
┌『한글』잡지 재간행
├ 한글 맞춤법 통일안과 표준어 제정(1933)
├ 〈외래어 표기법 통일안〉 공표(1941)
├『우리말 큰사전(조선어 대사전)』의 편찬 시도
│ ↳1957년 한글학회에서『조선어큰사전』간행
└ 조선어 학회 사건(1942. 10) : 조선어 학회 해체 → 해방 후 한글학회(1949)로 개편
   ↳이윤재 옥사, 최현배·이극로 투옥

✦ 한국사 연구

실증사학 | 개별적 사실을 객관적으로 밝힘, 진단학회(1934) 조직(조윤제, 이병도, 손진태, 이희승, 이상백 등 중심) ↔ 청구학회와 대립, 『진단학보』 발행
→ 친일 역사 단체

민족주의 사학
→ 한민족의 우수성, 한국사의 주체적 발전 강조

- 박은식(백암) ┐ → 겸곡, 무치생, 태백광노 등의 필명 사용
  - 『한국통사』(1915), 『한국독립운동지혈사』(1920), 『대동고대사론』(단군 조선과 기자 조선, 1911), 『몽배금태조』, 『연개소문전』
  - '혼': "나라는 형이고 역사는 신이다", "혼이 살면 백도 산다" → 양명학 중심의 실천적인 유교 정신 강조(대동사상)
  - 황성신문 주필, 상해 임시 정부 2대 대통령, 『유교구신론』, 조선 광문회에서 민족고전 정리
    → 1910. with 최남선
- 신채호(단재) ┐ 낭가사상 강조(우리 민족의 근본)
  - 호는 일편단생 ←
  - 단생 사용 /
  - 필명은 금협산인, 무애생, 열혈생, 한놈, 검심 등 사용
  - 『독사신론』(1908) : 민족주의 사학의 연구 방향 제시, 역사의 3요소
  - 『조선상고사』 : '역사는 아와 비아의 투쟁'
  - 『조선상고문화사』 : 단군 조선 정치·문화사 서술(대종교와 연결되는 민간신앙)
  - 『조선사연구초』 : 묘청의 서경 천도 운동(일천년래 제일대 사건)
  - 신민회 가담, 무장독립운동기지 건설 주장, 상해 임시 정부에 참여(국민대표 회의에 창조파로 참여)
  - 조선 혁명 선언 → 김원봉(의열단)의 요청 : 민중 직접 혁명 중요성 강조 → 임시 정부를 포기하고 새로운 단체 만들자.
  - 『월남 망국사』 번역, 『동국거걸최도통전』, 『을지문덕전』, 『이순신전』, 『이태리건국삼걸전』 등 저술
- 정인보(위당) ┐ 『5천년간 조선의 얼』, 조선학 운동 참여(1934. with 안재홍, 문일평)
  - '얼' : '조선 시조는 단군이시니 단군은 신이 아니요 사람이시라'
  - 고대사 연구에 주력(『조선사연구』), 실학사상 연구, 『양명학연론』 저술, 광개토 대왕릉 비문 연구, 백제 요서 경략설 주장
- 문일평(호암) ┐ 『한·미 50년사』(or 『대미관계 50년사』, 미국의 제국주의적 본질 비판)
  - 세종을 대표자로 하는 '조선심', '조선사상' 강조, 조선학 운동 참여
- 최남선(육당) : 『조선역사』·『고사통』, 민족 정신 : '붉', 조선 광문회 조직, '불함문화론' 주장
- 조선학 운동(1934) : 정인보, 문일평, 안재홍 → 『여유당전서』 간행

'안확의 『조선문명사』(1923)'
- 사회 진화론, 문명 진보론의 영향을 받아 민족사를 진화의 관점에서 발전적으로 조망
- 조선 시대의 역사에 대한 긍정적 인식 제기

사회·경제사학
→ '고대 노예제 사회 → 중세 봉건 사회 → 근대 자본주의 사회'
- 사적 유물론에 입각한 세계사적 보편성 위에 체계화 / 민족주의 사학의 특수성 비판
- 백남운 ┐ 『조선사회경제사』(1933), 『조선봉건사회경제사』(1937)
  - 식민 사학의 정체성론 비판, 민족주의 정신 사관 비판
  - 연합성 신민주의(『조선민족의 진로』(1946) – '지주 자본가와 농민, 노동자가 손을 잡고 새 나라를 건설해야 한다') / 해방 후 조선 신민당 결성
- 이청원(『조선사회사독본』), 김광진, 전석담 등

신민족주의 사학
- 손진태 : 『조선민족문화의 연구』, 『조선민족사개론』, 『조선민족설화의 연구』 / 진단학회 발기인 (1934)
- 안재홍 : 『조선상고사감』(↔ 신채호 『조선상고사』와 구분)
- 홍이섭 : 『조선과학사』

기 타 | 전형필 : 우리 문화재의 보존과 국외 유출을 막음(간송 미술관)

'박은식(1859~1925)'
- 1898 독립 협회 가입
- 1904 대한매일신보 주필
- 1906 황성신문 주필
- 1906 대한자강회 가입
  「서우」(서우학회 기관지) 주필
- 1907 신민회 가입
- 1909 대동교 창립
  유교구신론 제시
- 1910 최남선과 조선 광문회 조직
- 1911 대동고대사론 저술
  (단군·기자 조선 강역 문제)
  동창학교 교사 활동
- 1913 상해 박달학원 창립
- 1915 한국 통사 편찬 → 신규식과
  대동 보국단 조직   만주, 연해주 연결
- 1919 노인 동맹단 조직
- 1920 한국독립운동지혈사 간행
- 1924 임시 정부 독립신문 사장
- 1925 임시 정부 2대 대통령

'신채호(1880~1936)'
- 1905 황성신문 기자(2월), 대한매일신보 주필(11월)
- 1907 신민회 가입
- 1908 독사신론 발표
- 1912 권업신문 주필
- 1913 박은식 등과 상해에 박달학원 창립
- 1916 꿈하늘 저술 → 무사혼 강조
- 1919 신대한 창간
  대한 독립 청년단(북경) 조직
- 1923 조선 혁명 선언 작성 → 의열단에 영향
  국민대표 회의 창조파 활동
- 1924 조선사연구초 발표
- 1927 신간회 발기인
- 1928 대만에서 체포
- 1930 뤼순 감옥 이감
- 1931 조선상고사 발표
- 1936 뇌일혈로 순국

3 과학 운동과 종교 활동

✦ 과학 운동

- 발명학회(1924) :『과학조선』간행(1933), '과학의 날' 제정
- 과학지식보급회(1934) : 과학의 대중화와 생활화 주장

✦ 종교 단체

- 개신교 : 105인 사건으로 타격, 1930년대 민족 말살 통치기에 신사 참배 거부 운동 전개
- 천주교 :『경향』, 무장 투쟁 단체 의민단 조직(청산리 대첩 참여)
- 천도교 : 제2의 3·1 운동 추진(1922) – 자주 독립 선언문 발표, →언론 활동 『만세보』간행 /『어린이』·『개벽』·『학생』·『신여성』간행
- 대종교 : 중광단 조직(1911) → 북로 군정서로 개편, 일제가 포교 인정 X, 윤세복 등 간부진 구속(1942, 임오교변)
- 불 교 : 한용운『조선불교유신론』, 사찰령(1911) 반대 → 사찰 자치 운동(조선 불교 유신회)
- 원불교 : 박중빈 창시, 개간 사업, 저축 운동, 남녀 평등의 새생활 운동 전개, 허례허식 폐지
  └→ 사찰의 재산 처분, 주지 임명 등 총독부 허가

4 문학과 예술 활동

✦ 문학 활동

- 최남선 : '해에게서 소년에게' / 이광수 : '무정'(1917) →동아일보 연재
- 문학 동인 활동 : 동인지(『창조』(1919),『폐허』(1920),『백조』(1922)), 문학잡지(『개벽』(1920),『조선지광』(1922),『별건곤』(1926),『삼천리』(1929))
- 민족 문학가 : 한용운(님의 침묵, 1926), 신채호(꿈하늘, 1916), 김소월(진달래꽃, 1925), 염상섭(삼대, 1931) 등
- 저항 문학가 : 심훈(상록수, 1935), 이육사(청포도, 1939), 윤동주(서시, 1941) 등
- 1920년대 중반 ┬ 신경향파 문학(계급 문학)의 대두 : 현실 참여적 문학 강조, KAPF(조선 프롤레타리아 예술가 동맹, 1925) 조직 ↔ 국민 문학 운동(민족, 전통문화 강조)
  │ 신경향파 문학 이후 프로 문학 대두 : 극단적인 계급 해방 강조
  └ 동반 작가의 활약 : 유진오, 이효석, 채만식 등(사회주의적 현실 비판 정신)
- 1930년대 : 순수문학 – 시문학 동인지(김영랑, 정지용-)
- 1940년대 : 친일 매국 문학 등장 – 이광수, 최남선, 노천명, 서정주 등

✦ 예술 활동

- 음악 : 국권 피탈 이후 창가 유행(학도가, 한양가 등), 가곡과 동요 창작(봉선화, 고향의 봄, 고향생각 등), 안익태(한국환상곡 / 애국가, 1936), 윤극영(반달) 등 →홍난파 →현제명
- 미술 : 한국화 – 안중식(한국 전통 회화 계승), 이상범, 허백련, 김은호 / 서양화 : 고희동(우리나라 최초로 서양화 개척), 김관호, 임용련(예일대) → 이중섭(소 그림), 나혜석(유화) / 조소 : 김복진
- 연극 : 극예술 협회(1920), 토월회(1923, 김기진·박승희), 극예술 연구회(1931, 김진섭·유치진)
- 영화 : 조선 키네마 주식회사(1924) / 나운규의 '아리랑'(1926), 1935년 유성영화 등장, 일제는 조선 영화령(1940)으로 민족 영화 탄압
- 체육 ┬ 조선 체육회(1920) 설립 / 전조선 야구대회(1920), 경평 축구대회(1929)
  └ 손기정 – 1936년 베를린 올림픽 금메달 → 일장기 말살 사건(1936, 동아일보)
  →민중 계몽(남녀 평등, 봉건적 유교 비판)   →기관지『극예술』창간(1934)

'식민지 시기 대중 문화의 발달'

- 라디오의 등장, 경성방송국의 개국(1927) → 제1 방송(일본어)과 제2 방송(한국어) 분리 → 침략 전쟁 확대 후 일제 선전 도구화
- 신파극 : '장한몽'(1913)
- 대중가요 : 윤심덕의 '사의 찬미'(1926), 이애리수의 '황성옛터'(1932) → 1930년대 '트로트 양식' 정립
- 대중 출판문화 :『별건곤』(1926),『삼천리』(1929)

Chapter 01 대한민국 정부 수립

1 대한민국의 수립

✦ 제2차 세계 대전 이후의 세계

(냉전) (2차 세계 대전 후)
ex. 6·25 전쟁, 베트남전

미국 중심(제1세계) + 서유럽, 서독(서베를린)
↕
소련 중심(제2세계) + 동·유럽, 동독(동베를린)
⇩

1945. 8
소련군

미국 원자탄 투하
(히로시마, 1945. 8. 6 / 나가사키, 1945. 8. 9)
↓
일본 항복(8. 10)
↓
일본 무조건 항복(8. 15)
↓
미·소 군정(미국의 한반도 분할 점령(38도선) 제안)
↓
남북 분단

(트루먼 독트린) (1947. 3) "그리스·터키 등 공산주의에 위협받는 나라를 미국이 지원~"
↕ → 베를린 봉쇄(소, 1948. 6. 24),
    → 미·소 간 위기 고조
       제2차 미·소 공위 결렬(1947. 10)

cf (닉슨 독트린) (1969. 7) "아시아·아프리카 국가에 대해 경제적 원조만 할 뿐 핵전쟁을
                        제외하고 군사적 개입 X"
→ 미·중 관계 발전(1972), 중국 UN안보리 상임이사국 가입(데탕트)
⇒ 7·4 남북 공동 성명(1972)(이후락 – 김영주)
   ─ 통일 3원칙(자주·평화·민족 대단결)
   ─ 남북 조절 위원회 설치 합의
   ─ 남북 직통 전화 가설 합의
⇒ 남(유신 헌법), 북(사회주의 헌법)은 박정희와 김일성의 장기 독재 수탈 강화

2 건국 준비 활동과 8·15 광복

→ 한국 광복군 창설, 조선 민족 혁명당
  인사 참여(민족주의 + 사회주의)

(국외)
대한민국 임시 정부(1940) ─ 건국강령(1941) : 민주 공화국 수립, 삼균주의
                        ─ 한국 독립당(1940. 5)
조선 독립 동맹(1942. 7) ─ 1945년 11월부터 주요 요인 개인 자격 귀국

→ 정권 / 이권 / 학권(→ 대상)
  개인 간 / 국가 간 / 민족 간(→ 주체)

대한민국 임시 정부는 조선
⇨ 독립동맹과 통합 시도했으
   나 일제 패망으로 중단됨

1945. 8. 15   1945. 9. 6 → 주석 : 이승만, 부주석 : 여운형

(국내) 조선 건국 동맹(1944. 8) : 여운형 중심 → 조선 건국 준비 위원회 – 지부, 치안대 → 조선 인민 공화국 – 인민 위원회
      ┌ 일제 타도, 민주공화국 건설, 좌·우익 합작 형태의 비밀 결사   김성수, 송진우 (우익 참여 X)
      └ 10개 도에 지방조직 설치, 농민 동맹 조직, 군사 위원회 설치   미군정은 인정 X

'트루먼 독트린'(1947. 3)

터키에 대해 경제원조, 즉각적인 군사지원 제공을 약속한 선언

'닉슨 독트린'(1969. 7)

미국이 동맹국에게 군사적으로 개입하지 않겠다는, 변화된 외교정책 발표

'건국 준비 활동'

대한민국 임시 정부 / 조선 독립 동맹 / 조선 건국 동맹
⇨ 공통점 ┌ 민주공화국 수립
         └ 토지 국유화

'광복 직전 여운형의 총독부에 대한 요구사항'

정치범·경제범의 즉시 석방, 청년 학생의 자치대 결성, 정치적 활동의 자유 보장, 3개월간의 식량 확보 등

3 8·15 광복 전후의 정세

✦ 광복 이전 국제 정세

카이로 회담(1943. 11) ─── 얄타 회담(1945. 2) ─── 포츠담 선언(1945. 7)

- 한국 독립 최초 약속
- 미(루스벨트)·영(처칠)·중(장제스)
- '적당한 시기에 독립'(in due course)

- 38도선 분할 관할
- 미(루스벨트)·영(처칠)·소(스탈린)
- 신탁 통치 최초 언급
- 미·소 군정 제안(38도선 기준)

- 카이로 회담 내용(한국의 독립) 재확인
- 미(트루먼)·영·소·중
- 일본의 무조건 항복 요구, 전범 처벌 규정 등

'좌우 개념'

안재홍,
김규식
사회주의   여운형 중도   민족주의
좌   우
백남운
김원봉
김구, 이승만
조선 공산당
(박헌영, 허헌)
한국 민주당
(김성수, 송진우)

사회주의 좌파 = 극좌파   민족주의 우파 = 극우파
사회주의 우파 = 중도좌파   민족주의 좌파 = 중도우파

✦ 광복 이후 국내 정세

미·소 군정

- 남한 – 미 군정청(1945. 9. 9)
  - 조선 인민 공화국과 충칭 임시 정부 부정, 친미적인 우익 정부 수립 지원 / 남조선 과도 입법의원 개원(1946. 12),
    안재홍 민정장관 임명(1947. 2)
  - 친일 관리와 경찰 고용, 남조선 국방경비대 창설(1946. 1)
  - 경제 정책 ─ 삼일 소작제 실시(1945. 10), 신한공사 설립(1946. 2. 21) → 중앙 토지 행정처(1948. 3)
    → 적산관리 기구(1946. 2 ~ 1948. 3)
    → 일본인 소유 귀속 농지 매각(최대 2정보, 연 생산량 20% 15년 현물 납부)
    - 적산 몰수 but 민간인 자산까지 몰수, 귀속 자산 불하(농지개혁 X)
    - 미곡 수집령 실시(1946. 1) : by 해방 후 귀국민 多, 매점매석에 의한 쌀값 폭등
    - 경제 정책의 실패 : 미군정의 일본인 재산 처리 운영 부정 사례, 식량 부족, 물가 상승, 미곡 강제
      매수 등 → 9월 총파업(1946. 9. 23) – 미곡 수집령 폐지, 토지 개혁 요구,
      식민 교육 철폐 / 대구 10월 항쟁
  - 남북 관계 단절(1949) : 교역의 전면 금지
- 북한 ─ 공산주의자의 활동 : 김일성(만주 빨치산계), 무정(연안계)
       └ 민족주의계 숙청 : 신탁통치 논의와 관련 조선 민주당 조만식 등 숙청 → 김일성에게 모든 권력 집중

조선 건국 준비 위원회 (1945. 8. 15)

- 조선 건국 동맹을 모체로 발족(완전한 독립 국가 건설, 민주주의 정권의 수립, 대중 생활 확보)
- 여운형, 치안권 확보, 건국 치안대, 전국에 건준 지부(145개)
- 조선 인민 공화국 선포(1945. 9. 6, 이승만 주석, 여운형 부주석)
  - → 건준 지부는 인민위원회로 개편
- 한계 : 송진우, 김성수 등 민족주의 우파 세력 불참, 미군정의 인정 X

한국 민주당 (1945. 9)

충칭 임시 정부 지지, 건준 반대, 미군정 적극 지지(송진우, 김성수 등 민족주의 우파)
└→ 1945년 11월부터 주요 요인 개인자격 귀국

독립 촉성 중앙 협의회 (1945. 10)

- 이승만, 좌 + 우 50여 개 정당 모두 참여, 무조건 단결론
  - → 친일파·민족 반역자 참여 → 보수 세력화
- 보수적 우익 정당들이 잠정적으로 통합
  - → 좌 VS 우 대립 더욱 심화 + 김구 신탁 통치 반대 국민 총동원 중앙 위원회
  - ⇒ 대한 독립 촉성 국민회(1946. 2)로 발전
    ↕
  민주주의 민족전선(1946. 2) : 공산주의 계열
  - 우익세력 결집에 대항
  - 모스크바 3상 회의 결정과 미·소 공동 위원회 지지
  - 친일·반민족 반역자 처단
  - 토지 문제 민주적 해결
  - 8시간 노동제 실시 등 주장

'조선 정판사 위조지폐 사건
(1946. 5)'
· 조선 공산당의 재정난 타개 목적
· 조선 공산당이 남한 내에서 치명적 타격 입음
· 반미 투쟁 노선으로 입장 전환

조선 국민당 (1945. 9) 안재홍, 충칭 임시 정부 지지, 중도 우파,
신민족주의와 신민주주의 → 안재홍이 미 군정 민정장관 임명(1947. 2) → 해체

조선 공산당 (1945. 9) 극좌, 박헌영·이강국 재건

조선 인민당 (1945. 11)
- 대중을 바탕으로 한 민족의 완전한 해방
- 여운형, 충칭 임시정부에 대한 태도는 조선 공산당과 같은 입장
- 진보적 민주주의 표방, 좌우 합작 운동 : 좌파 대표 참여 ⇒
  근로인민당(1947. 5)

민족 자주 연맹 (1947. 12) ─ 김규식, 좌우 합작 원칙 견지
                        └ 남북 제정당 사회 단체 연석 회의(1948. 4. 27 ~ 4. 30) 주도

✦ 신탁 통치 문제와 좌우익의 갈등

모스크바 3상 회의(1945. 12)
- 미·영·소 참여, 한반도 문제 논의
- 결정 : '임시 민주주의 정부 수립', '미·소 공동 위원회 설치', '최고 5년간 미·영·중·소가 신탁 통치', 2주 이내 미소 양군 대표부 회의 소집
- 결과 : 반탁(김구, 이승만) VS 찬탁(좌익은 초기에는 반탁 → 소련의 사주로 찬탁), 좌우 대립 심화

→ 미국이 먼저 신탁 통치 제안 → 국내 보도 과정(동아일보)에서 '소련은 신탁통치 주장, 미국은 즉시 독립 주장'으로 전달

제1차 미·소 공동 위원회(1946. 3~5)
→ 소련 : 신탁 통치에 찬성하는 단체만 포함
  미국 : 모든 정치 단체 포함
- 서울 덕수궁 석조전, 임시 정부 수립 문제 참여 단체에 선정 논의 → 결렬

이승만의 정읍 발언(1946. 6)
- 제1차 미·소 공동 위원회 결렬 직후 남한만이라도 단독 정부 수립 주장

좌·우 합작 운동(1946. 7)
- 배경 : 이승만의 정읍 발언 등 남한만의 단정 수립론 제기
- 주도 : 여운형, 김규식 등 중도파 중심, 미 군정의 지원
  - 좌우 합작 위원회 결성(1946. 7) → 좌우 합작 7원칙 발표(1946. 10)
  - 남조선 과도 입법의원 창설(1946. 12, 김규식 의장)
  - 우익화로 여운형 등 탈퇴, 여운형 암살(1947. 7), 미국의 외교 정책 변화(-우경화), 1947년 12월 완전 해산
  → 박헌영 X 김성수 X
    이승만, 김구는 적극적 지지 X
  → 트루먼 독트린

제2차 미·소 공동 위원회(1947. 5~10)
- 서울과 평양, 양측의 소극적 자세로 결렬 → 미국은 한국 문제를 UN으로 이관(1947. 10)

'모스크바 3상 회의에서 결정한 한국 정부 수립 방안의 순서'

미·소 공동 위원회 설치 → 미·소 공동 위원회와 한국의 정당·사회 단체가 협의하여 임시 정부 수립 권고안 제출 → 4대국 심의 → 임시 정부 수립 → 임시 정부는 미·소 공동 위원회 밑에서 구체적인 신탁 통치 협정의 작성에 참가 → 4대국의 신탁 통치 협정 공동 심의

'좌·우 합작 7원칙'

1. 모스크바 3국 외상 회의 결정에 의해 좌우 합작으로 임시 정부 수립
2. 미·소 공동 위원회 속개를 요청하는 공동 성명 발표
3. 몰수, 유(有)조건 몰수 등으로 농민에게 토지 무상 분여 및 중요 산업의 국유화
4. 친일파 및 민족 반역자 처리 문제는 장차 구성될 입법 기구에서 처리
5. 정치범의 석방과 테러의 중단을 위해 노력할 것
6. 합작 위원회에 의한 입법 기구를 구성할 것
7. 언론, 집회, 결사의 자유 등 모든 자유를 보장
* 우파와 좌파 간 견해가 대립하던 토지 문제와 친일파 처리 문제에 대해서도 중도적 입장에서 조정 → 조선 공산당, 한국 민주당은 좌우 합작 운동에 반발

	좌익 VS	우익
친일파 문제	친일파 즉시 처단	입법 기구를 통한 처단
신탁 통치	찬탁	반탁
토지 문제	무상몰수, 무상분배	토지 개혁 반대

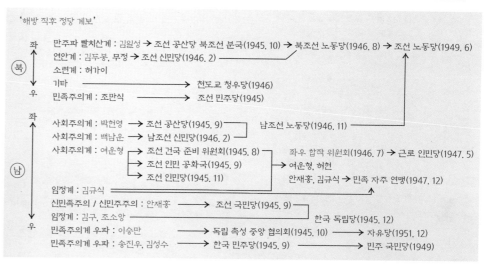

'해방 직후 정당 계보'

북
- 좌 : 만주파 빨치산계 : 김일성 → 조선 공산당 북조선 분국(1945. 10) → 북조선 노동당(1946. 8) → 조선 노동당(1949. 6)
- 연안계 : 김두봉, 무정 → 조선 신민당(1946. 2)
- 소련계 : 허가이
- 기타 → 천도교 청우당(1946)
- 우 : 민족주의계 : 조만식 → 조선 민주당(1945)

남
- 좌 : 사회주의계 : 박헌영 → 조선 공산당(1945. 9) → 남조선 노동당(1946. 11)
- 사회주의계 : 백남운 → 남조선 신민당(1946. 2)
- 사회주의계 : 여운형 → 조선 건국 준비 위원회(1945. 8) → 좌우 합작 위원회(1946. 7) → 근로 인민당(1947. 5)
  → 조선 인민 공화국(1945. 9) → 여운형, 허헌
  → 조선 인민당(1945. 11)
- 임정계 : 김규식 → 안재홍, 김규식 → 민족 자주 연맹(1947. 12)
- 신민족주의 / 신민주주의 : 안재홍 → 조선 국민당(1945. 9)
- 임정계 : 김구, 조소앙 → 한국 독립당(1945. 12)
- 우 : 민족주의계 우파 : 이승만 → 독립 촉성 중앙 협의회(1945. 10) → 자유당(1951. 12)
- 민족주의계 우파 : 송진우, 김성수 → 한국 민주당(1945. 9) → 민주 국민당(1949)

'이승만의 정읍 발언(1946. 6)'

이제 우리는 무기 휴회한 미·소 공동 위원회가 재개될 기색도 보이지 않으며, 통일 정부를 고대하나 여의게 되지 않으니, 우리는 남방만이라도 임시 정부 혹은 위원회같은 것을 조직하여 38 이북에서 소련이 철퇴하도록 세계 공론에 호소하여야 될 것이니 여러분도 결심하여야 할 것이다.

'남조선 과도 입법의원(1946. 12)'

·민선 45명과 관선 45명 구성, 의장 김규식
·활동 : 입법의원 선거법, 민족 반역자·부일 협력자·모리 간상배에 관한 특별조례, 보통 선거법 등 제정

4 대한민국 정부 수립과 개혁

✦ 남한만의 단독 정부 수립

- 1947. 11　UN 총회 한국 문제 상정 → 신탁 통치 없이 독립, 유엔 한국 임시 위원단 파견, 유엔 감시 하에 인구 비례에 따른 선거 실시
- 1948. 1. 24　소련과 북한의 UN 한국 임시 위원단 북한 입국 거부
- 1948. 2. 26　UN 소총회 : 선거가 가능한 지역, 남한만의 단독 선거 결정
　　　　　　　　⇕
　　　　　김구 "삼천만 동포에게 읍고함"(1948. 2)▓
　　　　　　+ 김규식
　　　　　⇒ 남북 제정당 사회 단체 연석 회의(1948. 4. 27 ~ 4. 30)
　　　　　　　– 김구, 김규식 + 김일성, 김두봉
　　　　　　+ 조소앙　　　　→의장 이승만, 부의장 신익희·김동원　　→제주도 2명 제외
　　　　　　　– 공동 성명 발표 : 5·10 총선거 불참, 단독 정부 수립 반대, 미·소 양군 철수, 통일 정부 수립 운동 전개
- 1948. 4. 3　제주 4·3사건 : 공산주의자 – 남한 단독 정부 수립 반대 → 서북 청년단과 경찰의 과잉 진압, 제주도민 봉기·미군정 무차별 발포
- 1948. 5. 10　5·10 총선거(제헌 국회, 의원 임기 2년, 198명 선출), 독립촉성계, 한민당, 무소속, 김구 계열 X
- 1948. 7. 17　헌법 제정, 대한민국 임시 정부의 법통을 계승한 민주 공화국(대통령 중심제, 간선제, 임기 4년, 중임 가능)
- 1948. 8. 15　대한민국 정부 수립(대통령 이승만, 부통령 이시영) : 조봉암 등 중도 세력 등용│한국 민주당 소외
　　　　　　　　　　　　　　　　　　　　　　　　　　　　　　　→국회에서 대통령 선출
- 1948. 12. 12　UN총회에서 한반도에서 대한민국이 유일한 합법 정부 승인
　　　　　　　→ 21세 이상 국민에게 투표권 부여
　　　　　　　　보통선거, 직접·평등·비밀·자유 원칙

✦ 반민족 행위 처벌법

- 반민족 행위 처벌법 제정(1948. 9. 22) : 친일파를 처벌하고 공민권을 제한, 단순 노무나 기술을 제공한 기술관은 제외
- 반민족 행위 특별 조사 위원회(1948. 10. 23) 구성 : 김상덕 등 국회의원 10명으로 구성, 특별 재판부·특별 검찰부 설치 / 박흥식, 노덕술, 최린, 최남선, 이광수 등 구속
- 한계 : 이승만 비협조, 정부·경찰 요직에 자리 잡은 친일파 노골적 방해, 반민특위 습격 사건(1949. 6. 6) ※ 안두희의 김구 암살(1949. 6. 26)
- 결과 : 친일파 청산 좌절(극히 적은 수의 실형 선고, 반민법의 개악)　　　　　　　→ 1950. 6. 20 → 1949. 8. 31
- 반민특위 해체 : 공산당과 내통하였다는 구실로 특위 위원 구속 → 반민특위 산하 특경대 강제 해산 → 반민법 시효 단축 → 반민특위 해체(1949. 10)
- 반민족 행위 처벌법 폐지(1951. 2)

✦ 농지 개혁법

　　　　　　　　　　　→"경작하는 사람이 땅을 가져야 함"
- 목적 : 농민 생활 안정(자영농 육성, 경자 유전 원칙 실현), 토지 자본의 산업 자본화
- 1949. 6 제정 → 1950. 3 시행령 공포 : 북한 토지 개혁 영향 받음
- 3정보 초과 농지를 가진 부재지주 농지를 국가에서 유상 매입(지가 증권 지급), 유상 분배
- 산림과 임야 등 비경작지 제외
- 농민들은 평년 수확량의 30%씩, 5년간 총 150%를 국가에 상환
- 결과 : 소작농 감소, 자영농 증가, 남한의 공산화 저지 기여
- 한계 ┬ 법 제정 이후 시행되기까지 장기간 소요되면서 지주의 토지 처분·명의 이전(지주층의 산업 자본가 전환 실패)
　　　　└ 6·25 전쟁으로 개혁 중단 / 토지 대금을 생산물로 납부 → 농민에게 큰 부담

'김구의 삼천만 동포에게 읍고함(1948. 2)'

현재 나의 유일한 염원은 3천만 동포와 손잡고 통일된 조국을 위하여 공동 분투하는 것이다. 조국이 필요하다면 이 육신을 당장에라도 제단에 바치겠다. 나는 통일된 조국을 건설하려다 38도선을 베고 쓰러질지언정 일신에 구차한 안일을 취하여 단독정부를 세우는 데는 협력하지 아니하겠다.

'여수·순천 10·19 사건(1948. 10. 19)'

- 동족을 학살할 수 없다, 제주도 출동 반대, 통일 정부 수립 주장 → 이승만 진압
- 국가 보안법 제정(1949. 12) 계기, 반공 정책 강화
- 국민 보도 연맹 조직

'제헌 헌법의 정신'

친일 반민족자의 처벌, 토지 개혁을 통한 지주제 폐지, 지하자원과 산업의 국유화, 사기업에서 노동자들의 이익 참가권 등을 규정

'귀속 재산 처리법(1949. 12)'

- 의미 : 일본인 소유 공장·주택 → 민간인에게 불하(15년간 분할 상환)
- 한계 : 임차인·관리인·주주·관리직 사원(주로 친일파)에게 불하, 불하 과정에서 부정과 정경 유착

'임시 토지 수득세(1951)'

- 각종 세금과 공과금을 토지 수입에 따른 과세로 단일화
- 현물납으로 인해 전시 하에서 농민에게 큰 부담

5 북한 정권의 수립

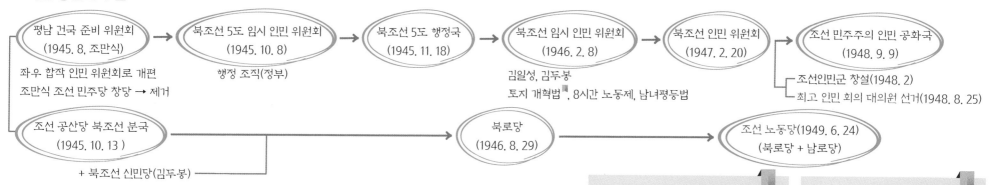

평남 건국 준비 위원회 (1945. 8, 조만식) → 북조선 5도 임시 인민 위원회 (1945. 10. 8) → 북조선 5도 행정국 (1945. 11. 18) → 북조선 임시 인민 위원회 (1946. 2. 8) → 북조선 인민 위원회 (1947. 2. 20) → 조선 민주주의 인민 공화국 (1948. 9. 9)

좌우 합작 인민 위원회로 개편
조만식 조선 민주당 창당 → 제거

행정 조직(정부)

김일성, 김두봉
토지 개혁법, 8시간 노동제, 남녀평등법

└ 조선인민군 창설(1948. 2)
└ 최고 인민 회의 대의원 선거(1948. 8. 25)

조선 공산당 북조선 분국 (1945. 10. 13) → 북로당 (1946. 8. 29) → 조선 노동당(1949. 6. 24) (북로당 + 남로당)

+ 북조선 신민당(김두봉)

6 한국 전쟁

[배경]
— 중국의 공산화(1949. 10. 10) : 조선 의용군 북한 유입 → 남한 공산화에 자신감
— 미국의 정책 변화 : 주한미군 철수(1949), 미국의 애치슨 선언(1950. 1)
  → 극동 방위선에서 한반도 제외시킴 → 남한에 대한 미국의 군사적 개입이 없을 것이라는 오해 초래
— 민주기지론 : 혁명을 통해 북에서 먼저 민주 기지 강화한 후 남한 해방·통일

[전개 과정]
— 〈1기〉 북한의 남침(1950. 6. 25) : 서울 함락(6. 28), UN군 참전(1950. 7. 1), 대전 함락(7. 20),
  → 유엔 안보리 결의
  낙동강을 사이에 두고 치열한 공방전 전개
— 〈2기〉 국군과 UN군의 반격 : 인천 상륙작전(1950. 9. 15) → 서울 수복(9. 28), 평양 탈환(10. 19),
  국군·UN군 압록강까지 진격
— 〈3기〉 중공군 개입(1950. 10) : 흥남항 피난민 대피(1950. 12) → 서울 함락(1951. 1),
  → 맥아더의 '만주 폭격', '핵폭탄 사용' 주장
  국군·UN군 서울 재탈환(1951. 3) → 맥아더 해임(1951. 4) → 38도선 일대에서 교착 상태
— 〈4기〉 휴전 협상 개최(1951. 7) : 소련이 UN에 휴전 제의(1951. 6) → 소련 스탈린 사망(1953. 3. 5) 후 휴전 협상의
  조속한 마무리 결정, 이승만은 휴전 반대하며 반공 포로 석방(1953. 6)
  → 휴전 협정 체결(1953. 7. 27)

[전쟁 피해] 대한민국 경제 회복 불능 상태 / 유엔 한국 재건단(원조 기구, 1950. 12)

[전쟁 중 이승만 정권의 실정] 국민 보도연맹 사건(1950. 6~9),
  → 국민 보도연맹원이 경찰과 군에 의해 살해
  → 일반 양민 공산군 오인 사살
  거창 양민 학살사건(1951. 2. 11) 국민 방위군 사건(1950. 12 ~ 1951. 3)
  → 권력형 비리, 9만여 명이 아사·동사

[전쟁의 영향]
— 분단의 고착화 : 남북 간에 무력 대결 태세 지속
— 남북한에서 독재 강화 : 북 – 김일성, 남 – 이승만
— 한·미 상호 방위 조약 체결(1953. 10) : 한국과 미국 사이에 어떠한 외부 침략에도 상호 협력·대항
— 제네바 회담(1954. 4) : 별다른 수확은 얻지 못했음

'국민 보도 연맹 사건'
· 국민 보도연맹 : 좌익계 인사들을 전향 및 통제하기 위해 조직(1949. 4)
· 지역별 할당제 시행 → 일반 주민들 가입 유도, 강제 가입
· 6·25 전쟁 중 전황이 불리해지자 보도연맹원 집단 학살 → 1990년대까지 가족과 친척들 감시
· '진실·화해를 위한 과거사 정리 위원회'에서 국가 책임 인정

'북한의 토지 개혁(1946. 3)'
· 토지 개혁법, 전 토지가 개혁 대상
· 무상 몰수, 무상 분배
· 5정보, 자경지는 상한 없음

'휴전 회담과 협정'
· 개성과 판문점 등지에서 진행
· 군사분계선 문제
  – 유엔군 : 38선 북쪽에 설정 / 공산군 : 38선 설정
· 포로 송환 문제
  – 유엔군 : 제네바 협약 거부하고 포로의 자유 송환 주장
  – 공산군 : 제네바 협약에 따라 전원 자동 송환 주장
· 군사 정전 위원회 설치
· 소련을 제외한 4개국 중립국 감시위원회 구성(스웨덴, 스위스, 체코슬로바키아, 폴란드)
· 유엔군, 북한, 중국 사이에 협정 체결(1953. 7. 27)

'이승만 정부 시기 미국과의 군사 협정'
· 1948년 한·미 군사 안전 잠정 협정 체결
· 1949년 주한 미군 군사고문단 설치에 관한 협정 체결
· 1950년 한·미 상호 방위 원조 협정 체결(1월), 대전 협정(7월, 미군의 치외법권적 지위)
· 1953년 한·미 상호 방위 조약 체결

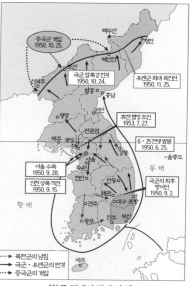

〈한국 전쟁의 전개 과정〉

····▶ 북한군의 남침
——▶ 국군·유엔군의 반격
——▶ 중국군의 개입

Chapter 02 민주주의의 시련과 발전

1 이승만 정권(제1공화국, 1948~1960)

반공 위주의 정책 : 친미 외교 정책 실시, 반공 강조, 전쟁 기간 중 반공 포로의 석방, 국민의 자유 제약, 국회 정치 활동 제한

✦ 이승만 정권의 장기 집권 기도

```
┌─ 국회 프락치 사건      반민특위에서 활동한 소장파 의원 체포(이문원, 이구수, 최태규 등)
│  (1949. 5. 20)
│
├─ 자유당 조직          이승만의 장기 집권 목적 / 국민회, 대한청년당, 노동총연맹, 농민총연맹, 대한부인회 등 우익단체 중심
│  (1951. 12)          1952년 '통합 자유당'(원내 + 원외)
│
├─ 부산 정치 파동        직선제로의 헌법 개정 위해 전쟁 중 임시 수도였던 부산에서 공비 토벌 구실로 계엄령 선포,
│  (1952. 5)           폭력조직(백골단, 땃벌대) 만들어 국회 해산, 야당의원 체포
│
│                        ┌→이승만 재선 가능성 희박(이승만에 비판적인 출마자들의 대거 국회의원 당선)    ┌→국회측 발의
├─ 제1차 개헌          직선제(4년 1차 중임 허용-), 국회 양원제(사실상 단원제), 국회의 국무원 불신임제
│  (1952. 7. 7)        └→정부측 발의              └→양원 모두 직선제 : 민의원 4년·참의원 6년제       ⇒ 2대 대통령 선거(1952)에서 이승만 압도적 당선
│  (발췌 개헌)         ·인도 뉴델리 밀회 사건(1953. 6)
│
│                                                      ┌→한국 민주당이 1949년 당명 변경
└─ 제2차 개헌          초대 대통령에 한해 중임 제한 철폐(3선 금지 조항 폐지) for 이승만의 장기 집권("초대 대통령은 예외로~")
   (1954)             135.333名/ 203名 중 136名 필요 but 135名 찬성 → 사사 오입으로 통과
   (사사오입 개헌)     ⇒ 민주당 결성(1955, 사사오입에 반대하는 민주 국민당 + 무소속 의원)
          ┌ 부통령에 민주당 후보 장면 당선(1956년 5월 제3대 대통령 선거)         ⇒ 3대 대통령 선거(1956)
          └ 제4대 국회의원 선거 – 민주당의 개헌선 저지                          자유당 – 정 : 이승만 / 부 : 이기붕
                                                                            민주당 – 정 : 신익희 / 부 : 장면
                                                                                        ↓
                                                                            이승만 대통령, 장면 부통령 당선
                                                                            진보당 조봉암의 약진(평화 통일론 주장)
```

✦ 이승만 정권의 독재

```
┌ 진보당 사건(1958. 1) : 진보당 조봉암, 간첩 혐의, 사형(1959. 7. 31)
├ 2·4 정치 파동(1958. 12. 24) : 신국가보안법(1958. 12. 24), 경향신문 폐간(1959. 4. 30)
└ 3·15 부정 선거(1960. 3. 15) → 4·19 혁명 배경
```

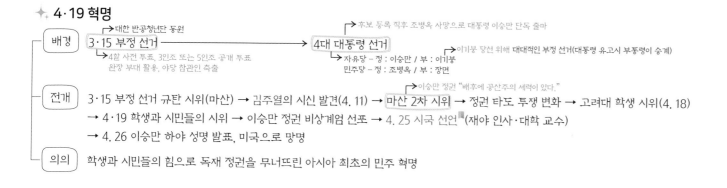

✦ 4·19 혁명

배경
┌→대한 반공청년단 동원   ┌→후보 등록 직후 조병옥 사망으로 대통령 이승만 단독 출마
3·15 부정 선거 ────────────────→ 4대 대통령 선거
└→4할 사전 투표, 3인조 또는 5인조 공개 투표   ├자유당 - 정 : 이승만 / 부 : 이기붕   └→이기붕 당선 위해 대대적인 부정 선거(대통령 유고시 부통령이 승계)
   완장 부대 활용, 야당 참관인 축출   └민주당 - 정 : 조병옥 / 부 : 장면

전개
                                                    ┌→이승만 정권 "배후에 공산주의 세력이 있다."
3·15 부정 선거 규탄 시위(마산) → 김주열의 시신 발견(4. 11) → 마산 2차 시위 → 정권 타도 투쟁 변화 → 고려대 학생 시위(4. 18)
→ 4·19 학생과 시민들의 시위 → 이승만 정권 비상계엄 선포 → 4. 25 시국 선언 (재야 인사·대학 교수)
→ 4. 26 이승만 하야 성명 발표, 미국으로 망명

의의
학생과 시민들의 힘으로 독재 정권을 무너뜨린 아시아 최초의 민주 혁명

'대학 교수단 4·25 시국 선언문'

이번 4·19 참사는 우리 학생운동 사상 최대의 비극이요, 이 나라의 정치적 위기를 초래한 중대 사태이다. 이에 대한 철저한 반성과 규정(糾正)이 없이는 이 민족의 불행한 운명을 도저히 만회할 길이 없다. 우리 전국 대학교 교수들은 이 비상시국에 대처하여 양심에 호소로써 다음과 같이 우리의 소신을 선언한다. …… "이 대통령은 즉시 물러가라!", "부정 선거 다시 하라!", "살인귀를 처단하라!"

2 장면 내각(제2공화국, 1960~1961)

                                                                    ┌→민주당의 압승과 혁신계의 참패
허정 과도 정부 수립 → 3차 개헌 ┬ 내각 책임제와 민·참의원 양원제, 사법부 개혁(대법원장·대법관 선거 선출, 헌법재판소 상설화) → 3차 개헌, 총선거 실시(1960. 7. 29)
                              └ 민·참의원 회의에서 간선제로 윤보선 대통령, 국무총리 장면 선출 → 민주당 장면 내각 성립(1960. 8. 23)

성격
─ 당내 분파 투쟁 : 구파·윤보선 Ⓥ Ⓢ 신파·장면
─ 보수적 성격 : 한국 민주당 계승, 부정 선거 책임자 처벌에 소극적, 통일 운동에 부정적 / 반공법과 데모 규제법 제정 시도

정책
                ┌→반민주행위 처벌 목적
─ 제4차 개헌, 소급 입법 특별법 제정(1960. 12. 31) / 부정 선거 관련자 처벌법, 반민주 행위자 공민권 제한법 공포
─ 경제 제일주의 : 국토 건설 사업, 경제 개발 5개년 계획 수립(시행 X) → 5·16 군사 정변으로 좌절

통일
                           ┌→미국 원조·군대 축소 통한 자금 마련 계획
─ 정부 : UN 감시하 남북 동시 총선거 실시 제안
─ 민간(혁신세력) : 중립화 통일론 주장

'민주당 정부의 시정 방침과 정책'

· 유엔 감시하의 남북한 자유 선거에 의한 통일 달성 및 일본과의 국교 정상화 추진
· 군비 축소와 군의 정예화 추진을 통한 국방력 강화 및 군의 정치적 중립 확보
· 외자 도입(미국, 서독 등)과 경제 원조 확대를 통한 경제 개발 계획 추진
                    읍·면장, 읍·면의원 등 ←
· 지방자치의 육성 강화 목표(지방의회 의원 선거, 지자체 단체장 선거 실시)
    → 5·16 군사 정변 이후 지방 자치법 효력 정지
       └→서울특별시장, 도지사 등
· 관료제 강화 : 국가 공무원법 개정, 공무원 임용령·고시령

3 박정희 정권(1961~1979)

✦ 5·16 군사 정변(1961, 군정)

─ 혁명위원회 → 국가 재건 최고 회의로 개칭 / 중앙정보부 설치(1961. 6. 10) / 국회 해산
─ 사회 안정책 : 반공을 국시(國是)로 삼음, 부정 축재자 처벌, 불량배 소탕 등의 혁명 공약
─ 민생 안정책 : 농가 부채 탕감, 농산물 가격 안정 정책, 화폐 개혁(1 /10 절하, 환 → 원)
─ 정치 활동 정화법 제정(1962. 3. 16) : 구정치인 정치 활동 금지 / 언론 탄압 : 『민족일보』 폐간(1961. 5)
─ 대통령 중심제 헌법개정(5차 개헌, 1962. 12. 26) → 대통령 선거(1963. 4), 국회의원 선거(1963. 5), 민정 이양(1963. 8) 등을 약속
─ 민주·공화당 창당 → 자금 마련 위해 4대 의혹 사건 저지름(증권 파동, 워커힐 사건, 빠찡코 사건, 새나라 자동차 사건)
─ 재건 국민 운동(1961~1964)

✦ 제3공화국

┌─ ▶5대 대통령 선거(1963) : 공화당 – 박정희 / 민정당 : 윤보선

5차 개헌(1962)
- 대통령 직선제, 4년 중임제 → 박정희 당선(경제 제일주의 정책)
- 한·일 국교 정상화(1965) : 한·미·일 反 공산주의 방어선 구축 위함
  - 경제 개발 위한 자금 확보 목적
  - 김종필·오히라 비밀 회담(1962, 독립축하금 명목 무상 3억 달러, 정부 차관 2억 달러, 민간 차관 1억 달러)
  - 굴욕 외교 반대 시위 ▶"굴욕 외교 반대", "민족적 민주주의 장례식"
  - 비상 계엄령 선포(6·3 시위(사태), 1964. 6. 3)
  - 한·일 협정 체결(한·일 기본 조약■, 1965. 6. 22) → 위수령 발동(1965. 8. 26)
- 인민 혁명당 사건(1964. 8) : 한·일 협정 반대 시위로 위기에 직면한 상황에서 발생, 혁신계 탄압
- 동백림(동베를린) 간첩단 사건(1967. 7) : 7대 총선에서 부정 선거(1967) → 동백림 간첩단 사건 발표, 지식인들 간첩 혐의 구속
- 베트남 파병(1965~1973)(민주주의 수호 명분) – 브라운 각서(1966. 3) : 한국군 현대화를 위한 장비, 경제 원조(AID 차관) 제공
  - ▶국군 전력 증강, 경제 개발 차관 제공, 외화 획득
- 무장공비 침투와 국민 통제 강화
  - 1·21 사태(1968. 1)
  - 푸에블로호 납치 사건(1968. 1)
  - 향토 예비군 창설(1968. 4)
  - 주민등록 제도 시행(1968. 5)
  - 울진·삼척 무장공비 침투 사건(1968. 10)
  - 교련 강화(1969. 3)
- 6대 대통령 재선(1967. 5. 3) → 장기 집권 위해 3선 개헌 → 1971. 4, 7대 대통령 선거(공화당 – 박정희 / 신민당 – 김대중)
- 8·3 긴급 금융 조치(1972) : 수출 주도 경제의 모순으로 심각한 불황, 차관의 만기 도래(원리금 상환 부담), 미국의 경제 규제 강화
  - ⇒ 기업 사채 강제 동결 / 금리 대폭 인하(긴급재정 처분 명령)
- 국민 교육 헌장 반포(1968)
  - ▶"우리는 민족 중흥의 역사적 사명을 띠고 이 땅에 태어났다."

6차 개헌(1969. 10) : 3선 개헌

'한·일 기본 조약(1965)'

- 한·일 병합 조약과 그 전에 양국 간에 체결된 모든 조약 및 협정 무효, 대한민국 정부가 한반도에서의 유일한 합법 정부임을 인정
- 부속 협정 : 어업에 관한 협정, 재일 교포의 법적 지위 및 대우에 관한 협정, 재산 및 청구권에 관한 문제의 해결과 경제 협력에 관한 협정, 문화재 및 문화 협력에 관한 협정
- 일본의 침략 사실 인정과 가해 사실에 대한 사죄 선행 X / 일제 강점기 피해자 보상과 위안부 보상 문제 갈등 지속

'한·일 어업 협정'

- 1965년 구 어업 협정 : 12해리 → 어업 전관 수역
- 1998년 신 어업 협정 : 200해리 → 배타적 경제 수역(EEZ) 설정

'한국군 파병(베트남·동티모르 전투 부대 파병)'

- 1991년 걸프전 파병
- 1993년 소말리아에 유엔 평화 유지군(PKO) 파병
- 1999년 동티모르에 특전사 중심의 보병 (상록수 부대) 전투 병력 파병 (1999~2003)
- 2001년 아프가니스탄에 수송·의료 부대 등 비전투 병력 파병
- 2004년 이라크에 자이툰 부대 파견
- 2007년 레바논 디반에 평화 유지군(PKO) 파병(동명 부대)
- 2010년 아이티 지진 피해 복구를 위해 평화 유지군(PKO) 파병

제4공화국(유신 체제)
└→ 1972. 10. 17. 유신 단행, 11. 21. 국민투표

배경 ┌ 대외적 : 미·중 관계 호전, 닉슨 독트린(1969)
       └ 대내적 : 경제 불황, 야당의 득표율 증가, 사회 혼란(사법부 파동, 광주 대단지 사건, 교련 반대 시위 등)
                                                              →1971. 8   →위수령 발동(1971)

┌ 유신 헌법 (초법적 대통령제 : 긴급 처분 명령권, 계엄 선포권)
│   →유신 정우회
├ 간선제(통일 주체 국민회의), 6년(중임 제한 X)
│   →유신 헌법에 대한 비방과 개정 요구 금지
├ 국회의원 1/3 대통령이 추천권 지님, 국회 해산권, 긴급조치 (1호~9호) 발동, 법관 인사권 대통령에 부여, 중선거구제 도입
│   →대법원장, 헌법위원회 위원장 임명권
├ 노동 운동 탄압(단체교섭권, 단체행동권, 단결권의 노동 3권 법률적 유보)
├ 김대중 납치 사건(1973. 8) : 일본에서 반유신 활동을 벌이던 김대중을 중앙정보부 요원이 납치 → 일본과 외교 마찰
├ 국민의 저항과 탄압 ┬ 개헌 청원 100만 인 서명운동(1973. 12. 4, 장준하 등 재야인사 중심) → 긴급 조치 1, 2호 발표
│   ├ 전국 민주 청년 총연맹 사건(민청학련 사건, 1974. 4. 3) : 긴급 조치 제4호 선포, 이 사건을 간첩과 연계시켜 탄압
│   ├ 천주교 정의구현 전국 사제단 조직(1974. 9. 26) : 민주 회복 국민운동, 김지하 구명운동, 인혁당 사건 진상 규명 운동 등
│   ├ 민주 회복 국민회의(1974. 11. 27) : 함석헌, 천관우 등 재야 인사 중심, '민주 헌법', '구속·연금 인사 석방' 요구 등
│   ├ 자유 실천 문인 협의회 165인 선언(1975. 3. 15)
│   ├ 제2차(재건) 인민 혁명당 사건(1975. 4. 9) → 인권 탄압 대표적 사례, 사법 암흑의 날, 2007년 1월 23일 사형집행되었던 8명에게 무죄 선고
│   └ 3·1 민주 구국 선언(1976. 3. 1) : 명동성당 7명의 천주교 신부와 문익환, 김대중 등 개신교 성직자와 재야 인사들이 서명한 '민주 구국 선언'

붕괴 경제 불황(1978, 제2차 석유 파동), YH 무역 사건(1979. 8), 부·마 항쟁(1979. 10), 10·26 사태 발생 → 박정희 정권 붕괴
                              └→ 김경숙 등 여성 노동자 신민당 당사 점거 농성, 신민당 총재 김영삼 국회에서 제명

'유신 헌법'

· 대통령은 임기가 6년으로 중임 제한이 없으며, 통일주체국민회의에서 토론 없이 무기명으로 선출한다.
· 대통령은 국회의원 정수의 3분의 1에 대한 추천권을 가지며, 국회 해산을 명할 수 있다.
· 대통령은 필요한 경우 국민의 자유와 권리를 잠정적으로 제한하는 긴급 조치권을 가지며, 긴급 조치는 사법적 심사의 대상이 아니다.

4 전두환 정권(제5공화국, 1980~1988)

✦ 신군부 등장과 '서울의 봄'

- 10·26 사태 이후 전국 계엄령 선포, 통일 주체 국민회의 → 최규하 제10대 대통령으로 선출(1979. 12. 6)
- 12·12 사태(1979. 12. 12) → 전두환이 실질적인 최고 권력자가 됨
- 서울의 봄(1980년 봄) : 학생들의 대규모 시위 전개(유신 헌법 폐지, 신군부 퇴진 등)

✦ 5·18 민주화 운동(1980)

- 발단 : 신군부의 비상 계엄 확대, 광주에서 학생들의 민주화 시위(1980. 5. 18)를 계엄군이 과잉 진압 → 시민 합류
- 전개 : 시민군 무장 → 계엄군의 광주 봉쇄 → 시위대와 계엄군의 협상(5. 22) → 김대중 내란 음모 사건 중간 발표 → 계엄군 무력 진압(1980. 5. 27)
  └→ 북한의 사주로 내란 계획 및 5·18 민주화 운동 주도 혐의로 기소
- 의의 : 1980년대 전개된 민주화 운동의 정신적 바탕이 됨

✦ 전두환 정권의 성립

- 국가 보위 비상 대책 위원회 구성(1980. 5) : 입법, 사법, 행정권 장악
- 전두환이 통일 주체 국민회의에 의해 11대 대통령에 취임(1980. 9)
- 간선제, 7년 단임제 8차 개헌 추진 → 국가보위입법회의 발족(1980. 10. 27) - 민주 정의당 창당(1981. 1. 15)
  → 전두환 12대 대통령으로 선출(1981. 2)(제5공화국)
- 전두환 정권의 강압 정치 : 정의 사회 구현과 복지 사회 건설 내세움, but 민주화 운동 탄압, 인권 유린, 언론 탄압, 안기부 설치
- 국민 유화책 : 국풍 81, 제적 학생 복교, 민주화 인사 복권, 3S 정책, 야간 통행 금지 해제, 교복·두발 자유화, 학도 호국단 폐지 등
- 금강산 댐 건설 계획 발표(1986. 10. 21) → 평화의 댐 건설을 명분으로 거국적인 모금 활동 전개

✦ 6월 민주항쟁(1987. 6)

┌→ 전국 학생 연합, 민주화 운동 청년 연합회 결성
│   └→ 1984년 민추협 → 1985 신한 민주당 창당
- 1980년대 전반기의 민주화 운동 : 정부에 대한 불신 심화 → 학생과 재야 인사들의 민주화 운동, '반외세 자주화 대 대미 종속' 대립 축 형성(미 문화원 점거)
- 박종철 고문 치사 사건(1987. 1) → 4·13 호헌 조치(1987. 4. 13) → 민주 헌법 쟁취 국민운동 본부 설치(1987. 5. 27) → 이한열 중태(6. 9), 노태우 대통령 후보 지명(6. 10)
  → 전국 주요 도시에서 국민 대회 개최(1987. 6. 10) → 6·26 평화 대행진 : 범국민적 반독재 민주화 투쟁으로 발전
- 6·29 선언 : 5년 단임·직선제·헌법 재판소 설치의 9차 개헌 발표(1987. 10)
  └→ 간선제 규정한 기존의 헌법 고수
  ⇒ 4·19 혁명 이후 가장 큰 민주화 운동, 민주주의 발전에 기여

5 노태우 정권(제6공화국, 1988~1993)

- 북방 외교 : 동구권 국가들·소련(1990)·중국(1992)과 수교, 남북한 유엔 동시 가입(1991), 남북 기본 합의서(1991)
- 24회 서울 올림픽 대회(1988), 전국 교직원 노동 조합 출범(1989), 지방 자치제 부분 실시(김영삼 정부 때 전면 실시), 5공 청문회 개최
- 여소야대 정국 → 3당 합당(1990) 추진 → 거대 여당 민주 자유당(민자당) 출범
  └→ 민주 정의당(노태우), 통일 민주당(김영삼), 신민주 공화당(김종필)

'지방 자치 제도'

- 1949년(이승만 정권) 지방 자치법 제정
- 1952년 지방 의회 의원 선거 실시 - 최초 시행 but 서울 시장과 도지사는 대통령 임명(완전한 지방 자치 X)
- 1961년 5·16 군사 쿠데타 이후 중단
- 1987년 헌법 개정, 지방 자치제 부활
- 1991년(노태우 정권) 부분적 실시(시·도·군 등의 의회 의원 선거)
- 1995년(김영삼 정부) 전면적 실시(지방 자치 단체장 선거)

'대한민국 대외 관계'

- 1960년대
  - 한·일 협정(한·일 국교 정상화, 1965) : 굴욕 외교 반대 시위 진압(6·3 사태)
  - 베트남 파병(1965)-브라운각서
  - 한·미 행정 협정 체결(SOFA, 1966) : 주한 미군 주둔군 지위협정 체결, 불평등 조약
- 1990년대
  소련과 수교(1990), 남북한 유엔 동시 가입(1991), 중국과 수교(1992)

6 김영삼 정부(문민정부, 1993~1998)

┌─ 금융 실명제, 부동산 실명제 의무화, 공직자 재산 등록(1993) `→공직자 윤리법 의거`
├─ 전면적 지방 자치제 실시(1995)
├─ 총독부 건물 철거(1995), 하나회 해산(1993)
├─ 역사 바로 세우기(1996) : 12·12 사태, 5·18 민주화 운동 진상 조사, 전두환·노태우 구속
├─ 한반도 에너지 개발 기구(KEDO, 1995) 설치, OECD(경제 협력 개발 기구) 가입(1996)
└─ 성수대교 붕괴(1994), 삼풍백화점 붕괴(1995), 외환위기[국제통화기금(IMF)] 사태

7 김대중 정부(국민의 정부, 1998~2003)

┌─ 평화적 정권 교체, IMF 극복 노력(금 모으기 운동, 금융·투자 개방 등)
├─ 국민 기초 생활 보장법 제정(1999), 제주 4·3 사건 진상 규명 특별법 제정(2000),
│   여성부 신설(2001), 국가 인권 위원회 설치(2001) / FIFA 한·일 월드컵 축구 대회 개최(2002)
└─ 햇볕 정책 ┌─ 1998년 금강산 관광 시작(해로 이용, 11월)
            ├─ 2000년 남북 정상 회담(6·15 남북 공동 선언)
            └─ 제2차 이산가족 상봉, 경의선 복구 기공식, 개성공단 착수(2002)

8 노무현 정부(참여정부, 2003~2008)

┌─ 국가보안법 폐지 시도 → 좌절(2004)
├─ 국회에서 대통령 탄핵 시도(2004. 3. 12)
├─ KTX 개통(2004. 4)
├─ 행정 수도 이전 시도 – 헌법 재판소의 위헌 판결(2004. 10) → 일부 행정 부처만 이동
├─ 친일 반민족 행위 진상 규명 위원회 설치(2004), 진실 화해 위원회 조직(2005)
├─ 호주제 폐지(2005), 가족 관계 등록부 도입(2008), 한미 FTA타결(2007. 4)
└─ 2차 남북 정상회담(2007. 10) : 10·4 남북 공동 선언

9 이명박 정부(2008~2013)

┌─ 친실용주의, 친기업주의 가치 표방(작은 정부, 큰 시장)
└─ 한미 쇠고기 협상 논란(2008), 4대강 사업, 대북 강경책(천안함 사건, 연평도 포격 사건), 언론 장악
                                                        `→'5.24 대북 조치' 발표`

10 박근혜 정부(2013~2017. 3)

┌─ 창조경제, 민심 안정 표방
└─ 헌정 사상 최초로 '탄핵'으로 물러남

11 문재인 정부(2017. 5~)

┌─ 제 3차 남북 정상 회담
└─ 제 4차 남북 정상 회담

〈대한민국 헌법 개헌 과정〉

구분	개헌	내용	정부	국회 형태
이승만 정권 (제1공화국)	제헌헌법 (1948. 7. 17)	·간선제 → 국회에서 선출 ·임기 4년, 1차에 한하여 중임 허용	대통령 중심제	단원제
	1차 개헌 (1952. 7. 7)	·발췌 개헌 ·직선제 → 국민 투표		
	2차 개헌 (1954. 11. 29)	·사사오입 개헌 ·초대 대통령에 한하여 중임 제한 폐지		
허정 과도정부	3차 개헌 (1960. 6. 15)	·내각 책임제, 간선제 ·민·참의원 회의에서 윤보선 대통령 선출 ·윤보선에 의해 국무총리 장면 지명, 민의원에서 인준	내각 책임제	양원제 (민의원· 참의원)
장면 내각 (제2공화국)	4차 개헌 (1960. 11. 29)	·제1공화국 부패 인사 처벌 위한 '소급 특별법'		
박정희 군정	5차 개헌 (1962. 12. 26)	·직선제, 대통령 중심제 ·단원제	대통령 중심제	단원제
박정희 정권 (제3공화국)	6차 개헌 (1969. 10. 21)	·대통령의 3선 허용, 직선제		
박정희 정권 (제4공화국)	7차 개헌 (1972. 12. 27)	·유신 헌법 ·간선제 → 통일 주체 국민회의에서 대통령 선출 ·6년 → 연임 제한 없음		
전두환 정권 (제5공화국)	8차 개헌 (1980. 10. 27)	·간선제 → 선거인단에서 대통령 선출 ·7년 → 단임		
	9차 개헌 (1987. 10. 29)	·직선제 ·5년 → 단임		

'역대 대통령 당선자'

·제1대(1948)·제2대(1952)·제3대(1956)·제
 4대(1960, 무효) 대통령 : 이승만
·제4대 대통령 : 윤보선
·제5대(1963)·제6대(1967)·제7대(1971)·제
 8대(1972)·제9대(1978) 대통령 : 박정희
·제10대 대통령(1979) : 최규하
·제11대(1980)·제12대(1981) 대통령 : 전두환
·제13대(1987) 대통령 : 노태우
·제14대(1992) 대통령 : 김영삼
·제15대(1997) 대통령 : 김대중
·제16대(2002) 대통령 : 노무현
·제17대(2007) 대통령 : 이명박
·제18대(2012) 대통령 : 박근혜
·제19대(2017) 대통령 : 문재인

Chapter 03 북한 정권의 성립

✦ 1950년대

├ 6·25 전쟁 이후 냉전 격화 → 남한은 이승만 독재, 북한은 김일성 독재 확립
├ 연안파 무정, 소련파 허가이, 남로당 계열 제거
└ 8월 종파 사건(1956. 8) → 김일성 1인 지배 체제 구축
　　(최창익, 박창옥은 '반당종파'로 몰려 당적 박탈당함)

✦ 1960년대

├ 정치 : 주체사상이 유일사상이 되고 김일성 우상화 심화
└ 군사 : 국제 정세 악화 속에서 4대 군사 노선 채택, 주체 노선 강조

✦ 1970년대

┌→ 주체 사상 헌법으로 규정
├ 사회주의 헌법 제정(1972) → 김일성 독재 체제 제도화 완성, 국가 주석제 신설
├ 3대 혁명 소조 운동(1973), 3대 혁명 붉은기 쟁취 운동(1975년 이후)
└ 실무형 관료 성격의 혁명 2세대 등장

✦ 1980년대 이후

├ 대외적 : 사회주의 진영 붕괴 → 자유 진영과 연계, 대내적 : 우리식 사회주의
├ 김정일 후계 체제 성립, 김일성 헌법 개정(1998) – 김정일 권력 체제 구축에 기여
│　* 1994년 김일성 사망 후 국방 위원장 자격으로 북한 통치
├ 4자 회담(1997, 북한·남한·미국·중국),
│　6자 회담(2003~, 4자 회담 당사국 + 러시아, 일본)
├ 2009년 헌법 개정 : '선군(先軍)사상'
└ 김정일 사망(2011) → 김정은 집권(3대 세습 체제 확립)

> **'북한의 대남 도발'**
>
> ·1968 청와대 습격 사건(1·21 사태) : 김신조
> ·1968 푸에블로호 사건
> ·1968 울진·삼척 무장공비 침투 사건
> ·1976 판문점 도끼 만행 사건
> ·1983 아웅산 폭탄 테러 사건
> ·1987 대한항공 858편 폭파사건
> ·1996 강릉 무장공비 침투 사건

> **'북한의 경제 발전'**
>
> ·1954년 3개년 경제 계획 – 중공업 우선 정책
> ·1957년 5개년 경제 계획 – 모든 농장의 협동 농장화(1954~1958), 상공업 국영화, 천리마 운동(1956)
> ·1960년 제1차 7개년 계획 – 소련의 원조 중단, 군사비 증가로 난관
> ·1980년대 이후 개방 정책
> 　– 우리식 사회주의, 합영법(1984), 합작법(1992)　┌→ 합자회사 운영법
> 　– 자유 무역 지대 설치(나진, 선봉, 1991)
> ·7·1 경제 관리 개선 조치(2002)
> 　– 신의주, 개성, 금강산 지구 지정

Chapter 04 현대의 경제 발전

✦ 1950년대

┌ 농지 개혁 ┐ 1949. 6 제정 → 1950. 3 시행, 한국 전쟁으로 중단, 1957년 완성
　　　　　　　3정보 기준 농지만 대상(임야, 산림 제외)
　　　　　　　30% X 5년＝150% 분할 상환 → 유상 매입 유상 분배 ⇒ 소작농 감소, 자영농 증가 / 한국 전쟁 시 남한 공산화 저지에 기여

┌ 귀속 재산 처리법(1949. 12) ┐ 일본인 소유 재산(적산) → 민간인에 불하 but 주로 친일파에 불하

┌ 화폐 개혁 ┐ 1차 화폐 개혁(1950), 2차 화폐 개혁(1953)　※ 한국은행법과 은행법 공포(1950)
　　　　　　　└→ 전쟁기간 중 불법발행된 조선은행권 회수
　　　　　　　　　　　　　　　┌→ 인플레이션 수습, 대외 원조 목적

┌ 경제 조정에 관한 협정(마이어 협정, 1952) ┐ 한·미 합동 경제 위원회가 원조 자금 사용에 대한 실질적인 최고 결재권 행사

┌ 미국 원조 경제 ┐ 주로 식료품, 농업용품, 의료품 등 소비재 공업 성장 / 삼백 산업의 육성(제분, 제당, 섬유) / 시멘트, 비료 등의 생산 증가
　　　　　　　　　　　　　　　　　　　　　　　　　　　　　　　　┌→ 문경 시멘트(1957), 충주 비료공장(1961), 나주 비료공장(1962)
　　　　　　　　　(전후 복구 사업) ⇒ 수입의존적 구조의 한계 : 소비재 산업 성장·생산재 산업 미발전 → 수입 의존의 취약성
　　　　　　　　　농촌 경제 타격 / 미국 원조 → 차관으로 전환(1950년대 후반) → 재정 부담 증대, 경제 불황 초래

> **'미국의 원조와 한국의 경제 성장'**
>
> ·1945년 점령지 긴급 구호 원조(GARIOA)
> ·1948년 한미 원조 협정(ECA 협정)
> ·1950년 6·25 전쟁 이후 유엔 한국 재건단(UNKRA) 설립, 한국 민간 구호 계획(CRIK, 1950~1956) 등 구호 원조
> ·1954년 농업 교역 발전 및 원조법(미공법 480호) 제정
> ·1955년 국제 협조처(ICA)로 원조 기구 통합
> ·1957년부터 원조 감축 정책, 유상 차관 정책 전환

> **'대충자금'**
>
> ·미국에서 원조받은 농산물을 판매한 돈이 대충자금(代充資金)으로 적립
> ·대충자금은 국가 재정 충당, 정치자금, 미군 유지 비용, 미군 무기 도입 등에 사용됨

✦ 1960년~1970년대

1960년대
- 제1공화국의 경제 개발 7개년 계획(3개년 경제 발전 계획 시안, 이후 4개년 계획 수립) / 제2공화국 5개년 계획안 → 군사 정권에 의해 본격화
- 제1차 경제 개발 5개년 계획▪(1962 ~ 1966), 제2차 경제 개발 5개년 계획▪(1967 ~ 1971) – 기간 산업 육성과 경공업 신장 주력 / 수출 주도형 경제 개발 전략
- 울산 정유 공장(1964) / 외화 획득 – 서독 광부(1963), 간호사(1966) 파견

1970년대
- 3차(1972 ~ 1976), 4차(1977 ~ 1981) : 경공업 중심 → 수출 주도형 중화학 공업 중심(한강의 기적)
- 대규모 중화학 공업 공장 설치[포항 종합 제철(1973) 등], 수출 자유 지역과 공업 단지 조성[마산, 이리(익산) 등]
- 수출 100억 달러 달성(1977) Cf 수출 10억 달러 달성(1971)
- 1971년 통일벼 개발 : 미곡 생산량 약 3배 증대 – 기아 해결
- 새마을 운동(1970년대) : 농어촌 근대화 운동(근면·자조·협동) → 전국민적 의식 개혁 운동으로 확산
- 사회 간접 시설의 확충 : 경인 고속도로(1968년 개통), 경부 고속도로(1970년 개통), 청계천 복개(1958 ~ 1978), 소양강 댐 건설(1973),
  서울 지하철 1호선 개통(1974)

폐단
정경유착의 폐단, 자본 집중 심화, 국내 산업의 수출 의존도 심화, 노동자·농민 희생 ↑ [전태일 분신(1970)]

✦ 1980년대

- 제2차 석유 파동(1978 ~ 1980) : 세계 경제 침체, 한국 경제 위기(외국 자본·대외 무역 의존) Cf 제1차 석유 파동(1973) : 중동 아랍국가의 자원 민족주의
  → 정부의 경제 개입 : 구조 조정, 재정·금융의 긴축 재정 실시
- 1980년대 중반 3저 호황 : 저 유가·저 달러·저 금리로 물가 안정 / 자동차·가전제품·기계·철강 등의 수출 증대

✦ 1990년대

- 금융실명제 실시(1993)
- 우루과이라운드 협정 타결(1993) / 세계 무역 기구(WTO) 출범(1995) → 농산물 수입 개방
- 김영삼 정부의 신자유주의 정책 : 공기업 민영화, 시장 개방 확대, 금융업 규제 완화
- 경제 협력 개발 기구(OECD)에 가입(1996)
- IMF 외환 위기(1997) : 외환 보유고의 부족 → IMF(국제 통화 기금)의 긴급 구제
- 노사정 위원회 출범(1998), 구조조정

✦ 2000년대

- IMF 극복 노력
- 신자유주의 경제 → 금융·투자 개방
- 비정규직 증대, 빈부 격차 확대
- 2004년 한·칠레 자유 무역 협정 체결
- 2006년 수출 3000억 달러 달성
- 2007년 한·미 자유 무역 협정(FTA) 타결

'혼분식 장려 운동'
- 쌀 소비를 줄이기 위한 정부 주도의 식생활 개선 운동
- 1960년대 박정희 정권 때부터 정책적으로 실시 '도시락 검사', '분식의 날'(1969. 1.), '라면' 등

'제1·2차 경제 개발 계획'
- 제1차 경제 개발 계획(1962~1966) : 기간 산업과 사회 간접 자본 확충 목표, 의류·신발·합판 등 노동 집약적 산업 육성
- 제2차 경제 개발 계획(1967~1971) : 경공업 및 비료, 시멘트, 정유 산업 육성. 베트남 전쟁 특수, 경부 고속 도로 개통(1970)

'이중곡가제'(1970년대)
- 정부가 쌀을 시중 가격보다 비싸게 사서 소비자에게 값싸게 공급
- 정부의 수매가가 물가 상승에 미치지 못하며 농촌 경제 어려워짐

Chapter 05 통일을 위한 노력

✦ 이승만 정권

─ 한국 전쟁과 멸공·북진 통일론
─ 진보 세력의 평화 통일론 탄압(진보당 사건)

✦ 장면 내각

─ 유엔 감시하 남북한 총선거 제시
─ 민간 차원 중립화 통일론 논의, 남북 협상론, 남북 교류론

✦ 박정희 정권

─ 1970년 8·15 선언(평화 통일 구상 선언) – 북한에 대해 평화적 선의의 체제 경쟁 제의
─ 1971년 남북 적십자 회담 제의(→ 1972년 제1차 남북 적십자 회담 개최)
─ 1972년 7·4 남북 공동 성명 : 자주·평화·민족적 대단결의 3대 원칙, 남북 조절 위원회 설치 합의, 남북 직통 전화 개설, 북한의 호칭 변경
  (괴뢰 → 북한) → 남북의 독재 정권 강화 이용(박정희 : 10월 유신 / 북한 : 사회주의 헌법 개정, 김일성 유일 지도 체제 강화)
─ 1973년 6·23 평화 통일 외교 정책 선언 : 남북 유엔 동시 가입 제의, 호혜평등의 원칙 하에 모든 국가에게 문호 개방, 1민족 2국가 체제
─ 1974년 평화 통일 3대 기본 원칙 : 남북 상호 불가침, 남북 대화 추진, 인구비례에 의한 총선거 실시

✦ 전두환 정권

─ 1982년 민족 화합 민주 통일 방안 : 민족 자결·민주적 절차·평화적 방법에 의한 총선거 실시 제안 / 북한 고려 민주 연방 공화국 방안 제시(1980)
  └→1국가 2체제
─ 1984년 북한의 수재 물자 제공
─ 1985년 남북 이산가족 최초 고향 방문(서울, 평양), 예술 공연단 교환 방문 → 북한의 대화 회피로 중단

✦ 노태우 정권

─ 1988년 7·7 선언(민족 자존과 통일 번영을 위한 특별 선언) : 북한을 동반자, 공동 번영의 민족 공동체 관계로 규정
─ 1989년 한민족 공동체 통일 방안 : 자주·평화·민주의 통일 3원칙 / 점진적 통일 방안 제시(남북 연합 구성 → 헌법 제정 → 총선거 → 통일 민주 공화국 구성)
─ 1990년 남북 고위급 회담 시작
─ 1991년 9월 남북한 유엔 동시 가입, 1991년 12월 남북 기본 합의서 채택(남북한 사이의 화해와 불가침 및 교류·협력에 관한 합의서) → 1992년 1월 한반도 비핵화에 관한
  특별 선언

'1960년대 남북한의 대립'

· 남한(박정희 정권) : '선 건설 후 통일론' 주장
· 북한 : '과도적 연방제' 통일 방안을 제안, '남조선 혁명론' 거론 → 극단적 대립 전개
· 북한 무장간첩의 청와대 습격, 울진·삼척 지구의 대규모 무장간첩 침투 사건 등

'7·4 남북 공동 성명'

첫째, 통일은 외세에 의존하거나 외세의 간섭을 받음이 없이 자주적으로 해결하여야 한다.
둘째, 통일은 서로 상대방을 반대하는 무력 행사에 의거하지 않고 평화적 방법으로 실현하여야 한다.
셋째, 사상과 이념, 제도의 차이를 초월하여 우선 하나의 민족으로서 민족적 대단결을 도모하여야 한다.

'남북 기본 합의서'
(남북한 사이의 화해와 불가침 및 교류·협력에 관한 합의서)

· '쌍방 사이의 관계가 나라와 나라 사이의 관계가 아닌 통일을 지향하는 과정에서 잠정적으로 형성되는 특수관계'
· 상호 화해와 불가침 선언, 교류·협력 증진 판문점 남북 연락 사무소 설치·운영, 군사 당국자간 직통전화 설치, 남북 군사 공동위원회 설치, 군인사교류와 군사훈련 상호참관
· 한반도의 비핵화에 관한 공동 선언 채택(1992)

✦ 김영삼 정부

- 1993년 3단계(화해·협력, 남북연합, 통일국가), 3기조(민주적 국민 합의, 공존·공영, 민족 복리)
- 1994년 민족 공동체 통일 방안 : 한민족 공동체 통일 방안(1989)과 3단계 3기조 정책(1993) 수렴,
  자주·평화·민주 3원칙, 화해·협력, 남북연합, 통일국가 완성의 3단계 통일 방안 발표
- 북핵위기 : 북한의 NPT 탈퇴, 김일성 사망(1994) → 북·미 제네바 기본 합의서 채택(1994) → KEDO(한반도 에너지 개발 기구, 1995) 설치
  ↳ 북한 핵시설 동결, 경수로 지원, NPT 복귀 명시

✦ 김대중 정부

- 남북 화해 협력 정책('햇볕정책')
- 정주영 현대그룹 회장 방북(1998. 6), 1998년 11월 금강산 해로 관광 시작(육로 관광은 2003년)
- 2000년 6·15 남북 공동 선언 ─ 최초의 남북 정상 회담(김대중 & 김정일)
  ├ 남측 연합제 안과 북측 낮은 단계 연방제 안의 공통성 인정
  ├ 이산 가족 방문단 교환, 비전향 장기수 문제 해결 노력
  └ 경제 협력 및 제반 분야의 협력과 교류 활성화 노력[경의선 복구(2000)와 개성공단 착수(2002)]

✦ 노무현 정부

- 2007년 제2차 남북 정상 회담(10·4 남북 공동 선언)
- 종전 선언 합의 도출, 서해 평화 협력 특별 지대 설치, 공동 어로 수역·평화 수역 설정, 남북 경제 협력 공동 위원회 부총리급 격상, 백두산 관광
  ↳ '전쟁 끝' 선언시도

✦ 문재인 정부

- 2018년 남북 정상 회담 개최 → 판문점 선언(2018. 4. 27) : 남북 관계의 전면적·획기적 발전, 군사적 긴장 완화와 상호 불가침 합의,
  한반도의 완전한 비핵화 및 평화 체제 구축
- 2018년 평양 남북 정상 회담 개최 → 9월 평양 공동 선언(2018. 9. 19)
  ↳ 부속 문서로 '역사적인 판문점 선언 이행을 위한 군사 분야 합의서' 합의

'6·15 남북 공동 성명'

· 남과 북은 나라의 통일을 위한 남측의 연합제 안과 북측의 낮은 단계의 연방제 안이 서로 공통성이 있다고 인정하고 앞으로 이 방향에서 통일을 지향시켜 나가기로 하였다.
· 남과 북은 경제 협력을 통해 민족 경제를 균형적으로 발전시키고, 사회·문화·체육·보건·환경 등 제반 분야의 협력과 교류를 활성화하여 서로의 신뢰를 다져 나가기로 하였다.

'10·4 남북 공동 성명(2007)'

· 남과 북은 현 정전 체제를 종식시키고 항구적인 평화 체제를 구축해 나가야 한다는 데 인식을 같이하고 직접 관련된 3자 또는 4자 정상들이 한반도 지역에서 만나 종전을 선언하는 문제를 추진하기 위해 협력해 나가기로 하였다.
· 남과 북은 해주 지역과 주변 해역을 포괄하는 서해 평화 협력 특별 지대를 설치하고 … 개성 공업 지구 1단계 건설을 빠른 시일 안에 완공하고, 2단계 개발에 착수하기로 하였다.

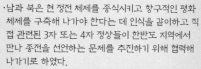
'남한과 북한의 통일 방안 비교'

구분	대한민국	조선 민주주의 인민 공화국
통일 방안	민족 공동체 통일 방안(1994)	고려 민주 연방 공화국 창립 방안(1980)
과정	·화해 협력 단계 ·남북 연합 단계 　– 남북 연합 헌장 구성 　– 남북 연합 기구 구성 ·통일 국가 완성 단계 – 국민 투표로 통일 헌법 제정 후 총선거 실시	·국가 보안법 폐지, 주한 미군 철수 ·고려 민주 연방 공화국 수립 　– 최고 민족 연합 회의 구성 　– 연방 상설 위원회 설치
과도 체제	남북 연합	없음
최종 국가	1국가 1체제	1국가 2체제
특징	민족 통일 우선시	국가 수립 우선시

Chapter 06 현대 사회의 전개

1 산업화와 도시화

✦ 산업 구조의 변화

1980년대까지의 고도 경제 성장 ┌ 환경 문제 : 대기 및 하천 오염 → 환경부 설치(1994)
└ 산업화의 문제점 : 전통적 가족 제도 붕괴, 노동자·실업 문제, 도시 주거 문제
ex. 와우 아파트 붕괴 사건(1970), 광주 대단지 사건(1971)

✦ 농촌 문제

┌→농촌 환경 개선과 소득 증대 목표

┌ 1950년대에 4H 운동 도입, 1970년대에 새마을 운동(근면, 자조, 협동) 시작/ 함평 고구마 피해 보상 운동(1976~1978)
└ 1990년대 : 농수산물·쌀시장 개방/ 농민운동의 성장(전국농민회 총연맹)

✦ 인구 변화

┌ '베이비 붐'(6·25 전쟁 직후) : 출산율 급증 → 1960년대 중반 이후 출산율 감소 : 정부의 가족 계획, 여성 혼인 연령 상승, 교육비 증가 등
└ 인구 구성의 변화 : 1960년대 – 고출산율 + 고사망률 → 1990년대 – 저출산율 + 저사망률 ⇒ 고령화 문제 심각

2 노동 운동의 전개

✦ 노동 운동

┌ 1953년 근로기준법 제정
├ 전태일 분신(1970. 11. 13) – "근로기준법을 지켜라", "우리는 기계가 아니다"
├ YH 무역 사건(1979. 8. 9~11) – 신민당사에서 농성, 김경숙 사망, 신민당 김영삼 의원직 제명 → 반유신 투쟁으로 전개, 유신 체제 몰락의 한 원인
├ 1991년 국제 노동 기구(ILO) 가입
├ 1995년 민주노총 결성
└ 1998년 노사정 위원회 구성
                    └→ 현재 경제 사회 노동 위원회

3 시민 운동과 여성 운동

✦ 사회 변화

┌→3인 이상 사업장 의무적용

┌ 복지 : 생활 보조금 지급, 의료 보험 제도 도입(1963), 국민연금 제도(1988), 고용보험·사회 보장 기본법(1995), 국민 기초 생활 보장법(1999), 국민 건강 보험법(2000),
│   노인 장기 요양 보험·기초 노령 연금 제도(2008)
└ 기타 : 신생활 운동(1961), 주민등록제도(1968), 우편 번호제 실시(1970), 호주제 폐지(2005), 도로명 주소 전면 실시(2014)
              └→ 주민등록번호 도입   └→2015. 8부터 5자리로 변경(국가 기초 구역 번호)

'시기별 가족 계획 정책'

· 1961년 알맞게 낳아서 훌륭하게 키우자.
· 1963년 덮어 놓고 낳다 보면 거지꼴을 못 면한다.
· 1966년 3명 자녀를 3년 터울로 35세 이전에 단산하자.
· 1971년 딸, 아들 구별 말고 둘만 낳아 잘 기르자.
· 1980년 잘 키운 딸 하나 열 아들 안 부럽다.
· 1982년 둘도 많다. 하나 낳고 알뜰살뜰
· 1986년 하나로 만족합니다. 우리는 외동 딸
· 1990년 엄마 건강 아기 건강 적게 낳아 밝은 생활
· 2004년 아빠! 하나는 싫어요. 엄마! 저도 동생을 갖고
        싶어요.
· 2006년 낳을수록 희망 가득 기를수록 행복 가득

'가정의례 준칙(1969. 1)'

혼례, 상례, 제례에 허례허식을 없애고 절차 간소화를 위해 「가정의례에 관한 법률」 시행, 시행령에 '가정의례 준칙' 포함

Chapter 07 현대 문화의 동향

1 교육과 언론활동

✦ 교육

— 미 군정기 : 미국식 교육 도입(6·3·3 학제), 한국 교육 위원회·교육 심의회 구성, 초·중등 교과서 편찬 사업과 보급, 서울대학교 설립(1946)

— 이승만 정권 : 초등교육 의무교육 실시 규정, 1951년 6·3·3·4제(미국식 학제) 실시

— 장면 내각 : 학원 민주화 운동 전개, 1961년 ROTC 교관단 배치

— 박정희 정권 : 반공 교육, 1968년 국민 교육 헌장 선포, 1969년 서울 중학교 무시험 진학제, 1969년 대학 입학 예비고사 제도 실시, 1973년 연합고사 실시, 고교 평준화 실시,   ┌→1971년전면실시
          학도 호국단 부활(1975)

— 전두환 정권 : 1980년 과외 금지 조치, 대학 졸업 정원제, 고등 교육의 대중화, 교육 개혁 심의회 설치, 도서·벽지 중학교 의무교육 실시, 교복·두발 자유화, 학도 호국단 폐지(1985)

— 노태우 정권 : 1989년 과외 허용, 전국 교직원 노동조합 설립(1989)

— 김영삼 정부 : 1994학년도부터 대학 수학 능력 시험 전면 실시, 1994년 국민 교육 헌장 삭제, 1995년 학교운영위원회 설치, 1996년 국민학교를 초등학교로 개칭

— 김대중 정부 : 2002년 중학교 의무교육 실시, 수준별 수업 및 학교 정보화 사업 추진, 두뇌한국 21(BK21) 추진

— 노무현 정부 : 신자유주의에 입각한 교육 개방, 2004년 중학교 의무교육 전면 실시

— 이명박 정부 : 영어 강화 정책, 교육감 직접 선거, 교원 평가제 전면 실시(2010)

✦ 언론

                    ┌→1958. 12.

— 미군정기 : 진보성향 신문, 좌익 신문, 동아·조선일보 복간

— 이승만 정권 : 신국가 보안법을 통해 언론 통제 강화(경향신문 폐간)
                                     ┕→1959

— 장면 내각 : 언론 발행 허가제 폐지, 언론 활성화

— 박정희 정권 : 프레스 카드제 실시(1972), 동아일보 언론 자유 수호 운동(1974), 동아일보 백지 광고(1974), 방송법·방송윤리위원회 설치

— 전두환 정권 : 언론 통폐합, 보도지침 폭로(1986), 6월 항쟁 이후 프레스 카드제 폐지

2 현대의 문화활동

✦ 문화

— 광복 이후 좌·우의 문학론 대립

                                 ┌→1954. 정비석이 서울신문에 연재 ↔ 황산덕 비판

— 미국식 자유주의 문화 발달(6·25 전쟁 이후, 『자유부인』)

— 1953년 『사상계』 창간, 한글학회의 『우리말 큰 사전』 완간(1957)

— 영화 '피아골'(1955), '오발탄'(1961)

— 참여 문학론 대두(4·19 혁명 이후) : 신동엽의 "껍데기는 가라", 김수영의 "꽃잎"

— 1970년대 ┌ 민족 문학론의 대두, 민중 문학 운동, 전통문화의 대중화(탈춤, 사물놀이)
            ├ 김지하 『오적』, 조세희 『난장이가 쏘아 올린 작은 공』
            └ 문화·예술의 검열(유신 체제)

— 1980년대 ┌ 전시·공연 문화 발달(예술의 전당), 진보적 문화 운동 조직
            └ 전통문화 관심(탈춤, 사물놀이, 마당극), 북한 문화 소개

3 현대의 과학기술

✦ 과학기술

— 1961년 한국 방송 공사 설립(흑백 텔레비전 정식 송출)

— 1966년 한국 과학 기술 연구소(KIST) 설립

— 1980년 KBS 컬러 TV 첫 방영

— 1988년 남극 세종 과학 기지 건설

— 1992년 우리별 1호 발사(국내 최초 인공위성)

— 1995년 방송 통신 위성 무궁화 1호 발사